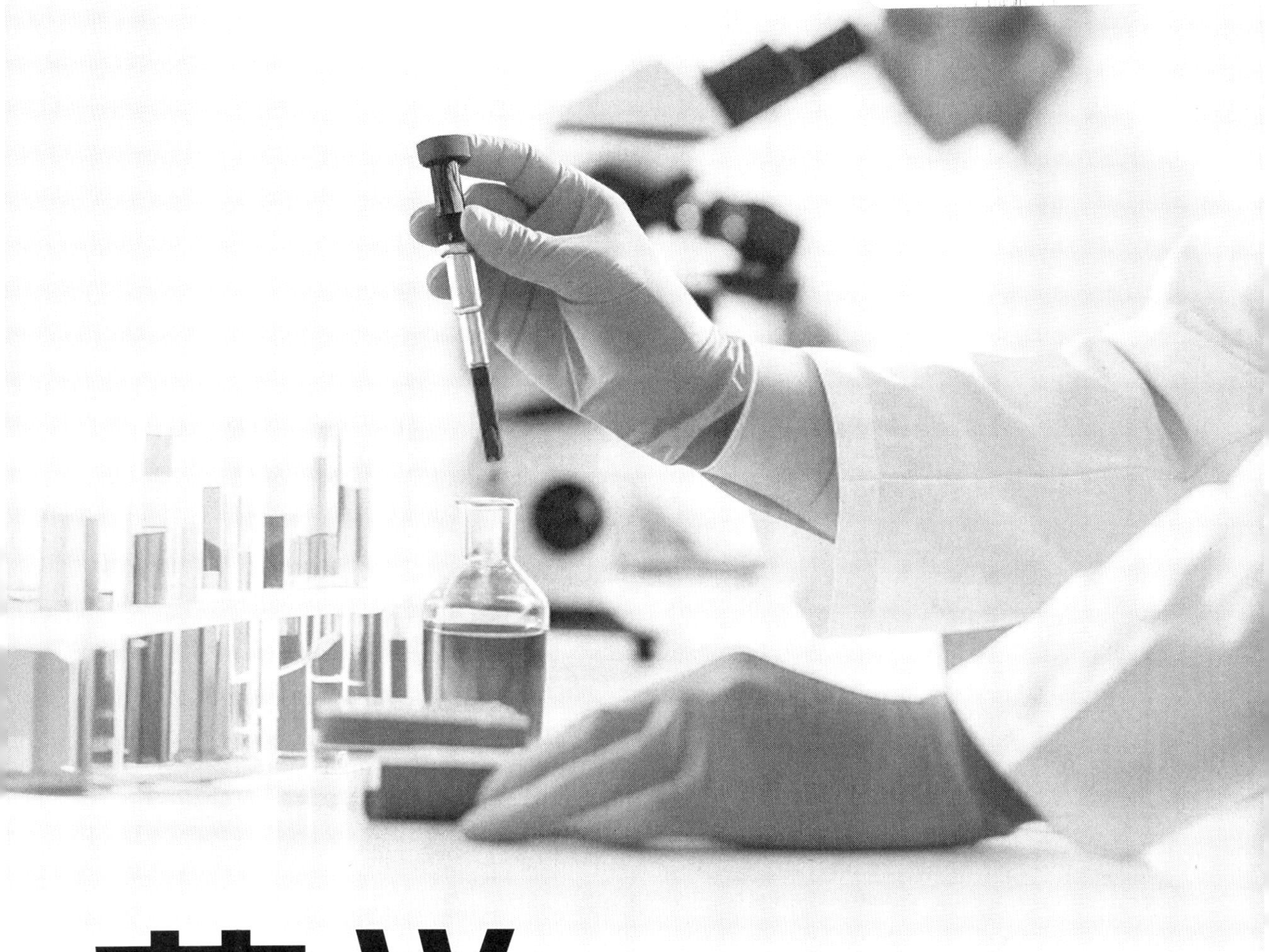

药学
综合实验教程

主编 ■ 何勤　尹红梅

COMPREHENSIVE PHARMACY
LAB TUTORIAL

图书在版编目（CIP）数据

药学综合实验教程 / 何勤，尹红梅主编. -- 成都：四川大学出版社，2025.8. -- ISBN 978-7-5690-7920-3

Ⅰ. R9-33

中国国家版本馆CIP数据核字第2025WY7327号

书　　名：	药学综合实验教程
	Yaoxue Zonghe Shiyan Jiaocheng
主　　编：	何　勤　尹红梅
选题策划：	李　胜　倪德君
责任编辑：	倪德君
责任校对：	周维彬
装帧设计：	裴菊红
责任印制：	李金兰
出版发行：	四川大学出版社有限责任公司
地　　址：	成都市一环路南一段24号（610065）
电　　话：	（028）85408311（发行部）、85400276（总编室）
电子邮箱：	scupress@vip.163.com
网　　址：	https://press.scu.edu.cn
印前制作：	四川胜翔数码印务设计有限公司
印刷装订：	成都金阳印务有限责任公司
成品尺寸：	185mm×260mm
印　　张：	24.5
字　　数：	593千字
版　　次：	2025年8月 第1版
印　　次：	2025年8月 第1次印刷
定　　价：	86.00元

本社图书如有印装质量问题，请联系发行部调换

版权所有 ◆ 侵权必究

扫码获取数字资源

四川大学出版社
微信公众号

编委会

主　编：何　勤　　尹红梅

副主编：邓　黎

秘　书：刘秀秀　　李　峰

编　委（按姓氏拼音排序）：

陈东林	陈小瑞	邓　黎	杜广盛	付春梅
何　俊	黄　园	贾知军	旷　喜	李　峰
李国菠	李　炼	李　曼	李　涛	李晓红
林　箐	刘秀秀	彭　芙	齐庆蓉	钱广生
宋　颢	唐　培	王　凌	肖友财	杨劲松
杨俊毅	尹红梅	张　纯	郑永祥	周　静
周　洲				

前言

药学是一门实践性、应用性很强的学科,与人类健康息息相关,药学实验教学是培养学生实践技能和创新能力的重要环节,而实验教材在药学人才培养中发挥着重要的指导作用。立足"健康中国"战略指引,培养"懂医精药、善研善成"的药学创新人才,我们组织编写了《药学综合实验教程》。本教程的编写力求兼具实用性、系统性和创新性,以药学实验教学为基础,并力求将最新的科研成果、实验技术与方法融入其中,既符合药学专业和临床药学专业的培养目标、课程教学大纲对学生专业水平的要求,又符合药学实验教学规律和学生认知规律,可供药学、临床药学、化学、医学、卫生及相关专业的高等院校师生使用。

本教程将高等院校药学类各门专业实验课程内容科学地、系统地进行了整编,涵盖了药学类各门专业核心实验课程的精华,包括药用植物学实验、生药学实验、天然药物化学实验、生物化学与分子生物学实验、药理学实验、药物分析实验、药物化学实验、药剂学实验、生物药剂学与药动学实验等部分,每个部分都精心挑选了具有代表性的实验项目。同时,为满足当代药学拔尖人才培养的需求,本教程涵盖了高等分子生物学实验、高等天然药物化学实验、高等药理学实验、高等药物分析实验、高等药物化学实验、高等药剂学实验、药学创新实验等一系列创新性实验,这些实验具有高阶性、实践性、创新性和学科交叉性,为学生提供个性化选择和进阶提升空间,采用问题导向、教师引导、学生自主探究的学习模式,使学生从被动学习向主动探索转变,促进学生创新能力的培养。

本教程除涵盖药学基础实验、专业综合实验，还紧跟药学领域研究前沿和热点，融入现代药学新技术、新方法、新手段，纳入了不对称催化合成、计算机辅助药物设计、智能靶向递送系统的构建与评价等创新性实验内容。

本教程在《新编药学实验教程（上、下）》的基础上，结合近年实验教学内容、实验教学方法等改革创新成果编写而成，同时，依据《中华人民共和国药典（2025年版）》，实验内容在分析方法上进行了修订，在专业术语上进行了规范。本教程增加了数字化建设内容，以纸数融合教材的形式呈现。实验相关视频、附件以二维码方式展示，读者可以扫码学习，提供扫码即学、一键视频、数据追踪的智慧药学实验教学模式。

本教程为"四川大学立项建设教材"，也得到了四川大学华西药学院的大力支持。在本教程的编写过程中，各位专家教授、实验教学指导老师严谨求实、精益求精，付出了大量的心血和劳动。在此，谨向参与和支持本书出版的所有老师表示诚挚的谢意。

本教程涉及的学科多、领域广，编写中难免存在错漏或不当之处，恳请广大师生和读者不吝指正。

编者

2025 年 7 月

 扫一扫，查看本书电子资源

目　　录

第一章　药学实验常用安全知识…………………………………………（ 1 ）
　　第一节　实验室规则………………………………………………（ 1 ）
　　第二节　实验室安全基本知识……………………………………（ 1 ）

第二章　药用植物学实验…………………………………………………（10）
　　实验一　显微镜的构造与使用及临时标本片的制作……………（10）
　　实验二　植物细胞和细胞壁的特化………………………………（13）
　　实验三　细胞后含物和测微尺的使用……………………………（15）
　　实验四　保护组织和分泌组织……………………………………（17）
　　实验五　机械组织和输导组织及维管束类型……………………（20）
　　实验六　根的形态和显微构造特征………………………………（22）
　　实验七　茎的形态和显微构造特征………………………………（24）
　　实验八　叶的形态和显微构造特征………………………………（27）
　　实验九　典型花的组成和类型……………………………………（29）
　　实验十　花序和花的记载…………………………………………（31）
　　实验十一　果实和种子……………………………………………（34）
　　实验十二　藻类、菌类、地衣和苔藓植物的特征………………（36）
　　实验十三　《被子植物门分科检索表》的使用…………………（37）

第三章　生药学实验………………………………………………………（39）
　　实验一　根与根茎类药材的鉴定…………………………………（39）
　　实验二　叶类药材的鉴定…………………………………………（40）
　　实验三　花类药材的鉴定…………………………………………（42）
　　实验四　果实和种子类药材的鉴定………………………………（43）
　　实验五　全草类药材的鉴定………………………………………（45）
　　实验六　药材及其伪品的鉴定……………………………………（47）
　　实验七　动物类生药的鉴定………………………………………（48）

实验八　矿物类生药的鉴定……………………………………………………（51）
实验九　川贝母及其伪品的 DNA 分子鉴定实验………………………………（53）
实验十　中成药的显微鉴定………………………………………………………（56）

第四章　天然药物化学实验……………………………………………………（58）
实验一　天然药物化学成分的提取方法…………………………………………（58）
实验二　天然药物化学成分的鉴别实验…………………………………………（62）
实验三　葛根淀粉多糖的提取、水解及单糖鉴定………………………………（73）
实验四　槐米中芦丁的提取、分离和鉴定及衍生物的制备……………………（76）
实验五　虎杖蒽醌类成分及白藜芦醇苷的提取和鉴定…………………………（80）
实验六　汉防己中汉防己甲素和汉防己乙素的提取、分离及鉴定……………（84）

第五章　生物化学与分子生物学实验…………………………………………（88）
实验一　细菌质粒 DNA 的提取…………………………………………………（88）
实验二　质粒 DNA 的定量——紫外吸收法……………………………………（90）
实验三　PCR 扩增质粒目的基因…………………………………………………（91）
实验四　DNA 琼脂糖凝胶电泳……………………………………………………（93）
实验五　质粒 DNA 转化与平板筛选……………………………………………（94）
实验六　重组蛋白质的提取与定量………………………………………………（96）
实验七　蛋白质浓度测定——BCA 法……………………………………………（97）
实验八　亲和层析法分离重组绿色荧光蛋白质…………………………………（99）
实验九　酪蛋白的制备与定量……………………………………………………（101）
实验十　蛋白质浓度测定——双缩脲法…………………………………………（103）
实验十一　蛋白质化学…………………………………………………………（104）
实验十二　酶化学………………………………………………………………（108）
实验十三　酶反应动力学——米氏常数的测定………………………………（113）
实验十四　蛋白质聚丙烯酰胺凝胶电泳………………………………………（116）
实验十五　蛋白质的鉴定——免疫印迹法……………………………………（120）
实验十六　酶活力测定——转氨基作用………………………………………（122）

第六章　药理学实验……………………………………………………………（125）
实验一　实验动物的捉持和给药法……………………………………………（125）
实验二　实验动物的性别鉴别、编号和处死法………………………………（132）
实验三　给药途径对药物作用的影响…………………………………………（133）
实验四　肝脏功能状态对药物作用的影响……………………………………（134）
实验五　肾脏功能状态对药物作用的影响……………………………………（136）
实验六　传出神经药物对兔眼瞳孔的作用……………………………………（137）

  实验七 传出神经药物对离体兔肠的作用……………………………………………（139）
  实验八 传出神经药物对兔血压的影响……………………………………………（141）
  实验九 药物对动物自发活动的影响………………………………………………（143）
  实验十 强心苷对离体蛙心的作用（斯氏法）……………………………………（145）
  实验十一 药物急性 LD_{50} 的测定 …………………………………………………（146）
  实验十二 药物的抗电惊厥作用 ……………………………………………………（148）
  实验十三 药物对中枢神经兴奋药所致惊厥的作用 ………………………………（150）
  实验十四 注射液的溶血性试验 ……………………………………………………（151）
  实验十五 胰岛素的降血糖作用 ……………………………………………………（152）
  实验十六 药物的镇痛作用——热刺激法 …………………………………………（155）
  实验十七 药物的镇痛作用——化学刺激法 ………………………………………（157）
  实验十八 药物的镇痛作用——机械刺激法 ………………………………………（158）

第七章 药物分析实验……………………………………………………………………（161）
  实验一 氯化钠的杂质检查………………………………………………………（161）
  实验二 药物中特殊杂质的检查…………………………………………………（166）
  实验三 诺氟沙星鉴别及含氟量测定……………………………………………（168）
  实验四 酸碱滴定法测定阿司匹林原料及肠溶片的含量………………………（170）
  实验五 酚磺乙胺注射液的含量测定………………………………………………（171）
  实验六 酸性染料比色法测定硫酸阿托品片的含量………………………………（176）
  实验七 高效液相色谱法用于阿司匹林肠溶片的鉴别、游离水杨酸检查和
     阿司匹林含量测定………………………………………………………（177）
  实验八 两种复方解热镇痛药的含量测定………………………………………（179）
  实验九 高效液相色谱法同时测定复方阿司匹林片中三种有效成分及游离水杨酸
     ……………………………………………………………………………（181）
  实验十 维生素 B_1 片含量测定方法的验证 ………………………………………（182）

第八章 药物化学实验……………………………………………………………………（184）
  实验一 藜芦醛的制备——甲基化法……………………………………………（184）
  实验二 藜芦醛的制备——微波辐射法…………………………………………（185）
  实验三 藜芦酸的制备——氧化法…………………………………………………（187）
  实验四 苦杏仁酸的制备——相转移催化法………………………………………（189）
  实验五 依达拉奉的合成……………………………………………………………（191）
  实验六 贝诺酯的制备………………………………………………………………（193）
  实验七 埃索美拉唑钠的制备……………………………………………………（195）
  实验八 酶催化（±）-N-Boc-脯胺酸甲酯的水解拆分……………………………（197）
  实验九 不对称有机催化合成 α-羟基-β-氨基酮 ……………………………………（198）

实验十　磺胺醋酰钠的合成 …………………………………………………………（200）
　　实验十一　硝苯地平的制备 ………………………………………………………（202）
　　实验十二　吉非替尼的合成 ………………………………………………………（203）
　　实验十三　连续流动化学制备1－苯甲酰－2－哌啶酮 …………………………（205）

第九章　药剂学实验 …………………………………………………………………（208）
　　实验一　溶液型与胶体型液体制剂的制备 ………………………………………（208）
　　实验二　混悬型液体制剂的制备 …………………………………………………（212）
　　实验三　乳剂型液体制剂的制备 …………………………………………………（216）
　　实验四　5％维生素C注射液处方及工艺设计 …………………………………（219）
　　实验五　5％维生素C注射液的制备 ……………………………………………（222）
　　实验六　软膏剂的制备 ……………………………………………………………（224）
　　实验七　膜剂的制备 ………………………………………………………………（229）
　　实验八　栓剂的制备及栓剂置换价的测定 ………………………………………（232）
　　实验九　乙酰水杨酸片的制备 ……………………………………………………（235）
　　实验十　滴丸的制备 ………………………………………………………………（238）
　　实验十一　微丸的制备 ……………………………………………………………（239）
　　实验十二　脂质体的制备 …………………………………………………………（242）
　　实验十三　微型胶囊的制备 ………………………………………………………（245）
　　实验十四　药物制剂实训仿真系统上机实验 ……………………………………（247）

第十章　生物药剂学与药动学实验 …………………………………………………（249）
　　实验一　片剂溶出度的测定 ………………………………………………………（249）
　　实验二　尿药法测定口服对乙酰氨基酚片的药动学参数 ………………………（254）
　　实验三　血药法测定对乙酰氨基酚片的生物利用度 ……………………………（258）
　　实验四　药动学二室模型模拟实验 ………………………………………………（261）
　　实验五　家兔灌胃给予对乙酰氨基酚的药动学实验 ……………………………（264）
　　实验六　Franz扩散池实验——方法建立（一）…………………………………（267）
　　实验七　Franz扩散池实验——扩散实验（二）…………………………………（270）
　　实验八　血浆蛋白结合实验 ………………………………………………………（271）
　　实验九　药物组织分布实验 ………………………………………………………（273）
　　实验十　肝匀浆代谢实验 …………………………………………………………（275）
　　实验十一　大鼠在体肠吸收实验 …………………………………………………（279）
　　实验十二　大鼠口服给药药动学实验 ……………………………………………（284）
　　实验十三　生物等效性虚拟仿真实验 ……………………………………………（288）

第十一章　高等分子生物学实验 ································· (293)
- 实验一　TRIzol 法提取细胞总 RNA ································· (293)
- 实验二　琼脂糖凝胶电泳结合紫外分析鉴定 RNA ·················· (296)
- 实验三　逆转录 PCR ··· (298)
- 实验四　质粒载体介导的 DNA 重组技术——重组质粒的构建、筛选及鉴定 ································· (301)
- 实验五　点饱和突变与酶定向进化 ································· (304)
- 实验六　定量 PCR 分析 mRNA 水平 ································· (309)
- 实验七　蛋白质免疫印迹分析蛋白质水平 ························· (311)
- 实验八　电泳迁移率实验分析蛋白质与核酸相互作用 ············· (314)
- 实验九　染色质免疫共沉淀分析蛋白质与核酸相互作用 ········· (317)
- 实验十　CRISPR/Cas9 质粒介导细胞基因敲除 ···················· (320)

第十二章　高等天然药物化学实验 ································· (325)
- 实验一　穿心莲的提取工艺研究及穿心莲内酯的分离、鉴定 ····· (325)
- 实验二　青蒿素衍生物的化学合成 ································· (330)
- 实验三　盐酸小檗碱衍生物的制备、结构鉴定和活性测试 ······· (334)

第十三章　高等药理学实验 ·· (339)
- 实验一　神经保护剂的作用及机制探究实验 ······················ (339)
- 实验二　抗脑缺血药物有效性及机制研究 ························ (343)
- 实验三　细胞体外药物敏感性实验 ································· (345)
- 实验四　拓扑异构酶抑制剂诱导 DNA 损伤试验 ··················· (346)

第十四章　高等药物分析实验 ······································· (349)
- 实验一　毛细管气相色谱法用于维生素 E 的含量测定和残留溶剂的检查 ································· (349)
- 实验二　维生素 C 中铁、铜离子的检查 ···························· (351)
- 实验三　液相色谱－质谱联用法检查千里光中阿多尼弗林碱 ···· (353)
- 实验四　贝诺酯原料药的有关物质检查方法优化 ················ (354)

第十五章　高等药物化学实验 ······································· (356)

第十六章　高等药剂学实验 ·· (368)
- 实验一　载药靶向脂质体的制备、表征及体外靶向能力考察 ····· (368)
- 实验二　聚合物－分子探针接合物的合成、表征及体内分布考察 ································· (371)

第十七章　药学创新实验 ·· (375)

第一章 药学实验常用安全知识

第一节 实验室规则

为了保证实验正常、有序地进行，培养良好的实验技能，并保证实验室安全，学生必须严格遵守实验室规则。

1. 自觉遵守学习纪律，不迟到早退，不无故缺席，有事必须向教师请假。
2. 实验者必须穿实验服。严禁在实验室内吸烟、进食（含口香糖）。严禁穿高跟鞋、拖鞋，需将长发及松散衣服妥善固定。
3. 实验前必须认真预习实验教程及有关理论内容，严肃认真地做实验并按时完成，实验中不得进行与实验无关的活动。接触危险品时，需佩戴护目镜。
4. 保持实验室肃静，不得高声喧哗，以免影响他人。
5. 不得擅自调换实验室的仪器设备。若仪器出现故障，应立即报告教师，以便及时处理或更换。
6. 爱护国家财物。不得随意摆弄实验室的仪器设备，以免损坏。注意节约消耗物品。公用物品用后应立即放回原处，以免影响他人使用。若损坏物品，应向教师报告并登记。
7. 保持实验室整齐、清洁，与学习无关的物品不得带入实验室。
8. 实验完毕，应清理实验器材，手术器械要洗净、擦干，动物尸体及实验废弃物应放到指定地点，不得随意乱扔。
9. 每次实验结束后，各组轮流值日，负责实验室清洁卫生及门窗、水、电的安全检查。

（宋颢）

第二节 实验室安全基本知识

实验室是进行实验教学和科研实践的重要场所，实验室安全至关重要。实验中常常使用各种易燃、易爆、有毒或具有腐蚀性的化学物质或生物制品，若使用不当或违规操作，可能发生着火、烧伤、中毒、爆炸等事故；此外，实验中频繁使用水、电，也是事故的隐患。只要加强预防，掌握基本的安全知识，严格按照实验规则操作，高度重视安全，事故是可以避免的。

一、实验室安全

（一）用电设备

1. 使用动力电时，应先检查电源开关、电机和设备各部分是否完好。若有故障，维修后方可接通电源。
2. 启动或关闭电器设备时，必须将开关扣严或拉妥，防止似接非接的状况。使用电子仪器设备时，应先了解其性能，按操作规程操作。若电器设备发生过热现象或出现糊焦味，应立即切断电源。
3. 实验人员较长时间离开房间或停电时，要切断电源，尤其要注意切断加热电器设备的电源。
4. 电源或电器设备的保险丝烧断时，应先查明烧断原因，排除故障，再按原负荷选用适宜的保险丝进行更换，不得随意加大保险丝或用其他金属线替代。
5. 电炉、硅碳棒箱（炉）的棒端均应设安全罩。应加接地线的设备要妥善接地，以防止触电事故发生。
6. 注意保持电线和电器设备干燥，防止线路和电器设备受潮漏电。
7. 实验室内不应有裸露的电线头；电源开关箱内不准堆放物品，以免使人触电或引发火灾。
8. 警惕实验室内发生电火花或静电，在使用可构成爆炸混合物的可燃性气体时更需注意。若遇电线起火，切勿用水或导电的酸碱泡沫灭火器灭火，应切断电源，用沙或二氧化碳灭火器灭火。
9. 未掌握电器安全操作的人员不得擅自使用电器设备，或随意拆修电器设备。
10. 使用高压动力电时，应遵守安全规定，穿好绝缘胶鞋、戴好绝缘手套或用安全杆操作。
11. 实验时，先接好线路，再插上电源。实验结束时，必须先切断电源，再拆线路。
12. 若有人触电，应立即切断电源，或用绝缘物体将电线与人体分离，再实施抢救。

（二）易燃气体

1. 经常检查易燃气体管道、接头、开关及器具是否泄漏，最好在室内设置检测、报警装置。
2. 如无重大原因，使用易燃气体或在有易燃气体管道、器具的实验室应开窗持续通风。

3. 当发现实验室里有可燃气体泄漏时，应立即停止实验，撤离人员并迅速打开门窗，检查泄漏处并及时处理。在未除尽可燃气体前，不准点火，也不得接通电源。特别是煤气，具有双重危险，不仅能与空气形成燃爆性混合物，还可致人中毒、死亡。

4. 检查易燃气体泄漏处时，应先开窗通风，除尽室内易燃气体。可将肥皂水或洗涤剂涂于接头处或可疑处，也可用气敏测漏仪等设备进行检查。严禁用火试漏。

5. 如果由于易燃气体管道或开关装配不严引起着火，应立即关闭通向漏气处的开关或阀门，切断气源，然后用湿布或石棉纸覆盖以扑灭火焰。

6. 实验人员离开使用易燃气体的实验室前，应注意检查使用过易燃气体的器具是否完全关闭或熄灭，以防着火。室内无人时，禁止使用易燃气体器具。

7. 使用煤气时，必须先关闭空气阀，点火后再打开空气阀，并调节到适当流量。停止使用时，也要先关闭空气阀，然后关闭煤气阀。

8. 临时停止易燃气体供应时，一定要随即关闭一切器具的开关、分阀及总阀，以防恢复供气时，室内充满易燃气体，发生严重危险。

9. 在易燃气体器具附近，严禁放置易燃、易爆物品。

（三）高压气瓶

1. 在搬运及存放高压气瓶时，瓶体应装有防震垫圈，旋紧安全帽，以保护开关阀，防止开关阀意外转动并减少高压气瓶碰撞。

2. 在搬运充装有气体的高压气瓶时，最好用特制的担架或小推车，也可以用手平抬或垂直转动。但绝不允许用手持开关阀进行搬运。

3. 在充装有气体的高压气瓶装车、运输过程中，应对高压气瓶妥善加以固定，避免其在途中出现滚动、碰撞等情况；装卸高压气瓶时应轻抬、轻放，禁止采用抛、丢或其他易引起碰击的动作。

4. 装有互相接触后可引起燃烧、爆炸气体的高压气瓶（如氢气瓶和氧气瓶），不能同车搬运或存放于同一处，也不能与其他易燃、易爆物品存放于同一处。

5. 高压气瓶瓶体有缺陷、安全附件不全或已损坏，不能保证安全使用的，切不可再充装气体，应送交有关单位修理，检查合格后方可使用。

6. 高压气瓶必须分类、分处保管，直立放置时要固定稳妥；高压气瓶要远离热源，避免暴晒和强烈振动；一般实验室内存放高压气瓶量不得超过两瓶。

7. 在高压气瓶肩部，用钢印打出制造厂、制造日期、气瓶型号、工作压力、气压试验压力、气压试验日期及下次送验日期、气体容积、气瓶重量。

8. 为避免混淆各种高压气瓶，常将瓶体漆上不同颜色，并注明瓶内气体名称，详情见表1-1。

表1-1 常见各种高压气瓶标志

气体类别	瓶身颜色	字样	标字颜色	腰带颜色
氮气	黑	氮	黄	棕
氧气	天蓝	氧	黑	—

续表

气体类别	瓶身颜色	字样	标字颜色	腰带颜色
氢气	深绿	氢	红	红
液氨	黄	氨	黑	—
二氧化碳	黑	二氧化碳	黄	黄
氮气	棕	氮	白	—
石油气体	灰	石油气体	红	—

9. 高压气瓶上选用的减压器应分类专用，安装时螺扣要旋紧，防止泄漏；打开、关闭减压器和开关阀时，动作必须缓慢；使用时应先打开开关阀，再打开减压器；使用完毕，先关闭开关阀，排尽瓶内剩余气体，再关闭减压器。切不可只关闭减压器，不关闭开关阀。

10. 使用高压气瓶时，实验人员应站在与高压气瓶接口处垂直的位置。操作时严禁敲打、撞击，应经常检查高压气瓶有无漏气并查看压力表读数。

11. 氧气瓶或氢气瓶等应配备专用工具，并严禁与油类接触。实验人员不得穿戴沾有各种油脂或易感应产生静电的服装、手套操作，以免引起燃烧或爆炸。

12. 可燃性气体和助燃性气体气瓶与明火的距离应大于10m（难以达到时，应采取隔离措施）。

13. 按规定，使用后的高压气瓶应保留0.05MPa以上的残余压力。可燃性气体应保留$0.2\sim0.3$MPa（表压为$2\sim3$kg/cm^2）的残余压力，氢气应保留2MPa的残余压力，以防重新充气时发生危险。

14. 必须定期检查各种高压气瓶。装有一般气体的高压气瓶三年检查一次。如果在使用中发现有严重腐蚀或严重损伤，应提前检查。

（四）实验室防火

1. 以防为主，杜绝火灾隐患。了解各类有关易燃、易爆物品的知识及消防知识。遵守各种防火规则。

2. 在实验室内、过道等处，必须经常备有适宜的灭火物品，如消防砂、石棉布、毯子及各类灭火器等。消防砂应保持干燥。

3. 电线及电器设备起火时，必须先关闭总电源开关，再用四氯化碳灭火器灭火，并及时通知供电部门。不能用水或泡沫灭火器来扑灭燃烧的电线、电器。

4. 人员衣服着火时，立即用毯子之类物品蒙盖在着火者身上灭火，必要时也可用水扑灭。一旦着火，应保持镇静，不要跑动，避免使气流流向燃烧的衣服，使火势增大。

5. 实验过程中遇到小范围起火时，应立即用湿石棉布或湿抹布扑灭明火，并拔去电源插头，关闭总电源开关、各种气阀。易燃物品（多为有机物）着火时，切不可用水灭火。遇到较大范围起火时，应立即用消防砂、泡沫灭火器或干粉灭火器扑灭。精密仪器起火时，应用四氯化碳灭火器扑灭。对于实验室起火，不宜用水扑救。

6. 实验室特别是化学实验室起火时，应迅速对起火原因、状况做出分析和判断，并将实验过程的各个系统隔开。

（五）传动设备

1. 传动设备的外露转动部分必须安装防护罩，必要时应挂"危险"等警告牌。
2. 启动前应检查一切保护装置和安全附件，使其处于完好状态，否则不能开车。
3. 压力容器应定期检查、校验压力计，并经常检查压力容器接头处及送气管道。
4. 在启动设备前，必须熟悉传动设备的操作程序。
5. 运转中出现异常现象或声音时，必须及时停车检查，待一切正常后方能重新开车。

（六）实验室用水

1. 实验室橡皮水管在使用时均需用细铁丝固定于水管、冷凝管之上。
2. 需使用冷凝管等装置时，控制水滴成线即可。

（七）动物实验和生物实验安全

1. 做动物实验和生物实验时，实验人员应做好自身防护，穿戴适当的个人防护装备，如实验服、手套、护目镜等，规范地进行实验操作。发生动物抓伤、咬伤时，要及时报告教师，按照实验室突发事件应急处理预案等进行有效处理。
2. 熟悉并遵守动物伦理与使用规定，爱护实验动物，操作实验动物要轻柔，符合规范，不进行与本次实验无关的操作，实验结束后正确处死实验动物。
3. 严格执行实验动物领用与收回制度，特别是对注射过毒麻药品或试剂的实验动物或动物尸体应做无害化处理，实验动物尸体及污物需投放到指定处。
4. 遵循生物安全指南，实验前后彻底洗手，使用消毒剂。实验过程中避免交叉污染，使用专用工具和容器，并妥善处理实验废弃物。

二、实验室事故的处理和急救

进行实验时，要严格遵守关于水、电、煤气和各种仪器、化学试剂的使用规定。化学试剂中有很多是易燃、易爆、有腐蚀性或有毒的。因此，重视安全操作，熟悉一般的安全知识是非常必要的。

（一）化学试剂的危险性

化学试剂的危险性除了易燃、易爆外，还在于它们具有腐蚀性、刺激性、对人体的毒性（特别是致癌性）。若使用不慎，化学试剂会造成中毒或化学灼伤事故。特别应该指出的是，实验室中常用的有机化合物，其中绝大多数对人体都有不同程度的毒性作用。

（二）化学中毒和化学灼伤事故的预防

1. 引起化学中毒的主要原因。
（1）由呼吸道吸入有毒物质的蒸气。
（2）有毒物质通过皮肤进入人体。
（3）误食被有毒物质污染过的食物或饮料，品尝或误食有毒药品。

2. 化学灼伤的预防措施。化学灼伤是指皮肤直接接触强腐蚀性物质（如浓酸、浓碱、氢氟酸、钠等）、强氧化剂、强还原剂引起的局部外伤。其预防措施如下：
（1）最重要的是眼睛防护。在实验室中应一直佩戴护目镜，防止眼睛受刺激性气体熏染，防止任何化学试剂（特别是强酸、强碱）及异物（如玻璃屑等）进入眼睛。
（2）禁止用手直接取用任何化学试剂。取用有毒药品时，除用药匙、量器外，必须戴手套。实验后应立即清洗仪器、用具，并用肥皂洗手。
（3）尽量避免吸入任何药品和溶剂蒸气。具有刺激性、恶臭味和有毒的化学试剂（如硫化氢、二氧化氮、氯气、一氧化碳、二氧化硫、三氧化硫、氢氟酸、浓硝酸、发烟硫酸、浓盐酸、乙酰氯等）必须在通风橱中处理。通风橱开启后，勿将头伸入橱内。同时，应保持实验室通风良好。
（4）禁止用口吸移液管移取浓酸、浓碱、有毒液体，应该用洗耳球吸取。禁止品尝药品及试剂。不得用鼻子直接嗅气体，而是应用手向鼻子方向扇入少量气体。
（5）勿用乙醇等有机溶剂擦洗溅在皮肤上的试剂。用有机溶剂擦洗反而会增加皮肤对药品的吸收。
（6）实验室内禁止吸烟、进食，禁止赤膊、穿拖鞋。

（三）中毒和化学灼伤的急救

1. 中毒急救。实验中若出现咽喉灼痛、口唇发绀、胃部痉挛，或恶心呕吐、心悸头痛等症状，可能是中毒所致。尽快将中毒者送往医院。或在医生到达之前，尽快将中毒者从中毒物质区域移出，尽量弄清中毒物质，以便协助医生排出中毒者体内的毒物。如果中毒者呼吸停止、心脏停搏，应立即施行人工呼吸、心肺复苏，直至医生到达或将中毒者送到医院。
（1）固体或液体毒物中毒：有毒物质尚在嘴里的，立即吐掉，并用大量水漱口。

误食碱者，先饮大量水，再饮用牛奶。误食酸者，先喝水，再服氢氧化镁乳剂，最后饮用牛奶，不宜服催吐药、碳酸盐或碳酸氢盐。

重金属盐中毒者，喝一杯含有 $MgSO_4$ 的水溶液，立即就医。不要服催吐药，以免发生危险或使病情复杂化。砷和汞化物中毒者，必须紧急就医。
（2）吸入气体或蒸气中毒：立即将中毒者转移至室外，解开其衣领和纽扣，使其呼吸新鲜空气。对休克者应施以人工呼吸，并立即送医院急救。

2. 皮肤灼伤急救。
（1）普通轻度灼伤：可将清凉乳剂涂于创伤处，并包扎好；略重的灼伤，可视灼伤情况立即送医院处理；遇有休克的伤员，应立即通知医院派医护人员前来抢救、处理。

（2）化学灼伤：应迅速脱去衣服，首先清除残存在皮肤上的化学药品，用水多次冲洗，同时视灼伤情况立即送医院救治。

①酸灼伤：先用大量水冲洗，以免深度受伤，再用稀碳酸氢钠溶液或稀氨水浸洗，最后用水洗。

②碱灼伤：先用大量水冲洗，再用1％硼酸溶液或2％醋酸溶液浸洗，最后用水洗。上述灼伤创面若起水疱，不宜把水疱挑破。

3. 眼睛灼伤急救。

（1）一旦眼内溅入任何化学试剂，应立即用大量水缓缓彻底冲洗。实验室内应备有专用洗眼用水龙头。洗眼时，要保持眼睛张开，可由他人帮助翻开眼睑，持续冲洗15min。忌用稀酸中和溅入眼内的碱性物质，反之亦然。对溅入碱金属、溴、磷、浓酸、浓碱或其他刺激性物质造成眼睛灼伤者，急救后必须迅速送往医院检查、治疗。

（2）玻璃屑进入眼睛是比较危险的。这时要尽量保持平静，绝不可用手揉搓，也不要试图让别人取出玻璃屑，尽量不要转动眼球，可任其流泪，有时玻璃屑会随泪水流出。用纱布轻轻包住眼睛后，将伤者尽快送至医院处理。

（3）若木屑、尘粒等异物进入眼睛，可由他人翻开眼睑，用消毒棉签轻轻取出异物，或任其流泪，待异物排出后，再滴入几滴鱼肝油。

（四）烫伤、割伤等外伤急救

在烧熔和加工玻璃物品时最容易被烫伤。在切割玻管或向木塞、橡皮塞中插入温度计、玻管等物品时最容易发生割伤。对于小的创伤，可用消毒镊子或消毒纱布把伤口清理干净，并用3.5％碘酒涂在伤口周围，包起来。若创伤处出血较多时，可用压迫法止血，同时处理好伤口，撒上止血消炎粉等，较紧地包扎起来即可。对于较大的创伤或者动、静脉出血，甚至骨折，应立即用急救绷带在伤口出血部位近心端加压止血，用消毒纱布盖住伤口，立即送医务室或医院救治。止血时间较长时，应注意每隔1～2h适当放松一次，以免肢体缺血坏死。

玻璃质脆易碎，对任何玻璃制品都不得用力挤压或造成张力。在将玻管、温度计插入塞中时，塞上的孔径与玻管的粗细要吻合。玻管的锋利切口必须在火中烧圆。管壁上用几滴水或甘油润湿后，用布包住用力部位轻轻旋入，切不可用猛力强行连接。

外伤急救方法如下：

1. 割伤：先取出伤口处的玻璃屑等异物，用水洗净伤口，贴上创可贴，可立即止血，且易愈合。

若严重割伤至大量出血，应先止血。让伤者平卧，抬高出血部位，压住附近动脉，或用绷带盖住伤口直接施压。若绷带被血浸透，不要换掉，再盖上一块施压，立即送医院救治。

2. 烫伤：一旦被火焰、蒸气、红热的玻璃、铁器等烫伤，应立即用大量水冲淋或浸泡，以迅速降温，避免深度烧伤。若烫伤处起水疱，不宜挑破，应用纱布包扎后送医院治疗。对轻微烫伤，可在伤处涂些鱼肝油、烫伤油膏或红花油后包扎。

（五）触电的急救

当遇到有人触电时，应立即切断电源或设法使触电人员脱离电源；伤者呼吸停止或心脏停搏时，应立即施行人工呼吸或心肺复苏。特别注意：在出现假死现象时，千万不能放弃抢救，应尽快送往医院救治。

（六）实验室医药箱

医药箱内一般备有以下急救药品和器具。

1. 急救药品：医用酒精、碘酒、止血粉、创可贴、烫伤油膏（或万花油）、鱼肝油、1％H_3BO_3溶液或2％醋酸溶液、1％$NaHCO_3$溶液、20％NaS_2O_3溶液等。
2. 器具：医用镊子、剪刀、纱布、药棉、棉签、绷带等。

医药箱专供急救用，不允许随便挪动。平时不得动用其中器具。

三、常见危险品废弃物的处理

凡是具有毒性、腐蚀性、强氧化性、强还原性、自燃性、恶臭味的物质及其溶液，以及易爆、易燃物质均为化学危险品。如在实验中经常接触和使用的碱金属、金属氢化物、有机金属化合物、毒性气体、氰化物。酰氯、重氮化合物、硝基化合物、N－亚硝胺、过氧化物、毒性有机磷化物、氯磺酸、发烟硫酸、汞、重金属盐皆属危险品之列。这些危险品一旦成为实验后的废弃物，必须及时妥善处理或销毁，以免造成意外事故。常见危险品废弃物的销毁处理方法见表1－2。

表1－2 常见危险品废弃物的销毁处理方法

废弃物种类	销毁处理方法
碱金属氢化物、氨化物和钠屑	将其悬浮在干燥的四氢呋喃中，在搅拌下，慢慢滴加乙醇或异丙醇至不再放出氢气为止。再慢慢加水至溶液澄清，倒入废液桶
硼氢化钠（钾）	用甲醇溶解后，以水充分稀释，再加酸并放置。此时有剧毒的硼烷产生，故所有操作必须在通风橱内进行。其废酸液用碱中和后，倒入废液桶
酰氯、酸酐、三氯氧磷、五氯化磷、氯化亚砜、硫酰氯、五氧化二磷	在搅拌下加到大量水中，再用碱中和，倒入废液桶
催化剂（镍、铜、铁、贵金属等），或沾有这些催化剂的滤纸、塞内塑料垫等	因这些催化剂干燥时常易燃，绝不能丢入废物缸中，抽滤时也不能完全抽干，1g以下的少量废物可用大量水冲走。废弃物量大时，应密封在容器中，贴好标签，统一深埋地下
氯气、液溴、二氧化硫	用氢氧化钠溶液吸收，中和后倒入废液桶
氯磺酸、浓硫酸、浓盐酸、发烟硫酸	在搅拌下，滴加到大量冰或冰水中，用碱中和后倒入废液桶
硫酸二甲酯	在搅拌下加到稀氢氧化钠溶液或氨水中，中和后倒入废液桶

续表

废弃物种类	销毁处理方法
硫化氢、硫醇、硫酚、氯化氢、溴化氢、氰氢酸、三氢化磷、硫化物或氰化物溶液	用次氯酸钠氧化。1mol 硫醇约需 2L 次氯酸钠溶液（含 Cl 17%，9mol "活性氯"）；1mol 氰化物约需 0.4L 次氯酸钠溶液。用亚硝酸盐试纸试验，证实次氯酸钠已过量时（pH>7），倒入废液桶
重金属及其盐类	使形成难溶的沉淀（如碳酸盐、氢氧化物、硫化物等），封装后深埋
氢化铝锂	将其悬浮在干燥的四氢呋喃中，小心滴加乙酸乙酯。若反应剧烈，应适当冷却，再加水至氢气不再释出为止。废液用稀盐酸中和后，倒入废液桶
汞	尽量收集泼散的汞粒，并将废汞回收。对废汞盐溶液，可以制成硫化汞沉淀，过滤后集中深埋
有机锂化物	溶于四氢呋喃中，慢慢加入乙醇至不再有氢气放出，然后加水稀释，最后加稀盐酸至溶液变清，倒入废液桶
过氧化物溶液和过氧酸溶液、光气（或在有机溶剂中的溶液，卤代烃溶剂除外）	在酸性水溶液中，用二价铁盐或二硫化物将其还原，中和后，倒入废液桶
钾	一小粒一小粒地加到干燥的叔丁醇中，再小心加入无甲醇的乙醇，搅拌，促使其完全溶解，用稀酸中和后倒入废液桶
钠	以小块分次加入乙醇或异丙醇中，待其溶解后，慢慢加水至澄清，用稀盐酸中和后倒入废液桶
三氧化硫	通入浓硫酸中，再按处理浓硫酸的方法加以销毁

（宋颢）

第二章 药用植物学实验

实验一 显微镜的构造与使用及临时标本片的制作

【实验目的】

1. 熟悉显微镜的构造与使用及其注意事项。
2. 熟练地正确制作临时标本片。

【实验试剂】

稀甘油，纯化水，液体石蜡。

【实验材料】

桉叶，薄荷茎和叶。

【方法与步骤】

一、显微镜的构造

显微镜的样式较多，但其基本构造是相同的，可分为机械装置和光学系统两部分。

（一）机械装置

1. 镜座：显微镜的基座，用来支持镜体，常呈马蹄形。
2. 镜柱：连接于镜座上的金属短柱，可支持镜臂和载物台。
3. 镜臂：呈弓形，是用手握取的部分，与镜柱相连，既支持镜筒，又支持载物台。
4. 载物台：位于显微镜的中部，用来安放标本片，中心有个通光孔，载物台上的标本片推动器能将固定后的标本片向前后、左右移动，便于镜检。
5. 镜筒：垂直的金属圆筒，与镜臂连接固定后，其上装有目镜，下连转换器。
6. 转换器：可左右转动的球面金属器，其下装有不同倍数的物镜。
7. 调节器：位于镜臂两侧，有粗、微两种，用以调节物镜和标本之间的距离，使物像清晰。一般低倍镜用粗调节器，高倍镜用微调节器。

（二）光学系统

1. 目镜：安装在镜筒上端，其内可放目镜测微尺和指针。一般它的放大倍数为 5×、10×、15×等。

2. 物镜：安装在转换器下面，有物镜和油镜，低倍镜为 5×或 10×，高倍镜为 40× 或 60×，油镜为 90×。

3. 聚光器：用来集中光线，位于载物台的下方，由聚光镜和虹彩光圈组成。

二、显微镜的使用

显微镜是一种精密的光学仪器。正确的操作方法既有利于保护仪器，又能充分发挥显微镜的性能，得到良好的观察效果。

1. 取、放显微镜时，必须用右手握住镜臂，左手托住镜座，小心轻放。

2. 放置显微镜时，应注意将镜座放在距实验台边缘 6cm 左右的位置，稍偏实验者左侧，右侧放实验指导和实验本等。

3. 使用时向内（逆时针方向）旋转粗调节器提升镜筒，然后旋转转换器，使低倍镜与镜筒成一直线。打开光源，通过目镜可以看到白亮的圆形视野。

4. 移动标本片，将欲观察的部分对准中央孔，从右侧面观看物镜和玻片之间的距离，慢慢往外（顺时针方向）转动粗调节器，使物镜与玻片相距约 5mm 为止。切勿使镜头与玻片接触，以避免损坏镜头和压破玻片。

5. 观察目镜，并慢慢向内（逆时针方向）旋转粗调节器，至视野内出现清晰的物像为止。如果所观察部分不在视野中心，则慢慢移动载玻片，使之居于正中。

6. 看到物像后，再转动微调节器，直到看到最清楚的物像为止。

7. 高倍物镜的使用：

（1）在低倍镜找到物像后，将欲放大以仔细观察的部分移至视野中央。

（2）从右侧面注视，小心转动转换器，将高倍物镜对准玻片上欲观察的部分。

（3）调节微调节器至看到清楚的物像为止。此时，切勿使用粗调节器，否则会损坏镜头和压破标本片。

（4）如果视野太暗或太亮，则应调节光栅，使光线强度适中。

8. 实验完毕，取下玻片，清洁显微镜，使物镜离开中央孔，向外转动粗调节器使镜筒下降，一手握镜臂，另一手托镜座，放入显微镜箱内。

扫一扫，查看实验操作视频

三、显微镜的保护和使用注意事项

1. 显微镜应放在干燥的地方，使用时避免强烈日光照射。

2. 拿取和搬动显微镜时，应一手握镜臂，另一手托镜座，使镜身直立，切勿倾斜摇摆，以免碰损或使目镜滑落。

3. 显微镜取出后，应先检查有无缺损。使用前用布擦干净，镜头有污秽时用擦镜纸擦拭，绝不能用手擦。

4. 使用时，镜身应放在面前实验台适中位置，以利于观察。

5. 做显微化学反应时，必须将制片由载物台上取下再滴加试剂，然后盖上盖玻片，并用吸水纸吸净盖玻片外的多余试剂，以避免腐蚀镜头和载物台。

6. 加热处理的制片，必须放冷后并加盖玻片才能观察。

7. 实验完毕后，必须将显微镜全部擦净。

四、常用临时标本片的制作

1. 盖玻片、载玻片的清洁法：取一块绸布，盖于左手的拇指与食指之间，右手的拇指和食指持玻片 1/3 处拖擦，不得往返，直到将玻片对光视其表面无任何尘埃和指纹。再颠倒另一端用同样方法拖擦干净。

检查盖玻片、载玻片是否清洁，可在载玻片上滴 1 滴纯化水，水呈球形即可。否则应再水洗和拖擦。每次实验完后，所用过的盖玻片、载玻片必须水洗和拖擦干净，以备下次实验使用。

2. 徒手切片：操作简便，节省时间，只需一刀片就可切成薄片，能看见材料的天然色泽。取一段长 1~2cm 的薄荷茎，以左手的拇指和食指夹住材料，中指顶住材料的底部，左臂贴身，左手固定不动，将材料上端露出食指 2~3mm，不宜过长。用右手的拇指和食指挟持刀片的两侧，使刀片成水平方向（与材料横切面平行），移动右臂，使刀口向内自左向右拉削，切勿来回拉切。切时可先将材料切面或刀刃润湿，切下的薄片用毛笔刷下并放入有纯化水的玻璃器皿中备用。刀片用后立即擦干水并涂上液体石蜡，备用。

用手指难以夹住的薄的或细小的材料，如叶片、幼根和种子等，可取一段通草，在中间纵切一缝，然后夹入材料，切法同前。

观察叶的表面观、气孔类型等时，可将要观察的叶放在左手的食指上，拇指和中指压住叶片两端，右手持镊子，用内侧的尖刺破叶片，然后夹住材料慢慢地向外撕取（用力要均匀）。撕下一层薄膜，立即放到有纯化水的载玻片上。若有卷叠，必须用解剖针弄平。再用镊子夹住盖玻片覆盖，用滤纸屑吸去多余液体，才可置于显微镜下观察。

3. 装片：在洁净的载玻片上滴一滴纯化水，选已切好的薄荷茎薄片，用镊子放入试液中。检查无折叠现象，方可用镊子夹住盖玻片的一端，另一端接触试液逐渐盖上。用滤纸屑吸去多余液体后，置于显微镜下观察。盖片时，注意不要产生气泡。

【实验报告】

阐述显微镜的使用方法。

（李涛）

实验二　植物细胞和细胞壁的特化

【实验目的】

掌握植物细胞的构造和细胞壁的特化与鉴别特征。

【实验试剂】

0.1％碘液，8％NaCl溶液，5％间苯三酚醇液，浓盐酸，苏丹Ⅲ醇液，氯化锌碘液，纯化水，稀甘油等。

【实验材料】

洋葱及其标本片，紫鸭跖草叶，枸杞果实，水藻幼叶及其标本片，薄荷茎，黄柏皮，大叶黄杨叶。

【方法与步骤】

（一）植物细胞的结构

用镊子撕取紫鸭跖草叶和洋葱下表皮，用稀甘油或纯化水封片，置于低倍镜下观察，可见下表皮由许多极微小"室"构成，即植物体的基本单位——细胞。选择一个细胞，转高倍镜下详细观察其结构。

1. 细胞壁：原生质体外面的具有一定硬度、弹性的薄层，一般认为是由原生质体分泌的非生命物质（纤维素、果胶质和半纤维素）构成。可观察到每个细胞都具有自己的细胞壁，细胞壁与细胞壁之间有类似果胶质的细胞间质的沉积，将细胞彼此紧密地连接起来，没有细胞间隙，但可看到细胞壁在较薄的地方有纹孔，纹孔总是成对存在，有利于细胞间的物质交换。

2. 细胞质膜：取水藻幼叶用纯化水封片观察，细胞质膜紧贴细胞壁。8％NaCl溶液1滴由盖玻片的右上角滴入，在左下角用滤纸屑吸之，立刻在显微镜下观察。与细胞壁紧贴处有一膜（即细胞质膜）。因细胞处于高浓度8％NaCl溶液环境中，细胞失去水分，细胞膜逐渐收缩，细胞膜与细胞壁分离，这种现象被称为质壁分离现象。用纯化水置换NaCl溶液，细胞质膜再次紧贴细胞壁。

3. 细胞质：取洋葱的标本片在显微镜下观察，几乎充满整个细胞的是一种半透明、半流动的基质。细胞质与细胞壁接触表面有一层透明的薄膜，称为细胞质膜，它具有选择透过性的特点。液泡的表面有一层薄膜，称为液泡膜。细胞质膜和液泡膜之间的部分称为中质（胞基质），是细胞质的主要部分，细胞核、质体、线粒体等分布其中。

4. 细胞核：悬浮在细胞质中，具折光性，呈球形，其位置不定。通常，一个细胞只有一个核，但也有两个或多个核的。细胞核由核膜、核液、核仁和染色质构成。核仁悬浮于核液中，为一至几个折光性很强的小球体，主要由蛋白质、核糖核酸（RNA）、脱氧核糖核酸（DNA）组成。DNA 和 RNA 与植物的遗传有重要关系。

5. 质体：植物细胞特有的细胞器，由蛋白质、类脂等组成，由于含不同的色素而具有不同的颜色，并执行不同的生理功能。质体分为叶绿体、白色体和有色体三种。

（1）叶绿体：取水蕴藻标本片置于显微镜下观察。叶绿体为球形或卵形的颗粒，主要含叶绿素、胡萝卜素和叶黄素。因含叶绿素较多而遮蔽了其他色素，所以显绿色。叶绿体存在于叶、幼茎、幼果中，其主要功能是进行光合作用，也是合成同化淀粉的场所。

（2）白色体：用镊子撕取紫鸭跖草叶背面的膜状物，用纯化水封片，置于显微镜下观察，可见许多呈六角形的细胞，细胞核被许多无色的小球所包围，即白色体。

（3）有色体：用镊子夹取枸杞果实少许于有纯化水的载玻片上，封片，在显微镜下可观察到众多的有色体，多呈杆状、圆粒状或不规则形状，主要含胡萝卜素和叶黄素，因而呈黄、橙、红等颜色，多存在于花和成熟的果实中。

以上 3 种质体在一定条件下可以相互转化，如马铃薯块茎经日光照射后，皮下变成绿色，是因白色体转化为叶绿体；番茄的果实成熟时变成红色，是因为叶绿体转化为有色体；胡萝卜的根头露出地面，经日光照射变成绿色，是因有色体转化为叶绿体。

（二）细胞壁的特化

细胞壁是由原生质体分泌的非生命物质（纤维素、果胶质和半纤维素）组成。纤维素遇氯化锌碘液显示蓝紫色。细胞壁常渗入其他物质，致使细胞壁发生特化。特化主要有以下 3 种。

1. 木质化：细胞壁内渗入木质素，可增强细胞壁的硬度。当木质化细胞变得很厚时，细胞趋于衰老或死亡，如管胞、木纤维、石细胞等。木质化的细胞壁加 5% 间苯三酚醇液和浓盐酸显紫红色。于载玻片上滴加 1~2 滴 5% 间苯三酚醇液，放入薄荷茎薄片，在灯焰上微热，挥发掉醇液后加 1 滴浓盐酸，放置 2~3min，用甘油封片。将标本片置于显微镜下观察，并将发生显色反应的部位、呈色反应的情况记录到实验报告中。

2. 木栓化：细胞壁内渗入木栓质，可使细胞壁不透水、不透气而成为死细胞。木栓化细胞壁加苏丹Ⅲ醇液显红色。于载玻片上滴加 1~2 滴苏丹Ⅲ醇液，放入黄柏皮切片，在灯焰上微热，冷却后封片。将标本片置于显微镜下观察，并将发生显色反应的部位、呈色反应的情况记录到实验报告中。

3. 角质化：在表皮细胞的表面积聚一层角质，形成无色、透明的角质层。角质层加苏丹Ⅲ醇液染成红色。将大叶黄杨叶横切片用苏丹Ⅲ醇液封片，置于显微镜下观察，将表皮细胞表面发生呈色反应的情况记录到实验报告中。

【实验报告】

1. 绘制模式植物细胞构造图。
2. 细胞壁的特化及其鉴别特征（见表 2-1）。

表 2-1　细胞壁的特化及其鉴别特征

材料	种类	反应	分布位置	作用
薄荷茎	木质化	加间苯三酚醇液＋浓盐酸	木质部	支持
黄柏皮	木栓化	加苏丹Ⅲ醇液	根和茎的木栓组织	保护
大叶黄杨叶	角质化	加苏丹Ⅲ醇液	表皮细胞表面上一层	保护

(李涛)

实验三　细胞后含物和测微尺的使用

【实验目的】

1. 掌握细胞后含物的主要种类、性状和性质。
2. 了解测微尺的使用。

【实验试剂】

0.1％碘液，50％H_2SO_4溶液，95％乙醇，苏丹Ⅲ醇液，稀甘油，水合氯醛，纯化水。

【实验材料】

马铃薯块茎，蒟蒻叶（或柑橘叶），半夏块茎横切片，大黄根茎横切片，鸢尾根茎纵切片，牛膝根横切片，大丽菊根（用老根切成小块，并在95％乙醇中浸泡一周），蓖麻籽（去种皮，在乙醚内泡数日），向日葵籽。

【方法与步骤】

1. 淀粉的形状和性质：取马铃薯块茎在有纯化水的载玻片上转几圈后封片。将标本片置于显微镜下观察，可见淀粉呈各种大小的卵圆形或圆形。注意观察脐点的形状和位置、层纹，马铃薯淀粉粒的形态（呈单粒、复粒或半复粒），明确特征并绘图。观察完毕后，取下标本片，加0.1％碘液1滴于盖玻片右上角，于左下角用滤纸屑吸之，置于低倍镜下观察淀粉粒的呈色反应。

2. 草酸钙晶体的形状和性质：取蒟蒻叶（或柑橘叶），靠近叶脉部分纵切，滴加水合氯醛2滴，在火焰上透化，但不要烧干，滴加稀甘油1滴，封片，冷却后置于显微镜下观察晶形并绘图。观察完毕后取下标本片，加1滴50％H_2SO_4溶液，用滤纸屑吸去四周的多余液体，待半小时后，置于显微镜下观察是否有硫酸钙针状晶体析出。

分别取永久切片，包括大黄根茎横切片、半夏块茎横切片、鸢尾根茎纵切片和牛膝根横切片，置于显微镜下，分别观察其草酸钙晶形并绘图。

3. 菊糖的形状和性质：取浸泡的大丽菊根纵切成薄片，用95％乙醇封片，置于显微镜下观察，有类圆形或扇形结晶的菊糖。观察完毕后，用1滴纯化水滴在盖玻片右上角处，在左下角处用滤纸屑吸之，继续观察菊糖是否消失，分析原因并绘菊糖图。

4. 糊粉粒的形状和性质：取蓖麻籽横切薄片，数次移入95％乙醇，挑取薄片用稀甘油封片，置于显微镜下观察。糊粉粒散在于细胞中，大多由蛋白质拟晶体和磷酸盐球形体组成。观察完毕后，加0.1％碘液，观察呈色反应。

5. 油滴的形状和性质：做向日葵籽横切片，用纯化水封片，置于显微镜下可观察到多数圆形油滴。观察完毕后，加1滴苏丹Ⅲ醇液，观察呈色反应。

6. 测微尺的使用：测微尺用来在显微镜下测量物体大小。由于各个显微镜放大倍数不同，故在测量物体之前必须标化目镜测微尺（目尺）。

（1）目尺的标化法：将目镜测微尺（目尺）（图2-1）放在目镜之横格（光阑）上（注意尺的正反面），再把物镜测微尺（物尺）（图2-2）放于载物台上，调好光后，先测低倍镜，后测高倍镜。

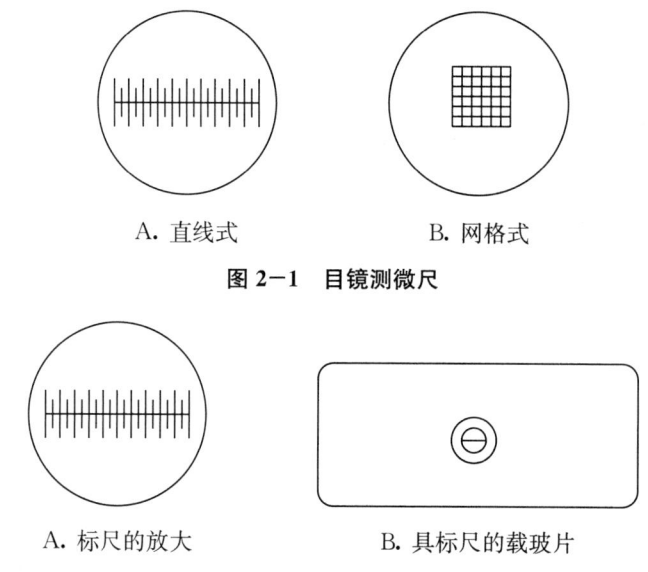

A. 直线式　　　　　B. 网格式

图2-1　目镜测微尺

A. 标尺的放大　　　　B. 具标尺的载玻片

图2-2　物镜测微尺

方法：在低倍镜下，适当调节目尺，使平行的两个尺的左端均对准零位，再从右端由远而近地划出二者的重合点，分别记下它们的格数，由物尺数、目尺数可得出在低倍镜下目尺上每一小格对应的微米（μm）数。高倍镜下目尺每小格的微米数求法同上。

（2）物体大小的测定：取走物尺，换上待测定物体的载玻片，在显微镜下观察。轻轻移动载玻片，用目尺测量物体的直径或长度，记下格数，便可计算出实际的大小。

例：高倍镜下目尺的刻度为0～77格，与物尺的0～30格相重合。

$\dfrac{物尺}{目尺}=\dfrac{30}{77}\approx 0.39$ 格，即在高倍镜下目尺1格相当于物尺0.39格。

物尺在高倍镜下每小格为$10\mu m$。

$0.39\times 10\mu m=3.9\mu m$，即高倍镜下目尺标化后的长度。

若测得物体长为目尺的 4 格，$3.9\mu m \times 4 = 15.6\mu m$，即得高倍镜下实物的大小。

低倍镜下目尺的标化法同上，但要注意在高、低倍镜下目尺所测实物的长度要近似，不能悬殊太大。

取马铃薯的淀粉粒，用稀甘油封片，置于显微镜下测其大小。

【实验报告】

1. 绘制草酸钙晶体、淀粉粒和菊糖的详图，并写出理化性质。
2. 使用测微尺量出马铃薯淀粉粒的大小，计算出其结果。

（李涛）

实验四　保护组织和分泌组织

【实验目的】

掌握保护组织和分泌组织的特征、类型和作用。

【实验试剂】

水合氯醛，苏丹Ⅲ醇液等。

【实验材料】

洋地黄叶，曼陀罗叶，薄荷叶，胡颓子叶，白英叶，毛蕊花叶，忍冬叶，艾叶，石韦，桉叶，常山叶，芦竹叶，生姜根茎，陈皮，当归（或白芷）根横切片，小茴香果横切片。

【方法与步骤】

（一）保护组织

保护组织存在于植物体表面，可防止水分过度蒸发，保护组织免受外界不良环境的伤害，还能控制气体交换。保护组织分为表皮和周皮。

1. 表皮。表皮是初生保护组织，由初生分生组织的原表皮层分化而来。用镊子撕取洋地黄叶的下表皮，使表皮正面向上，用纯化水封片，置于显微镜下观察。

（1）表皮细胞：正面观细胞壁呈波状弯曲（有的植物为多边形或长方形），不含叶绿体，外壁常角质化，并在表面形成连续的角质层。有的角质层上还有蜡被，可防止植物体内水分蒸发。

（2）气孔：由两个半月形的保卫细胞对合而形成。保卫细胞细胞质较丰富，细胞核较大，含叶绿体。由于细胞壁厚薄不均，当保卫细胞充水膨胀时，气孔隙缝就张开；当保卫细胞失水萎缩时，气孔隙缝关闭。因此，气孔有控制气体交换和调节水分蒸发的作用。保卫细胞与其周围的副卫细胞的排列方式称为气孔的轴式类型。双子叶植物叶中常见的气孔轴式类型有平轴式、直轴式、不定式、不等式和环式等；单子叶植物有禾本科型等。

取常山叶、薄荷叶、洋地黄叶、曼陀罗叶、桉叶、芦竹叶，分别撕取下表皮用水合氯醛加热透化，稀甘油封片，冷却后置于显微镜下观察各自的气孔轴式类型，填入下面括号内并绘图。

①平轴式：气孔周围的副卫细胞常为2个，其长轴与气孔的长轴平行，如（   ）。

②直轴式：气孔周围的副卫细胞常为2个，其长轴与气孔的长轴垂直，如（   ）。

③不定式：气孔周围的副卫细胞数目不定，其大小基本相同，如（   ）。

④不等式：气孔周围的副卫细胞一般为3~4个，但大小不等，其中一个特别小，如（   ）。

⑤环式：气孔周围的副卫细胞数目不定，其形状较其他表皮细胞狭窄，围绕气孔周围排列成环状，如（   ）。

⑥禾本科型：2个保卫细胞呈哑铃形，两个副卫细胞略成三角形，如（   ）。

（3）毛茸：部分表皮细胞向外的突出物，具有保护和减少水分蒸发的作用。毛茸分两类：非腺毛和腺毛。

非腺毛：无分泌功能，无头、柄细胞之分。取薄荷叶、洋地黄叶、毛蕊花叶、艾叶、石韦、胡颓子叶，分别撕取下表皮或毛茸，用纯化水封片，置于显微镜下观察，绘图。判断各自所属非腺毛类型，填入下面括号内。

①单细胞非腺毛，如（   ）。

②多细胞非腺毛，如（   ）。

③分枝毛，如（   ）。

④丁字毛，如（   ）。

⑤星状毛，如（   ）。

⑥鳞毛，如（   ）。

腺毛：有分泌功能，有头、柄细胞之分。取洋地黄叶、白英叶、忍冬叶、薄荷叶，分别撕取下表皮或毛茸，用纯化水封片，置于显微镜下观察，绘图。判断各自所属腺毛类型，填入下面括号内。

①单细胞头和单细胞柄组成的，如（   ）。

②单细胞头和多细胞柄组成的，如（   ）。

③多细胞头和多细胞柄组成的，如（   ）。

④多细胞头和单细胞柄组成的，如（   ）。

2. 周皮。周皮是次生保护组织，由木栓层、木栓形成层和栓内层（在茎叫绿皮层）组成，主要起保护作用。木栓层由数列扁平长方形细胞（横切面）木栓化组成，加苏丹Ⅲ醇液1滴或2滴能染成红色。

（二）分泌组织

分泌组织由具有分泌功能的细胞组成，分为外部分泌组织和内部分泌组织两大类。

1. 外部分泌组织。外部分泌组织位于植物体表，其分泌物直接排出体外，其中有腺毛和蜜腺。

取薄荷叶上表皮，用纯化水封片，观察其所属类型。

（1）腺毛：由表皮细胞分化而来，具有腺头、腺柄之分，腺头是分泌的部位。腺头的细胞覆盖着角质层，而分泌物则积聚在细胞壁与角质层之间，如（　　）。

（2）蜜腺：分泌蜜汁的腺体，由一列表皮细胞或其下数层细胞分化而来。蜜腺的细胞具有浓厚的细胞质，能产生蜜汁。蜜腺常存在于花瓣基部或花托上，如毛茛花等。

2. 内部分泌组织。内部分泌组织是单个散在的分泌细胞，其分泌物贮藏于细胞内。分泌细胞在充满分泌物后，就成为死的贮藏细胞。有的是油细胞，含挥发油，如（　　）；有的是黏液细胞，含黏液质，如半夏、白及等。

分别取生姜根茎、陈皮做横切片，纯化水封片，又取当归（或白芷）、小茴香果横切片置于显微镜下观察，判断其所属的分泌组织种类，填入下面括号内。

（1）分泌腔：多数由分泌细胞间裂开形成。分泌物大多是挥发油，贮藏于腔室内。一种腔室由分泌细胞间裂开形成，分泌细胞完整地围绕着腔室，称为离生性（裂生性）分泌腔，如（　　）；另一种腔室由许多聚集的分泌细胞本身破裂溶解而形成的，腔室周围的细胞常破碎不完整，称为溶生性分泌腔，如（　　）。

（2）分泌道：由多数分泌细胞形成的管道，分泌物贮藏于其内。分泌道中的分泌物有的是挥发油，称为油管，如（　　）；有的是树脂或油树脂，称为树脂道，如松茎。乳汁管是由一个或多个细长分枝的乳细胞形成。乳细胞是活细胞，具有分泌作用，其分泌的乳汁贮存于细胞中，多呈白色或黄色。由单个细胞构成的乳汁管称为无节乳汁管，如夹竹桃。由数个细胞连通，其连接处的细胞壁溶解贯通，成为多核的巨大管道系统，称为有节乳汁管，如桔梗、蒲公英等。

【实验报告】

绘制气孔轴式类型图和毛茸的类型图。绘制分泌细胞、分泌腔、分泌道和乳汁管特征图。

（李涛）

实验五　机械组织和输导组织及维管束类型

【实验目的】

掌握机械组织和输导组织的特征、类型和作用，维管束类型。

【实验试剂】

氯化锌碘液，间苯三酚醇液，浓硫酸，稀甘油，水合氯醛等。

【实验材料】

益母草茎横切片，黄柏粉末，杏仁，苎麻茎（解离），椴树茎，松木茎纵切片，凤仙花茎纵切片，曼陀罗茎纵切片，南瓜茎纵切片，玉米茎、木通茎、南瓜茎、鸢尾根茎、贯众根茎和毛茛根横切片。

【方法与步骤】

（一）机械组织

机械组织是细胞壁明显增厚的一群细胞，在植物体起支持作用，根据其纤维素增厚的部位和程度的不同，可分为厚角组织和厚壁组织两类。

1. 厚角组织。厚角组织的细胞是活细胞，常含有叶绿体，细胞壁由纤维素和果胶质组成，非木质化，呈不均匀增厚，一般在角隅处增厚。厚角组织存在于双子叶植物地上部分幼嫩器官（茎、叶柄、花梗）中，起支持作用，如益母草、薄荷。取益母草茎横切片，观察细胞壁增厚的部位。

2. 厚壁组织。厚壁组织的细胞是死细胞，细胞壁全面增厚，并有层纹和纹孔，成熟后细胞腔变小而死亡。根据细胞形态的不同，厚壁组织可分为纤维和石细胞。

（1）纤维：一般为死细胞，通常成束。每根纤维细长而两头尖，似梭形。

①韧皮纤维：分布于植物的韧皮部，主要是纤维素增厚的壁，韧性大，拉力强，一般较长，如苎麻、大麻等。取少许解离的苎麻茎，用稀甘油封片，观察其形态并绘图，加氯化锌碘液后，观察呈色反应。

②木纤维：分布于植物的木质部，主要是木质素增厚的壁，比较坚固，支持力强，如椴树等。取少量椴树茎，加1~2滴间苯三酚醇液和1滴浓硫酸，观察呈色反应。

（2）石细胞：细胞壁木质化增厚成为死细胞，细胞腔小，纹孔呈细管或分枝状，常单个散在或数个成群分布，形态多样，呈圆形、椭圆形或分枝状。石细胞通常存在于植物茎的皮层和韧皮部，以及果皮、种皮中，如黄柏皮、桂皮、木瓜、杏仁等。取杏仁种皮少许，用水合氯醛透化，稀甘油封片，观察石细胞的形状。加1~2滴间苯三酚醇液和 1 滴浓硫酸，封片，用滤纸屑吸去多余液体，置于显微镜下观察石细胞。按上法观察黄柏粉末标本片，绘图，比较石细胞的形状和呈色反应。

（二）输导组织

输导组织是植物体中输送水分、无机盐和营养物质的组织，其共同特点是细胞呈管状，常上下相连，形成适于输导的管道，可分为木质部中的导管、管胞和韧皮部中的筛管、伴胞与筛胞。

1. 导管和管胞。导管和管胞主要负责自下而上输送水分、无机盐，存在于植物的木质部中。

（1）导管：被子植物最主要的输水组织，少数裸子植物（如麻黄）也有导管。导管由多数纵长的管状死细胞连接而成。导管分子两端平或稍斜，相接处的横壁常溶解形成大的穿孔，管壁一般木质化增厚，形成不同的纹理，有环纹导管、螺纹导管、梯纹导管、网纹导管、孔纹导管和具缘纹导管等。

分别取凤仙花、曼陀罗茎纵切片，置于显微镜下观察各种导管纹理，并分别填于下面的括号内。

①环纹导管：增厚部分呈环状，导管直径较小，存在于植物幼嫩器官中，如（　　　）。

②螺纹导管：增厚部分呈螺旋状，导管直径一般较小，存在于植物幼嫩器官中，如（　　　）。

③梯纹导管：增厚部分（连续部分）与未增厚部分（间断部分）间隔呈梯形，多存在于植物的成长器官中，如（　　　）。

④网纹导管：未均匀增厚部分呈网状，网孔是没有增厚的壁，其管径较大，多存在于植物的成熟器官中，如（　　　）。

⑤孔纹导管：细胞壁大部分均匀增厚，未增厚处为单孔纹或具缘孔纹，导管直径大，多存在于植物的成熟器官中，如（　　　）。

（2）管胞：多存在于蕨类和裸子类植物中，少数被子植物也有，为死细胞，呈狭长形，两端尖斜，末端不穿孔，细胞壁木质化加厚形成纹孔，以梯纹或具缘纹孔较多见，依靠纹孔（未增厚部分）输导水分，因此流速较慢，为原始的输导组织类型。取松木茎纵切片观察其特点。

2. 筛管和伴胞。输送光合作用制造的营养物质到植物其他部分，存在于植物的韧皮部中。

（1）筛管：由一列纵行的长管状活细胞构成，组成筛管的每一个细胞称为筛管分子。筛管分子上下两端横壁由于不均匀的纤维素增厚而形成筛板。筛板上有许多小孔，称为筛孔。上下相邻两筛管分子的细胞质通过筛孔彼此相连，形成输送的通道。

（2）伴胞：位于筛管分子侧边较小的薄壁细胞，为被子植物所特有。取南瓜茎纵切片观察筛管和伴胞。

（三）维管束类型

分别取木通茎、玉米茎、南瓜茎、鸢尾根茎、贯众根茎和毛茛根横切片观察，判断所属的维管束类型，填入括号内，并绘制简图。

1. 无限外韧维管束：韧皮部位于外侧，木质部位于内侧，中间有形成层，如（　　）。
2. 有限外韧维管束：与无限外韧型不同之处是中间无形成层，如（　　）。
3. 双韧维管束：木质部的内外两侧有韧皮部，并在外侧的韧皮部和木质部之间常有形成层，如（　　）。
4. 周韧维管束：木质部在中心，韧皮部围绕在其周围，如（　　）。
5. 周木维管束：韧皮部在中心，木质部围绕在其周围，如（　　）。
6. 辐射维管束：韧皮部和木质部交互相间排列，呈辐射状并排成一圈，如（　　）。

【实验报告】

绘制石细胞、纤维、厚角组织、环纹、螺纹、梯纹、网纹、孔纹导管图和维管束类型的简图。

（李涛）

实验六　根的形态和显微构造特征

【实验目的】

1. 熟悉根的形态特征和类型。
2. 掌握根的显微构造（初生构造和次生构造）。

【实验材料】

芥菜苗，葱（或蒜苗），蛇莓，毛茛根横切片，蚕豆根横切片，玉米根横切片。

【方法与步骤】

（一）根的形态特征和类型

分别取芥菜苗、葱（或蒜苗）、蛇莓观察其根系，熟悉根的形态特征和类型。

（二）根的初生构造

1. 双子叶植物根的初生构造。

取毛茛根横切片，由外向内观察、识别根的初生构造。

(1) 表皮：根最外一层薄壁细胞，排列紧密，有的细胞壁向外突出形成根毛。

(2) 皮层：

①外皮层：皮层最外层紧邻表皮的一层细胞，排列比较紧密，不含叶绿体（与茎相区别）。表皮细胞脱落后，常木栓化增厚。

②皮层薄壁组织：皮层的主要部分，薄壁细胞近圆形，排列疏松，细胞间隙较大，常含晶体和淀粉粒等后含物。

③内皮层：皮层最内一层细胞，排列紧密，内皮层细胞壁常增厚，在内皮层细胞的上下壁（横壁）和径向壁（侧壁）常有木质化或木栓化的局部增厚，增厚部分呈带状环绕细胞一整圈，称凯氏带（凯氏点）。

（3）维管柱：内皮层以内的所有组织构造。

①中柱鞘：紧靠内皮层，一般为一层薄壁细胞，具有潜在的分生能力。

②维管束：辐射型（初生韧皮部和初生木质部相间排列成辐射维管束）。

初生韧皮部：由筛管、伴胞、韧皮薄壁细胞、韧皮纤维组成。

初生木质部：初生木质部的束数较少，多为二至六原型，外始式，由导管、木薄壁细胞、木纤维等组成。

③髓部：绝大多数双子叶植物根不具髓，初生木质部一直分化到根的中心，与茎相区别。

2. 单子叶植物根的初生构造。取玉米根横切片，由外向内观察、识别根的初生构造。

（1）表皮：常为一层薄壁细胞，但有些植物根在表皮形成时，分裂形成多层木栓化的组织，称为根被，如百部、麦冬等。

（2）皮层：与双子叶植物根皮层相近。内皮层细胞的径向壁、上下壁和内切向壁增厚，只有外切向壁较薄，横切面观，内皮层细胞壁增厚部分呈马蹄形，也有的内皮层细胞壁发生全面增厚。有少数正对初生木质部角的内皮层细胞，壁不增厚，称通道细胞。

（3）维管柱：内皮层以内的所有组织构造。

①中柱鞘：维管柱最外层，一般由一层薄壁细胞组成。

②维管束：辐射型，初生木质部的束数较多，多在六束以上，有的植物其束数可达数百个。初生木质部和初生韧皮部相间排列成辐射维管束。

③髓部：极发达，初生木质部没有分化至中心（与双子叶植物根相区别）。

（三）根的次生构造

取蚕豆根横切片，仔细观察。根的形成层是由初生构造中的初生木质部和初生韧皮部之间的某些薄壁细胞恢复分生能力而形成的。这些细胞首先在初生木质部放射状束的凹陷部分（初生韧皮部内侧）恢复分生能力，逐渐地扩展到左右两侧，并向外推移到中柱鞘，这时中柱鞘的一部分细胞（位于初生木质部尖端的部分）也恢复了分生能力，结果在初生木质部和初生韧皮部之间形成凹凸相间的形成层环，即形成层。

由于形成层的活动，根也不断加粗，此时根的中柱鞘细胞常恢复分生能力，形成木栓形成层，向外分裂产生木栓层，向内分裂产生栓内层。栓内层为几层排列疏松的薄壁细胞，不含叶绿体，与茎相区别。木栓层细胞多呈扁平状，排列整齐、紧密，常多层相叠，壁木栓化，呈褐色。木栓层、木栓形成层和栓内层三者合称为周皮。木栓层以外的皮层和表皮层得不到水分和营养物质，逐渐枯死脱落，表皮被木栓组织代替。

中药材的根皮是指形成层以外的部分，主要包括韧皮部和周皮。

绝大多数单子叶植物和蕨类植物的根由于没有形成层和木栓形成层，没有次生构造，因此，在整个生活过程中一直保持着初生构造。

【实验报告】

分别绘制毛茛根、玉米根和蚕豆根的横切面简图，并标明各部位名称。

（李涛）

实验七　茎的形态和显微构造特征

【实验目的】

1. 熟悉正常茎的形态特征、类型，变态茎的类型。
2. 掌握茎的显微构造（初生构造与次生构造）。

【实验材料】

桑枝，蛇莓，小旋花（带缠绕物），黄精（或姜），荸荠，马铃薯，大蒜，仙人掌，钩藤，皂荚刺，葡萄枝，竹节蓼，三叶草茎横切片，玉米茎横切片，椴树茎横切片（三或四年生），木通茎横切片，鸢尾横切片。

【方法与步骤】

（一）正常茎的形态特征

取桑枝观察其形态特征。

（二）根据茎的生长习性分类

分别取桑枝、葡萄枝、小旋花和蛇莓观察，判别其所属类型并填入括号内。
1. 直立茎：直立着生的茎，如（　　）。
2. 攀援茎：需依靠攀援结构依附他物才能上升的茎，其依附他物的部分有的是吸盘，有的（叶或茎）是卷须，如（　　）。
3. 缠绕茎：依靠茎本身缠绕他物作螺旋式上升的茎，如（　　）。
4. 匍匐茎：水平着生或匍匐在地面，节上有不定根，如（　　）。

（三）变态茎的类型

分别取葡萄枝、皂荚刺、钩藤、竹节蓼、仙人掌、黄精、荸荠、马铃薯、大蒜，判别其所属类型，填入括号内。
1. 茎卷须：常呈卷须状，细长，柔软，卷曲而有分枝，位于叶柄对侧，由茎的主轴变态而来，如（　　）。

2. 刺状茎：常呈刺状，短粗，坚硬，位于叶腋处，由茎的侧轴变态而来，如（　　）。

3. 叶状茎：茎变为绿色的扁平状或针叶状，如（　　）。

4. 钩状茎：由茎的侧轴变态而来，常弯曲呈钩状，位于叶腋，如（　　）。

5. 根状茎：常横卧地下，肉质膨大呈根状，节和节间明显，节上有退化的鳞片叶，如（　　）。

6. 球茎：球茎肉质肥大，呈球状或扁球状，节和节间明显，节间缩短，上有膜质鳞叶，如（　　）。

7. 块茎：块茎肉质肥大，呈不规则块状，节间极短，节上有芽，叶退化成鳞片或早期枯萎脱落，如（　　）。

8. 鳞茎：呈球形或扁球形，茎极度缩短为鳞茎盘，盘上生有肉质肥厚的鳞片叶，如（　　）。

（四）双子叶植物茎的初生构造

取三叶草茎横切片，置于显微镜下由外向内观察。

1. 表皮：位于茎最外一层薄壁细胞，排列紧密，细胞外壁常有角质层或蜡被和气孔、毛茸等。

2. 皮层。

（1）外皮层：紧靠表皮，含叶绿体，所以嫩茎多呈绿色（与根相区别），常有厚角组织。

（2）皮层薄壁组织：多层排列疏松，具细胞间隙的薄壁细胞。

（3）内皮层：一般不明显，故皮层和维管区域之间无明显分界，少数茎如南瓜茎、蚕豆茎含有大量淀粉粒，称淀粉鞘。

3. 初生维管束：由初生韧皮部、束中形成层和初生木质部组成。初生木质部内始式与根相区别，双子叶植物多为无限外韧维管束，少数为双韧维管束。

4. 髓部：位于两个维管束之间的薄壁组织称为髓射线（初生构造），位于中央的大型薄壁细胞称为髓部。髓较大（与双子叶植物根的初生构造相区别）。

（五）双子叶植物茎的次生构造

取木通茎横切片观察，髓射线中邻接束中形成层的细胞恢复分生能力，形成束间形成层，束间形成层和束中形成层相连接，形成一个完整的形成层环。形成层成环后，向内产生次生木质部，向外产生次生韧皮部。

取椴树茎横切片观察。

1. 周皮：

（1）木栓层：位于最外层，由数层排列整齐的木栓细胞组成。

（2）木栓形成层：薄壁细胞扁狭，切向排列紧密、整齐。

（3）栓内层：在茎称为绿皮层，含叶绿体（与根相区别）。

2. 皮层：由薄壁细胞组成。

3. 维管柱（中柱）：注意维管束的大小，束中形成层、束间形成层和年轮。

在木质茎横切面上，中心部分，颜色较深，质地较坚固，称心材；靠近形成层的部分颜色较浅，质地较松软，称边材。观察每个年轮中早材（春材）和晚材（秋材）在组织上的区别。

4. 髓部：

（1）髓：位于中央，由薄壁细胞组成。

（2）髓射线：由两个维管束之间的薄壁细胞组成，呈喇叭状（内窄而向外加宽）。另外，在木质部和韧皮部中还有些薄壁细胞组成的木射线和韧皮射线，合称为维管射线（次生构造）。

（六）单子叶植物茎的构造

取玉米茎横切片，置于显微镜下由外向内观察。

1. 表皮：由位于茎最外一层扁平而较整齐的细胞组成，外被角质层。

2. 基本组织：紧靠表皮有1~3层木栓化的厚壁或厚角组织，表皮以内为基本薄壁组织，无皮层、髓和髓射线之分。

3. 维管束散生：维管束多为有限外韧维管束，韧皮部由数个细胞组成，外侧有纤维束，木质部中导管常有3~4个并呈U形排列，有木纤维。

（七）单子叶植物根茎的构造

取鸢尾横切片，置于显微镜下由外向内观察。

1. 表皮：由根茎最外一层薄壁细胞组成，有的木栓化。

2. 皮层：宽广，由数层排列疏松的薄壁细胞组成，细胞内充满淀粉粒。黏液细胞中有草酸钙柱晶，皮层中有时可见叶迹维管束，内皮层的凯氏点明显。

3. 维管柱（中柱）：内皮层以内的部分，散在多数周木型维管束。单子叶植物根茎维管束多为有限外韧维管束。

【实验报告】

1. 观察种子植物正常茎的形态特征，绘制其简图并标明各部分名称。
2. 绘制双子叶植物木通茎横切面简图，并标注各部分名称。
3. 绘制单子叶植物玉米茎横切面简图，并标注各部分名称。

（李涛）

实验八　叶的形态和显微构造特征

【实验目的】

1. 掌握叶的组成和显微构造。
2. 掌握叶序类型、单叶和复叶的区别。
3. 熟悉叶的变态和托叶的类型。

【实验材料】

桑叶，马尾松，沿阶草，柳，薄荷，何首乌，马齿苋，枸骨，大蒜，紫苏，车前，贴梗海棠，菝葜，月季花，荸荠，虎杖，酢浆草，刺五加，象牙红，云实，水黄连，南天竺，柑橘，夹竹桃，银杏（短枝），仙人掌，豌豆的叶，百合。茶叶横切片。

【方法与步骤】

1. 取桑叶观察其组成特征，绘制简图并标明各部分名称。
2. 分别取马尾松、沿阶草、柳、薄荷、何首乌的叶观察，判断叶的全形，填入括号内。
   (1) 针形（　　）。
   (2) 条（线）形（　　）。
   (3) 披针形（　　）。
   (4) 椭圆形（　　）。
   (5) 卵形（　　）。
3. 分别取马齿苋、枸骨、薄荷、大蒜的叶观察，判断叶的质地，填入括号内。
   (1) 肉质叶（　　）。
   (2) 革质叶（　　）。
   (3) 纸质叶（　　）。
   (4) 膜质叶（　　）。
4. 分别取紫苏、车前的叶观察，判断叶脉，填入括号内。
   (1) 网状脉序（　　）。
   (2) 平行脉序（　　）。
5. 分别取菝葜、贴梗海棠、虎杖的叶观察，判断托叶，填入括号内。
   (1) 卷须状托叶（　　）。
   (2) 叶片状托叶（　　）。
   (3) 鞘状托叶（　　）。
6. 分别取桑叶、月季花的叶观察，判断叶的类型，填入括号内。

(1) 单叶（   ）。
(2) 复叶（   ）。

7. 分别取酢浆草、象牙红、刺五加、月季花、云实、水黄连、南天竺、柑橘的叶观察，判断复叶类型，填入括号内。

(1) 三出复叶：羽状三出复叶（   ），掌状三出复叶（   ）。
(2) 掌状复叶：五出掌状复叶（   ）。
(3) 羽状复叶：一回奇数羽状复叶（   ），二回偶数羽状复叶（   ），三回羽状复叶（   ），多回羽状复叶（   ）。
(4) 单身复叶（   ）。

8. 分别取桑叶、薄荷、夹竹桃、银杏（短枝）的叶观察，判断叶序类型，填入括号内。

(1) 互生叶序（   ）。
(2) 对生叶序（   ）。
(3) 轮生叶序（   ）。
(4) 簇生叶序（   ）。

9. 分别取仙人掌、豌豆、百合、荸荠的叶观察，判断叶的变态，填入括号内。

(1) 刺状叶（   ）。
(2) 叶卷须（   ）。
(3) 肉质鳞叶（   ）。
(4) 膜质鳞叶（   ）。

10. 叶的显微构造：取茶叶横切片观察。

(1) 上表皮：由一层扁平细胞组成，排列紧密，不含叶绿体，表皮上常被角质层。
(2) 叶肉：通常分为栅栏组织和海绵组织。
①栅栏组织：由位于上表皮之下的1~2列圆柱状薄壁细胞组成，垂直于表皮细胞，并紧密排列呈栅栏状，内含叶绿体。
②海绵组织：位于栅栏组织之下，与下表皮相连，细胞形状多不规则，细胞间隙大，排列疏松如海绵状。
(3) 叶脉：即维管束，贯穿于叶肉内，外韧型。主脉维管束的下方常有厚壁组织，在维管束周围有许多薄壁细胞。维管束由木质部、韧皮部和形成层组成。
①木质部：位于上方，略呈半月形，由导管、管胞等组成。
②韧皮部：位于下方，由筛管、伴胞组成。
(4) 下表皮：下表皮细胞似上表皮，气孔、毛茸较上表皮多。

【实验报告】

1. 绘制茶叶横切面简图，并注明各部分名称。
2. 绘制叶序的类型图。

（李涛）

实验九 典型花的组成和类型

【实验目的】

掌握典型花的组成和类型。

【实验试剂】

稀甘油，水合氯醛。

【实验材料】

牵牛，还亮草，百合，鱼腥草，菘兰，长春花，桔梗，毛茛，金丝梅，锦葵，槐花，桂竹香，栝楼，红花，益母草，蒲公英的花。桔梗花蕾，夹竹桃花蕾，云实花蕾。

【方法与步骤】

1. 取桂竹香花由外至内地逐层解剖并观察，判断典型花的组成部分。
2. 分别取毛茛花、槐花观察，判断其类型，填入括号内。
（1）辐射对称花（整齐花）：通过花的中心可做出两个以上的对称面，如（　　）。
（2）两侧对称花（不整齐花）：通过花的中心只能做出一个对称面，如（　　）。
3. 分别取槐花、百合花、鱼腥草花观察，判断花被的类型，填入括号内。
（1）重被花：花有花萼和花冠，如（　　）。
（2）单被花：仅具花萼而无花冠，或花萼与花冠不分化，如（　　）。
（3）无被花：花无花萼和花冠，如（　　）。
4. 分别取菘兰、槐花、牵牛、长春花、桔梗、红花、蒲公英、益母草的花观察，判断花冠的类型，填入括号内。
（1）十字形花冠，如（　　）。
（2）蝶形花冠，如（　　）。
（3）漏斗状花冠，如（　　）。
（4）钟状花冠，如（　　）。
（5）高脚碟状花冠，如（　　）。
（6）唇形花冠，如（　　）。
（7）管状花冠，如（　　）。
（8）舌状花冠，如（　　）。
5. 分别取槐花、桔梗花蕾、夹竹桃花蕾、云实花蕾观察，判断花被片在花蕾中的排列，填入括号内。
（1）镊合状：花被片彼此互不覆盖，如（　　）。

(2) 旋转状：花被片彼此互相覆盖，如（　　）。
(3) 覆瓦状：
真蝶形花：旗瓣在外，覆盖两翼瓣，翼瓣覆盖龙骨瓣，如（　　）。
假蝶形花：旗瓣在内，两翼瓣在外，覆盖旗瓣，同时也覆盖龙骨瓣，如（　　）。

6. 分别取毛茛、菘兰、益母草、金丝梅、槐花、锦葵、红花的花观察，判断花的雄蕊类型，填入括号内。

(1) 离生雄蕊：雄蕊多数，彼此分离，长度相近，如（　　）。
(2) 四强雄蕊：雄蕊6枚，彼此分离，4枚较长，2枚较短，如（　　）。
(3) 二强雄蕊：雄蕊4枚，彼此分离，2枚较长，2枚较短，如（　　）。
(4) 多体雄蕊：雄蕊多数，花丝彼此联合成多束，如（　　）。
(5) 二体雄蕊：雄蕊定数或多数，花丝彼此联合成两束，如（　　）。
(6) 单体雄蕊：雄蕊多数，花丝彼此联合成管状，如（　　）。
(7) 聚药雄蕊：雄蕊花药彼此联合成管状，花丝分离，如（　　）。

7. 分别取锦葵花、栝楼花观察，判断子房着生的位置类型，填入括号内。

(1) 子房上位（下位花）：雌蕊子房着生于凸起或平坦的花托上，其侧壁不与花托愈合。由于花的其他部分位于子房下面，所以又称为下位花，如（　　）。
(2) 子房下位（上位花）：雌蕊子房着生于凹陷的花托上，而子房侧壁与花托完全愈合。由于花的其他部分的基部位于子房上面，所以又称为上位花，如（　　）。

8. 分别取槐花、还亮草、锦葵（或桔梗）花观察，根据构成雌蕊的心皮数目不同，判断雌蕊的类型，填入括号内。

(1) 单雌蕊：花中只有1个雌蕊，由1个心皮构成，如（　　）。
(2) 离生心皮雌蕊：花中有若干个彼此分离的雌蕊，每个雌蕊由1个心皮构成，如（　　）。
(3) 复雌蕊（合生心皮雌蕊）：花中只有1个雌蕊，由2个或2个以上的心皮合生而成，如（　　）。

9. 取红花花粉粒封片，置于显微镜下观察。注意观察花粉粒的形状、大小，表面光滑或有雕纹，以及萌发孔的有或无，绘制简图并标出名称。

【实验报告】

1. 举例说明花冠类型、雄蕊类型和雌蕊类型。
2. 举例说明子房着生的位置类型。

(李涛)

实验十　花序和花的记载

【实验目的】

1. 掌握花序分类的依据及其类型。
2. 掌握花的文字和花程式的记述方法以及了解花图式的绘制法。

【实验材料】

荠菜，女贞，麻叶绣球，刺五加（或常春藤），小茴香，车前，小麦，天南星，银杏雄花，喜树，无花果，旋覆花，附地菜，香雪兰，大叶黄杨，大戟（或五朵云），益母草等的花序。毛茛，蔷薇，槐花，紫花洋地黄，益母草，白英（或龙葵），鸢尾（或射干），百合等的花和花蕾。

【方法与步骤】

（一）花序

花在花轴上排列的方式称为花序。花轴（花序轴）有主轴与侧轴之分，一般由顶芽萌发出的为主轴，由腋芽萌发出的或自主轴分枝的为侧轴。

花序的类型很多，主要根据主轴顶端是否能无限生长或花开放的顺序、主侧轴的长短、分枝状况和质地等来划分，通常分为无限花序和有限花序两大类。

1. 无限花序。花序轴顶端能不断生长，花开放的顺序一般是由下向上，或由边缘向中心陆续依次开放。取荠菜、女贞、麻叶绣球、刺五加（或常春藤）、小茴香、车前、小麦、旋覆花、银杏雄花、天南星、无花果的花序进行识别，分别填入括号内。

（1）总状花序：花序轴细长，其上着生许多花柄近等长的小花，如（　　）。

（2）复总状花序：与总状花序相似，花序轴上具分枝，每一分枝为一总状花序，使整体呈圆锥状，又称为圆锥花序，如（　　）。

（3）伞房花序：与总状花序相似，所不同的是花柄下长上短，至顶端彼此几乎近于同一平面上，如（　　）。

（4）伞形花序：花序轴缩短，在花序轴顶端着生许多花柄近等长的小花，呈伞状，如（　　）。

（5）复伞形花序：花序轴顶端着生许多近等长的伞形分枝，每分枝又形成一伞形花序，如（　　）。

（6）穗状花序：与总状花序相似，所不同的是花序轴上着生许多具极短的柄或无柄的小花，如（　　）。

（7）复穗状花序：与总状花序相似，所不同的是花序轴每分枝为一穗状花序，如

（　　）。

（8）柔荑花序：与穗状花序相似，所不同的是花序轴纤细柔软而花序下垂，其上着生许多无柄、无被或单被的单性花，花后整个花序脱落，如（　　）。

（9）肉穗花序：与穗状花序相似，所不同的是花序轴肉质肥大呈棒状，其上密生多数无柄的小花，花序外常具有一个大型苞片，称为佛焰苞，又称佛焰花序，如（　　）。

（10）头状花序：花序轴极度短缩成头状或盘状的花序托，其上密生许多无柄的小花，外围的苞片密集成总苞，如（　　）。

（11）隐头花序：花序轴肉质膨大而下陷，呈囊状，其内壁着生多数无柄单性小花，如（　　）。

2. 有限花序。花序主轴顶端先开一花，因此主轴的生长受到限制，而由侧轴继续生长，但侧轴也是顶花先开放，开花的顺序是从上向下或由内至外陆续依次开放。取附地菜、香雪兰、大叶黄杨、大戟（或五朵云）、益母草的花序进行识别，分别填入下面的括号内。

（1）单歧聚伞花序：花序轴主轴节上只有一侧轴分出的花序。

①螺旋状聚伞花序：花序轴主轴节上只有一侧轴分出，而侧轴继续向同侧（或同一个方向）不断再分出一侧轴，呈螺旋状弯转，如（　　）。

②蝎尾状聚伞花序：与螺旋状聚伞花序相似，所不同的是花序轴主轴节上的一侧交互向两边不断分出侧轴，如（　　）。

（2）二歧聚伞花序：花序轴顶花先开，主轴节上同时有两侧轴分出，其每一侧轴又以同样方式继续开花和分枝，如（　　）。

（3）多歧聚伞花序：花序轴顶花先开，主轴节上同时有 3 个以上侧轴分出，其每一侧轴形成一聚伞花序，如（　　）。

（4）轮状聚伞花序：聚伞花序生于对生叶的叶腋，呈轮状排列，如（　　）。

（二）花的记载

1. 花的文字描述：以花各部分的形态特征名词和术语，按一定条理、层次记载花的结构特征。其特点是描述较详细、准确，但不简明、直观、形象。

2. 花程式：采用字母、数字和符号，以表示花的各部分组成、排列、位置、花的对称性以及彼此间的关系等。此法能迅速、简明地记载花各部分的结构，但不能表示萼片、花瓣等部分的排列情况。

（1）以字母代表花的各部：一般用花各部分的拉丁名词的第一个字母大写表示。

P 表示花被，是拉丁文 Perianthium 的略写。

C 表示花冠，是拉丁文 Corolla 的略写。

K 表示花萼，是德文 Kelch 的略写。

A 表示雄蕊群，是拉丁文 Androecium 的略写。

G 表示雌蕊群，是拉丁文 Gynoecium 的略写。

（2）以数字表示花各部的数目：以数字 1，2，3，4，…，10 表示花各部分的数目，写在代表字母的右下方；以∞表示数目在 10 个以上，或数目不定；以 0 表示缺少或退化；在雌蕊的右下角有三个数字，第一个数字表示心皮数，第二个数字表示子房室数，第三个数字表示每室的胚珠数，数字间用"：" 相连。

（3）以符号表示花的情况。

↑表示两侧对称花；*表示辐射对称花。

（ ）表示合生。

+表示排列的轮数关系或分成的组数。

—表示子房的位置，如子房上位，表示为 $\underline{G}$；子房下位，表示为 $\overline{G}$；子房半下位，表示为 $\overline{\underline{G}}$。

☿表示两性花；♂表示雄花；♀表示雌花。

⌒表示冠生雄蕊。

花程式的写法顺序：花性别、对称情况，对花各部分由外而内依次进行记述，P 或 K、C、A、G，并在字母的右下方写明数字表示该部分数目。举例说明如下。

①豌豆花：☿↑$K_{(5)}C_5A_{(9)+1}\underline{G}_{1:1:\infty}$，表示两性花；两侧对称；花萼 5 枚合生；花瓣 5 枚分离；雄蕊 10 枚，9 枚合生，1 枚分离，二体雄蕊；子房上位，单心皮雌蕊，1 个子房室，胚珠数不定。

②苹果花：☿*$K_{(5)}C_5A_\infty\overline{G}_{(5:5:2)}$，表示两性花；辐射对称；花萼 5 枚合生；花瓣 5 枚分离；雄蕊多数离生；子房下位，雌蕊由 5 枚心皮合生成 5 个子房室，每室 2 个胚珠。

③桔梗花：☿*$K_{(5)}C_{(5)}A_5\overline{\underline{G}}_{(5:5:\infty)}$，表示两性花；辐射对称；花萼 5 枚合生；花瓣 5 枚合生；雄蕊 5 枚，分离；子房半下位，由 5 枚心皮合生成 5 个子房室，每室胚珠多数。

④桑花：♂*P_4A_4；♀*$P_4\underline{G}_{(2:1:1)}$，表示单性花，雄花，辐射对称，花被片 4 枚分离，雄蕊 4 枚分离；雌花辐射对称，花被片 4 枚分离，子房上位，由 2 枚心皮合生成 1 个子房室，每室 1 枚胚珠。

⑤百合花：☿*$P_{3+3}A_{3+3}\underline{G}_{(3:3:\infty)}$，表示两性花；辐射对称；单被花，花被两轮，每轮有 3 枚花被片，分离；雄蕊 6 枚两轮，每轮 3 枚，分离；子房上位，由 3 枚心皮合生形成 3 个子房室，每室胚珠多数。

3. 花图式：以花的横切面投影图直观表示花各部的形状、数目、排列方式和相互位置关系等特征。此法能较形象地反映花各部分的结构和排列，但记载稍繁琐、费时，且不能表示子房的位置。

花图式的绘制规则：

（1）用"○"表示花序轴，绘在图的上方。表示花着生在花序轴上，在花序轴相对的一方（或侧方）以外侧带棱的新月形符号表示苞片。若为顶生花，则以上二者均不绘。

（2）花的各部分绘在花序轴和苞片之间，用斜线组成带棱的新月形符号表示萼片或花被（花萼、花瓣无分化时），空白的新月形符号表示花瓣。如果萼片和花瓣都是离生，则各弧线彼此分离；若为合生，则以实线连接各弧线。绘制时要注意花被卷叠式（镊合状、覆瓦状、重覆瓦状、旋转状等）。若萼片或花瓣具有距时，则以弧线延长来表示。

（3）雄蕊以花药横切面表示，应注意表示出排列的方式和轮数、合生或离生、花药的内向或外向、雄蕊与花瓣之间位置的关系是对生或互生。若雄蕊退化，则以虚线图表示。

（4）雌蕊以子房的横切面表示，注意表示心皮的数目、合生或离生、子房的室数、胎座的类型和胚珠着生情况等。

在记载花的特征时，花的文字描述、花程式和花图式常配合使用，以较全面地反映花的特征。

分别取毛茛、蔷薇、槐花、紫花洋地黄、益母草、白英（或龙葵）、鸢尾（或射干）和百合等的花，写出花程式和文字描述。百合花蕾绘出花图式。

【实验报告】

写出毛茛、蔷薇、槐花、紫花洋地黄、益母草、白英（或龙葵）、鸢尾（或射干）、百合的花程式，并进行文字描述。

（李涛）

实验十一　果实和种子

【实验目的】

1. 熟悉果实、种子的来源和组成。
2. 掌握果实的类型。
3. 了解胚珠的类型。
4. 掌握种子的类型。

【实验材料】

桑椹，八角茴香，枸杞，栝楼，木瓜，杏，柑橘，蓖麻，曼陀罗，罂粟，车前，石竹，油菜，荠菜，绿豆（或豌豆），还亮草，板栗，向日葵，小茴香，杜仲，玉米等的果实。银杏，蓖麻子，大豆，马钱子（或锦葵）。

【方法与步骤】

1. 果实、种子的来源和组成（如图 2-3）：

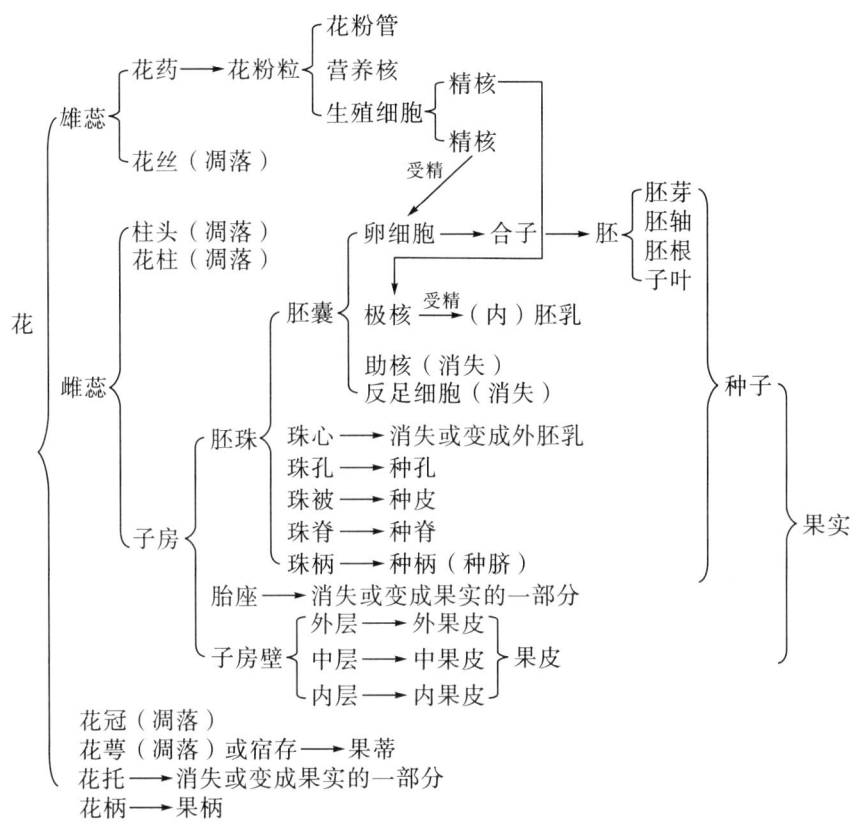

图 2-3 果实、种子的来源和组成

2. 果实的主要分类依据：
(1) 果实是由一朵花还是一花序受精发育而成。
(2) 果皮是肉质还是干燥（开裂，裂果；或不开裂，不裂果或闭果）。
3. 分别取桑椹、八角茴香、木瓜等观察，判断果实类型，填入括号内。
(1) 聚花果（复果），如（   ）。
(2) 聚合果，如（   ）。
(3) 单果，如（   ）。

4. 分别取枸杞、栝楼、木瓜、杏、柑橘等果实观察，判断果实类型，填入括号内。
(1) 浆果，如（   ）。
(2) 核果，如（   ）。
(3) 柑果，如（   ）。
(4) 瓠果，如（   ）。
(5) 梨果，如（   ）。

5. 分别取百合、蓖麻、曼陀罗、罂粟、车前、石竹、油菜、荠菜、绿豆（或豌豆）、还亮草的果实观察，判断其裂果类型，填入括号内。
蒴果纵裂室背开裂（   ）　　蒴果纵裂室间开裂（   ）
蒴果纵裂室轴开裂（   ）　　孔裂（   ）　　齿裂（   ）

盖裂（　　）　　长角果（　　）　　短角果（　　）　　荚果（　　）
蓇葖果（　　）

6. 分别取板栗、向日葵、小茴香、杜仲、玉米的果实观察，判断其不裂果（闭果）类型，填入括号内。

（1）坚果，如（　　　）。

（2）瘦果，如（　　　）。

（3）双悬果，如（　　　）。

（4）翅果，如（　　　）。

（5）颖果，如（　　　）。

7. 分别取蓖麻子、大豆观察外形和组织特征，绘制简图，并标出各部分名称。

8. 分别取银杏、马钱子（或锦葵）、大豆、蓖麻子观察，判断其胚珠类型，填入括号内。

（1）直生胚珠，如（　　　）。

（2）横生胚珠，如（　　　）。

（3）弯生胚珠，如（　　　）。

（4）倒生胚珠，如（　　　）。

9. 分别取蓖麻子、大豆等种子观察，判断子叶数、有无胚乳，填入括号内。

（1）双子叶有胚乳种子，如（　　　）。

（2）双子叶无胚乳种子，如（　　　）。

（3）单子叶有胚乳种子，如玉米。

（4）单子叶无胚乳种子，如泽泻。

【实验报告】

1. 果实有哪些类型？
2. 种子分为哪几种类型？

（李涛）

实验十二　藻类、菌类、地衣和苔藓植物的特征

【实验目的】

了解藻类、菌类、地衣和苔藓植物的特征。

【实验材料】

藻类：水绵（或蛋白核小球藻）（绿藻门）、海带（褐藻门）、石花菜（红藻门）。

菌类：蘑菇（伞菌类），茯苓。

地衣类：松萝。

苔藓类：地钱（雌株和雄株）。

【方法与步骤】

1. 分别取水绵（或蛋白核小球藻）、海带、石花菜等，观察藻类植物体的形态构造、所含色素的种类和颜色等特点，判断所属的藻类门。

2. 取蘑菇，观察各部分的构造特征；取菌褶横切片置于显微镜下观察子实层的结构（侧丝、担子、担子小柄和担孢子），绘制形态特征图和内部构造图，并标出各部分的名称。

3. 取茯苓粉末，用纯化水封片，置于显微镜下观察其菌丝的构造和颜色，绘制形态特征图。

4. 取松萝，观察外形特征，并将横切面置于显微镜下观察其构造，绘制形态特征图并标出各部分的名称。

5. 取地钱雌雄各一株，观察外形特征，绘制形态特征图并标出各部分的名称。

【实验报告】

绘制蘑菇、地钱（雌株和雄株）形态特征图，并标出各部分的名称。

（李涛）

实验十三　《被子植物门分科检索表》的使用

【实验目的】

学会使用《被子植物门分科检索表》，掌握唇形科、十字花科、石竹科、锦葵科、毛茛科、蔷薇科、豆科、伞形科、茄科、桔梗科、菊科、百合科、姜科的主要特征。

【实验材料】

益母草（或一串红），菘蓝，石竹（或瞿麦），朱槿，毛茛，委陵菜，象牙红，小茴香，木本曼陀罗，桔梗，大丽花，百合，姜等的花。

【方法与步骤】

分别取益母草（或一串红）、菘蓝、石竹（或瞿麦）、朱槿、毛茛、委陵菜、象牙红、小茴香、桔梗、木本曼陀罗、大丽花、百合、姜等的花，由外至内逐层解剖观察，写出花程式和形态特征文字描述，查阅《被子植物门分科检索表》，写出检索到科的路线，并确定科名。最后，查阅《中国植物志》《中国高等植物图鉴》等工具书确定科名、属名和种名。

【实验报告】

写出花程式、形态特征文字描述和检索到科的路线,并确定科名、属名和种名。

(李涛)

 被子植物门分科检索表

【参考文献】

吴勇,成丽,2008. 现代药学实验教程 [M]. 成都:四川大学出版社.
中国科学院植物研究所,1995. 中国高等植物科属检索表 [M]. 北京:科学出版社.
张浩,2011. 药用植物学 [M].6 版. 北京:人民卫生出版社.
黄宝康,2016. 药用植物学 [M].7 版. 北京:人民卫生出版社.
黄宝康,2022. 药用植物学 [M].8 版. 北京:人民卫生出版社.

第三章 生药学实验

实验一 根与根茎类药材的鉴定

甘草（GLYCYRRHIZAE RADIX ET RHIZOMA）

【实验目的】

1. 掌握甘草的原植物形态和生药性状特点。
2. 掌握甘草根横切面组织和粉末显微特征。
3. 掌握甘草的理化鉴定方法。

【仪器与材料】

1. 材料：甘草（*Glycyrrhiza uralensis* Fisch.），腊叶标本、生药及饮片标本、根的横切片及粉末。
2. 试剂：水合氯醛，蒸馏水，稀甘油，80%硫酸溶液。

【实验操作】

1. 观察甘草的腊叶标本。甘草为草本，根和根茎粗壮，皮红棕色。茎枝具短毛和腺毛。奇数羽状复叶，互生，小叶数目为7~17，卵形。总状花序腋生，花冠蝶形。荚果扁平，镰刀状，表面密被褐色刺状腺毛。
2. 观察甘草的生药性状。根呈圆柱形，外皮有时片状剥落。表面红棕色，有明显的纵皱纹及沟纹，并有稀疏的细根痕和横长皮孔。质坚实，断面纤维性，黄白色，粉性，具明显的形成层环及放射状纹理，有的具裂隙。根茎表面有芽痕，折断面中央有髓。气微、味甜。
3. 甘草的显微特征。

（1）根的横切面：①木栓层：由20~30层木栓细胞组成，红棕色。②皮层：较窄，数列薄壁细胞，含淀粉粒，有的含草酸钙方晶，有纤维散在。③韧皮部：靠外侧的筛管组织常皱缩颓废；韧皮纤维壁厚，非木化或微木化，纤维束周围的细胞中含草酸钙方晶，形成晶鞘纤维；韧皮射线较宽，稍弯曲，常有裂隙。④形成层：束中形成层明显，束间形成层不明显。⑤木质部：导管较大，常见为1个或2～3个相聚。木纤维束周围的细胞中含草酸钙方晶。木射线较平直。⑥薄壁细胞：含淀粉粒，少数细胞含棕色块状物。

(2) 根茎横切面：有髓，近木质部处偶见含红棕色物的分泌细胞。

(3) 粉末：淡棕黄色。分别以甘油－醋酸液和水合氯醛透化后封片，观察。①纤维：成束或散离，细长，直径 8～14μm，壁厚，微木化，孔沟不明显，晶鞘纤维易察见，含晶细胞的细胞壁增厚、微木化或非木化。②导管：主要为具缘纹孔导管，多破碎，纹孔对列或互列，有时在导管旁可见具缘纹孔管胞。③木栓细胞：棕红色，细胞壁薄，微木化，表面观呈类多角形。④尚可见淀粉粒和黄棕色或红棕色的色素块。

4. 理化鉴定。取甘草粉末少量，置白瓷板上，加80%硫酸溶液数滴，显黄色，渐变为橙黄色（甘草甜素反应）。

【报告要点】

1. 绘制甘草根的横切面组织简图、粉末特征图，并用文字叙述。
2. 记录甘草理化鉴定结果。

【思考题】

什么是晶鞘纤维？除甘草外还有哪些生药含晶鞘纤维？

(何俊)

实验二　叶类药材的鉴定

番泻叶 (SENNAE FOLIUM)

【实验目的】

1. 掌握番泻叶的生药性状和显微特征。
2. 了解叶类生药的一般构造。

【仪器与材料】

1. 材料：豆科植物狭叶番泻（*Cassia angustifolia* Vahl）或尖叶番泻（*Cassia acutifolia* Delile）的干燥小叶的药材、粉末。
2. 试剂：水合氯醛，稀甘油，蒸馏水，石油醚，乙酸乙酯，正丙醇，20%硝酸溶液，5％氢氧化钾的50％乙醇溶液等。

【实验操作】

1. 性状鉴定。

取番泻叶药材观察颜色、形状、长宽、叶端叶基叶缘情况、上下表面的色泽、毛茸的有无、叶脉的类型、叶片质地、叶片的气和味等特征。药材性状如下：

狭叶番泻呈长卵形或卵状披针形，长1.5～5cm，宽0.4～2cm，叶端急尖，叶基稍不对称，全缘。上表面黄绿色，下表面浅黄绿色，无毛或近无毛，叶脉稍隆起。革质。气微弱而特异，味微苦，稍有黏性。

尖叶番泻呈披针形或长卵形，略卷曲或破碎，长2～4cm，宽0.7～1.2cm。叶端短尖或微突，全缘，叶基不对称，上表面浅绿色，下表面灰绿色，两面均有细短毛茸。

2. 显微鉴定。

（1）横切面显微鉴别。

过中脉做横切片：①表皮细胞一列，外侧有角质层。上下表皮均有气孔，数目近相等。单细胞非腺毛壁厚，多有疣状突起，基部稍弯曲，长70～260μm。②等面叶，上下栅栏组织各有一列栅栏细胞，上侧栅栏细胞通过主脉，长于下侧栅栏细胞；上下栅栏组织间为海绵组织，细胞为圆形。常见草酸钙簇晶。③主脉维管束外韧型，上下两侧均有微木化的纤维束，外有含草酸钙棱晶的薄壁细胞形成晶纤维。④薄壁细胞中可见草酸钙棱晶。

（2）粉末显微鉴定。取适量番泻叶粉末，用水合氯醛透化后稀甘油封片，观察粉末显微特征。

番泻叶粉末淡绿色或黄绿色。晶纤维多，草酸钙棱晶直径12～15μm。非腺毛单细胞，长100～350μm，直径12～25μm，壁厚，有疣状突起。草酸钙簇晶存在于叶肉薄壁细胞中，直径9～20μm。上下表皮细胞表面观呈多角形，垂周壁平直；上下表皮均有气孔，气孔主为平轴式，副卫细胞大多为2个，有的为3个。

3. 理化鉴定。

取番泻叶粉末1g，加50％乙醇10ml，超声处理30min，离心，取上清液，蒸干，残渣加纯化水10ml使溶解，用石油醚（60～90℃）振摇提取3次，每次15ml，弃去石油醚液，取水液蒸干，残渣加50％乙醇5ml使溶解，作为供试液。另取番泻叶对照药材1g，同法制成对照药材溶液。吸取上述两种溶液各3μl，分别点于同一硅胶G薄层板上，使成条状，以乙酸乙酯－正丙醇－水（4∶4∶3）为展开剂，展开缸预平衡15min，展开，取出，晾干，置紫外灯（365nm）下检视。供试品色谱中，在与对照药材色谱相应的位置上，显相同颜色的荧光斑点；喷以20％硝酸溶液，在120℃加热约10min，放冷，再喷以5％氢氧化钾的50％乙醇溶液，供试品色谱中，在与对照药材色谱相应的位置上，显相同颜色的斑点。

【报告要点】

1. 简述番泻叶的性状特征。

2. 绘制番泻叶的横切面简图与粉末特征图，并简单描述。
3. 记录番泻叶的理化鉴定流程及鉴定结果。

【思考题】

1. 叶类药材的鉴定应注意哪些方面？
2. 番泻叶的显微构造中，哪些是专属性较强的特征？

（李峰）

实验三　花类药材的鉴定

金银花（LONICERAE JAPONICAE FLOS)

【实验目的】

1. 掌握金银花的生药性状和显微特征。
2. 了解花类生药的一般鉴定方法。

【仪器与材料】

1. 材料：忍冬科植物忍冬（Lonicera japonica Thunb.）的干燥花蕾或带初开的花的药材、粉末。
2. 试剂：水合氯醛，稀甘油，蒸馏水，甲醇，乙酸丁酯，甲酸等。

【实验操作】

1. 性状鉴定。

取完整的金银花药材，将其浸泡在温水里，使湿润柔软后，观察外观形状、大小、颜色、毛茸、花萼、花瓣、雄蕊和雌蕊的数目及其着生位置、气和味等特征。

金银花呈棒状，上粗下细，略弯曲，长2~3cm，上部直径约3mm，下部直径约1.5mm。表面黄白色或绿白色（贮久色渐深），密被短柔毛。偶见叶状苞片。花萼绿色，先端5裂，裂片有毛，长约2mm。开放者花冠筒状，先端二唇形；雄蕊5，附于筒壁，黄色；雌蕊1，子房无毛。气清香，味淡、微苦。

2. 显微鉴定。

取适量金银花粉末，用水合氯醛透化后稀甘油封片，观察粉末显微特征。

金银花粉末浅黄棕色或黄绿色。腺毛较多，头部细胞含黄棕色分泌物，分两种：一种头部呈倒圆锥形，顶部略平坦，多由10~30细胞排成2~4层，柄由1~5细胞组成；另一种头部呈类圆形或略扁圆形，多由6~20细胞组成，柄部1~5细胞。非腺毛有两种：一种为厚壁非腺毛，单细胞，长可达900μm，表面有微细疣状或泡状突起，有的具螺纹；另一种为薄壁非腺毛，单细胞，甚长，弯曲或皱缩，表面有微细疣状突起。草酸钙簇晶直径6~45μm。花粉粒呈类圆形或三角形，表面具细密短刺及细颗粒状雕纹，具3孔沟。

3. 理化鉴定。

取金银花粉末0.2g，加甲醇5ml，放置12h，滤过取滤液作为供试液。另取绿原酸对照品，加甲醇制成每1ml含1mg的溶液，作为对照液。吸取供试液10~20μl、对照液10μl，分别点于同一硅胶H薄层板上，以乙酸丁酯－甲酸－水（7∶2.5∶2.5）的上层溶液为展开剂，展开，取出，晾干，置紫外灯（365nm）下检视。供试品色谱中，在与对照品色谱相应的位置上，显相同颜色的荧光斑点。

【报告要点】

1. 简述金银花的性状特征。
2. 绘制金银花的粉末特征图，并简单描述。
3. 记录金银花的理化鉴定流程及鉴定结果。

【思考题】

1. 鉴定花类药材一般应注意哪些方面？
2. 金银花的主要化学成分有哪些？试从原植物形态和生药性状区别金银花和山银花。

（李峰）

实验四　果实和种子类药材的鉴定

小茴香（FOENICULI FRUCTUS）

【实验目的】

1. 掌握小茴香的生药性状和显微特征。
2. 了解伞形科植物果实的一般特征。

【仪器与材料】

1. 材料：伞形科植物茴香（*Foeniculum vulgare* Mill.）的干燥成熟果实的药材、粉末。
2. 试剂：水合氯醛，稀甘油，蒸馏水，95％乙醇，乙醚，三氯甲烷，石油醚，乙酸乙酯，二硝基苯肼试液等。

【实验操作】

1. 性状鉴定。

取小茴香药材观察形状、大小、颜色、顶端、基部、表面、质地、横切面、气、味等特征。

小茴香为双悬果，呈圆柱形，有的稍弯曲，长4~8mm，直径1.5~2.5mm。表面黄绿色或淡黄色，两端略尖，顶端残留有黄棕色突起的柱基，基部有时有细小的果梗。分果呈长椭圆形，背面有纵棱5条，接合面平坦而较宽。横切面略呈五边形，背面的四边约等长。有特异香气，味微甜、辛。

2. 显微鉴定。

（1）横切面显微鉴别：取小茴香药材做徒手切片，水合氯醛透化后稀甘油封片，观察横切面显微特征。

分果横切面：外果皮为1列扁平细胞，外被角质层。中果皮主要是薄壁细胞，在每一纵棱处有维管束，木质部位于中央为少数细小导管，韧皮部小型，位于木质部两侧；其周围有多数木化网纹细胞；背面纵棱间各有大的椭圆形棕色油管1个，接合面有油管2个，共6个。内果皮为1列扁平薄壁细胞，细胞长短不一。种皮细胞扁长，含棕色物。胚乳细胞多角形，含多数糊粉粒，每个糊粉粒中含有细小草酸钙簇晶。

（2）粉末显微鉴定：取适量小茴香粉末，分别用蒸馏水封片、水合氯醛透化后稀甘油封片，观察粉末显微特征。

小茴香粉末浅黄棕色或黄绿色，具特殊香气。外果皮细胞呈多角形，可见不定式气孔。网纹细胞壁不规则增厚，木化，增厚部分与未增厚部分形成网状纹理，具卵圆形纹孔。油管为黄棕色至深红棕色，多破碎，分泌细胞呈多角形。内果皮细胞呈镶嵌形，由5~8个狭长细胞为1组，其长轴相互不规则镶嵌（此为伞形科果实的特征）。内胚乳细胞呈多角形，无色，含众多糊粉粒，糊粉粒中含有细小草酸钙簇晶。

3. 理化鉴定。

取小茴香粉末2g，加乙醚20ml，超声处理10min，滤过，滤液挥干，残渣加三氯甲烷1ml使之溶解，作为供试液。另取茴香醛对照品，加95%乙醇制成每1ml含1μl的溶液，作为对照液。吸取供试液5μl、对照液1μl，分别点于同一硅胶G薄层板上，以石油醚（60~90℃）－乙酸乙酯（17:2.5）为展开剂，展至8cm，取出，晾干，喷以二硝基苯肼试液。供试品色谱中，在与对照品色谱相应的位置上，显相同的橙红色斑点。

【报告要点】

1. 简述小茴香的性状特征。
2. 绘制小茴香的横切面简图与粉末特征图，并简单描述。
3. 记录小茴香的理化鉴定流程及鉴定结果。

【思考题】

1. 果实和种子类药材的鉴定应注意哪些方面？
2. 伞形科植物的果实组织有哪些共同特征？

（李峰）

实验五 全草类药材的鉴定

麻黄（EPHEDRAE HERBA）

【实验目的】

1. 掌握全草类生药麻黄的药材性状、显微特征。
2. 熟悉麻黄的理化鉴定方法。

【仪器与材料】

1. 材料：麻黄科植物草麻黄（*Ephedra sinica* Stapf）、中麻黄（*Ephedra intermedia* Schrenk et C. A. Mey.）或木贼麻黄（*Ephedra equisetina* Bge.）的干燥草质茎的药材、粉末。
2. 试剂：水合氯醛，稀甘油，蒸馏水等。

【实验操作】

1. 性状鉴定。

取麻黄药材观察其各部分性状。

草麻黄：呈细长圆柱形，少分枝，直径1~2mm。有的带少量棕色木质茎。表面淡绿色至黄绿色，有细纵脊线，触之微有粗糙感。节明显，节间长2~6cm。节上有膜质鳞叶，长3~4mm；裂片2（稀3），锐三角形，先端灰白色，反曲，基部联合成筒状，红棕色。体轻，质脆，易折断，断面略呈纤维性，周边绿黄色，髓部红棕色，近圆形。气微香，味涩、微苦。

中麻黄：多分枝，直径1.5~3mm，有粗糙感。节上膜质鳞叶长2~3mm，裂片3（稀2），先端锐尖。断面髓部呈三角状圆形。

木贼麻黄：较多分枝，直径1~1.5mm，无粗糙感。节间长1.5~3cm。膜质鳞叶长1~2mm；裂片2（稀3），上部为短三角形，灰白色，先端多不反曲，基部棕红色至棕黑色。

2. 显微鉴定。

(1) 横切面显微鉴别：取麻黄药材做徒手切片，水合氯醛透化后稀甘油封片，观察横切面显微特征。

草麻黄：类圆形稍扁，表皮细胞类方形，外被厚的角质层。脊线较密，有蜡质疣状突起，两脊线间有下陷气孔。下皮纤维束位于脊线处，壁厚，非木化。皮层较宽，纤维成束散在。中柱鞘纤维束新月形。维管束外韧型，8~10个。形成层环类圆形。木质部呈三角状。髓部薄壁细胞含棕红色块，偶有环髓纤维。表皮细胞外壁、皮层薄壁细胞及纤维均有多数微小草酸钙砂晶或方晶。

中麻黄：维管束12~15个。形成层环类三角形。环髓纤维较多，成束或单个散在。

木贼麻黄：维管束8~10个。形成层环类圆形。无环髓纤维。

(2) 粉末显微鉴定：取适量麻黄粉末，用蒸馏水封片、水合氯醛透化后稀甘油封片，观察粉末显微特征。

麻黄粉末呈浅棕色或浅绿色，表皮组织碎片甚多，细胞呈长方形，外壁布满草酸钙砂晶，气孔特异，内陷，保卫细胞侧面观呈哑铃形或电话听筒形；角质层常破碎，呈不规则条块状。纤维较多，细长而壁厚，木化或非木化，胞腔狭小，常不明显，外壁附有细小众多的草酸钙砂晶和方晶。髓部薄壁细胞常含红紫色或棕色物质，多散出。导管多为螺纹、具缘纹孔，导管分子端壁具麻黄式穿孔板（导管分子斜面相接，端壁具多个圆形穿孔）。

3. 理化鉴定。

(1) 取麻黄粉末少许进行微量升华实验，得微细针状或颗粒状晶。

(2) 药材纵剖面置紫外灯下观察，边缘显亮白色荧光，中心显亮棕色荧光。

【报告要点】

1. 简述麻黄的性状特征。
2. 绘制麻黄的横切面简图与粉末特征图，并简单描述。
3. 记录麻黄的理化鉴定流程及鉴定结果。

【思考题】

1. 生药麻黄属哪类植物，该类植物有何特点？
2. 麻黄碱类生物碱的结构特点是什么？

(李峰)

实验六　药材及其伪品的鉴定

天麻（GASTRODIAE RHIZOMA）及其伪品

【实验目的】

1. 掌握天麻及其伪品的鉴定方法。
2. 熟悉天麻的性状、显微鉴定和理化鉴定方法。

【仪器与材料】

1. 材料：兰科植物天麻（*Gastrodia elata* Bl.）的干燥块茎的药材及其伪品的药材、粉末。
2. 试剂：水合氯醛，稀甘油，蒸馏水，碘试液，45%乙醇，米龙试液等。

【实验操作】

1. 性状鉴定。

观察天麻及其伪品药材的形状、大小、表面色泽、皱纹、有无致密环纹及"鹦哥嘴"，以及质地、断面特征等。

药材性状：呈椭圆形或长条形，略扁，皱缩而稍弯曲，长3～15cm，宽1.5～6.0cm，厚0.5～2.0cm。表面黄白色至黄棕色，有纵皱纹，以及由潜伏芽排列而成的横环纹多轮，有时可见棕褐色菌索。顶端有红棕色至深棕色鹦嘴状的芽或残留茎基；另端有圆脐形瘢痕。质坚硬，不易折断，断面较平坦，黄白色至淡棕色，角质样。气微，味甘。

2. 显微鉴定。

分别取天麻及其伪品药材做粉末片，用纯化水、水合氯醛透化后分别装片，观察其石细胞、晶体、淀粉粒、树脂道、黏液细胞的有无，维管束的类型，导管的类型及其大小等。

天麻粉末显微鉴定：粉末黄白色至黄棕色。厚壁细胞呈椭圆形或类多角形，直径70～180μm，壁厚3～8μm，木化，纹孔明显。草酸钙针晶成束或散在，长25～93μm。用醋酸甘油水装片观察含糊化多糖类物的薄壁细胞，无色，有的细胞可见长卵形、长椭圆形或类圆形颗粒，遇碘液显棕色或淡棕紫色。螺纹导管、网纹导管及环纹导管直径8～30μm。

3. 理化鉴定。

（1）取天麻及其伪品粉末各1g分别装于试管内，加蒸馏水10ml，浸渍1h，随时振摇、过滤，各取滤液 1ml 于试管内，加碘试液 2~4 滴，注意观察其颜色。

(2) 如上法改用 45％乙醇浸渍，滤液加米龙试液 0.5ml，注意观察其颜色变化以及有无沉淀生成。

【报告要点】

绘制天麻及其伪品的主要粉末特征图，记录观察，列表比较，并鉴定天麻药材与伪品的对应编号。

【思考题】

1. 天麻有哪些主要的性状和组织粉末特征？
2. 如何鉴别天麻及其伪品？

（何俊）

实验七　动物类生药的鉴定

【实验目的】

1. 了解鹿茸、全蝎、蟾酥的理化鉴别方法。
2. 熟悉地龙、水蛭、珍珠、海螵蛸、全蝎、桑螵蛸、蟾酥、鹿茸的性状鉴别特征。
3. 掌握蟾酥的显微鉴别特征。

【仪器与材料】

1. 仪器：试管，吸管，超声波振荡器，漏斗，水浴锅，烧杯，表面皿等。
2. 试剂：水合氯醛，三氯甲烷，98％硫酸，醋酸酐，95％乙醇，冰醋酸，茚三酮试液，0.5％硫酸铜溶液，对二甲氨基苯甲醛固体，正丁醇，甲醇，碘试液，色谱滤纸等。
3. 材料：

(1) 药材：地龙，水蛭，珍珠，海螵蛸，全蝎，桑螵蛸，蟾酥，鹿茸。

(2) 粉末：蟾酥粉末。

【实验操作】

1. 性状鉴别。

按生药性状鉴别方法，对下列生药进行观察。

(1) 地龙。

①广地龙：全体呈长条薄片状，弯曲，长 15~20cm，宽 1~2cm。全体具明显环节。背部棕褐色至紫灰色，腹部浅黄棕色。第 14~16 环节为生殖带，习称"白颈"，较

光亮。雄生殖孔在第 18 节腹部两侧，呈小突起状。受精囊孔 2 对，体轻，略呈革质，不易折断。气腥，味微咸。

②沪地龙：全体长 8~15cm，宽 0.5~1.5cm。背部棕褐色至黄褐色。第 14~16 节为生殖带，较光亮。环毛蚓的雄交配腔能全部翻出，呈菜花状或阴茎状；威廉环毛蚓的雄交配腔孔呈纵向裂缝状；栉盲环毛蚓的雄生殖孔内侧有一或多个小乳突。受精囊孔 3 对。气微腥，味微咸。

(2) 水蛭。

①蚂蟥：呈扁平纺锤形，有多数环节，长 4~10cm，宽 0.5~2.0cm。背部黑褐色或黑棕色，用纯化水浸后，可见黑色斑点排成 5 条纵线；腹面平坦，棕黄色。两侧棕黄色。前端略尖，前吸盘不显著，后端钝圆，吸盘较大。质脆，易折断，断面胶质状。气微腥。

②水蛭：扁长圆柱形，体多弯曲扭转，长 2~5cm，宽 0.2~0.3cm。

③柳叶蚂蟥：狭长而扁，长 5~12cm，宽 0.1~0.5cm。

(3) 珍珠。呈类球形、长圆形、卵圆形或棒形，直径 1.5~8.0mm。表面类白色、浅粉红色、浅黄绿色或浅蓝色，半透明，光滑或微凹凸，具特有的彩色光泽。质坚硬，破碎面有同心性层纹。气微，味淡。用火烧有爆裂声。

(4) 海螵蛸。

①无针乌贼：呈扁长椭圆形，中间厚，边缘薄，厚约 1.3cm，背面瓷白色，有脊状隆起及不甚明显的小疣点；腹面白色，自尾端到中部有细密波状横层纹；角质缘半透明，尾部较宽平，无骨针。体轻，质松，易折断，断面粉质，显疏松层纹。气微腥，味微咸。

②金乌贼：呈扁长椭圆形，背面疣点明显；略呈层状排列，腹面细密波状横层纹占全体大部分，中间有纵向浅槽；尾部角质缘渐宽，向腹面翘起，末端有一骨针，多已断落。味微咸。

(5) 全蝎。头胸部与前腹部呈扁平长椭圆形，后腹部呈尾状，皱缩弯曲，完整者体长约 6cm。头胸部呈绿褐色，前面有 1 对短小的螯肢及 1 对较长大的钳肢，背面覆有梯形背甲，腹面有足 4 对，末端各具 2 爪钩；前腹部由 7 节组成，背面绿褐色，有 5 条隆脊线；后腹部 6 节，棕黄色，末节有锐钩状毒刺。气微腥，味咸。

(6) 桑螵蛸。

①团螵蛸：略呈圆柱形或半圆柱形，宽 2~3cm，由多层膜状薄片叠成。表面浅黄褐色，上面带状隆起不明显，底面平坦或有凹沟。体轻，质松而韧，横断面可见外层为海绵状，内层为许多放射状排列的小室，室内各有 1 细小椭圆形卵，深棕色，有光泽。

②长螵蛸：呈长条形，一端较细，宽 1.0~1.5cm，表面类黄色，上面带状隆起明显，带的两侧各有 1 条暗棕色浅沟及斜向纹理。质硬而脆。

③黑螵蛸：略呈平行四边形，宽 1.5~2.0cm。表面灰褐色，上面带状隆起明显，两侧有斜向纹理，近尾端微向上翘。质硬而韧。

（7）蟾酥。呈扁圆形团块状或片状，棕褐色或红棕色。团块状者质坚，不易折断，断面棕褐色，角质状，微有光泽；片状者质脆，易碎，断面红棕色，半透明。气微腥，味初甜而后有持久的麻辣感，粉末嗅之作嚏。遇水泛出白色乳状液。

（8）鹿茸。

①花鹿茸：呈圆柱状分枝，外皮红棕色或棕色，光润，密生红黄色或棕黄色细茸毛；锯口黄白色，外围无骨质，中部密布细孔，体轻。具一个分枝者习称"二杠"，主枝习称"大挺"，长17～20cm，锯口直径4～5cm，离锯口约1cm处分出侧枝，习称"门庄"，长9～15cm，直径较大挺略细；外皮红棕色或棕色，多光润，表面密生红黄色或棕黄色细茸毛，上端较密，下端较疏；分岔间具一条灰黑色筋脉，皮茸紧贴。锯口黄白色，外围无骨质，中部密布细孔。

具两个分枝者，习称"三岔"，大挺长23～33cm，直径较二杠细，略呈弓形，微扁，枝端略尖，下部多有纵棱筋及突起疙瘩；皮红黄色，茸毛较稀而粗。体轻。气微腥，味微咸。

二茬茸：主枝大挺长而不圆或下粗上细，下部有纵棱筋；皮灰黄色，茸毛较粗糙，锯口外围已骨化。体较重。无腥气，质较次。

②马鹿茸：较花鹿茸粗大，分枝较多，外皮灰黑色。具一个侧枝者习称"单门"，具两个者习称"莲花"，具三个者习称"三岔"，具四个者习称"四岔"或更多。东北产者称"东马鹿茸"，西北产者称"西马鹿茸"。

东马鹿茸："单门"大挺长25～27cm，直径约3cm。外皮灰黑色，茸毛灰褐色或灰黄色，锯口面外皮较厚，灰黑色，中部密布细孔，质嫩；"莲花"大挺长可达33cm，下部有棱筋，锯口面蜂窝状小孔稍大；"三岔"皮色深，质较老；"四岔"茸毛粗而稀，大挺下部具棱筋及疙瘩，分枝顶端多无毛，习称"捻头"。

西马鹿茸：大挺多不圆，顶端圆扁不一，长30～100cm，表面有棱，多抽缩干瘪，分枝较长且弯曲，茸毛粗长，灰色或黑灰色。锯口色较深，常见骨质。气腥臭，味咸。

2. 显微鉴别。

（1）蟾酥。

粉末淡棕色。制蟾酥甘油水装片，观察到粉末有半透明或淡黄色不规则形碎块，附有砂粒状固体。

浓硫酸装片，观察到橙黄色，碎块四周渐小，变为透明的类圆形小块，表面显龟裂纹，久置渐溶解消失。

水装片，加碘试液观察，不应含有淀粉粒，不得显蓝紫色。

3. 理化鉴别。

（1）鹿茸。化学定性鉴别：取鹿茸粉末0.1g置烧杯中，加纯化水4ml，加热15min，放冷，过滤。取滤液1ml，加茚三酮试液3滴，摇匀，加热煮沸数分钟，显蓝紫色；另取滤液1ml，加10%氢氧化钠溶液2滴，摇匀，滴加0.5%硫酸铜溶液，显蓝紫色（检查蛋白质和氨基酸）。

（2）全蝎。纸色谱：取全蝎粉末1g，加纯化水10ml冷浸过夜，滤液点于色谱用滤纸上，以正丁醇-冰醋酸-乙醇-水（4∶1∶1∶2）展开，展距22cm，显色剂0.5%茚三酮丙酮液，斑点显紫色。

（3）蟾酥。化学定性鉴别：

①取蟾酥粉末0.1g置试管中，加甲醇5ml，浸泡1h，过滤，滤液加对二甲氨基苯甲醛固体少许，再加98％硫酸数滴，滤液显蓝紫色（检查吲哚类成分）。

②取蟾酥粉末0.1g置试管中，加三氯甲烷5ml，浸泡1h，过滤，滤液蒸干，残渣加醋酸酐少许使溶解，滴加98％硫酸，初显蓝紫色，渐变蓝绿色（检查甾醇类成分）。

【报告要点】

1. 记录全蝎、鹿茸、蟾酥的主要性状特征。
2. 绘制蟾酥粉末显微图。
3. 记录理化鉴别结果。

【思考题】

1. 如何鉴别花鹿茸与马鹿茸？
2. 如何鉴别蟾酥的真伪？

（何俊）

实验八　矿物类生药的鉴定

【实验目的】

1. 熟悉朱砂、石膏的理化鉴别方法。
2. 掌握矿物类生药的性状鉴别特征。

【仪器与材料】

1. 仪器：铜片，酒精灯，蒸发皿，小漏斗，试管，玻片，药匙，具有小孔软木塞的试管，铂丝等。
2. 试剂：36％盐酸，稀盐酸，硝酸，氢氧化钠试液，氯化钡试液等。
3. 材料：

（1）药材：朱砂，雄黄，滑石，石膏，龙骨，芒硝。

（2）粉末：朱砂粉末。

【实验操作】

1. 性状鉴别。

按性状鉴别方法，观察以下药材。

（1）朱砂：全体呈颗粒状、粉末状或块片状。鲜红色或暗红色，条痕红色至褐红色，具光泽。体重，质脆，具金刚光泽。气微，味淡。其中呈细小颗粒或粉末状，色红明亮者习称"朱宝砂"；呈不规则板片状，光亮如镜者习称"镜面砂"；颗粒较大，形如豆粒状者习称"豆瓣砂"。

（2）雄黄：为块状或粒状集合体，呈不规则块状，深红色或橙红色，条痕淡橘红色，晶面具有金刚石样光泽。质脆，易碎，断面具树脂样光泽。微有特异的臭气，味淡。精矿粉为粉末状或粉末集合体，质松脆，手捏即成粉，橙黄色，无光泽。

（3）滑石：呈不规则块状，多为块状集合体。白色、黄白色或淡蓝灰色，半透明或微透明。条痕白色，有蜡样光泽。质软细腻，手摸有滑润感，无吸湿性，置水中不崩散。气微，味淡。

（4）石膏：呈长块状、板块状或不规则块状，为纤维状的集合体。白色、灰白色或淡黄色，条痕白色，有的半透明。体重，质软，纵断面具绢丝样光泽。气微，味淡。

（5）龙骨：呈骨骼状或已破碎为不规则的块状，大小不一。表面白色、灰白色或淡黄白色，还有蓝灰色及棕红色花纹，表面平滑，有小裂隙。质硬，断面粗糙，关节处有多数蜂窝状小孔。具吸湿性，以舌舔之有吸力。

（6）芒硝：为棱柱状、长方形或不规则块状及粒状结晶。无色透明或类白色半透明，条痕白色。暴露空气中则表面渐风化而覆盖一层白色粉末。质脆，易碎，断面呈玻璃样光泽。气微，味咸。

2. 理化鉴别。

（1）朱砂。化学定性鉴别：

①取朱砂粉末，用36%盐酸湿润后，在光洁的铜片上摩擦，铜片表面显银白色光泽，加热烘烤后，银白色即消失（检查汞盐）。

②取朱砂粉末2g于蒸发皿中，加盐酸－硝酸（3∶1）的混合溶液2ml使之溶解，蒸干，加蒸馏水2ml溶解，滤过，滤液分置两个试管中，一管中加氢氧化钠试液1~2滴，产生黄色沉淀（检查汞盐）；于另一管中加氯化钡试液，产生白色沉淀，分离，沉淀在盐酸或硝酸中均不溶解（检查硫酸盐）。

（2）石膏。化学定性鉴别：取石膏一小块（约2g），置具有小孔软木塞的试管内，灼烧，管壁有水生成，小块变为不透明体（结晶水逸出，含水硫酸钙变为无水硫酸钙）。

【报告要点】

1. 写出生药朱砂、雄黄、石膏的主要性状特征。
2. 记录朱砂、石膏理化鉴别的反应过程及鉴别原理。

【思考题】

1. 矿物类生药的性状鉴别包括哪些内容？
2. 什么是矿物的条痕、解理、断口、本色、外色、假色？
3. 测定矿物类生药的硬度有哪些方法？

（何俊）

实验九　川贝母及其伪品的 DNA 分子鉴定实验

【实验目的】

1. 掌握聚合酶链式反应（PCR）鉴别中药材真伪的原理。
2. 熟悉川贝母及其伪品的 DNA 提取和鉴定方法。

【仪器与材料】

1. 仪器：超纯水机，球磨仪，水浴锅，千分之一天平，PCR 仪，电泳仪，凝胶成像仪，超声机，微波炉，移液器等。
2. 试剂：植物基因 DNA 快速抽提试剂盒，三氯甲烷，异丙醇，β-巯基乙醇，PCR Taq 酶 Master Mix，Primer F+R，ddH$_2$O，酶切缓冲液，Smal 酶，琼脂糖，50X TAE 缓冲液，4S GelRed 10000×，6×loading buffer，Marker B，75％乙醇，UP 水等。
3. 材料：川贝母及其伪品的药材。

【实验操作】

1. 样品处理。

实验步骤：取川贝母 2 粒、平贝母半粒（切碎），用单面刀片轻轻刮除外皮。用 75％乙醇棉球（每次 1 个）、UP 水棉球清洗（每次 1 个，除去残留的乙醇），干净卫生纸吸干样品表面水分，晾干（务必晾干，否则不易研碎），川贝母放置于 5ml EP 管中，平贝母放置于 10ml EP 管中，川贝母管中加入 6 颗小钢珠，平贝母管中加入 6 颗小钢珠和 2 颗大钢珠，关紧管盖，做好标记，置球磨仪研磨成极细粉。

目的：除去鳞茎表面的 RNA、细菌等，消除外源性污染；研成极细粉，利于后续 DNA 的提取。

2. DNA 的提取。采用试剂盒法提取样品中的 DNA。

实验步骤：

（1）各取 30mg 川贝母、平贝母粉末样品（平行实验 2 组），置 1.5ml 离心管中，加入 400μl Buffer PCL 溶液和 8μl β-巯基乙醇，涡漩振荡混匀，65℃水浴 45min，每 10min 颠倒混匀一次。

目的：使 DNA 裂解；β-巯基乙醇可抑制氧化，避免褐化。

（2）放置室温后，加入 20μl RNA 酶溶液（10mg/ml），涡漩振荡均匀，室温放置 5min，加入 200μl Buffer PP，充分颠倒混匀，−20℃冰箱放置 5min，室温 10000rpm 离心 5min，将上清液转移至新的 1.5ml 离心管中。

目的：除去 DNA 中混的 RNA 杂质。

(3) 加入 500μl 三氯甲烷，颠倒混匀，室温 12000rpm 离心 5min，分层后，取上层澄清液。

目的：使蛋白与 DNA 分离，以除去蛋白。

(4) 加入第 (3) 步中所取上层澄清液等体积的异丙醇，颠倒 8 次使之充分混匀，−20℃冰箱放置 30~45min。室温 10000rpm 离心 5min，离心管底部出现 DNA 沉淀，弃去管内溶液。

目的：将 DNA 在冷的异丙醇中沉淀，因为 DNA 在醇中不可溶而粘在一起，这一步也能除掉盐分。

(5) 加入 1ml 75% 乙醇，颠倒漂洗 9~10 次，10000rpm 离心 2min，弃上清液；重复此步操作 2 次。

目的：使 DNA 分子析出。

(6) 开盖室温倒置 5~10min 至残留的乙醇完全挥发，得到的 DNA 用 50μl TE Buffer 超声溶解。提取的 DNA 可立即进行下一步实验或−20℃保存。

目的：DNA 保存在 TE 缓冲液中更稳定。

3. PCR 反应。

将冷冻保存的 DNA 溶液按照表 3-1 于 0.2ml EP 管中进行 PCR 反应体系配制，然后于 PCR 仪中反应。

表 3-1 PCR 反应体系

试剂	体积 (μl)
Taq PCR Master Mix	25
DNA template	1
Primer F (10μmol/L)	2
Primer R (10μmol/L)	2
Sterilized ddH$_2$O	补足至 50μl

将离心管置 PCR 仪，PCR 反应参数如下：

(1) 95℃预变性 4min。

目的：使 DNA 变性，DNA 双链解旋成为单链。

(2) 循环反应 35 次 (95℃ 30s、55℃ 30s、72℃ 30s)。

目的：引物退火，寡核苷酸与单链模板杂交，形成 DNA 模板−引物复合物。重复循环"变性−退火−延伸"过程，就可以获得更多的"半保留复制链"，而且这种新链又可以成为下次循环的模板。每完成一个循环需 2~4min，2~3h 就能将待扩目的基因扩增放大几百万倍。

(3) 72℃延伸 10min。

目的：DNA 模板−引物复合物在 72℃、DNA 聚合酶（如 TaqDNA 聚合酶）的作用下，以 dNTP 为反应原料，靶序列为模板，按碱基互补配对与半保留复制原理，合成一条新的与模板 DNA 链互补的半保留复制链。

(4) 产物置 4℃保存。

目的：4℃保存 1~2d 备用。长期保存建议在－20℃。

4. 酶切反应体系。

酶切反应体系见表 3-2，置 600μl 离心管中，按照试剂盒方法进行酶切反应。

表 3-2 酶切反应体系

试剂	体积（μl）
10×酶切缓冲液	5
SmaI	1
dd 水	8
PCR 产物	6

实验步骤：酶切反应在 25℃水浴反应 15min。

目的：切割聚合酶链式反应（PCR）扩增产物。伪品川贝母 PCR 扩增产物没有 SamI 酶切位点（CCC¦GGG），不能被 SamI 切割，正品川贝母 PCR 扩增产物含有 SamI 酶切位点（CCC¦GGG），能被 SamI 切割，以此区别正品与伪品。

5. 琼脂凝胶电泳及凝胶成像。

(1) 凝胶制备：称取 0.53g 琼脂糖 B，加 35ml 1×TAE 缓冲液，5ml UP 水，微波炉加热溶解（1min，盖薄膜）。

目的：制备约 1.5％的琼脂糖凝胶溶液。

(2) 制胶：待凝胶冷却至 65℃时，加入核酸染料 GelRed（10000∶1），混合均匀（振摇即可）；然后将凝胶倒入插好梳子的 5cm×5cm 胶盒中，30~40min 后，胶完全凝固，取梳子，将胶放进电泳槽中，倒入 1×TAE 缓冲液，没过胶约 0.5~1cm。

目的：冷却至 65℃，防止核酸染料变性。

(3) 制样、点样：将川贝母和平贝母的酶切产物（10μl）分别与 6×loading buffer（2μl）（5∶1）于洁净的 500μl 离心管中混合均匀，各取 8μl 混合物点样于凝胶上，同时点上空白样品（ddH₂O 8μl）、Marker B（6μl，不加 6×loading buffer）。

目的：加入 loading buffer 可以增加样品密度，提高沉降率使得核酸能够沉入孔里，且里面含有电泳指示剂。

(4) 电泳：接通电源，红为正极，黑为负极，90V（恒压电泳），胶板孔朝向黑色电极处，当蓝色条带移动至距胶板前沿约 2~4cm 处，停止电泳。

目的：DNA 向正极移动，DNA 分子的迁移速度与其大小成反比，不同分子量大小的 DNA 可以实现分离。

(5) 观察电泳结果：将凝胶置于凝胶成像仪上观察、拍照（紫外发光）。

目的：观察实验结果，并保存结果。

【报告要点】

1. 绘制或打印出川贝母及其伪品的 DNA 条带鉴别图。

2. 详细分析实验结果，并探讨原因及关键步骤对实验的影响。

【思考题】

1. 川贝母及其伪品 DNA 提取的关键步骤有哪些？
2. PCR 的原理是什么？为什么 PCR 能用于药材真伪的鉴定？

（李峰）

实验十　中成药的显微鉴定

知柏地黄丸

【实验目的】

1. 掌握中成药的显微鉴定方法。
2. 掌握知柏地黄丸各组成粉末的鉴别特征。

【实验材料】

知柏地黄丸1粒及熟地、山药、泽泻、茯苓、丹皮、知母、黄柏、山茱萸的药材和粉末。

【实验操作】

1. 处方：熟地 40g，山药 20g，泽泻 15g，茯苓 15g，丹皮 15g，知母 10g，黄柏 10g，山茱萸 20g。

2. 观察组成处方的单味药材粉末：用稀甘油封片，观察淀粉；用水合氯醛封片，观察菊糖；用水合氯醛加热封片，观察组织细胞的特征。综合单味药材的特征，分析知柏地黄丸的主要鉴别特征。

3. 取知柏地黄丸1粒，放于比色盘小皿中，加蒸馏水 2 滴，自然崩解，取少量丸中心粉末，按需要分别制片，置显微镜下观察：

(1) 棕色至黑棕色组织碎片，细胞皱缩或细胞间界限不清，具棕色核状物（熟地）。

(2) 淀粉粒大，众多，呈三角状、卵形或矩圆形，直径 10～40μm，脐点呈缝状或人字形；草酸钙针晶大，长 95～240μm，多成束，很少单个散离（山药）。

(3) 薄壁细胞大，呈类圆形，直径 3～20μm（泽泻）。

(4) 白色与棕色菌丝（茯苓）。

(5) 草酸钙簇晶直径 9～45μm，有的含晶细胞纵向成行（丹皮）。

(6) 草酸钙针晶束长 35～110μm，有的针晶粗达 7μm，似柱晶，碎断似方晶（知母)。

(7) 石细胞与纤维为鲜黄色，可见异形石细胞及散在的方晶，方晶直径 8~24μm（黄柏）。

(8) 细胞呈类多角形，直径 16~30μm，壁念珠状增厚，细胞内含淡橙黄色物；石细胞呈类方形、长方形，纹孔明显，胞腔大（山茱萸）。

【报告要点】

记录单味药材的粉末特征，绘出知柏地黄丸的显微图。

【思考题】

怎样进行中成药的显微鉴定？在鉴定过程中要注意哪些问题？

(何俊)

【参考文献】

蔡少青，秦路平，2016. 生药学［M］.7 版. 北京：人民卫生出版社.

陈随清，2017. 生药学实验指导［M］.3 版. 北京：人民卫生出版社.

姬生国，高建平，2016. 生药学实验［M］. 北京：科学出版社.

国家药典委员会，2025. 中华人民共和国药典（2025年版）：一部［M］. 北京：中国医药科技出版社.

李家实，1996. 中药鉴定学［M］. 上海：上海科学技术出版社.

何勤，尹红梅，2019. 新编药学实验教程（上、下）［M］. 成都：四川大学出版社.

第四章 天然药物化学实验

实验一 天然药物化学成分的提取方法

天然药物化学是运用现代科学理论与方法研究天然药物中化学成分的一门学科，其研究内容包括天然成分的提取、分离、结构鉴定、理化性质、生物合成途径及生物活性等多个方面。整个天然药物化学的研究就是从天然药物中化学成分的提取、分离开始的。在设计提取分离方法前，应对所用材料的基源（如动、植物的学名）、产地、部位（花、果、叶、茎、根或种子等）和采集时间等进行考查和确定，并系统地查阅文献，以充分了解、利用前人的经验。这一步涉及目标天然产物和非目标天然产物（也称为杂质）的性质，如酸碱性、溶解性、挥发性和热稳定性等。其最终目标是尽可能多地提取出目标天然产物成分，同时尽可能少地或者不提取出杂质。

常用的天然产物提取方法有溶剂法、水蒸气蒸馏法及升华法等。其中溶剂提取法是主要方法。

一、溶剂提取法

（一）溶剂提取法的基本原理

溶剂提取法是基于"相似相溶"原理，选择适当的溶剂将天然药物中的化学成分从药材中提取出来的方法。化合物亲水性和亲脂性的大小与其分子结构直接相关。一般来说，两种母核骨架相同的成分，其结构中官能团极性越大或极性官能团越多，则分子极性越大，表现出越强的亲水性；反之，其结构中非极性部分越大或碳链越长，则分子极性越小，亲脂性越强。

（二）选择提取溶剂的原则

常用溶剂的极性根据其介电常数的大小，由弱到强，顺序如下：

石油醚＜二硫化碳＜四氯甲烷＜苯＜二氯甲烷＜乙醚＜三氯甲烷＜乙酸乙酯＜丙酮＜乙醇＜甲醇＜乙腈＜水＜吡啶＜醋酸。

天然产物成分中，萜类、甾体等脂环类及芳香类化合物因极性较小，易溶于三氯甲烷、乙醚等亲脂性溶剂；而糖苷、氨基酸等化合物极性较大，则易溶于水及含水醇。另外，酸性、碱性及两性化合物，因它们在溶液中的状态与溶液的pH密切相关，其溶解度将随溶液pH改变而发生变化。

选择提取溶剂除了考虑其极性和pH外，还应遵循以下原则：

1. 溶剂不能与待提取成分发生不可逆的化学反应。
2. 溶剂应对待提取物有较大的溶解度，而对杂质溶解度要尽可能小，或反之。
3. 溶剂应廉价易得，并且有较好的安全性，还要易于回收和重复利用。

天然产物主要成分及对应的提取溶剂见表4-1。

表4-1 天然产物主要成分及对应的提取溶剂

天然产物主要成分的极性	天然产物主要成分的主要类型	提取溶剂
强亲脂性（极性小）	挥发油、脂肪油、蜡、脂溶性色素、甾醇类、某些苷元	石油醚、己烷
亲脂性	苷元、生物碱、树脂、有机酸、某些苷类	乙醚、三氯甲烷
	强心苷类（小）	三氯甲烷：乙醇（2:1）
中等极性	黄酮苷类（中）	乙酸乙酯
	皂苷、蒽醌苷类（大）	正丁醇
亲水性	极性大的苷类、糖类、氨基酸、某些生物碱的盐	丙酮、乙醇、甲醇
强亲水性	蛋白质、黏液质、果胶、糖类、氨基酸、无机盐类	水

（三）溶剂提取法的常用技术

1. 常规溶剂提取方法。

常规溶剂提取方法应根据天然产物对温度的敏感性，采取冷、热两种提取模式。冷提效率虽然不高，但适合提取一些热不稳定物质，如含较多酚羟基或酯基的成分；热提取对热稳定物质有较高的提取率。天然产物常用提取方法见表4-2。

表4-2 天然产物常用提取方法

提取方法	溶剂	操作	提取效率	使用范围	备注
浸渍法	水或有机溶剂	不加热	效率低	各类成分，尤其是遇热不稳定成分	出膏率低，易发霉，需加防腐剂
渗漉法	水或有机溶剂	不加热	—	脂溶性成分	消耗溶剂量大，时间长
煎煮法	水或稀醇	直火，加热	—	水溶性成分	易挥发，热不稳定物质不宜使用
回流提取法	有机溶剂	水浴，加热	—	脂溶性成分	热不稳定物质不宜使用，溶剂用量大

续表

提取方法	溶剂	操作	提取效率	使用范围	备注
连续回流提取法	有机溶剂	水浴，加热	节省溶剂、效率最高	亲脂性较强成分	用索氏提取器，时间长

实验操作步骤：

（1）将药材粉末装入合适的容器中（烧瓶、提取器、桶）。

（2）加入适量的溶剂（一般为4~10倍）进行冷提或热提。

（3）收集提取液。

（4）减压浓缩，得浸膏。

2. 溶剂提取新技术。

（1）超临界流体萃取技术：处于临界压力和临界温度以上的流体对有机化合物的溶解度能增加几个数量级，物质处于临界温度和临界压力以上状态时，将以单一相态存在，称为超临界流体。超临界流体与待提取的物质接触，通过控制温度和压力，可使超临界流体选择性地将天然成分按照极性大小、沸点高低和分子量大小依次萃取出来，该方法称为超临界流体萃取法，已在食品、香料、医药和化工等领域得到广泛的应用，天然产物成分提取是其最大的应用领域。

常用的超临界流体及其主要临界参数见表4-3，其中以二氧化碳最常用。二氧化碳作为超临界流体的主要特点：①临界温度不高，萃取温度低，适用于热不稳定物质；②临界压力不太高，萃取介质的溶剂特性易改变；③黏度小，密度相对较大，在超临界区域内，稍微升高压力，密度变化较大，其溶解性质也随之改变，可萃取不同物质；④萃取介质可循环使用，成本低；⑤惰性气体，不破坏样品；⑥无传统溶剂提取法易燃、易爆的危险，无毒，无公害，纯天然产品；⑦可与其他色谱技术联用，高效、快速地分析中药及其制剂中的有效成分。

表4-3 常用的超临界流体及其主要临界参数

流体	临界温度（℃）	临界压力（MPa）	临界密度（g/ml）
二氧化碳	31.1	7.39	0.45
甲烷	-83.0	4.60	0.16
乙烷	32.4	4.89	0.20
乙烯	9.5	5.07	0.20
丙烷	97.0	4.26	0.23
丙烯	92.0	4.67	0.23
水	374.2	22.01	0.34

（2）超声波提取技术：天然药物有效成分大多为细胞内物质，现有的机械破碎法难以将细胞有效破碎，化学破碎方法又容易造成被提取物的结构性质等发生变化而失去活性。超声波提取技术应用超声波强化提取天然药物的有效成分，是一个物理破碎过程。

其对媒质主要产物产生独特的机械振动作用和空化作用,从而提高天然药物有效成分的提取效率。

超声波提取技术是一种溶剂提取法的强化技术,可大大提高提取效率。近年来,该技术被广泛应用于天然产物成分的提取,主要体现在以下几个方面:

在药用植物成分提取中主要用于生物碱、苷类、挥发油、多糖等成分的提取。

在食用植物成分提取中有利于食用植物经粉碎打浆后的进一步细化,使汁液中的果胶降解、果汁黏性降低,提高汁液的产量、纯度和过滤速度。

在其他成分提取中的应用如氨基酸、蛋白质、酶、色素等。

(3)微波提取技术:微波提取技术是利用微波能来提高溶剂提取效率的一种新技术。微波在传输过程中,根据物料性质不同而产生反射、穿透、吸收现象。微波提取过程中,微波辐射导致植物细胞内的极性物质,尤其是水分子吸收微波能,产生大量热量,使细胞内温度迅速上升,水汽化将细胞膜和细胞壁冲破,形成微小孔洞,使细胞外溶剂容易进入细胞内,溶解并释放胞内产物。由于物质结构不同,吸收微波能的能力也不同,胞内物质被选择性地加热,使之与基体分离,进入微波吸收能力较差的萃取剂中。

(4)酶法和仿生提取技术:酶法是近几年来用于中药工业的一项生物工程技术。选用恰当的酶,通过酶反应较温和地将植物组织分解,加速有效成分的释放、提取;选用相应的酶可将影响提取的杂质(如淀粉、蛋白质、果胶等)分解去除。仿生提取技术综合运用医学仿生(人工胃、人工肠)与化学仿生(酶的应用)的原理,同时将整体药物研究法与分子药物研究法相结合,从生物药剂学的角度,模拟药物经胃肠道转运的过程,为经胃肠道给药的中药制剂的一种新的提取工艺。这两种新技术都属于溶剂法提取天然产物的前处理技术,通过酶解使天然产物中杂质减少,有效成分含量增加。

二、水蒸气蒸馏法

水蒸气蒸馏法适用于具有挥发性,能随水蒸气蒸馏,而化学结构不被破坏且难溶或不溶于水的成分的提取。此类成分的沸点多在100℃以上。水蒸气蒸馏的原理是基于两种互不相溶的液体共存时,各组分的蒸汽压和它们在纯粹状态时的蒸汽压相等,而另一种液体的存在并不影响它的蒸汽压,混合体系的总蒸汽压等于各组分的蒸汽压之和,由于体系中的蒸汽压比任何一组分的蒸汽压高,所以混合物的沸点要比任一组分的沸点低。此方法主要用于提取植物挥发油,某些低极性的生物碱,如麻黄碱、烟碱、槟榔碱等,小极性的香豆素类化合物也可使用本法提取。

三、升华法

物质从固态不经过液态直接变成气态的相变过程称为升华。天然药物中有一些成分,如小分子的香豆素、木脂素、醌类等,具有升华的性质,可利用该方法直接将其从中药中提取出来。先将药材加热使其升华,再将其蒸气冷凝,富集产物,即可直接从中药中提取某些成分,如从茶叶中提取咖啡因,樟木中提取樟脑,等等。此方法简单易行,但往往提取不完全,也常伴有成分的分解现象,产率低,很少用于大规模制备。

(陈东林)

实验二 天然药物化学成分的鉴别实验

【实验目的】

1. 掌握天然药物中各类化学成分的常用鉴别方法。
2. 熟悉各类化合物鉴别反应的现象和结果判断方法。
3. 了解天然药物化学成分预实验的意义。

【实验指导】

天然药物中往往含有多种化学成分,在对其进行提取分离时,要大致知道其中含有的化学成分的类型,以便根据所含化合物的性质选择合适的提取分离溶剂。这就需要有一些比较简单的对各类化学成分进行定性鉴别的实验方法。

不同结构类型的化合物具有不同的特征鉴别反应,其反应现象和结果也会有所不同。本节通过介绍不同结构类型化合物的鉴别反应、各类化合物的鉴别反应操作方法、反应现象的识别、反应结果的判断,为今后的天然药物化学成分的提取、分离奠定基础。

不同结构类型的化合物,其理化性质不同。每一类化合物与特定的反应试剂进行反应时,会产生一些特殊的反应现象,可以用于确定该类化合物的存在。

分别选取若干种已知结构类型化合物的天然药物,采用适宜的溶剂进行提取。再根据药材中所含主要化合物的性质,将提取液与特定的反应试剂进行反应,观察反应现象,并记录实验结果。

【仪器及材料】

1. Molish 试剂:称取 α-萘酚 5g 溶于 100ml 95%乙醇中,配制成 5%的 α-萘酚乙醇溶液,与浓硫酸制成 Molish 试剂。

2. 苯胺-邻苯二甲酸试剂:称取苯胺 0.93g、邻苯二甲酸 1.6g 溶于 100ml 水饱和的正丁醇中混匀,备用。

3. 多伦(Tollen)试剂:0.1mol/L 硝酸银溶液和 5mol/L 的氨水等量混合。

4. 斐林(Fehling)试剂:称取 $CuSO_4 \cdot 5H_2O$ 34.6g 溶于 200ml 纯化水中,用 0.5ml 浓硫酸酸化,再用纯化水稀释至 500ml,备用;称取酒石酸钾钠 $KNaC_4H_4O_6 \cdot 4H_2O$ 173g 和 NaOH 固体 50g 溶于 400ml 纯化水中,再稀释至 500ml,过滤,备用;使用时,量取等体积两溶液混合。该试剂必须临用前配制。

5. 三氯化铁试剂:称取三氯化铁 1g 溶于 100ml 纯化水中,配制成 1%的三氯化铁溶液。

6. 香草醛-盐酸试剂:称取香草醛 0.5g 溶解于 50ml 10%盐酸溶液中配制而成。

7. 三氯化铁-铁氰化钾试剂：试剂Ⅰ，称取0.5g三氯化铁溶解于50ml纯化水中；试剂Ⅱ，称取0.5g铁氰化钾溶解于50ml纯化水中。临用时，两溶液等体积混合。

8. 固蓝B盐（fast blue B salt）试剂：试剂Ⅰ，称取0.5g固蓝B盐溶解于100ml纯化水中；试剂Ⅱ，0.1mol/L氢氧化钠溶液。临用时，先喷试剂Ⅰ，再喷试剂Ⅱ。

9. 氢氧化钠-盐酸试剂：分别配制1%氢氧化钠溶液和2%盐酸溶液。

10. Emerson试剂：试剂Ⅰ，称取1g 4-氨基安替比林溶于50ml 95%乙醇中，配制成2%的4-氨基安替比林乙醇溶液；试剂Ⅱ，称取4g铁氰化钾溶于50ml纯化水中，配制成8%铁氰化钾水溶液。使用时，先喷试剂Ⅰ，再喷试剂Ⅱ。

11. Gibb's试剂：试剂Ⅰ，称取0.5g 2,6-二溴苯醌氯亚胺溶于100ml 95%乙醇中，配制成0.5% 2,6-二溴苯醌氯亚胺乙醇溶液；试剂Ⅱ，称取1g氢氧化钾溶于100ml 95%乙醇中，配制成1%氢氧化钾乙醇溶液。使用时，先滴加试剂Ⅰ，使溶液pH达到9~10，再滴加试剂Ⅱ。该试剂必须临用前配制。

12. 异羟肟酸铁试剂：试剂Ⅰ，称取3.5g盐酸羟胺溶于50ml甲醇中配制成7%盐酸羟胺甲醇溶液；试剂Ⅱ，称取5g氢氧化钾溶于50ml甲醇配制成10%氢氧化钾甲醇溶液；试剂Ⅲ，称取0.5g三氯化铁溶于50ml 95%乙醇中配制成1%三氯化铁乙醇溶液；稀盐酸。

13. 三氯化铝试剂：称取0.5g三氯化铝溶于50ml 95%乙醇中配制成1%三氯化铝乙醇溶液。

14. 醋酸镁试剂：称取0.5g醋酸镁溶于100ml甲醇配制成0.5%醋酸镁甲醇溶液。

15. 硼酸试剂：称取0.5g硼酸溶于50ml纯化水，配制成1%硼酸水溶液。

16. Feigl试剂：试剂Ⅰ，25%碳酸钠水溶液；试剂Ⅱ，4%甲醛水溶液；试剂Ⅲ，5%邻二硝基苯乙醇溶液。使用时，各种溶液加入1滴，混匀，即得。

17. 无色亚甲蓝试剂：称取0.1g亚甲蓝溶于100ml 95%乙醇中，加入1ml冰醋酸及1g锌粉，缓缓振摇直至蓝色消失，备用。

18. 磷钼酸试剂：称取25g磷钼酸溶于100ml 95%乙醇中，配制成25%磷钼酸乙醇溶液。

19. 亚硝酰铁氰化钠（Legal）试剂：称取0.5g亚硝酰铁氰化钠溶于100ml纯化水中，配制成0.5%亚硝酰铁氰化钠水溶液。

20. 3,5-二硝基苯甲酸（Kedde）试剂：称取1g 3,5-二硝基苯甲酸溶于50ml甲醇中，加入2mol/L NaOH溶液50ml，现用现配。

21. 碱性苦味酸（Baljet）试剂：称取1g苦味酸溶于100ml 95%乙醇中，配制成1%苦味酸乙醇溶液；另外称取5g氢氧化钠溶于100ml纯化水中，配制成5%氢氧化钠水溶液。两者等量混合，配制完成。

22. 对二甲氨基苯甲醛（Ehrlich）试剂：称取1g对二甲氨基苯甲醛溶于100ml 95%乙醇中，配制成1%对二甲氨基苯甲醛乙醇溶液，然后与浓盐酸按体积比4∶1混合而成。

23. 碘化铋钾试剂：称取碘化铋钾2g，加冰醋酸20ml溶解后，加50ml纯化水稀释即得。

【实验操作】

1. 糖和苷类的一般鉴别。

称取待鉴别的天然药物（以下均称检品，如葛根）粗粉 2g，加纯化水约 10ml，70℃左右水浴加热 10min，过滤，滤液用于以下鉴别实验。

(1) 糖的化学鉴别实验。

①Molish 反应。

鉴定试剂：Molish 试剂。

显色原理：糖在浓硫酸的作用下，先脱水缩合成糠醛或其衍生物，然后再与 α-萘酚反应生成紫红色复合物。其化学反应式如下：

$$糖 \xrightarrow{浓硫酸} 糠醛 \xrightarrow{2\ \alpha-萘酚,\ 浓硫酸} 紫红色复合物$$

注意事项：该反应较为灵敏，若有微量滤纸纤维或中草药粉末存在于溶液中，都能产生上述反应，过滤时应注意。

操作方法：取检品热水提取液 1ml 于试管中，加 5% α-萘酚乙醇溶液 2~3 滴，摇匀，沿管壁缓缓加入 0.5ml 浓硫酸，如果在试液与浓硫酸的交界面处很快形成紫色环，则表明样品含有糖类、多糖或苷类，此溶液经振摇后颜色变深并发热，冷却后加水稀释则有暗紫色沉淀出现。

②苯胺-邻苯二甲酸反应。

鉴定试剂：苯胺-邻苯二甲酸试剂。

显色原理：糖受强酸及加热的影响，能脱水生成糠醛的衍生物，再与芳香胺类缩合成 Schiff 碱而显色。

操作方法：将样品点在滤纸上，喷洒苯胺-邻苯二甲酸试剂，105℃下加热 5min，生成还原糖，显桃红色斑点。有时也呈棕色斑点，一般来讲，呈红色的为戊醛糖和 2-己酮糖酸，呈棕色的为己醛糖和 5-己酮糖酸。

③多伦反应。

鉴定试剂：多伦试剂。

显色原理：多伦试剂可将醛类氧化成羧酸铵盐，自身被还原为金属银而沉淀，以此可区分单糖中的醛糖和酮糖。

操作方法：还原糖和该试剂反应，沸水浴加热，产生银色或褐色沉淀，反应可在纸上进行，喷洒试剂后，100℃下加热 5~10min，显棕褐色斑点。

注意事项：脂肪族和芳香族的醛、芳胺、氨基酚、多元酚和甲酸都呈阳性反应。另外，含 C=S 和—SH 基团的化合物会生成硫化银沉淀而干扰反应。

④斐林反应。

鉴定试剂：斐林试剂。

显色原理：斐林试剂可将醛类氧化成羧酸，自身被还原为砖红色的氧化亚铜而沉淀，以此可区分单糖中的还原糖和非还原糖。

操作方法：取 10ml 检品水提取液加 20ml 斐林试剂，沸水浴加热数分钟，滤去所生成的沉淀，取出少许滤液，滴加几滴斐林试剂，确保已无沉淀产生，然后在滤液中加 2ml 盐酸，煮沸 20min，加氢氧化钠溶液使溶液呈碱性，再加斐林试剂于沸水浴上加热，如果又产生沉淀，则证明含有苷或多糖。

（2）糖的色谱鉴别。

①硅胶分配薄层色谱。

糖的极性较大，在硅胶 G 上分离效果不够理想，使用前需用适当的缓冲剂（如硼酸等）进行预处理。硼酸与糖分子中的羟基的络合作用能改善分离效果，所用硼酸水溶液以 0.02mol/L 为好。展开剂：正丁醇－乙醇－水、丙酮－水、三氯甲烷－甲醇等。常用显色剂：茴香醛－浓硫酸、苯胺－邻苯二胺等。

②纸色谱。

纸色谱用于糖的分离效果较好，最常用的 4 种展开溶剂系统是 BAW：正丁醇－醋酸－水（4∶1∶5）、BEW：正丁醇－乙醇－水（4∶1∶2.2）、BBPW：正丁醇－苯－吡啶－水（5∶1∶3∶3）及水饱和的酚。显色剂为苯胺－邻苯二甲酸等，显色后在紫外灯下观察荧光斑点。该反应极为灵敏。

2. 酚类化合物的鉴别。

称取检品（如川芎或八角）粗粉 2g，加 70％乙醇 20ml，超声波碎提取 15min，过滤，滤液用于以下鉴别实验。

（1）三氯化铁反应。

鉴定试剂：三氯化铁溶液。

显色原理：酚类取代溶剂化离子中的溶剂分子而形成铁络合物。

操作方法：样品溶液若为酸性，则可直接进行检查；若为碱性，则可加醋酸酸化后再滴加三氯化铁溶液。如果样品溶液呈蓝色、墨绿色或蓝紫色，则证明可能含有酚类或鞣质。没食子酸系统的鞣质呈蓝色，而儿茶酚系统的鞣质呈绿色。

注意事项：酚类化合物在滤纸片上单独用三氯化铁显色灵敏度较差，可采用其他试剂。非酚性的芳胺、烯醇、羟亚甲基化合物等也呈阳性。

（2）香草醛－盐酸反应。

鉴定试剂：香草醛－盐酸试剂。

操作方法：将样品点在滤纸片上，稍干燥，喷洒香草醛－盐酸试剂，立即呈不同程度的红色。

注意事项：具有间苯二酚和间苯三酚结构的化合物呈阳性。

(3) 三氯化铁-铁氰化钾反应。

鉴定试剂：三氯化铁-铁氰化钾试剂。

显色原理：样品中的还原性物质将 Fe^{3+} 还原成 Fe^{2+}，再和铁氰化钾反应显色。本反应可检查鞣质、一切酚类化合物以及还原性化合物。

操作方法：将样品点在滤纸上，喷洒三氯化铁-铁氰化钾试剂，立即呈现明显的蓝色斑点。但时间较长后，背景也逐渐呈蓝色。欲使滤纸上的斑点保存下来，当纸片仍湿润时，用稀盐酸洗涤，再用纯化水洗至中性，置室温干燥后即可。

(4) 固蓝 B 盐反应。

鉴定试剂：固蓝 B 盐试剂。

显色原理：本反应检查酚类及胺盐化合物，生成重氮盐。

操作方法：将样品点在滤纸上，先喷试剂Ⅰ，再喷试剂Ⅱ，立即呈现红色斑点。

3. 香豆素与萜类内酯化合物的鉴别。

取检品（如秦皮）粗粉 2g，加 95% 乙醇 20ml，超声破碎提取 20min，过滤，滤液用于鉴别实验。

(1) 内酯化合物的开环与闭环反应。

鉴定试剂：氢氧化钠-盐酸试剂。

显色原理：内酯类化合物的共同特性是在碱性水溶液中能够开环，加酸酸化后重新闭环，使溶液变浑浊，有时还能产生沉淀。

操作方法：取样品溶液 1ml 于试管中，加 1% 氢氧化钠溶液 2ml，在沸水浴中加热 3~4min，溶液比未加热时清澈很多（若仍为浑浊液，则放冷、过滤后，取滤液继续操作）。加入 2% 盐酸溶液酸化后，液体又变为浑浊。

注意事项：碱性水溶液加热时间过长，易发生双键异构化，加酸后不能再环和。

(2) Emerson 反应。

鉴定试剂：Emerson 试剂。

显色原理：在 pH 为 9~10 的条件下，酚羟基对位活泼氢与 4-氨基安替比林、铁氰化钾反应生成红色缩合物，其化学反应式如下：

苯酚 + 4-氨基安替比林 $\xrightarrow{K_3[Fe(CN)_6]}{pH\ 9\sim 10}$ 红色缩合物

操作方法：将样品溶液滴加于滤纸片上，干燥后先喷试剂Ⅰ，再喷试剂Ⅱ，再用氨气熏之，产生红色，说明样品溶液中含有香豆素或酚类化合物。

注意事项：该反应只对酚羟基的对位无取代或者 C_6 位（即香豆素开环后酚羟基的对位）无取代的香豆素有反应，有一定的局限性。对位无取代的酚类亦呈阳性。

(3) Gibb's 反应。

鉴定试剂：Gibb's 试剂。

显色原理：酚类和 2,6-二溴苯醌氯亚胺的乙醇溶液反应，形成取代的吲哚酚类，在碱性条件下显蓝绿色。其化学反应式如下：

$$\text{HO-C}_6\text{H}_4\text{-H} + \text{Cl-N=C}_6\text{H}_2\text{Br}_2\text{=O} \xrightarrow{\text{碱性环境}} \text{HO-C}_6\text{H}_4\text{-N=C}_6\text{H}_2\text{Br}_2\text{=O}$$

苯酚　　2,6-二溴苯醌氯亚胺　　　　　　蓝绿色复合物

注意事项：反应最好在 pH 9.0～9.6 的条件下进行，用有机溶剂提取可提高反应的灵敏度。该反应只对酚羟基的对位无取代、C_8 位（即香豆素开环后酚羟基的对位）无取代的香豆素有反应。对位无取代的酚类亦呈阳性反应。

（4）异羟肟酸铁反应。

鉴定试剂：异羟肟酸铁试剂。

显色原理：在碱性条件下，内酯开环，与盐酸羟胺中的羟基缩合生成异羟肟酸，然后在酸性条件下再与三价铁盐络合而显橙红色。

$$\text{香豆素} \xrightarrow[\text{KOH}]{\text{NH}_2\text{OH}} \text{异羟肟酸} \xrightarrow{\text{Fe}^{3+}, \text{H}^+} \text{橙红色络合物}$$

操作方法：取检品乙醇提取液 5～6ml 于蒸发皿中，挥尽溶剂，加 95％乙醇 1ml 溶解，转移至试管中，加入试剂Ⅰ2～3 滴、试剂Ⅱ2～3 滴，在水浴上微热，冷却后，加稀盐酸调节 pH 至 3～4，然后加入试剂Ⅲ1～2 滴，如果溶液呈橙红色或紫色，则表明含有内酯、香豆素或其苷类。

注意事项：此反应需较高浓度的香豆素类成分，才易观察到较明显的现象。

4. 黄酮类成分的鉴别。

取检品（如槐米）1g，研钵中研碎，置于试管中，加 95％乙醇 10ml，在 70℃水浴浸渍 20min，过滤，滤液用于以下鉴别实验。

（1）三氯化铝反应。

鉴定试剂：三氯化铝试剂。

操作方法：将样品点在滤纸上，喷洒三氯化铝试剂，干燥后黄色斑点于紫外灯下观察见明显荧光。

（2）盐酸－镁粉反应。

鉴定试剂：盐酸－镁粉。

操作方法：取乙醇提取液 1ml 于试管中，加镁粉或锌粉适量，振摇，滴加浓盐酸数滴（一次性加入），1～2min（必要时加热）即可显现颜色。多数黄酮、黄酮醇、二氢黄酮及二氢黄酮醇类化合物显红色、紫红色，少数显紫色、蓝色。当 B 环上有—OH 或—OCH$_3$ 取代时，颜色随之加深，但查耳酮、橙酮、儿茶素类则不显色。异黄酮有可能产生阳性反应。

注意事项：花青素及部分橙酮、查耳酮等在单纯浓盐酸酸性作用下也会发生色变，因此需预先做空白对照实验，才能判断是否发生了镁粉反应。另外，为避免提取液本身的颜色干扰，可注意观察加入盐酸后产生的泡沫颜色。若泡沫为红色，即为阳性。

（3）醋酸镁反应。

鉴定试剂：醋酸镁试剂。

操作方法：将样品点在滤纸片上，喷洒醋酸镁试剂，干燥后90℃加热5min，在紫外灯下观察，二氢黄酮和二氢黄酮醇类化合物呈现显著的天蓝色荧光，若具有C(5)—OH，色泽更为明显。而黄酮、黄酮醇及异黄酮类等则显黄色、橙黄色、褐色荧光。

（4）锆－柠檬酸反应。

鉴定试剂：1％氯氧化锆甲醇溶液和2％柠檬酸甲醇溶液。

操作方法：取样品溶液1ml，加1％氯氧化锆甲醇溶液2~3滴，观察溶液黄色是否增强。若黄色增强，则将溶液分作两份，其中一份中加入等体积的2％柠檬酸甲醇溶液，稍加热。若褪色，则黄酮分子中有5位羟基，无3位羟基；若不褪色，则黄酮分子中有3位羟基。另一份中加入等体积甲醇稀释作为对照实验。

5. 蒽醌类成分的鉴别。

取检品（如大黄或虎杖根茎）粗粉1g，加95％乙醇10ml，70℃水浴温浸20min，过滤，滤液用于以下鉴别实验。

（1）蒽醌类化合物的化学鉴别反应。

①与碱成盐反应（Bornträger反应）。

鉴定试剂：氢氧化钾试剂。

操作方法：将样品点在滤纸片上，喷洒氢氧化钾试剂，羟基蒽醌类化合物呈黄色、橙色、红色荧光。

②与硼酸反应。

鉴定试剂：硼酸试剂。

操作方法：将样品点于滤纸片上，喷洒硼酸试剂，蒽醌类呈黄色、橙色、红色荧光。

③醋酸镁反应。

鉴定试剂：醋酸镁试剂。

显色原理：金属离子络合作用。

操作方法：将样品点在滤纸片上，喷洒醋酸镁试制。干燥后，90℃加热5min，如果显色，说明含有羟基蒽醌类成分。其中，邻位酚羟基的蒽醌，呈紫色、蓝紫色；对位二酚羟基蒽醌，呈紫红色、紫色；每个苯环上各有1个α－酚羟基或还有间位羟基者，呈橙红色、红色；母核只有1个α－或β－酚羟基者，或者有2个酚羟基但不在同一个环上，呈黄橙色、橙色。也可用试管进行该反应，取样品溶液1ml于试管中，加醋酸镁试剂6滴，于90℃水浴加热5min观察颜色变化。

④Feigl反应。

鉴定试剂：Feigl试剂。

显色原理：蒽醌类化合物的电子传递作用。

操作方法：取样品溶液1滴，加入Feigl试剂，混合，置于水浴上加热。蒽醌类化合物在1~4min产生显著的紫色。

⑤无色亚甲蓝显色反应。

鉴定试剂：无色亚甲蓝试剂。

操作方法：将样品点于滤纸片上，喷洒无色亚甲蓝试剂，有蓝色斑点出现。

注意事项：该显色试剂为苯醌与萘醌的专用显色剂，可与蒽醌类化合物相区别。

（2）升华实验。

取检品（如大黄）粉末少许，平铺于载玻片中部后，放在垫有铁砂网的小铁圈上，载玻片两端各放一小玻璃棒，再盖上另一载玻片，其上置一块湿润棉花。注意上面的载玻片勿触及粉末。隔铁砂网用酒精灯小心加热检品，边加热边移动酒精灯，以免过热，烧焦检品。当上层载玻片结有明显升华物时，停止加热。冷却后取下，置于显微镜下观察，多数为黄色针晶，或有羽毛状晶体（蒽醌衍生物），此晶体遇碱液呈红色。

6. 甾体或三萜类成分的鉴别。

（1）甾体母核的鉴别。

取检品（如穿山龙根茎或牙皂）粗粉2g，加70%乙醇10ml，超声提取15min，过滤，部分提取液转移至蒸发皿中，加热挥发，残留物进行下列鉴别实验。

①醋酐－浓硫酸反应（Liebermann－Burchard反应）。

鉴定试剂：醋酐－浓硫酸。

操作方法：残渣中加入1ml醋酐，使之溶解，转移至试管中，滴加1ml浓硫酸。若溶液界面初呈红色，而且试管内溶液逐渐呈现红、紫、蓝、绿、污绿等颜色，则表示有固醇、甾体皂苷或三萜类化合物。其中，甾体皂苷化合物颜色变化较快，而三萜类化合物颜色变化较慢。

②磷钼酸反应。

鉴定试剂：磷钼酸试剂。

操作方法：将样品残渣以石油醚溶解，然后滴加在滤纸片上，喷洒磷钼酸试剂后，将纸片置于115~118℃烘箱中烘烤2min或吹风机慢慢吹干，油脂、三萜及固醇等呈蓝色，背景为黄绿色或藏青色。

③三氯甲烷－浓硫酸反应（Salkowski反应）。

鉴定试剂：三氯甲烷－浓硫酸。

操作方法：将样品残渣用1ml三氯甲烷溶解，滴加1ml浓硫酸。如果三氯甲烷层有红色或青色出现，且硫酸层有绿色荧光出现，则表明样品中含有甾体或三萜成分。

（2）皂苷的鉴别。

取检品（如穿山龙根茎或牙皂）粗粉1g于试管中，加纯化水10ml，水浴加热，浸提30min，过滤，滤液用于以下鉴别实验。

①泡沫试验。

取滤液2ml于试管中，用力振摇1min。如果产生大量蜂窝状泡沫，静置10min，泡沫没有显著消失即表明含有皂苷类成分。当滤液为酸性时，应加碱调节至弱碱性。

②溶血试验。

取洁净试管2支,其中一支加入纯化水0.5ml,另一支加入滤液5ml,然后分别加入0.5ml 1.8%氯化钠溶液,摇匀,再加入1ml 2%红细胞悬浮液,充分振摇,观察溶血现象。

根据下列标准判断实验结果。

全溶:试管中溶液透明,为鲜红色,管底无红色沉淀物。

不溶:试管中溶液透明,为无色,管底沉淀大量红细胞,振摇后立即变得浑浊。

7. 强心苷类成分的鉴别。

取检品(如白花夹竹桃叶或毛地黄)粗粉2g,置于50ml锥形瓶中,加70%乙醇20ml,水浴60℃加热浸渍20min,放冷,过滤。滤液做如下处理:若检品为叶,含叶绿素,其乙醇提取液为深绿色,影响鉴别反应的观察。应在鉴别反应前,将乙醇提取液水浴加热挥去大部分乙醇,加水使溶液含醇量为20%左右,稍加热后放冷,过滤,滤液即可供实验用。或将滤液在水浴上浓缩至糖浆状,加入95%乙醇10ml,溶解,再供实验用。另外,强心苷类成分鉴别实验多在较强碱性条件下进行,且红色为阳性结果。如果样品中含有蒽醌类成分也会发生红色反应,影响检查结果。故应在检查前先检测有无蒽醌类成分。若有,则应先将其除去,即将乙醇浸液在水浴上蒸除溶剂,残渣加10ml三氯甲烷热溶后过滤,三氯甲烷液用1% NaOH溶液洗涤,去除蒽醌类成分后,三氯甲烷液用于以下鉴别反应。

(1) 甾体母核的鉴别见本节"实验操作6.(1)甾体母核的鉴别"。

(2) 五元不饱和内酯环反应。

①亚硝酰铁氰化钠反应。

鉴定试剂:亚硝酰铁氰化钠试剂。

操作方法:取乙醇提取液适量,于水浴上挥干溶剂,加入1ml吡啶溶解残渣,加入亚硝酰铁氰化钠试剂1滴,摇匀后再加入1~2滴2mol/L NaOH溶液,如果先呈红色,而后颜色逐渐消失,则表示含有强心苷。

②3,5-二硝基苯甲酸反应。

鉴定试剂:3,5-二硝基苯甲酸试剂。

操作方法:取样品溶液1ml于试管中,加入3,5-二硝基苯甲酸试剂3~4滴,如果产生红色或紫色,表明含有强心苷。有时显色缓慢,需放置15min后才能观察到现象。

③碱性苦味酸试剂反应。

鉴定试剂:碱性苦味酸试剂。

操作方法:取样品溶液1ml于试管中,加入碱性苦味酸试剂数滴,如果有橙色或橙红色出现,表明含有强心苷。有时显色缓慢,需放置15min后才能观察到现象。

注意事项:① 以上不饱和内酯环反应主要针对α,β-不饱和五元环内酯强心苷的反应,对α,β-不饱和六元环内酯的强心苷不起反应。其他带有α,β-不饱和五元环内酯的化合物亦有此反应。② 蒽醌类化合物有干扰,应预先除去,可用碱性溶液萃取去除。

(3) 2－去氧糖反应。

①三氯化铁－冰醋酸（Keller－Kiliani 反应）。

鉴定试剂：三氯化铁－冰醋酸试剂。

操作方法：取样品溶液 2ml 于试管中，在水浴上挥干。残渣加 2ml 三氯化铁－冰醋酸试剂溶解，摇匀，再沿管壁缓缓加入浓硫酸 1ml，观察界面和醋酸层的颜色变化，界面先呈红棕色，逐渐变为绿色、蓝色，最后上层冰醋酸层全变成蓝色或蓝绿色，此系 2,6－二去氧糖的颜色反应。

②呫吨氢醇（xanthydrol）反应。

鉴定试剂：含有 1% 盐酸的冰醋酸、呫吨氢醇乙醇溶液。

操作方法：将 2－去氧糖或含有该类单糖的寡糖或苷溶于含有 1% 盐酸的冰醋酸中，加入少量呫吨氢醇乙醇溶液，加热，可显红色。

注意事项：吲哚衍生物、酚酸类也可产生类似反应。

③对二甲氨基苯甲醛试剂反应。

鉴定试剂：对二甲氨基苯甲醛试剂。

显色原理：此反应可能是 2－去氧糖经盐酸的催化产生分子重排，再与对二甲氨基苯甲醛缩合的结果。

操作方法：将 2－去氧糖或其衍生物的溶液滴在滤纸上，吹干后，喷洒对二甲氨基苯甲醛试剂，90℃加热 30s，2－去氧己糖显灰红色，2－去氧戊糖显蓝灰色、紫灰色。

8. 生物碱的鉴别。

绝大多数生物碱成分可与多种生物碱沉淀剂在酸性水溶液或稀醇溶液中产生沉淀反应。但生物碱沉淀剂也可与天然产物中的鞣质、肽类、蛋白质产生沉淀反应。因此，在用沉淀反应进行生物碱的鉴别时，必须排除以上成分可能产生的干扰。

取检品（汉防己或洋金花）粉末 2g，加入 0.1mol/L 盐酸溶液 20ml，在 60℃左右水浴加热 2min 后，冷却，过滤，滤液用于以下鉴别实验。

(1) 沉淀反应。

绝大多数生物碱的酸性水溶液与生物碱发生沉淀反应，生成有色的弱酸性不溶复盐或络合物沉淀。生物碱沉淀试剂与沉淀颜色见表 4－4。

表 4－4　生物碱沉淀试剂与沉淀颜色

试剂	组成	沉淀颜色
碘化铋钾（dragendorff）	$Bi(NO_3)_2 + KI$	橘红
碘化碘钾（wagner）	$I_2 + KI$	棕－蓝紫
硅钨酸（bertrand）	$SiO_2 \cdot 12WO_3$	灰白
苦味酸（hager）	$C_6H_3O_7N_3$	黄
磷钼酸（sonnenschein）	$Na_3PO_4 \cdot 12MoO_3$	黄或褐黄
磷钨酸（scheibler）	$Na_3PO_4 \cdot 12WO_3$	白或黄

①初步鉴别。

取检品溶液 4 份，每份 1ml，分别滴加碘化汞钾试剂、碘化铋钾试剂、碘化碘钾试剂、硅钨酸试剂，观察是否均有或大多有沉淀产生。若产生沉淀，表明检品可能含有生物碱成分，则继续进行下面的操作，以进一步鉴别检品中是否含有生物碱成分；若均不产生沉淀，可查文献资料，另选几种生物碱沉淀试剂进行实验。若反应结果仍为阴性，则表明该检品用化学鉴别的方法未能检出生物碱成分，不必进行下面的操作。

②进一步鉴别。

将检品溶液加 10% Na_2CO_3 溶液调节 pH 至 10～11，置分液漏斗中，用 10ml 二氯甲烷萃取后，用无水 Na_2SO_4 干燥后，过滤。将滤液转入分液漏斗中，用 2% 盐酸（或硫酸）溶液 10ml 萃取，酸水再采用上述试剂分别进行鉴别反应。

注意事项：a. 反应要求在酸性条件下进行，供试水溶液可用盐酸调节至酸性。b. 要排除假阴性反应。具有共轭羰基（酮或醛）或内酯结构的化合物，也可能以生物碱类的方式进行反应，因而出现假阳性反应。另有一些非生物碱类物质，如蛋白质、嘌呤、甲基化胺、鞣质和某些糖、苷及铵盐等，也能与生物碱沉淀试剂发生反应。这些化合物可用酸水提取，再用碱化有机溶剂提取，最后再用酸水提取的方法除去。并且要用三种以上生物碱沉淀试剂对纯化后的生物碱进行检查。大多数非氮杂环的生物碱对某些生物碱沉淀试剂不反应，因而造成假阴性的结果。例如，咖啡因和秋水仙碱与碘化铋钾不发生反应，需用硅钨酸才能作出判别。麻黄碱不与生物碱沉淀试剂发生显色反应，而与茚三酮可发生显色反应。用碱性有机溶剂提取或酸水提取液碱化后以有机溶剂萃取，季铵生物碱不能被提取出来而引起假阴性反应。

(2) 色谱法鉴定。

色谱法不仅能够检出生物碱存在与否，而且通过选择性地使用色谱显色试剂，可尝试性地判别生物碱的分类；所需的样品量少，并可排除大多数假阳性和假阴性反应；可用于区别仲胺、叔胺和季铵碱。

①纸色谱法。

为减少拖尾现象，最好用酸性溶剂展开，可使生物碱全部形成盐类，全部离子化后斑点就较集中；而用碱性溶剂展开时，生物碱以难溶于水的游离状态移动，斑点易集中于溶剂的前端。也可将滤纸先用一定 pH 的缓冲液处理，以控制生物碱在滤纸上的离子化，克服拖尾现象。在一定 pH 的缓冲液处理的滤纸上，用正丁醇－水作为展开剂。用甲酰胺代替水作固定，相对亲水性较弱的生物碱分离效果较好，但在显色前必须将甲酰胺除尽，否则干扰显色。斑点的显色：本身有颜色者在日光下观察，显荧光的物质可在紫外灯下观察，本身无色也不显荧光的生物碱则用显色剂显色。最常用的显色剂是改良的碘化铋钾。

②薄层色谱法。

薄层色谱常用的吸附剂为氧化铝和硅胶 G。氧化铝因本身为碱性，故用中性展开剂即可使生物碱很好地分离；硅胶 G 因本身略带酸性，可在展开剂中加入少量碱以克服拖尾现象。在涂铺薄层时，用稀碱溶液作为黏合剂，制成碱性硅胶 G 板，用中性展开剂也能获得良好的分离效果。对于结构相近的复杂化合物的分离，用分配色谱较为有利。纤维素或硅胶 G，以甲酰胺作固定相，以有机溶剂作为展开剂。显色方法基本上与纸色谱法相同。

【注意事项】

1. 在进行实验前，一定要先预习实验内容，熟悉各类成分的鉴别试剂、反应现象以及判断方法。

2. 由于本实验所用试剂较多，在操作中，要注意看准瓶签，并按要求量取用试剂，严防试剂瓶滴管或瓶塞交叉错位。

【思考题】

1. 在天然药物化学成分鉴别中，最常用的定性试剂有哪些？它们各自对哪些结构类型的化学成分有较强专属性的定性鉴别作用？

2. 在各类化合物鉴别实验中，最常用的试剂和鉴别反应有哪些？呈阳性反应时各有什么现象？针对每一类型的化合物列举 1~2 个最常用的鉴别反应。

（陈东林）

实验三　葛根淀粉多糖的提取、水解及单糖鉴定

【实验目的】

1. 了解葛根的化学成分及药理作用。
2. 熟悉淀粉多糖提取的原理及操作。
3. 掌握淀粉多糖水解的原理及操作。
4. 掌握还原糖鉴定的原理及操作。
5. 掌握单糖的薄层色谱鉴定的原理及操作。

【实验指导】

1. 药用植物概述。

葛根为豆科植物野葛 [$Pueraria\ lobata$（Willd.）Ohwi] 的干燥根。原植物为藤本，全株被黄褐色粗毛，块根肥厚，三出复叶，花冠蓝紫色。全国大部分地区均有分布。野葛根的完整块根呈圆柱形，表面褐色，具纵皱纹，可见皮孔及须根痕，质坚实。商品药材多为斜切、横切或纵切的块片，断面粗糙，淡黄褐色，隐约可见 1~3 层同心环层，纤维性强，略见粉性。气微，味微甜。葛根性平，味甘、辛，能解表清热，透疹止泻，生津止渴，以及增加脑冠状动脉血流量的作用。

2. 主要有效成分及性质。

葛根淀粉是葛根的主要成分，新鲜块根中淀粉含量约为 20%。葛根淀粉富含钙、

磷、钾、铁、锌等人体所必需的矿物质元素，并吸附有黄酮类物质，具有良好的保健功能，是开发新型保健食品的较好原料。

淀粉为无臭、无味的白色粉末，不溶于冷水或乙醇。显微镜下观察，淀粉为半晶体颗粒。不同种属的淀粉颗粒的大小和外观不同，葛根淀粉粒径平均值为 12.20~24.08μm。

淀粉是由葡萄糖单元通过糖苷键连接形成的均多糖，由直链糖淀粉（amylose）和支链胶淀粉（amylopectin）两种分子组成。糖淀粉由葡萄糖单元通过 α-（1→4）糖苷键连接形成，其聚合度具种属差异，一般为 300~3000。糖淀粉链以无定形构象或螺旋构象存在，其中螺旋构象可与自身结合为双螺旋结构，也可与脂肪酸、芳香化合物等疏水分子相结合。糖淀粉能溶于热水形成透明溶液。糖淀粉占总淀粉质量的 20%~25%。胶淀粉由葡萄糖单元通过 α-（1→4）糖苷键连接形成主链，并且在每 24~30 个糖基单元处以 α-（1→6）糖苷键形成支链，其聚合度为 3000 左右。胶淀粉不溶于冷水，在热水中呈黏胶状。胶淀粉占总淀粉质量的 75%~80%。

糖淀粉

胶淀粉

除淀粉外，葛根还含有异黄酮及其苷类，如大豆素（daidzein）、大豆苷（daidzin）、葛根素（puerarin）、4'-甲氧基葛根素（4'-methoxypuerarin）、大豆素-4',7-二葡萄糖苷（daidzein-4',7-diglucoside）、染料木素（genistein）、刺芒柄花素（formononetin）等。其中，葛根素为葛根的特有成分，约占异黄酮类化合物总量的 60%，熔点为 203~205℃，溶于热水、乙醇，不溶于乙酸乙酯、三氯甲烷、苯。此外，葛根还含有二氢查尔酮衍生物以及三萜皂苷等其他成分。

葛根异黄酮类化合物

大豆素：$R_1=R_2=R_3=R_4=H$

大豆苷：$R_1=R_3=R_4=H$，$R_2=Glc$

葛根素：$R_1=Glc$，$R_2=R_3=R_4=H$

4'-甲氧基葛根素：$R_1=Glc$，$R_2=R_3=H$，$R_4=CH_3$

大豆素-4',7-二葡萄糖苷：$R_1=R_3=H$，$R_2=R_4=Glc$

染料木素：$R_1=R_2=R_4=H$，$R_3=OH$

刺芒柄花素：$R_1=R_2=R_3=H$，$R_4=CH_3$

3. 实验原理。

本实验利用葛根淀粉在水中分散后可透过滤布而无法通过滤纸的性质，使之与无法透过滤布的植物纤维分离；并利用淀粉不溶于乙醇的性质，使之与可溶于乙醇的异黄酮类物质分离，从而达到提取纯化葛根淀粉的目的。

【仪器及材料】

1. 仪器：电子台秤，药匙，100ml 烧杯，10ml 量筒，100ml 量筒，玻璃棒，尼龙滤布，橡皮筋，布氏漏斗，抽滤瓶，滤纸片，培养皿，水浴锅，pH 试纸，50ml 圆底烧瓶（1个），玻璃滴管，磁力搅拌器，搅拌子，电热套，冷凝管，试管（多支），2cm×4cm 正相薄层板，展开缸，电吹风，镊子，烘箱。

2. 材料：1%碘－碘化钾显色剂，葛根粉末，95%乙醇，10mol/L 氢氧化钠溶液，10%硫酸溶液，斐林甲液（3.4g 无水硫酸铜溶于 50ml 纯化水），斐林乙液（12.5g 固体氢氧化钠与 13.7g 酒石酸钾钠溶于 50ml 纯化水），0.2mol/L 葡萄糖溶液，乙酸乙酯－甲醇－醋酸－水（22∶9∶3∶3）展开剂，苯胺－邻苯二甲酸显色剂。

【实验操作】

1. 预试。

取少量葛根粉末于试管中，加入 5ml 纯化水，摇匀，得到混悬液，作为预试样品。向预试样品中滴加 1%碘－碘化钾显色剂 1 滴，摇匀，观察现象。

2. 提取。

称取葛根粉末 10g 于滤布中，用滤布包裹葛根粉末并用橡皮筋扎紧。取一 100ml 烧杯，加入 50ml 纯化水。将包好的滤布袋放入纯化水中，浸泡 2~3min，然后上下反复抖动滤布袋，可见白色浆液透过滤布。然后将滤布袋拧干，收集烧杯中的白色浆液。另取一 100ml 烧杯，再次加入 30ml 纯化水，多次重复上下反复抖动滤布袋并收集白色浆液的操作，直至透过滤布的白色浆液明显减少。合并所有的浆液，静置 30min 后，缓慢倾去上清液（注意不要将底部的沉淀倾掉），抽滤剩余部分得到滤饼，用少量纯化水洗涤滤饼 2~3 次，抽干。取上述滤饼置于 100ml 烧杯中，加入 30ml 95%乙醇，充分搅拌得到混悬液后，抽滤混悬液，用少量 95%乙醇洗涤，抽干，得葛根纯淀粉 8~9g（湿重），阴干 1 周后称重，备用。

3. 水解。

称取葛根纯淀粉 1g 于 50ml 圆底烧瓶中。向圆底烧瓶中滴加 10%硫酸溶液 15ml。将圆底烧瓶置于电热套加热回流 1h，冷却至室温，然后用 10mol/L 氢氧化钠溶液（约 5ml）调节 pH 至微酸性（pH 5~6），得到葛根纯淀粉水解液。

4. 鉴定。

量取葛根纯淀粉水解液 1ml 于试管中，加入 1ml 纯化水稀释，作为水解液样品。取薄层板，在距底端约 0.5cm 处等间距地标记 3 个点，从左至右分别点样 0.2mol/L 葡萄糖溶液、0.2mol/L 葡萄糖溶液与水解液样品、水解液样品。向展开缸中加入适量乙酸乙酯－甲醇－醋酸－水（22∶9∶3∶3）展开剂，然后放入薄层板开始展开。待展开至溶剂前沿距薄层板顶端约 0.5cm 处时，取出薄层板，标记溶剂前沿，用电吹风吹干。向薄层板均匀地喷洒苯胺－邻苯二甲酸显色剂，置于烘箱中 105℃烘烤 5~10min，观察现象，计算各斑点的 R_f 值。

量取葛根纯淀粉水解液 1ml 于试管中，加入 4ml 纯化水稀释，作为实验组；取少量葛根纯淀粉于另一试管，加入 5ml 纯化水，作为对照组。向实验组与对照组中分别滴加斐林甲液 5~8 滴，摇匀；然后再分别滴加斐林乙液 4 滴，摇匀。将两试管同时置于 60℃水浴中加热，观察现象。

【注意事项】

1. 固体氢氧化钠在空气中易吸潮，应使用烧杯快速称取。固体氢氧化钠溶于水会放热，应不断搅拌使之溶解。氢氧化钠溶液具有腐蚀性，使用时应防止其接触皮肤和黏膜。

2. 硫酸具有腐蚀性。使用过程中，应用玻璃滴管向溶液体系中缓慢滴加，并防止其接触皮肤和黏膜。

3. 薄层板的点样量会影响展开效果。若点样量过多，斑点就会产生明显拖尾现象，R_f 也会下降；若点样量过少，则显色不明显。用毛细管吸取 0.2mol/L 葡萄糖溶液后点样 1 次即可，吸取水解液样品后点样 1 次即可。点样后应及时用电吹风吹干，防止点样扩散。

【思考题】

为了进一步研究葛根淀粉多糖的结构，还需进行哪些实验？

（杨劲松）

实验四　槐米中芦丁的提取、分离和鉴定及衍生物的制备

【实验目的】

1. 掌握提取黄酮类化合物的实验原理和方法。
2. 掌握化学鉴别实验、苷水解、衍生物制备、熔点测定和薄层层析法等在苷类结构鉴定中的应用及原理。
3. 了解苷类成分的一般鉴定程序。

【实验指导】

1. 槐米及其化学成分概述。

槐米为豆科植物槐（*Sophora japonica* L.）的干燥花蕾，自古用作止血药物，治疗吐血、痔疮便血、子宫出血、衄血等症。其主要成分为芦丁，又称为芸香苷、维生素 P，含量高达 12%~16%，能调节毛细血管壁的渗透作用，临床上用作毛细血管止血药，作为高血压的辅助治疗药物。

槐米中主要成分的物理性质如下。

（1）芦丁（rutin）：淡黄色小针状结晶，含三分子结晶水时熔点为 174~178℃，无

水时熔点为 188℃。

芦丁　　　　　　　　　槲皮素

溶解度：水 1∶10000（冷），1∶200（热）；乙醇 1∶300（冷），1∶30（热）；甲醇 1∶7（热）；吡啶 1∶12（冷），易溶（热）。微溶于丙酮、乙酸乙酯。不溶于乙醚、三氯甲烷、石油醚。易溶于碱液并呈黄色，酸化后复析出。可溶于浓硫酸和浓盐酸，并呈深黄色，加水稀释后复析出。

（2）槲皮素（quercetin）：黄色结晶，含两分子结晶水时熔点为 313~314℃（分解），无水时熔点为 316℃（分解）。

溶解度：无水乙醇 1∶290（冷），1∶23（沸）。可溶于甲醇、乙酸乙酯、冰醋酸、吡啶、丙酮等溶剂。不溶于水、苯、乙醚、三氯甲烷、石油醚。

（3）皂苷：粗品为白色粉末，熔点为 210~220℃（分解）。易溶于吡啶，能溶于 200 倍体积的甲醇。酸水解下得到两种苷元及糖，糖为葡萄糖、葡萄糖醛酸和葡萄糖醛酸内酯。

①白桦脂醇（betulin）：无色针晶，熔点为 251~252℃。能溶于冰醋酸、丙酮、乙酸乙酯、甲醇、乙醇、三氯甲烷、苯等，难溶于石油醚、水。

②槐花二醇（sophoradiol）：无色针晶，熔点为 219~220℃（分解）。能溶于石油醚、苯、丙酮、甲醇，难溶于水。

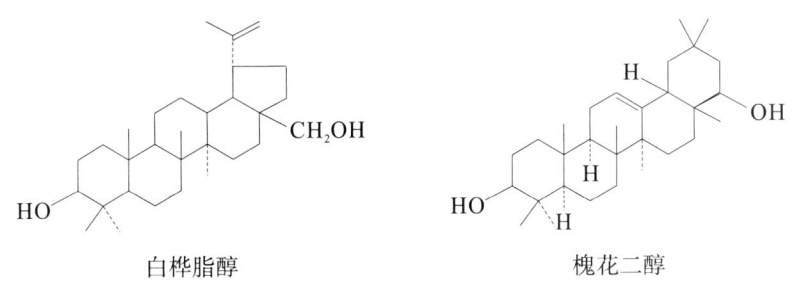

白桦脂醇　　　　　　　　槐花二醇

（4）其他：尚有黏液质、糖、鞣质、叶绿素、树脂等，在芦丁的提取分离过程中应注意除去。

2. 实验原理。

碱提取酸沉淀法：蒽醌类、黄酮类、酸性皂苷等化合物的结构中带有羧基或多个酚羟基，往往呈酸性，可用碱液进行提取，再将提取液调节至酸性，则目标成分从溶剂体系中沉淀析出。

【仪器及材料】

1. 仪器：电子台秤，烧杯，玻璃棒，蒸发皿，滴管，锥形瓶，熔点测定装置等。
2. 材料：槐米粗粉，硼砂石灰乳，浓硫酸，浓盐酸，黄酮类和苷类的鉴定试剂等。

【实验操作】

1. 预实验。

盐酸-镁粉反应、三氯化铝反应和三氯化铁反应按本章"实验二 天然药物化学成分的鉴别实验"中黄酮类的鉴别实验的方法进行。Molish反应参见本章"实验二 天然药物化学成分的鉴别实验"中苷类鉴别实验的方法。

2. 提取、分离。

芦丁为黄酮苷，其分子中的酚羟基呈弱酸性，可用碱提取酸沉淀法进行提取。再利用其易溶于热水、热甲醇，难溶于冷甲醇的性质进行精制。

称取槐米粗粉15g，置于500ml烧杯中，加入沸水250ml及硼砂1g，在搅拌下加石灰乳调节pH至8~9，保持微沸30min，不断补充蒸发掉的水分，以保持pH为8~9，趁热用尼龙布拧挤过滤。滤液在60~70℃时，用浓盐酸调节pH至3~4，放置过夜。抽滤，沉淀用水洗至中性，置空气中晾干，得芦丁粗品。

将芦丁粗品用纯化水重结晶得芦丁纯品，置空气中晾干后称量，计算产率。

3. 苷元的水解、苷元和糖的鉴定。

（1）苷元的水解。

称取芦丁1g，研细，置150ml圆底烧瓶中，再加2%硫酸溶液80ml，加热微沸1h进行水解，放冷后抽滤，滤液保留用于糖的鉴定。用水洗沉淀至中性，得苷元（槲皮素）。

（2）糖的鉴定。

薄层色谱鉴定实验：上述滤液滤去槲皮素后，取20ml，加$BaCO_3$细粉，不断搅拌至溶液呈中性，滤去白色$BaSO_4$沉淀。将滤液浓缩至2~3ml，得到苷水解后的糖样品液，以葡萄糖标准品乙醇液、鼠李糖标准品乙醇液作为对照，可得到与葡萄糖、鼠李糖相同R_f值的斑点，有时尚能呈现芦丁的斑点。

样品：苷水解后的糖样品液，葡萄糖标准品乙醇液，鼠李糖标准品乙醇液。

吸附剂：高效硅胶薄层板。

展开剂：乙酸乙酯-甲醇-醋酸-水（22∶9∶3∶3）。

显色剂：苯胺-邻二苯甲酸试剂（喷雾后于105℃烘烤10min，显棕色或棕红色斑点）。

（3）化学反应。

苷和苷元的性质实验：样品为自制样品乙醇液。盐酸-镁粉反应、锆-柠檬酸反应按本章"实验二 天然药物化学成分的鉴别实验"中黄酮类的鉴别实验的方法进行，Molish反应按本章"实验二 天然药物化学成分的鉴别实验"中苷类的鉴别实验的方法进行。

（4）苷和苷元薄层色谱鉴别实验。

样品：自制样品乙醇液及标准品乙醇液。

吸附剂：硅胶 G-CMC。

展开剂：三氯甲烷-甲醇-甲酸（15∶5∶1）。

显色剂：1% $FeCl_3$-1% $K_3[Fe(CN)_6]$（临用时等体积混合）。

4. 槲皮素五乙酰化物的制备及熔点的测定。

称取苷元精品 0.2g，置于 25ml 干燥的圆底烧瓶中，加入醋酐 6ml 和浓硫酸 1 滴，振摇至完全溶解，于 90℃ 加热搅拌 30min，放冷，玻璃棒搅拌下倾入冰水 100ml 中，搅拌至油滴消失，待灰白色粉末析出，过滤，洗涤。用 95% 乙醇（约 25ml）重结晶，得无色针晶，测熔点（槲皮素五乙酰化物熔点为 192~194℃）。

槲皮素五乙酰化物制备的反应式如下。

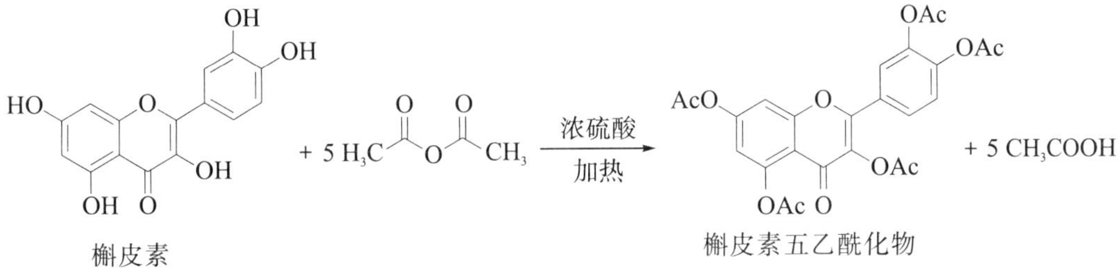

$$\text{槲皮素} + 5\,H_3C\text{-CO-O-CO-}CH_3 \xrightarrow[\text{加热}]{\text{浓硫酸}} \text{槲皮素五乙酰化物} + 5\,CH_3COOH$$

【注意事项】

1. 提取总黄酮时，应将沸水加入槐米中，而不是将槐米直接加入冷水中逐渐升温加热。

2. 调 pH 时需等 15min 后再检测 pH，因为酸碱中和反应具有延时性。

【思考题】

1. 提取总黄酮时，加入硼砂和石灰乳的目的是什么？

2. 提取总黄酮时，在碱提酸沉阶段，为什么用浓 HCl 调节 pH 时，要控制 pH，不能让 pH 过低？

3. 如何证明芦丁分子中只连有葡萄糖和鼠李糖？如何证明苷元与糖连接的位置？

4. 苷类成分结构研究的一般流程是什么？

（宋颢）

实验五　虎杖蒽醌类成分及白藜芦醇苷的提取和鉴定

【实验目的】

1. 学习并掌握用 pH 梯度萃取法分离不同酸性的蒽醌类成分的原理和方法。
2. 学习并掌握脂溶性与水溶性成分的分离方法。
3. 学习并掌握亲水性苷类成分的纯化方法。
4. 了解蒽醌类成分及白藜芦醇苷的一般性质和鉴别反应。

【实验指导】

1. 药用植物概述。虎杖为蓼科植物虎杖（*Polygonum cuspidatum* Sieb. et Zucc.）的干燥根和根茎。性微苦，微寒。归肝、胆、肺经。具有清热解毒、利胆退黄、祛风利湿、散瘀定痛、止咳化痰的功效。可用于关节痹痛、湿热黄疸、产后瘀血不下、咳嗽痰多、水火烫伤、跌打损伤、痈肿疮毒等。用于烫伤、止血、消结石和降血脂均有疗效。现代药理研究表明，虎杖具有抗菌、抗病毒及镇咳平喘作用，常用来治疗肝炎、气管炎等各种急性炎症和烧烫伤等。

2. 主要有效成分及性质。虎杖根茎中含有大量的蒽醌类成分和二苯乙烯类成分。蒽醌类成分包括大黄酚、大黄素、大黄酸、大黄素甲醚、羟基蒽醌苷类等。二苯乙烯类成分包括白藜芦醇及白藜芦醇苷等。虎杖根茎中还含有 β-谷甾醇等。

（1）大黄酚（chrysophanol）：金黄色六角形结晶（丙酮）或针状结晶（乙醇），熔点为 196℃，能升华。不溶于水，难溶于碳酸钠溶液和碳酸氢钠溶液，微溶于石油醚、冷乙醇，易溶于沸乙醇、苯、三氯甲烷、乙醚、冰醋酸等。

（2）大黄素（emodin）：橙黄色长针晶（丙酮中析晶为橙色，甲醇中析晶为黄色），熔点为 256~257℃，能升华，在常用溶剂中的溶解度：乙醚 0.14%，四氯化碳 0.01%，三氯甲烷 0.0718%，二硫化碳 0.009%。几乎不溶于水，易溶于乙醇，可溶于氨水、碳酸钠溶液和氢氧化钠溶液。

（3）大黄素甲醚（physcion）：金黄色针晶，熔点 207℃，能升华，溶解性质与大黄酚相似。

（4）大黄酸（rhein）：黄色针状结晶，熔点为 321~322℃，330℃会分解。能溶于碱、吡啶，微溶于乙醇、苯、三氯甲烷、乙醚和石油醚，不溶于水。

大黄酚：$R_1=CH_3$，$R_2=H$
大黄素：$R_1=CH_3$，$R_2=OH$
大黄素甲醚：$R_1=CH_3$，$R_2=OCH_3$
大黄酸：$R_1=H$，$R_2=COOH$

(5) 羟基蒽醌苷类：

①大黄素甲醚葡萄糖苷：黄色针状结晶，熔点为235℃。

②大黄素－8－O－β－D－葡萄糖苷：浅黄色针状结晶，熔点为190～191℃。

③大黄素－1－O－β－D－葡萄糖苷：熔点为239～241℃。

④大黄素葡萄糖苷：熔点为266～267℃。

⑤大黄酚葡萄糖苷：熔点为245～246℃。

大黄素－8－O－β－D－葡萄糖苷：R_1＝H，R_2＝glc
大黄素－1－O－β－D－葡萄糖苷：R_1＝glc，R_2＝H

(6) 白藜芦醇（resveratrol）：无色针状结晶，熔点为265～267℃，能升华，易溶于乙醚、三氯甲烷、甲醇、丙酮等。

(7) 白藜芦醇苷（polydatin）：无色结晶，熔点为223～226℃（分解），易溶于甲醇、丙酮、热水，可溶于乙酸乙酯，稍溶于冷水，但可溶于Na_2CO_3溶液和NaOH溶液，难溶于乙醚。此化合物具顺、反两种异构体，所得常是两者的混合物。

白藜芦醇：R＝H
白藜芦醇苷：R＝glc

(8) β－谷甾醇（β－sitosterin）：无色针状结晶，熔点为139～140℃，难溶于水，可溶于乙醇，易溶于苯、三氯甲烷等亲脂性溶剂。

3. 实验原理。羟基蒽醌类成分及二苯乙烯类成分均可溶于乙醇，故可用乙醇将它们提取出来。而羟基蒽醌类成分易溶于乙醚等弱极性溶剂，白藜芦醇苷在乙醚中溶解度很小，利用它们对乙醚的溶解性差异可使羟基蒽醌类成分与白藜芦醇苷分离。再根据各种羟基蒽醌类天然产物的酸性差异，使用pH梯度萃取法使它们分离。

【仪器及材料】

1. 仪器：电子台秤，量筒，圆底烧瓶，电热套，冷凝管，旋转蒸发仪，锥形瓶，分液漏斗，pH试纸，布氏漏斗，抽滤瓶，滤纸片，硅胶薄层板，毛细管，展开缸，试管，电吹风，烘箱等。

2. 材料：虎杖粗粉，95％乙醇，乙醚，5％碳酸氢钠溶液，5％碳酸钠溶液，浓盐酸，2％氢氧化钠溶液，无水硫酸钠，活性炭，乙酸乙酯，苯，5％氢氧化钾溶液，环己烷，丙酮，10％磷钼酸乙醇溶液，0.5％醋酸镁乙醇溶液，醋酐，浓硫酸，三氯化铁－铁氰化钾试剂，10％α－萘酚乙醇溶液，0.5％2,6－二氯苯醌－4－亚胺氯化物乙醇溶液等。

【实验操作】

1. 乙醇提取物的制备。

取虎杖粗粉200g，用500ml 95％乙醇回流提取2次。合并乙醇液，减压回收乙醇得到糖浆状物（要求乙醇回收至糖浆状物无醇味）。

2. 游离蒽醌的提取。

将上述糖浆状物转移至锥形瓶中，加入30ml纯化水，分散均匀后加100ml乙醚，不断振摇后，转移至分液漏斗中，用乙醚萃取4次，每次乙醚用量为50ml，合并乙醚液得总游离蒽醌乙醚溶液。下层水液备用。

3. 游离蒽醌的分离。

（1）强酸性成分——大黄酸的分离。

将上述总游离蒽醌乙醚溶液移至分液漏斗中，用40ml 5％碳酸氢钠溶液（测定pH）萃取3~4次，合并碱水层，在搅拌下慢慢滴加6mol/L HCl，调节pH至2。静置析出固体，抽滤，水洗沉淀至近中性，干燥，得深褐色粉末。

（2）中等酸性成分——大黄素的分离。

上述总游离蒽醌乙醚溶液进一步用30ml 5％碳酸钠溶液萃取5~9次，至萃取液颜色较浅为止。合并碱水层，加浓盐酸调节pH至2。静置析出固体，抽滤，沉淀以水洗至中性，干燥，称重，用甲醇重结晶，得大黄素结晶。

（3）弱酸性成分——大黄酚和大黄素甲醚的分离。

上述总游离蒽醌乙醚溶液继续用2％氢氧化钠溶液（测pH）萃取4~5次，每次20ml，合并碱水层。同"（2）中等酸性成分——大黄素的分离"的处理。

（4）中性成分——甾醇类化合物的分离。

上述2％氢氧化钠溶液萃取过的乙醚液用水洗至中性，以无水硫酸钠脱水，回收乙醚得浓缩物，即为β-谷甾醇粗品。用甲醇溶解少量β-谷甾醇，作薄层色谱鉴定用。

4. 白藜芦醇葡萄糖苷的分离。

取"2. 游离蒽醌的提取"中乙醚提取过的水层，挥去乙醚，置烧瓶中，加500ml纯化水，搅拌混合后，用电炉加热20~30min。倾出上层液，稍冷过滤。滤液加活性炭煮沸10min。趁热过滤，滤液置蒸发皿中，浓缩至15~20ml。水液用乙酸乙酯（15ml×2）萃取。回收乙酸乙酯，残留物用5ml 95％乙醇溶解，作鉴定用。

5. 鉴定。

（1）薄层色谱法鉴定。

①游离蒽醌的硅胶薄层色谱。

对照品：大黄素甲醚或大黄酚、大黄素。

样品：大黄素、大黄素甲醚和大黄酚混合物及强酸性部分。

展开剂：苯-乙酸乙酯（8∶2）。

显色剂：5％氢氧化钾溶液。

②甾醇类成分的硅胶G薄层色谱。

对照品：β-谷甾醇。

样品：β-谷甾醇粗品。

展开剂：环己烷-丙酮（8∶2）。

显色剂：10％磷钼酸乙醇溶液。

（2）定性反应。

①游离蒽醌的反应：分别取大黄素、大黄素甲醚、大黄酚混合物及强酸性成分少许用95％乙醇溶解，进行如下反应：

a. Bornträger反应：取试液1ml，滴加2％氢氧化钠溶液，观察颜色。

b. 醋酸镁实验：取试液1ml，加入0.5％醋酸镁乙醇溶液2~3滴，观察颜色。

②甾醇类的显色反应

Liebermann-Burchard反应：取样品少许，加1ml醋酐溶解，加浓硫酸1滴，观察颜色变化（此实验可在蒸发皿或点滴板上进行）。

③白藜芦醇苷的呈色反应：取样品少许用95％乙醇溶解，进行如下反应：

a. 荧光反应：将试液滴在滤纸上，在紫外灯下观察荧光。

b. 三氯化铁-铁氰化钾反应：将试液用毛细管滴在滤纸上，喷三氯化铁-铁氰化钾试剂，观察颜色。

c. 偶合反应：取试液1ml，加0.5ml 5％碳酸钠溶液，然后滴入新配制的重氮化试剂1~2滴，观察颜色。

d. Molish反应：取试液1ml，加入等体积的10％α-萘酚乙醇溶液，摇匀，沿试管壁滴加2~3滴浓硫酸，观察两液界面颜色。

e. Gibb's反应：取试液1ml，滴加0.5％ 2,6-二氯苯醌-4-亚胺氯化物的乙醇溶液2~3滴，并加5％碳酸钠溶液调节pH至10左右，观察颜色（Gibb's试剂必须临用前配制）。

【注意事项】

1. 虎杖中蒽醌类成分的种类、含量与虎杖的采集季节和贮存时间有关。由于游离蒽醌类衍生物可以升华，所以新鲜的原药材蒽醌类成分含量高；如果是贮存时间长的饮片，则蒽醌类成分含量低，实验选材时要注意。

2. 盐酸酸化时产生大量CO_2气体，应小心防止气体产生时内容物溢出；浓硫酸有强腐蚀性，使用时应格外小心。

3. 当用碱液萃取乙醚溶液时，碱水层变为红色，即发生了Bornträger反应，加酸后溶液变为黄色。

4. 大黄酚和大黄素甲醚两者难以分离，本实验在薄层色谱条件下会在同一位置出现斑点。进一步分离可用磷酸氢钙柱色谱，以石油醚展开，下层黄色带洗脱后用甲醇重结晶可得大黄酚，上层黄色带洗脱后用甲醇重结晶可得大黄素甲醚。

【思考题】

1. pH梯度萃取法的原理是什么？适用于哪些中草药成分的分离？

2. 根据薄层色谱结果，分析各蒽醌类成分的结构与R_f值的关系。

3. 试说明各种显色反应的机制。
4. 本实验在操作方面应注意什么？
5. 试总结萃取操作步骤及其注意事项。
6. 结晶与重结晶操作的关键步骤分别是什么？
7. 过滤有几种操作方法？如何选择适当的操作方法？
8. 用活性炭脱色时，在哪种溶剂中效果最好？为什么加入活性炭时，溶液不能温度过高？
9. 试述有机溶剂和溶液的一般浓缩方法。

（杨劲松）

实验六　汉防己中汉防己甲素和汉防己乙素的提取、分离及鉴定

【实验目的】

1. 掌握生物碱的一般提取方法。
2. 掌握从总生物碱中分离、纯化酚性叔胺碱和非酚性叔胺碱的方法。
3. 巩固柱色谱、薄层色谱、纸色谱、萃取、重结晶等基本操作。

【实验指导】

1. 药用植物概述。

汉防己为防己科（Menispermaceae）千金藤属植物（*Stephania tetrandra* S. Mcore）的块根，是祛风、解热镇痛的药物，主治风湿性关节疼痛。其有效成分主要为生物碱，总生物碱含量为1%～2%（其中包括汉防己甲素约1%，汉防己乙素约0.5%，轮环藤酚碱约0.2%，以及其他数种微量生物碱）。临床上除用于治疗高血压、神经性疼痛、抗阿米巴原虫外，还将汉防己生物碱的碘甲基或溴甲基化合物作为肌肉松弛剂应用。此外，汉防己甲素在动物实验中有抗癌和扩张血管的作用。

2. 汉防己中主要成分的结构与性质。

(1) 汉防己甲素（tetrandrine，又名汉防己碱、粉防己碱）：无色针晶，不溶于水和石油醚，易溶于甲醇、乙醇、丙酮、乙酸乙酯、乙醚和三氯甲烷有机溶剂及稀酸水中，可溶于苯。溶点为216℃，有双熔点现象（自丙酮中结晶者，150℃左右熔融后加热又固化，至213℃复熔）。

(2) 汉防己乙素（fangchinoline，又名防己诺林碱、去甲粉防己碱）：溶解行为（见表4-5）与汉防己甲素相似，因有一个酚羟基，故极性较汉防己甲素稍高，在苯中的溶解度小于汉防己甲素而在乙醇中又大于汉防己甲素。以此可以将它们分离，用不同溶剂重结晶时，其晶型和熔点不同。

表 4-5 汉防己乙素在不同溶剂中的结晶状态和熔点

溶剂	甲醇	乙醇	丙酮	吡啶-甲醇
结晶状态	细棒状结晶	细棒状结晶	六面体粒状晶	细棒状结晶
熔点（℃）	177~179	238~240	134~136	121~122

（3）轮环藤酚碱（cylanoline）：为水溶性季铵生物碱，易溶于水、甲醇、乙醇，难溶于苯、乙醚等低极性有机溶剂。其氯化物为无色八面体状结晶，熔点为 214~216℃；其碘化物为无色绢丝状结晶，熔点为 185℃；其苦味酸盐为黄色结晶，熔点为 154~156℃。

汉防己甲素 R=CH₃
汉防己乙素 R=H

轮环藤酚碱

3. 实验原理。

汉防己中的有效成分主要为生物碱。本实验利用生物碱可与酸形成盐而溶于水的性质，将生物碱从植物材料中提取出来。再将酸提取液碱化，利用游离亲脂性生物碱溶于低极性有机溶剂的性质，将生物碱从提取物中提取出来。最后用重结晶方法对总亲脂性生物碱进行纯化。

【仪器及材料】

1. 仪器：电子台秤，水循环真空泵，红外烤箱，连续提取器，水浴锅，蒸发皿，渗漉筒，布氏漏斗，抽滤瓶，烧杯，圆底烧瓶，瓷盘或表面皿，玻片等。

2. 材料：汉防己粗粉，0.5％硫酸溶液，石灰乳，净砂，1％盐酸溶液，改良碘化铋钾试剂，碘－碘化钾试剂，硅钨酸试剂，95％乙醇，乙酸乙酯，滤纸，毛细管等。

【实验操作】

1. 预实验。

按本章"实验二　天然药物化学成分的鉴别实验"中的"8. 生物碱的鉴别"的实验方法进行预实验。用 3 支小试管分别接取渗漉液 1ml，分别加入改良碘化铋钾试剂、碘－碘化钾试剂、硅钨酸试剂 1~2 滴，记录实验现象。

2. 生物碱的提取（渗漉法）。

取汉防己粗粉 40g，加入 0.5％硫酸溶液 60~80ml，拌匀，放置 30min 后，均匀地装入渗漉筒内，加入 0.5％硫酸溶液，渗漉提取（控制流速约 2ml/min）。当渗漉液体积达到药材体积的 8~10 倍时，用 pH 试纸检测渗漉液 pH，若 pH 小于 2，停止渗漉。

收集渗漉液，用新鲜石灰乳调节 pH 至 9~10，充分静置后，小心倾去上清液，抽滤，得黄色泥状固体。

3. 拌样

将黄色固体用 20~25ml 95％乙醇溶解，加入 60~80g 净砂拌合均匀后，于水浴上炒拌干燥，得拌样生物碱，备用。

4. 生物碱的连续回流提取。

将拌样粗品置于连续提取器中，加入乙酸乙酯 100ml，电热帽加热进行连续提取（取 1ml 提取液挥干，加入 1％盐酸溶液 0.5ml 溶解，加入 1~2 滴改良碘化铋钾试剂，观察是否产生明显沉淀或浑浊，以判断提取是否完全）。提取完成后，回收乙酸乙酯，固体干燥后，即得总生物碱粗品。称重，计算产率。

5. 亲脂性生物碱的纯化（重结晶法）。

将得到的总生物碱粗品置于 50ml 圆底烧瓶内，加入 95％乙醇 20~30ml，加热回流溶解，制成饱和溶液。将饱和溶液倾入约 300ml 的纯化水中，再加入 20g 氯化钠，在水浴上稍加热，促使沉淀聚集，待有沉淀析出时，停止加热，冷却至室温，抽滤，得到类白色固体，干燥，即得亲脂性生物碱。称重，计算产率。

6. 亲脂性生物碱的鉴定（薄层色谱法）。

样品：汉防己甲素对照品，汉防己乙素对照品，亲脂性生物碱。

吸附剂：硅胶薄层板。

展开剂：环己烷－乙酸乙酯－二乙胺（6∶2∶1）。

显色剂：改良碘化铋钾试剂。

【注意事项】

1. 渗漉液必须碱化充分，当用 pH 试纸测定其 pH＞9 后，需静置 15 min 以上，再次用 pH 试纸检查，若 pH 降低，需补加石灰水，以免碱化不彻底，影响产率。

2. 拌样过程中加热炒拌注意不能用电热帽加热，以免温度过高影响产率。

【思考题】

1. 比较汉防己甲素和汉防己乙素的极性大小，并分析采用柱色谱分离时，它们的流出顺序。

2. 本实验中所采用的方法是否可以用于其他类型生物碱的提取、分离？

3. 如果需要进一步分离总生物碱的单一成分，可采用哪些方法？

（陈东林）

【参考文献】

华会明，娄红祥，2022. 天然药物化学 [M]. 8 版. 北京：人民卫生出版社.

何勤，尹红梅，2019. 新编药学实验教程（上、下）[M]. 成都：四川大学出版社.

Zhao Y G, 2021. Structure, properties and applications of kudzu starch [J]. Food Hydrocolloids, 119：106817.

李漪锦，肖力，徐梦玮，等，2020. 葛根淀粉提取工艺优化与同时富集回收总异黄酮的方法 [J]. 江苏农业科学，48（12）：192-196.

卢紫君，蔡芳，王少华，等，2021. 野葛与粉葛淀粉的结构及物化特性比较 [J]. 现代食品科技，37（8）：109-118.

梁春晓，王珊珊，陈淑静，等，2022. 虎杖化学成分及药理活性研究进展 [J]. 中草药，53（4）：1264-1276.

刘顺，李姚婷，沈思懿，等，2022. 粉防己根的化学成分研究 [J]. 中药材，45（6）：1368-1371.

第五章　生物化学与分子生物学实验

实验一　细菌质粒 DNA 的提取

【实验目的】

掌握提取细菌质粒 DNA 的基本原理和方法。

【实验原理】

质粒 DNA 是常用的基因载体，在现代生物研究和生物制药过程中应用普遍。质粒 DNA 的制备是对其进行改造的基础。本实验采用碱裂解法提取细菌质粒 DNA。

碱裂解法是一种应用最为广泛的制备质粒 DNA 的方法。

碱裂解抽提质粒 DNA 基于染色体 DNA 与质粒 DNA 在变性与复性上差异而实现分离。在碱性条件下（pH 12.6），染色体 DNA 的氢键断裂，双螺旋结构解开而变性。质粒 DNA 的大部分氢键也断裂，但超螺旋共价闭合环状的两条互补链不会完全分离，当以 pH 4.8 的 NaAc－KAc 高盐缓冲液调节体系至中性时，变性的质粒 DNA 又恢复原来的构型，并保存在溶液中，染色体 DNA 因不能复性而形成缠连的网状结构。通过离心，染色体 DNA 会与不稳定的大分子 RNA、蛋白质－SDS 复合物等一起沉淀而被除去。

【实验仪器】

离心机，水浴锅，微量移液器，离心管等。

【实验材料】

1. 含有目的质粒的大肠埃希菌菌体。
2. 柱式质粒提取试剂盒。

【实验操作】

1. 试剂准备。

初次开启试剂盒时，取 1ml Buffer P1 加入标有 RNase A 离心管中，吹打混匀，使 RNase A 充分溶解，将其全部转移到 Buffer P1 中，混匀 Buffer P1，标记加入 RNase A 的日期，并将 Buffer P1 保存于 4℃ 冰箱。

在 Wash Solution 中加入相应体积的无水乙醇，密封后混匀，并在瓶身上标记日期。

2. 菌体样品准备：由实验准备教师提前一天培养细菌，37℃、200rpm，培养 14~15h。

3. 取 2ml 菌液，于室温 8000rpm 离心 2min，收集菌体，倒尽或吸干培养基。

4. 在菌体沉淀中加入 250μl Buffer P1，吹打或振荡至彻底悬浮菌体。

5. 加入 250μl Buffer P2，立即温和颠倒离心管 5~10 次混匀，室温静置 2~4min。

6. 加入 350μl Buffer P3，立即温和颠倒离心管 5~10 次充分混匀。

7. 于离心机最大转速（≥12000rpm）离心 10min，将上清液全部小心移入吸附柱，9000g 离心 30s。倒掉离心管中的液体，将吸附柱放入同一个离心管中。

8. 向吸附柱中加入 500μl Wash Solution，9000rpm 离心 1min。倒掉离心管中的液体，将吸附柱放入同一个离心管中。重复操作此步骤 1 次。

9. 将空吸附柱和离心管放入离心机，9000rpm 离心 2min。此步不可省略，否则残余的乙醇会严重影响质粒的收率和后续实验。离心后将吸附柱取出，静置 2min，充分除去乙醇。

10. 在吸附膜中央加入 50~100μl 预热至 60℃ 的 Elution Buffer，室温静置 1~2min，9000rpm 离心 1min。将所得质粒 DNA 溶液置于 -20℃ 的冰箱里保存，用于后续试验。

【实验结果和讨论】

及时观察并记录现象，仔细观察向菌体中加入 Buffer P1、Buffer P2、Buffer P3 时的现象以及步骤 7 离心后液体与沉淀的分离情况。

【思考题】

1. 碱裂解法提取质粒 DNA 的原理是什么？
2. 实验中出现哪些现象？请分析其原因。
3. 为什么加入 RNase A 的 Buffer P1 要保存在 4℃ 冰箱？
4. 为什么取完 Buffer P2 的试剂瓶要及时密封？

（郑永祥）

实验二 质粒 DNA 的定量——紫外吸收法

【实验目的】

掌握测定质粒 DNA 浓度的基本原理和方法。

【实验原理】

质粒 DNA 是常用的基因载体,在现代生物研究和生物制药过程中应用普遍。不同方法提取的 DNA 常需要测定其浓度。测定 DNA 浓度的方法包括紫外吸收法、二苯胺法(定糖法)和定磷法。

紫外吸收法:利用核酸组分中嘌呤环、嘧啶环具有吸收紫外光的特性。当使用该方法测定核酸含量时,通常规定在波长 260nm 处测得样品 DNA 或 RNA 溶液的吸光度,即可计算出样品中核酸的含量。若波长 260nm 处光吸收值为 1,则相当于 $50\mu g/ml$ 双螺旋 DNA,或 $40\mu g/ml$ 单链 DNA 或 RNA,或 $20\mu g/ml$ 寡核苷酸。根据蛋白质、核酸紫外光吸收曲线(图 5-1),纯 DNA 的 $A_{260}:A_{280}=1.8$,可以用 $A_{260}:A_{280}$ 来判断 DNA 的纯度。

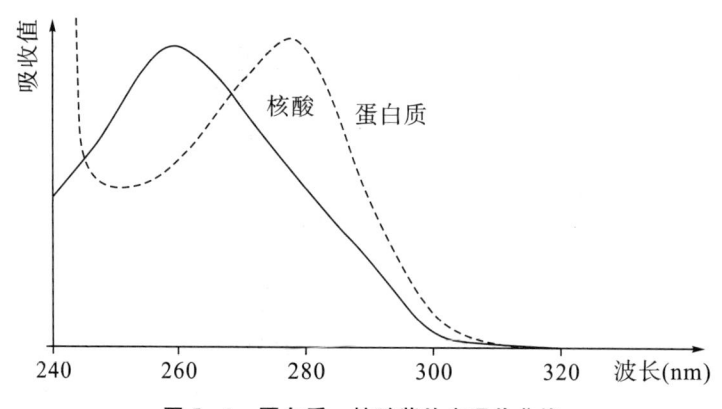

图 5-1 蛋白质、核酸紫外光吸收曲线

二苯胺法:DNA 分子中的脱氧核糖和浓硫酸作用,脱水生成 ω-羟基-γ-酮基戊醛,与二苯胺反应生成蓝色化合物。反应产物在波长 595nm 处有最大吸收,并且与 DNA 浓度成正比。

定磷法:RNA 和 DNA 中都含有磷酸。根据元素分析可知,RNA 的平均含磷量为 9.4%,DNA 的平均含磷量为 9.9%。因此,可通过测样品含磷量来计算 RNA 或 DNA 的含量。用强酸(如 10mol/L 硫酸)将核酸样品酸化,使核酸分子中的有机磷转变为无机磷,无机磷与钼酸反应生成磷钼酸,磷钼酸在还原剂(如维生素 C、氯化亚锡等)作用下还原成钼蓝。再用比色法测定 DNA 或 RNA 样品中的含磷量。

本实验中采用微量分光光度计进行 DNA 定量。

【实验仪器】

微量分光光度计。

【实验材料】

提取的质粒 DNA。

【实验操作】

1. 打开微量分光光度计电源开关，预热约 10min。开启电脑。打开操作软件，连接硬件。
2. 选择测量的样品种类为"核酸"。选择"使用基座"进行测定。用擦镜纸和超纯水擦拭基座。
3. 取 $2\mu l$ 空白溶液，加入检测基座，进行校正。校正后用擦镜纸擦去空白溶液。
4. 取 $2\mu l$ 样品溶液，加入检测基座。点击"检测"，检测后用擦镜纸擦去样品溶液。进行下一个样品的测定。
5. 数据导出。选择需要导出的数据（相应数据会被蓝色标记），可以导出为 Excel 表格，便于编辑。
6. 样品检测完毕后，用超纯水润洗、擦拭基座，合上盖子。
7. 在软件操作界面，断开连接。关闭仪器电源，关闭电脑，及时填写使用记录。

【实验结果和讨论】

记录样品的 A_{260}、A_{280}、A_{230}，记录样品的浓度，计算 $A_{260}:A_{280}$、$A_{260}:A_{230}$。

【思考题】

1. 哪些因素可能造成 $A_{260}:A_{280}$ 偏离 1.8？
2. $A_{260}:A_{280}$ 高于 1.8 提示样品中可能存在什么杂质？
3. $A_{260}:A_{280}$ 低于 1.8 提示样品中可能存在什么杂质？

（郑永祥）

实验三　PCR 扩增质粒目的基因

【实验目的】

掌握 PCR 扩增质粒目的基因的基本原理和操作方法。

【实验原理】

PCR 是一种模拟天然 DNA 复制过程，在有 DNA 模板、DNA 聚合酶（Taq 酶）、引物和四种 dNTP 的情况下，通过高温变性（90~95℃，1~2min）、低温退火（45~60℃，1~2min）、中温延伸（60~75℃，1.5~5min），可在体外特异性扩增 DNA 片段的分子生物学技术。理论上，PCR 合成产物的数量每经过一轮循环都将增加一倍，按 2^n 的指数方式递增。经过 30 轮循环后，PCR 扩增产物应达到 2^{30} 个拷贝，约 10^9 个拷贝。但由于 DNA 聚合酶的质量、待扩增片段的序列及反应系统的条件等多种因素的影响，实际扩增效率比预期的要低，一般可达 10^6~10^7 个拷贝。

【实验仪器】

常规 PCR 仪，微量移液器，PCR 管等。

【实验材料】

提取的质粒 DNA、DNA 聚合酶（Taq 酶）、用于扩增目的基因片段的引物和四种 dNTP，PCR 试剂盒。

【实验操作】

1. 模板质粒 DNA 的制备：前序课程中所提取的质粒 DNA 作为本次 PCR 扩增实验的模板 DNA。

2. PCR 体系准备：将模板质粒 DNA 与目的基因的引物、缓冲液、dNTP 以及 DNA 聚合酶等依次加入 PCR 管中。PCR 反应体系严格按照 DNA 聚合酶产品说明书配比。一般体系（50μl）如下：

2×PCR Buffer	25μl
dNTP（10mmol/L）	1μl
5′端引物（10mmol/L）	2.5μl
3′端引物（10mmol/L）	2.5μl
模板质粒 DNA（100ng/μl）	2μl
Phanta DNA 聚合酶（2.5U）	1μl
超纯水	16μl

3. PCR 扩增：严格按照 DNA 聚合酶产品说明书在 PCR 仪上设置 PCR 反应程序，一般程序如下。

步骤 1：95℃，3min，预变性。

步骤 2：95℃，30s，变性。

步骤 3：55℃，30s，退火。

步骤 4：72℃，30~60s/kb，延伸，时间依据 PCR 产物长度而定。

步骤 5：步骤 2~4，34 个循环，循环扩增。

步骤 6：72℃，10min，充分延伸。

步骤 7：12℃，30min，反应终止，低温保存。

4. 目的基因鉴定：通过琼脂糖凝胶电泳分析（见本章实验四）鉴定 PCR 扩增产物。电泳：电压为 5V/cm。待溴酚蓝移动到距凝胶前端 1cm 时停止电泳。

5. 成像：使用凝胶成像系统，观察、拍照 DNA 的电泳条带。

【实验结果和讨论】

记录实验操作过程、分析样品的电泳条带以及异常条带。

【思考题】

1. PCR 扩增的原理是什么？
2. PCR 扩增技术的应用有哪些？

（张纯）

实验四　DNA 琼脂糖凝胶电泳

【实验目的】

掌握 DNA 琼脂糖凝胶电泳的基本原理和方法。

【实验原理】

琼脂糖凝胶电泳是用于分离、鉴定和提纯 DNA 片段的标准方法。琼脂糖是从琼脂中提取的一种多糖，具有亲水性，但不带电荷，是一种很好的电泳支持物。DNA 在碱性条件下（pH 8.0 的缓冲液）带负电荷，在电场中通过凝胶介质向正极移动，不同 DNA 分子片段由于分子和构型不同，在电场中的泳动速率也不同。核酸染料（如溴化乙啶、Gel Signal Green 等）可嵌入 DNA 分子碱基对间形成荧光络合物，经紫外线照射后，可分出不同的条带，达到分离、鉴定分子量、筛选重组子的目的。

【实验仪器】

电泳仪，电泳槽，凝胶成像系统，水浴锅，微波炉，微量移液器等。

【实验材料】

提取的质粒 DNA，三羟甲基氨基甲烷，盐酸，醋酸钠，EDTA，琼脂糖粉末，溴酚蓝，Gel Signal Green，TAE 电泳缓冲液，DNA Marker 等。

【实验操作】

1. 琼脂糖凝胶的制备：清洗制胶槽，插上样品梳。称取 0.21g 琼脂糖粉末，溶于

30ml TAE 电泳缓冲液中，制得 0.7％琼脂糖凝胶。用微波炉加热（选择 P 100 档）约 90s。待凝胶适当冷却后，加入 3μl Gel Signal Green，轻轻摇匀，倒胶。

2. 凝胶冷却凝固后，将其放入电泳槽中，样品孔一侧放在负极端。向电泳槽中加入 TAE 电泳缓冲液，液面高于凝胶 0.5cm。

3. 上样：按照每孔质粒 200ng 计算需要的样品体积，并加入相应体积的 6× 上样缓冲液，混匀后加入样品孔中。从凝胶的左侧往右侧上样，最右侧样品右侧孔加入 5μl DNA Marker。

4. 电泳：电压为 5V/cm。待溴酚蓝移动至距凝胶前端 1cm 时停止电泳。

5. 成像：使用凝胶成像系统，观察、拍照 DNA 的电泳条带。

注意：由于核酸染料具有一定的生物毒性，实验操作过程中必须戴手套，并尽量减少核酸染料的污染。

【实验结果和讨论】

记录并分析样品的电泳条带。

扫一扫，查看实验操作视频

【思考题】

1. DNA 在琼脂糖凝胶中发生电泳的原理是什么？

2. 样品的电泳条带可能出现哪些异常情况，分别是由什么因素造成的？

（郑永祥）

实验五　质粒 DNA 转化与平板筛选

【实验目的】

掌握质粒 DNA 转化与平板筛选的基本原理和操作方法。

【实验原理】

质粒 DNA 上的目的基因的复制、转录、翻译需要在特定的细胞/细菌内完成，如常见的大肠埃希菌。因此，需要将质粒 DNA 转入细菌/细胞中，并筛选出转化成功的含有质粒 DNA 的细菌/细胞。感受态细菌是指细菌处于容易吸收外源 DNA 的状态。转化是指质粒 DNA 或以它为载体构建的重组子导入细菌的过程。其原理是细菌处于 0℃、$CaCl_2$ 低渗溶液中，菌细胞膨胀成球形。转化混合物中的 DNA 形成羟基—钙磷酸复合物黏附于细胞表面，经 42℃ 短时间热击处理，促进细胞吸收 DNA 复合物。将细菌放置在非选择性培养基中保温一段时间，促使在转化过程中获得的新表型（如 AmpR、KanR 等）得到表达。

重组质粒转化宿主细胞后，还需对转化菌落进行筛选鉴定。常将转化感受态后的菌液进行划平板培养，通过带有特定抗性的半固体培养基上进行划平板培养，待生长出适当大小的细菌菌落后，最终筛选挑出转化成功的克隆细菌，用于后续的培养与蛋白表达等操作。

【实验仪器】

水浴锅，制冰机，培养皿，恒温培养箱，微量移液器，震荡摇床培养箱等。

【实验材料】

提取的质粒 DNA，大肠埃希菌感受态细胞，琼脂粉，LB 培养基，氨苄西林，卡那霉素等。

【实验操作】

1. 模板质粒 DNA 的制备：将前序课程中所提取的质粒 DNA 作为本次转化实验的质粒 DNA。

2. 琼脂平板制作：含有 1.0% 琼脂粉的 LB 培养基经灭菌后，在其温度 60℃ 左右时，加入所需的抗生素，然后倒入无菌的培养皿中，冷却、凝固，使用灭菌玻璃推子在冷却的平板培养基表面涂抹 IPTG（4μl 200mg/ml）。

3. 质粒 DNA 转化大肠埃希菌：

（1）取 100μl 感受态细胞悬浮液（如果是冷冻保存液，则需化冻后马上进行下面的操作），加入 5μl 连接产物，轻轻摇匀，冰上放置 30min 后，于 42℃ 水浴中保温 90s，然后迅速在冰上冷却 2min。

（2）加入 900μl LB 液体培养基，则总体积约 1ml，混匀于 37℃ 振荡培养 90min，使受体菌恢复正常生长状态并使转化体产生抗药性。

（3）将恢复培养的菌体以 4000rpm 离心 5min，移去上层 900μl LB 培养基，用余下的 100μl 重悬菌体至均匀。

（4）在预制的涂抹了 IPTG 的 LB 琼脂平板上，用灭菌玻璃涂布棒（酒精灯上烧后冷却）将重悬细菌液均匀涂布于琼脂凝胶表面，封闭后，在 37℃ 培养箱中倒置、培养 12~24h。

4. 克隆菌落观察与筛选：平板表面出现菌落，其中在紫外光照下呈现亮绿色荧光的菌落即可认为是转化成功的重组克隆细菌菌落，用于后续阳性克隆细菌的挑选与培养和保存。

5. 克隆细菌鉴定：如果需进一步表达验证，则可挑取多个亮绿色菌落分别接种到 1ml 含有抗生素的 LB 液体培养基中，在 37℃ 培养箱中振荡、培养 6~38h，然后收获细菌，进行 SDS-PAGE 电泳鉴定目的基因的表达条带。

【实验结果和讨论】

记录实验操作过程、实验现象以及细菌菌落形态。

【思考题】

1. 什么是感受态细胞？
2. 质粒DNA转化的方法还有哪些？

（张纯）

实验六　重组蛋白质的提取与定量

【实验目的】

学习利用大肠埃希菌表达目标蛋白质，掌握超声破碎法提取蛋白质。

【实验原理】

大肠埃希菌是用于表达重组蛋白质的重要宿主，通过诱导其表达可以获得目标蛋白质。通过超声破碎法，可以损坏大肠埃希菌的细胞壁、细胞膜，将目标蛋白质释放到溶液中，经离心可以从上清液中获得目标蛋白质粗品。

【实验仪器】

细菌培养摇床，低温高速离心机，超声破碎仪，-80℃冰箱。

【实验材料】

含有目标蛋白质表达质粒的大肠埃希菌菌种，50mmol/L磷酸盐（PBS）缓冲液或50mmol/L pH 7.5 三羟甲基氨基甲烷-盐酸（Tris-HCl）缓冲液，蛋白酶抑制剂PMSF，50ml离心管，移液器，吸头。

【实验操作】

1. 大肠埃希菌的培养与诱导表达（由实验准备人员完成）。
2. 收集菌体：将诱导表达后的菌液分成50ml一管，用离心机以4000rpm 4℃离心15min，弃上清液。每管菌体用50ml 50mmol/L PBS缓冲液或50mmol/L pH 7.5Tris-HCl缓冲液重悬洗涤一次。用离心机以4000rpm 4℃离心15min，弃上清液，收集菌体。用12.5ml缓冲液重悬菌体，加入蛋白酶抑制剂PMSF，使其终浓度为100μg/ml。取20μl重悬菌液进行电泳，检测目标蛋白质表达的情况：①检测目标蛋白质是否表达；②检测目标蛋白质是可溶性表达还是包涵体表达。
3. 冻融处理：将重悬的细菌样品在-80℃冰冻、室温解冻，反复冻融3~5次。
4. 超声破碎细菌：将反复冻融的菌液放在冰水浴中进行超声破碎。超声条件为400W、工作5s、间隔5s，总超声时间为10min左右。观察菌液的澄清情况，记录超声时间。

注意：

（1）含有不同目标蛋白质的大肠埃希菌的超声条件可根据实验情况而定，要掌握好功率和每次超声时间，降低蛋白质被降解的可能。

（2）进行超声破碎时使样品处于冰浴中，应保持在4℃左右，功率大时，每次超声时间可缩短，不能让温度升高太多。

5. 离心收集蛋白质：取1ml经超声破碎处理的菌液样品，以12500rpm 4℃离心15min，分别收集上清液蛋白质样品和沉淀。

6. 后续蛋白质定量、电泳鉴定：采用BCA法测定提取的上清液蛋白质样品的浓度。以本实验的上清液蛋白质样品、沉淀样品和全菌体样品作为一组样品，检测菌体的破碎程度、目标蛋白质占总蛋白的含量。

【实验结果和讨论】

及时观察并记录现象。记录超声条件和总超声时间。

【思考题】

1. 蛋白酶抑制剂PMSF的作用是什么？
2. 温度对蛋白质的活性有什么影响？

（郑永祥）

实验七　蛋白质浓度测定——BCA法

【实验目的】

掌握BCA法测定蛋白质浓度的原理和方法。

【实验原理】

在碱性溶液中，蛋白质先将Cu^{2+}还原为Cu^+，再与BCA试剂生成紫色复合物。该复合物于波长562nm处紫外光吸收度最大，其吸收强度与蛋白质浓度成正比。

此法的优点是试剂单一、终产物稳定，其灵敏度范围为$10\sim1200\mu g/ml$。与双缩脲法相比，几乎没有干扰物质的影响，可直接对含Triton X-100、十二烷基硫酸钠（SDS）等表面活性剂的蛋白质溶液进行测定。

【实验仪器】

具备波长562nm光源的酶标仪，试管（若干），96孔板，移液器，吸头。

【实验材料】

1. BCA 试剂 A 和 B。
2. 生理盐水。
3. 待测蛋白质样品溶液。
4. 标准蛋白质溶液：称取 0.250g BSA，用生理盐水溶解并定容至 100ml，得到浓度为 2.50mg/ml 的 BSA 储备液，分装并冻存于 -20℃冰箱中。取其中一支，用生理盐水稀释至 BSA 终浓度为 0.50mg/ml。

【实验操作】

1. BCA 工作液配制。

根据样品数量（一般每个样品设 3 个复孔，每孔加入工作液 200μl，考虑到配制溶液过程中液体会残留于离心管壁，计算所需溶液总体积时需要增加一定体积），按 50 体积 BCA 试剂 A 加 1 体积 BCA 试剂 B（50∶1）的比例，配制适量 BCA 工作液，充分混匀。例如，5ml BCA 试剂 A 加 100μl BCA 试剂 B，混匀，配制成 5.1ml BCA 工作液。BCA 工作液应在室温条件下 24h 内使用。

2. 蛋白质样品溶液浓度测定。

（1）将标准品分别按 0μl、1μl、2μl、4μl、8μl、12μl、16μl、20μl 加入 96 孔板的标准品孔中（每个浓度设 3 个复孔），加标准品稀释液补足至 20μl，相当于标准品浓度分别为 0.000mg/ml、0.025mg/ml、0.050mg/ml、0.100mg/ml、0.200mg/ml、0.300mg/ml、0.400mg/ml、0.500mg/ml。

（2）加适当体积样品到 96 孔板的样品孔中。如果样品不足 20μl，需加标准品稀释液补足至 20μl，并计算样品稀释倍数。

（3）各孔加入 200μl BCA 工作液，37℃放置 20~30min。

注意：BCA 法测定蛋白质浓度时，颜色会随着时间推移不断加深，并且显色反应会因温度升高而加快。如果蛋白质浓度较低，适合在较高温度孵育（如 60℃放置 30min），或适当延长孵育时间。

（4）用酶标仪测定标准品和蛋白质样品在波长 562nm 处的吸光度或波长 540~595nm 段的吸光度。

（5）根据标准曲线和蛋白质样品稀释倍数计算出蛋白质样品溶液浓度。

【实验结果和讨论】

及时观察并记录现象。记录标准品和样品在波长 562nm 处的吸光度，制作标准曲线，计算样品蛋白质浓度。

【思考题】

1. BCA 方法测定蛋白质浓度的原理是什么？
2. 哪些物质对 BCA 法有干扰？哪些物质对 BCA 法没有干扰？

（郑永祥）

实验八 亲和层析法分离重组绿色荧光蛋白质

【实验目的】

学习并掌握亲和层析法分离蛋白质的基本原理和方法。

【实验原理】

蛋白质的分离和纯化是研究蛋白质化学及其生物功能的重要手段。根据不同的原理可以将蛋白质层析分为凝胶过滤层析、离子交换层析和亲和层析（affinity chromatography）等。

亲和层析，又名选择层析、功能层析、生物特异吸附层析。蛋白质与其相对应的化合物（通称为配基）具有特异结合的能力，即亲和力。这种亲和力具有下列重要特性。①高度特异性：如抗原与抗体、受体与配体、酶与底物或抑制剂、RNA 与其互补的 DNA 等，它们相互结合，具有高度特异的选择性。②可逆性：上述化合物在一定条件下可特异地相互识别并结合形成复合物，当条件改变时，这种复合物又可以解离。如抗原与抗体的反应，一般在碱性条件下两者结合，而酸性条件下则解离。根据这种具有特异亲和力的化合物之间能可逆结合与解离的性质建立的层析，具有简单、快速、收率好和纯化倍数高等显著优点，是一种具有高度专一性分离蛋白质的有效方法。

亲和层析是蛋白质纯化的一种重要方法，它具有很高的选择和分离性能以及较大的载量。只需要一步处理即可使某种待分离的蛋白质从复杂的蛋白质混合物中分离出来，达到千倍以上的纯化，并保持较高的活性。其利用生物分子间所具有的专一且可逆的亲和力使生物分子分离纯化。具有专一且可逆的亲和力的生物分子是成对互配的，主要有酶与底物、酶与竞争性抑制剂、酶与辅酶、抗原与抗体、激素与其受体、DNA 与 RNA、DNA 与结合的蛋白等。在成对互配的生物分子中，可把任何一方作为固定相，而对样品溶液中的另一方分子进行亲和层析，达到分离纯化的目的。目前，亲和色谱技术被广泛应用于蛋白质研究和制备领域，是分离纯化以及分析蛋白质的重要工具。

组氨酸（His）亲和标签是重组蛋白质表达、纯化体系中常用的特异片段，它可与 Ni^{2+}、Co^{2+} 等离子配位，从而将蛋白质从样品中分离出来。常用的亲和填料有 Ni NTA 等。

【实验仪器】

层析柱，恒流泵，移液器等。

【实验材料】

1. 含有组氨酸标签蛋白质的待分离样品。

2. Ni NTA Beads 6FF 组氨酸标签蛋白质亲和纯化凝胶（以下简称 Ni NTA Beads 6FF 凝胶）。

3. 裂解缓冲液：称取 7.80g $NaH_2PO_4 \cdot 2H_2O$、17.53g NaCl、0.68g 咪唑，溶解到 700ml 纯化水中，使用 1mmol/L NaOH 溶液调节 pH 至 8.0，用纯化水定容到 1000ml，使用 0.22μm 滤膜过滤除菌，获得 50mmol/L NaH_2PO_4、300mmol/L NaCl、10mmol/L 咪唑，pH 8.0 的裂解缓冲液。

4. 洗涤缓冲液：称取 7.80g $NaH_2PO_4 \cdot 2H_2O$、17.53g NaCl、1.36g 咪唑，溶解到 700ml 纯化水中，使用 1mmol/L NaOH 溶液调节 pH 至 8.0，用纯化水定容到 1000ml，使用 0.22μm 滤膜过滤除菌，获得 50mmol/L NaH_2PO_4、300mmol/L NaCl、20mmol/L 咪唑，pH 8.0 的洗涤缓冲液。

5. 洗脱缓冲液：称取 7.80g $NaH_2PO_4 \cdot 2H_2O$、17.53g NaCl、17.0g 咪唑，溶解到 700ml 纯化水中，使用 1mmol/L NaOH 溶液调节 pH 至 8.0，用纯化水定容到 1000ml，使用 0.22μm 滤膜过滤除菌，获得 50mmol/L NaH_2PO_4、300mmol/L NaCl、250mmol/L 咪唑，pH 8.0 的洗脱缓冲液。

6. 含 20% 乙醇的 PBS 缓冲液。

【实验操作】

1. 含有组氨酸标签蛋白质的表达菌样品准备（由实验准备教师完成）。

（1）挑取单菌落到培养基中，根据载体使用说明加入相应浓度的诱导剂，诱导相应的时间。

（2）表达结束后，将培养液转移到离心杯中，以 4000rpm 离心 15min，收集菌体，然后加入 1/10 体积的裂解缓冲液和蛋白酶抑制剂 PMSF，PMSF 在破碎前加入，最终浓度为 1mmol/L。加入溶菌酶（工作浓度为 0.2～0.4mg/ml，如果表达的宿主细胞内含 pLysS 或 pLysE，可以不加溶菌酶）。

（3）将菌体沉淀悬浮起来（如果菌液浓度高，可考虑加入 10μg/ml RNase A 和 5μg/ml DNaseⅠ），混匀，放置于冰上，然后在冰上超声破碎细胞，至菌液基本保持澄清。

（4）将澄清的破碎液转移至离心管中，以 12500rpm 4℃ 离心 20～30min。取上清液，置于冰上备用或 -20℃ 冰箱保存。

2. 层析柱的装填。

用去离子水冲洗层析柱底筛板与接头，确保柱底筛板上无气泡，关闭柱底出口，并在柱底部留 1～2cm 高的去离子水。将 Ni NTA Beads 6FF 凝胶悬浮起来，小心地将浆液连续地倒入层析柱中。用玻璃棒沿着柱壁倒入浆液可减少气泡的产生。打开层析柱底部出口，开启泵，使其在设定的流速下进行。最初应让缓冲液缓慢流过层析柱，然后缓慢增加至最终流速，这样既可避免液压对所形成的柱床的冲击，也可避免柱床形成的不均匀。如果达不到推荐的压力或流速，可以使用该泵的最大流速，这样也可以得到很好的装填效果。当柱床高度稳定后，在最后的装柱流速下至少再加上 3 倍柱体积的去离子水。标上柱床高度。关闭泵和层析柱出口。

注意：在随后的层析过程中，流速不要超过最大装柱流速的 75%。

3. 样品的纯化。

（1）使用 3~5 倍柱体积的去离子水冲洗出储存缓冲液。使用至少 5 倍柱体积的裂解缓冲液平衡色谱柱。

（2）利用泵或注射器上样。

注意：样品的黏度增加使得即使上样体积很少，也会导致层析柱产生很大的反压。上样量不要超过柱子的结合能力。样品体积过大也可能造成很大的反压，使得进样器更难使用。

（3）用洗涤缓冲液（一般至少 10~15 个柱体积）冲洗柱子，直到紫外光吸收达到一个稳定的基线。

注意：在样品和缓冲液中加入咪唑可以提高样品纯度。

（4）使用洗脱缓冲液采用一步法或线性梯度法洗脱。一步法中，通常使用 5 倍柱体积洗脱缓冲液。线性梯度法中，可以用不同的梯度来分离不同结合强度的蛋白质。

（5）Ni NTA Beads 6FF 凝胶清洗回收。使用 1.5mol/L NaCl 溶液，接触时间为 10~15min，清洗。再使用去离子水 10 个柱体积进行清洗，然后保存在含 20% 乙醇的 PBS 缓冲液中。

4. 样品的分析。

洗脱得到的样品可以用 BCA 法测定总蛋白浓度，用 SDS-PAGE 检测目标蛋白质的条带和占总蛋白质的比例。

【实验结果和讨论】

及时观察并记录现象。

【思考题】

1. 亲和层析分离蛋白质的原理是什么？
2. 实验中出现哪些现象？请分析其原因。
3. 与凝胶过滤层析相比，亲和层析有什么优点？

（郑永祥）

实验九　酪蛋白的制备与定量

【实验目的】

掌握等电点沉淀原理提取蛋白质的方法，以及从牛乳制备酪蛋白的原理和方法。

【实验原理】

牛乳中主要含有酪蛋白和乳清蛋白两种蛋白质。其中，酪蛋白占牛乳蛋白的80%。酪蛋白的等电点为4.7。将牛乳的pH调节至4.7，酪蛋白可以从牛乳中分离出来。酪蛋白是白色、无味的物质，不溶于水，也不溶于乙醇等有机溶剂，但溶于碱性溶液。利用酪蛋白不溶于乙醇的性质，可以用乙醇洗涤沉淀物，除去脂类物质。酪蛋白在牛乳中的含量约为35g/L。

【实验仪器】

水浴锅，离心机，pH计。

【实验材料】

1. 牛乳，0.1mol/L NaOH溶液，乙醚等。
2. 0.2mol/L pH 4.6 醋酸－醋酸钠缓冲液100ml：称取$NaAc \cdot 3H_2O$ 1.606g，冰醋酸0.492g，用纯化水定容至100ml。
3. 乙醇－乙醚溶液（95%乙醇与无水乙醚的体积比为1∶1）。

【实验操作】

1. 制备酪蛋白粗品：将2ml牛乳盛于离心管中水浴加热到40℃。用滴管向牛乳中加入醋酸－醋酸钠缓冲液，边加边摇动，调节溶液pH至4.7，观察牛乳样品的变化。将上述样品冷却至室温，用离心机以3000rpm离心15min，小心地吸除上清液，沉淀即为酪蛋白粗品。
2. 纯化水洗涤：用4ml纯化水洗涤沉淀，以3000rpm离心10min，弃去上清液。
3. 乙醇洗涤：用边搅拌边滴液的方式，向纯化水洗涤过的酪蛋白粗品中加入约3ml的95%乙醇，搅拌片刻，以3000rpm离心10min，弃去上清液。
4. 乙醇－乙醚溶液清洗：用3ml乙醇－乙醚溶液洗涤，操作如上。
5. 乙醚洗涤：用3ml乙醚溶液洗涤，操作如上。挥干乙醚。
6. 溶解酪蛋白：向酪蛋白样品中加入2ml 0.1mol/L NaOH溶液，搅拌至酪蛋白溶解，再加入纯化水定容至10ml。
7. 测定样品中酪蛋白的浓度，并与理论含量（100ml牛乳含有酪蛋白3.5g）比较，求出实际得率。

注意：可用2,2′-联喹啉-4,4′-二甲酸二钠（BCA）法、双缩脲法测定蛋白质浓度，参考相应实验操作。

【实验结果和讨论】

记录实验过程中的现象，计算制备的酪蛋白的浓度，求出酪蛋白的收率。

【思考题】

1. 为什么要将牛乳的pH调至4.7？
2. 酪蛋白提取过程中，分别用纯化水、乙醇－乙醚溶液、乙醚洗涤酪蛋白粗品的目的是什么？洗涤的顺序是否可以调整？为什么？

（郑永祥）

实验十　蛋白质浓度测定——双缩脲法

【实验目的】

掌握双缩脲法测定蛋白质浓度的原理和方法。

【实验原理】

蛋白质含有两个及以上的肽键（—CONH—），因此能发生双缩脲反应。在碱性溶液中，蛋白质分子中的肽键与Cu^{2+}反应生成紫红色的络合物，其颜色的深浅与蛋白质的浓度成正比，而与蛋白质成分无关，进而可在波长540～560nm处用比色法进行定量。

双缩脲法操作简便，受蛋白质组成影响小，但灵敏度低、样品用量大，待测蛋白质浓度范围一般为0.5～10mg/ml。需要注意的是，除—CONH—能发生此反应外，—$CONH_2$、—CH_2NH_2、—$CSNH_2$等基团也能发生双缩脲反应。

【实验仪器】

具备波长540nm光源的酶标仪或紫外－可见分光光度计，试管（若干），移液器，吸头。

【实验材料】

1. 双缩脲试剂：溶解1.05g $CuSO_4 \cdot 5H_2O$ 和6.0g酒石酸钾钠（$NaKC_4H_4O_6 \cdot 4H_2O$）于500ml纯化水中，搅拌下加入300ml 10% NaOH溶液，用纯化水稀释至1000ml，储存在四壁涂有石蜡的瓶中。此试剂可长期保存，备用。
2. 生理盐水。
3. 标准酪蛋白溶液（10mg/ml）：用0.05mol/L NaOH溶液配制。
4. 待测蛋白质样品溶液。

【实验操作】

1. 取5支试管，编号。

2. 按照表 5-1 加入试剂，混匀，室温静置 30min。

表 5-1　双缩脲法测定蛋白质浓度反应体系

	编号				
	1	2	3	4	5
标准酪蛋白溶液（ml）	—	1.0	1.0	—	—
蛋白质样品溶液（ml）	—	—	—	2.0	2.0
纯化水（ml）	2.0	1.0	1.0	—	—
双缩脲试剂（ml）	4.0	4.0	4.0	4.0	4.0

3. 测定波长 540nm 处的吸光度，记录数据。

【实验结果和讨论】

及时观察并记录现象。记录波长 540nm 处的吸光度，根据标准酪蛋白溶液的浓度，计算蛋白质样品溶液的浓度。

【思考题】

1. 双缩脲方法测定蛋白质浓度的原理是什么？
2. 哪些物质对双缩脲方法测定蛋白质浓度有干扰？哪些物质对双缩脲方法测定蛋白质浓度没有干扰？

（郑永祥）

实验十一　蛋白质化学

【实验目的】

掌握蛋白质的性质、蛋白质鉴定的原理与方法、沉淀的原理与方法。

【实验原理】

蛋白质由氨基酸通过肽键连接。蛋白质具有肽键的性质和不同氨基酸侧链的性质。蛋白质可以发生双缩脲反应、茚三酮反应以及氨基酸侧链的显色反应，这些反应现象均可用于蛋白质的鉴定。通常情况下，蛋白质以胶体形式存在于溶液中，在各种物理因素、化学因素的影响下，蛋白质能从溶液中沉淀出来。

（一）蛋白质加酸加热水解

蛋白质在体外与酸、碱共热或受酶的作用能完全水解，在水解过程中，蛋白质分子开始分解成较大的分子——胨，之后逐渐分解形成多肽及简单的肽，最终生成自由氨基酸。

蛋白质分子中有肽链结构，用双缩脲试剂检测呈阳性，蛋白质水解最终产物为氨基酸。氨基酸分子中没有肽链结构，故双缩脲反应呈阴性。因此，可用双缩脲试剂检查蛋白质水解程度。

（二）蛋白质的显色反应

蛋白质的显色反应是组成蛋白质的部分氨基酸或氨基酸上所带基团特有的。借助这些显色反应，可检出蛋白质中所含氨基酸的种类。

1. 蛋白黄反应。

含有苯基（—C_5H_6）的化合物能与浓硝酸作用产生黄色硝基化合物。此化合物遇碱后，变为深橙色的硝醌盐化合物。大多数蛋白质都含有芳香族氨基酸，故蛋白黄反应呈阳性，少数不含芳香族氨基酸的蛋白质，此反应呈阴性。

2. 米伦反应。

含酚类结构的氨基酸与含有硝酸汞及亚硝酸汞的米伦（millon）试剂共热，能生成红色汞化合物。蛋白质中若含有酪氨酸，此反应特别明显。

3. 蛋白质中硫的反应。

组成蛋白质的一些氨基酸，如胱氨酸、半胱氨酸、蛋氨酸等均含有硫，加入NaOH可使硫以硫化钠的形式分解出来，硫化钠与醋酸铅可生成黑色的硫化铅沉淀而析出（沉淀颗粒比较微小，需仔细观察）。

$$RSH + 2NaOH = ROH + Na_2S + H_2O$$
$$Na_2S + Pb(Ac)_2 = 2NaAc + PbS\downarrow$$

（三）蛋白质的沉淀反应

在各种物理因素、化学因素的影响下，蛋白质能从溶液中沉淀出来，沉淀反应可分为两类。

第一类是可逆沉淀：加入浓中性盐、冷乙醇、丙酮等，蛋白质能沉淀出来，但在沉淀过程中未变性，基本上保持天然活性。去掉沉淀剂后，蛋白质颗粒又能溶解于原来的溶剂中。

第二类是不可逆沉淀：加入重金属、植物碱试剂、酸、碱、某些有机酸，以及加热等，均可使蛋白质分子的高级结构改变、丧失天然活性而变性沉淀，去掉沉淀剂后，蛋白质不能再溶于原来的溶剂。

1. 蛋白质的盐析。

蛋白质是亲水胶体，当向蛋白质溶液中加入大量中性盐时，中性盐能使蛋白质分子脱水，并中和其表面电荷而使其沉淀，这种方法叫作盐析。因蛋白质分子量不同，盐析时所需中性盐的浓度也不同。利用不同浓度的同种中性盐，可分步将同一种溶液中不同分子量的蛋白质分段盐析出来，球蛋白的分子量大，能被半饱和硫酸铵沉淀，清蛋白分子量小，需饱和硫酸铵方能沉淀出来。

2. 重金属盐沉淀蛋白质。

蛋白质在碱性环境中带负电，能与重金属（汞、铅、铜、银）离子形成稳定的不溶性复合物。此种复合物由于已经变性，因此不能溶于原来的溶剂。当用硫酸铜、醋酸铅沉淀蛋白质时，如果加入过量的沉淀剂，则因为电荷排斥作用力增强的影响，可再溶解。

3. 植物碱试剂、有机酸沉淀蛋白质。

在酸性溶液中，蛋白质带正电，能与植物碱试剂和有机酸中的负离子和酸根相结合，生成不溶性盐而沉淀。

【实验仪器】

酒精灯，试管（若干），试管夹，移液器，吸头。

【实验材料】

1. 血清，25% H_2SO_4 溶液，10% NaOH 溶液，1% $CuSO_4$ 溶液，0.1%酚溶液，浓硝酸，饱和 $(NH_4)_2SO_4$ 溶液，固体 $(NH_4)_2SO_4$，7% $CuSO_4$ 溶液、30%三氯醋酸溶液，10%醋酸铅溶液，20%鞣酸溶液，20%磺基水杨酸溶液，1%醋酸溶液，10%醋酸溶液，饱和氯化钠溶液等。

2. 1%蛋白质溶液：取鸡蛋1枚，端点开一小孔，使蛋清流出（勿使蛋黄破裂），量取体积，加19~20倍体积纯化水，混匀，数层纱布过滤。

3. 米伦试剂：称量汞40g，溶于60ml浓硝酸（相比密度为1.42）中，水浴中温热助溶。全部溶解后，加2倍体积纯化水稀释，待澄清后取上清液备用。

4. 蛋白质的氯化钠溶液：取鸡蛋1枚，除去蛋黄后，加纯化水200ml及饱和氯化钠溶液100ml，充分搅匀，数层纱布过滤。

5. 1%醋酸铅溶液：称1g醋酸铅，加入100ml纯化水中，加入数滴醋酸（助溶），微微加热至溶解。

6. 饱和苦味酸溶液：称取苦味酸5g，溶于50ml纯化水中，完全溶解后加至100ml。

【实验操作】

（一）蛋白质加酸或加热水解

1. 加血清2~3ml于带有逆流冷却管的小烧瓶中，然后加入25% H_2SO_4 溶液15~20ml，混匀，立即取3滴于另一干燥试管中用双缩脲试剂检测。

2. 将烧瓶和冷却器固定在铁架上，于酒精灯上加热，每隔5min取2~3滴用双缩脲试剂检测，半小时后，每隔3min取2~3滴用双缩脲试剂检测，直至双缩脲试剂检测结果呈阴性为止。

3. 双缩脲反应：取蛋白质水解液3滴，用10%NaOH溶液中和至微碱性，然后加入1%$CuSO_4$溶液2滴，观察颜色，阳性结果应呈紫蓝色。

（二）蛋白质的显色反应

1. 蛋白黄反应实验操作见表5-2。

表5-2 蛋白黄反应实验操作

	1%蛋白质溶液（ml）	0.1%酚溶液（ml）	纯化水（ml）	浓硝酸（ml）	小心加热，观察变化，冷却	10%NaOH溶液（ml）
实验管	0.5	—	—	0.1		1
阳性对照管	—	0.5	—	0.1		1
阴性对照管	—	—	0.5	0.1		1

2. 米伦反应实验操作见表5-3。

表5-3 米伦反应实验操作

	1%蛋白质溶液（ml）	0.1%酚溶液（ml）	纯化水（ml）	米伦试剂（ml）	小心加热，观察变化
实验管	0.5	—	—	0.1	
阳性对照管	—	0.5	—	0.1	
阴性对照管	—	—	0.5	0.1	

3. 蛋白质中硫的反应实验操作。

取1支试管，加入1%蛋白质溶液1ml及10%NaOH溶液0.25ml，然后加入1%醋酸铅溶液1滴，小心加热，观察变化。

（三）蛋白质的沉淀反应

1. 蛋白质的盐析。

取1支试管，加入蛋白质的氯化钠溶液2ml，并加入等体积的饱和$(NH_4)_2SO_4$溶液混匀，放置数分钟，过滤，收集滤液约1ml于另一支试管，于滤液中加入固体$(NH_4)_2SO_4$至饱和，观察有无沉淀析出。

2. 重金属盐沉淀蛋白质。

（1）取4支试管，各加1%蛋白质溶液约0.5ml，第1、2支试管中加入1%$CuSO_4$溶液2滴，第3、4支加入1%醋酸铅溶液1~2滴，观察有何变化。

（2）向第2支试管中加过量7%$CuSO_4$溶液，观察沉淀是否溶解。向第4支试管中加10%醋酸铅溶液1~2滴，观察沉淀是否溶解。

3. 植物碱试剂、有机酸沉淀蛋白质实验操作见表5-4。

表 5-4　植物碱试剂、有机酸沉淀蛋白质实验操作

	饱和苦味酸		20%鞣酸		30%三氯乙酸		20%磺基水杨酸	
	实验组	对照组	实验组	对照组	实验组	对照组	实验组	对照组
蛋白质溶液（ml）	0.5	—	0.5	—	0.5	—	0.5	—
纯化水（ml）	—	0.5	—	0.5	—	0.5	—	0.5
植物碱试剂或有机酸试剂（ml）	0.1	0.1	0.1	0.1	0.1	0.1	0.1	0.1
实验现象								

注意：本实验中会使用到浓硝酸，务必保证实验安全。

【实验结果与讨论】

及时规范地记录实验现象，整理分析实验结果。

【思考题】

1. 盐析与盐溶的现象和原理分别是什么？
2. 蛋白质变性与蛋白沉淀有什么关系？
3. 在操作本次实验中，你有何收获？对于改进实验，你有何建议？

（郑永祥）

实验十二　酶化学

【实验目的】

掌握酶催化作用的特点、影响酶催化活性的因素，以及设计对照实验的方法。

【实验原理】

酶是生物体内重要的功能分子。酶促反应具有高效性、特异性和可调节性。酶的催化活性受到温度、溶液的 pH、激动剂和抑制剂的影响。本实验获取细菌 α 淀粉酶，分析其水解淀粉的能力，并通过不同的实验操作，验证不同条件对酶活性的影响。

（一）淀粉酶的作用

淀粉酶催化淀粉水解成麦芽糖。利用碘液、斑氏试剂检查淀粉及水解产物可判断淀粉酶的作用。

碘反应颜色：淀粉 蓝色 → 淀粉糊精 紫色 → 紫色糊精 紫色 → 红色糊精 红色 → 麦芽糖 无色

麦芽糖＋斑氏试剂─→棕红色沉淀

（二）淀粉酶的专一性

酶是具有高度专一性的催化剂，一种酶只能催化一种或一类物质的化学反应。α淀粉酶只能催化淀粉的水解而不能催化蔗糖水解。

（三）酶的催化作用

生物体内各组织细胞中普遍存在着各种酶类，高效率地催化各类物质在体内的代谢反应。过氧化氢酶催化 H_2O_2 分解成 H_2O 和 O_2。

$$2H_2O_2 \xrightarrow{\text{过氧化氢酶}} O_2 + 2H_2O$$

检查氧气的生成即可确定过氧化氢酶的存在及其催化效率。

（四）温度对酶活性的影响

温度对酶活性有显著影响。温度降低，酶促反应减弱或停止；温度升高，酶促反应加快。当温度升至某一值时，酶促反应速度达最大，此温度称为酶的最适温度。温度继续升高，酶促反应速度反而迅速下降。人体内大多数酶的最适温度在 37℃ 左右。体外实验中，温度越高，酶活性越低，至 80℃ 时，酶活性几乎完全丧失。

本实验以 α 淀粉酶为例。α 淀粉酶催化淀粉水解生成各种糊精和麦芽糖。

$$(C_5H_{10}O_5)_n \longrightarrow (C_5H_{10}O_5)_{n-x} \longrightarrow C_{12}H_{22}O_{11}$$
$$\text{淀粉} \qquad\qquad \text{糊精} \qquad\qquad \text{麦芽糖}$$

淀粉溶液属胶体溶液，具乳光，与碘反应呈蓝色；淀粉无自由半缩醛羟基，不具有还原性。糊精根据分子大小，与碘反应呈蓝、紫、红等不同颜色。麦芽糖不与碘呈色，但具有自由半缩醛羟基和还原性。根据上述性质，可以用碘和斑氏试剂检查淀粉是否水解及其水解程度，间接判断淀粉酶是否存在及其活性大小。

（五）pH 对酶活性的影响

环境的 pH 显著影响酶活性，pH 既影响酶本身也影响底物的离解程度和电荷，从而改变酶与底物结合和催化作用。在某一 pH 时，酶活性达最大，该 pH 称为酶的最适 pH。不同的酶，最适 pH 不尽相同，人体内多种酶的最适 pH 为 7.0 左右。

以 α 淀粉酶为例，该酶的最适 pH 为 5.9，过酸或过碱均可使酶活性显著降低，判断 pH 对酶活性的影响可采用两种方法：根据底物即淀粉消失的快慢来衡量酶活性的高低，可用淀粉与碘的呈色反应来判断，或者根据产物，即麦芽糖产生的量来衡量。

（六）激动剂和抑制剂对酶活性的影响

以唾液淀粉酶为例，氯离子使该酶活性增强，铜离子却强烈抑制该酶活性。

【实验仪器】

水浴锅,移液器,吸头。

【实验材料】

1. 1%淀粉溶液,1%NaCl 溶液,1%$CuSO_4$ 溶液,1%Na_2SO_4 溶液,碘液等。

2. 斑氏试剂:称取柠檬酸钠 173g,无水 Na_2CO_3 100g,加入 700ml 纯化水,加热溶解,冷却,慢慢倾入 17.3%$CuSO_4$ 溶液 100ml,边加边振摇,加纯化水定容至 1000ml。

3. PBS 缓冲液:

分别配制 1mol/L Na_2HPO_4 50ml 和 1mol/L KH_2PO_4 50ml。

pH 5.0 PBS 缓冲液:量取 1mol/L Na_2HPO_4 溶液 20ml 用纯化水稀释至 100ml,再用 0.2mol/L HCl 调节 pH 至 5.0。

pH 5.9 PBS 缓冲液:量取 1mol/L Na_2HPO_4 3.30ml 和 1mol/L KH_2PO_4 3.36ml,混匀后用纯化水稀释至 100ml,再用 0.2mol/L HCl 调节 pH 至 5.9。

pH 8.0 PBS 缓冲液:量取 1mol/L Na_2HPO_4 6.31ml 和 1mol/L KH_2PO_4 0.35ml,混匀后用纯化水稀释至 100ml,再用 0.2mol/L HCl 调节 pH 至 8.0。

【实验操作】

(一)淀粉酶的作用

1. 取 2 支试管,标记,向 2 支试管分别加入 1ml 淀粉溶液,向实验管中加入 0.2ml 淀粉酶溶液,向对照管中加入 0.2ml 纯化水(表 5-5)。

表 5-5 唾液淀粉酶反应体系

	1%淀粉(ml)	淀粉酶溶液(ml)	纯化水(ml)
对照管	1	—	0.2
实验管	1	0.2	—

2. 将两管分别摇匀后,立即各取 1 滴于比色盘内,各加 1 滴碘液观察颜色,以后每隔 30s 重复一次,至实验管的水解液加碘液无颜色为止。

(二)淀粉酶的专一性

1. 取 1 支试管,加 3 滴 2%蔗糖溶液、斑氏试剂 1ml,直接加热煮沸 2~3min,溶液颜色不变,说明蔗糖很纯,不含还原糖。

2. 取 2 支试管,分别加 1%淀粉溶液 1ml 及 2%蔗糖溶液 1ml,向两管中各加淀粉酶溶液 0.2ml,混匀,放置 10min。

3. 于 2 支试管中各加斑氏试剂 1ml,直接煮沸,观察并解释结果。

（三）酶的催化作用

1. 取6支试管，分别加入小鼠血液及肝、肾、心、脑、肌肉组织糜一小块，再加入辛醇1滴消泡，然后加入3％H_2O_2溶液1ml，立即用指头按住试管口，观察反应。
2. 将留有余烬的火柴放入试管，观察火柴是否复燃。

（四）温度对酶活性的影响

1. 取2支试管，各加淀粉酶溶液2ml，一管直接加热煮沸，另一管置于冰浴中预冷5min。
2. 取4支试管，编号，按表5-6进行实验操作。

表5-6 温度对酶活性的影响实验操作

	编号			
	1	2	3	4
第一步	1％淀粉溶液 1ml	1％淀粉液 1ml	1％淀粉液 1ml	1％淀粉液 1ml
第二步	置于0~4℃冰浴中5min		置于37℃水浴中5min	
第三步	预冷的酶液 0.1ml	预冷的酶液 0.1ml	酶液 0.1ml	煮沸的酶液 0.1ml
第四步	置于0~4℃冰浴中10min		置于37℃水浴中10min	
第五步	碘液2滴	移至37℃水浴10min后再加碘液2滴	碘液2滴	碘液2滴

注意：加酶液后摇匀，各管加碘液后摇匀，观察并解释结果。

（五）pH对酶活性的影响

取3支试管，编号，按表5-7进行实验操作。

表5-7 pH对酶活性的影响实验操作

	编号		
	1	2	3
PBS缓冲液	pH 5.0	pH 6.8	pH 8.0
淀粉液（ml）	2	2	2
淀粉酶溶液（ml）	0.15	0.15	0.15

将各管混匀，取瓷比色盘1个，预先在各池分别加1~2滴碘液，每30s从2号管吸取溶液1滴，加到已加有碘液的比色盘小池中，直到此管不与碘发生呈色反应（即只显碘的浅棕色），向各管加碘液2滴，摇匀，观察。

（六）激动剂和抑制剂对酶活性的影响

取 4 支试管，编号，按表 5-8 进行实验操作。

表 5-8 激动剂和抑制剂对酶活性的影响反应体系

	编号			
	1	2	3	4
1‰淀粉液（ml）	1	1	1	1
1‰NaCl 溶液（ml）	0.1	—	—	—
1‰CuSO$_4$ 溶液（ml）	—	0.1	—	—
1‰Na$_2$SO$_4$ 溶液（ml）	—	—	0.1	—
纯化水（ml）	—	—	—	0.1
淀粉酶溶液（ml）	0.15	0.15	0.15	0.15

将各管摇匀，置于 40℃水浴中，取瓷比色盘 1 个，预先加 1 排碘液，各池分别加 1~2 滴。每间隔 30s~1min 从 1 号管吸取保温液 1 滴，测与碘发生的反应，直至 1 号管与碘呈红色时，向各管加碘液 2 滴，摇匀，观察并解释结果。

注意：
（1）逐步稀释，控制唾液的稀释倍数。
（2）注意选择催化淀粉水解的观察时间。

【实验结果和讨论】

详细记录实验结果，对于有颜色变化的实验结果可以拍照，分析实验现象。

【思考题】

1. 简要说明温度和 pH 对酶催化活性的影响。
2. 抑制剂的类型有哪些？

（郑永祥）

实验十三 酶反应动力学——米氏常数的测定

【实验目的】

掌握测定米氏常数的基本原理和方法。

【实验原理】

在温度、pH 及酶浓度恒定的条件下，底物浓度对酶的催化作用有很大的影响。在一般情况下，当底物浓度低时，酶促的反应速度（V）随底物浓度（[S]）的增加而迅速增加。但当底物浓度持续增加时，反应速度的增加速率就逐渐减小。当底物浓度增加到某种程度时，反应速度到达一个极限值，即最大反应速度（V_{max}），如图 5-2 所示。

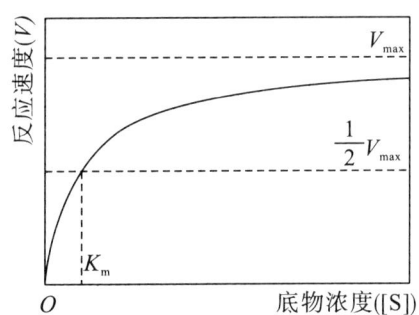

图 5-2 酶促反应速度-底物浓度关系曲线图

底物浓度和反应速度的关系可用米氏（Michaelis-Menten）方程表示：

$$V = \frac{V_{max}[S]}{K_m + [S]}$$

式中，V_{max} 为最大反应速度；K_m 为米氏常数，是反应速度等于最大速度一半时的底物浓度；K_m 为酶的特征性常数，测定 K_m 是研究酶的一种重要方法，大多数酶的 K_m 值为 0.01～100mmol/L。

通过统计软件可以拟合出 Michaelis-Menten 方程，求得 K_m 和 V_{max} 值。

此外，如果将 Michaelis-Menten 方程转换成 Lineweaver-Burk 方程，得：

$$\frac{1}{V} = \frac{K_m}{V_{max}} \times \frac{1}{[S]} + \frac{1}{V_{max}}$$

此方程为直线方程，故用反应速度的倒数来作图，也易于求得该酶的 K_m 和 V_{max} 值。

反应速度倒数-底物浓度倒数的关系曲线如图 5-3 所示，图中直线的斜率是 $\frac{K_m}{V_{max}}$，直线与纵坐标的交点为 $\frac{1}{V_{max}}$，直线与横坐标的交点为 $-\frac{1}{K_m}$。因此，可以在作图后将该直线延长,根据其在横坐标上的截距,计算该酶的 K_m 值。

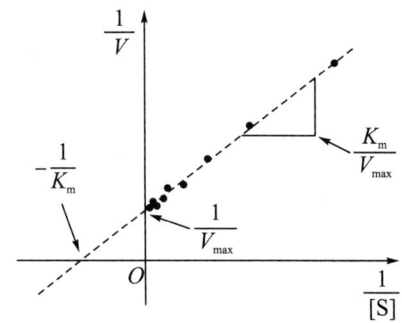

图 5-3 反应速度倒数-底物浓度倒数的关系曲线

本实验以碱性磷酸酶为例。测定不同底物浓度时的酶活性,再根据 Lineweaver-Burk 法作图,计算 K_m 值;或通过统计软件拟合 Michaelis-Menten 方程,求得 K_m 和 V_{max} 值。

碱性磷酸酶的测定原理:磷酸苯二钠作为底物,被水解后产生游离酚和磷酸盐,酚在碱性溶液中与 4-氨基安替比林作用,经铁氰化钾氧化,可生成红色的醌衍生物。该衍生物在波长 510nm 处有吸收峰,可用紫外-可见分光光度法测定衍生物的含量,从而计算出酶的活性。在本实验中,定义 37℃下保温 15min 产生 1mg 酚对应的酶活力为 1 个酶活性单位(U)。

【实验仪器】

水浴锅,紫外-可见分光光度计,移液管,试管等。

【实验材料】

1. 0.04mol/L 基质液:称取二水磷酸苯二钠 10.16g,用煮沸后冷却的纯化水溶解并稀释至 1000ml,加 4ml 三氯甲烷防腐,置棕色瓶中,4℃冰箱内保存。此试剂可供 1 周内使用。

2. 碳酸氢钠缓冲液:称取 Na_2CO_3 6.3g,$NaHCO_3$ 3.36g,溶解于纯化水中,稀释至 1000ml。

3. 酶液:称取纯制碱性磷酸酶 5mg,用 pH 8.8 Tris 缓冲液溶解并稀释至 100ml,置于 4℃冰箱中保存。

4. 碱性溶液:量取 0.5mol/L NaOH 溶液及 0.5mol/L Na_2CO_3 溶液各 20ml,混匀,加纯化水至 100ml。

5. 0.3% 4-氨基安替比林溶液:称取 3.00g 4-氯基安替比林,用纯化水溶解并稀释至 1000ml,置于棕色瓶中,4℃冰箱内保存。

6. 0.5% 铁氰化钾溶液:称取 5.00g 铁氰化钾,15.00g H_3BO_3,分别溶于 400ml 纯化水中,溶解后两液混合,再加纯化水至 1000ml,置于棕色瓶中,暗处保存。

7. pH 8.8 Tris 缓冲液:称取 Tris 12.10g,溶于 800ml 纯化水中,用 1mol/L NaOH 溶液调节 pH 至 8.8,再加纯化水至 1000ml,即为 0.1mol/L Tris 溶液。

8. 0.1mol/L 醋酸镁溶液：称取醋酸镁 21.30g，溶解于纯化水中，并稀释至 1000ml。

9. 醋酸鉴定液：取 0.1mol/L Tris 溶液 100ml，加纯化水约 80ml，再加 0.1mol/L 醋酸镁 100ml，混匀后用 1% 醋酸调节 pH 至 8.8，再用纯化水稀释至 1000ml 即得。

【实验操作】

1. 制备标准曲线：取 7 支试管，编号，分别取标准酚溶液（0.1mg/ml）0ml、0.05ml、0.1ml、0.2ml、0.3ml、0.4ml、0.8ml，加蒸馏水稀释至 2.0ml 后，在 37℃ 水浴中保温 5min，然后加入碱性溶液 1.0ml、0.3% 4-氨基安替比林溶液 1.0ml、0.5% 铁氰化钾溶液 2.0ml，混匀后室温放置 10min，波长 510nm 下比色，并绘制酚标准曲线，求拟合曲线方程。各管酚含量分别为 0μg、5μg、10μg、20μg、30μg、40μg、80μg。

2. 取 9 支试管，编号，按表 5-9 进行实验操作。

表 5-9 酶反应动力学反应体系

	编号								
	0	1	2	3	4	5	6	7	8
0.04mol/L 基质液（ml）	0.00	0.05	0.10	0.20	0.30	0.40	0.80	1.00	1.20
碳酸氢钠缓冲液（ml）	0.70	0.70	0.70	0.70	0.70	0.70	0.70	0.70	0.70
纯化水（ml）	1.20	1.15	1.10	1.00	0.90	0.80	0.40	0.20	0.00
					37℃水浴中保温 15min				
酶液（ml）	0.10	0.10	0.10	0.10	0.10	0.10	0.10	0.10	0.10
最终基质浓度（mmol/L）	0	1	2	4	6	8	16	20	24

各管加入酶液后，立即置于 37℃ 水浴中保温，同时控制、记录保温时间。

3. 保温结束后，立即向各管加入碱性溶液 1.0ml 以终止反应。

4. 各管中分别加入 0.3% 4-氨基安替比林溶液 1.0ml 及 0.5% 铁氰化钾溶液 2.0ml，充分混匀，静置 10min，以 0 号管为对照，于波长 510nm 处测定吸光度（尽量在混匀后 10~30min 内完成测定），计算各管的酶活性。

【实验结果和讨论】

及时观察并记录现象，拍摄各管的颜色变化，记录波长 510nm 处的吸光度，计算各管的酶活力，用 Lineweaver-Burk 法作图，计算 K_m 值；通过统计软件拟合 Michaelis-Menten 方程，求得 K_m 和 V_{max} 值。

【思考题】

1. 用 Michaelis-Menten 方程描述反应速度与底物浓度关系的前提条件是什么？
2. 实验中出现哪些现象？请分析其原因。

（郑永祥）

实验十四　蛋白质聚丙烯酰胺凝胶电泳

【实验目的】

学习和掌握十二烷基硫酸钠－聚丙烯酰胺凝胶电泳（SDS－PAGE）的基本原理和方法。

【实验原理】

蛋白质是两性电解质，不同的蛋白质具有特定的等电点，蛋白质在不同 pH 值的溶液中会携带不同的电荷与电量。但经表面活性剂 SDS 处理后，蛋白质表面带有大量负电荷，消除了蛋白质等电点不同对电泳行为的影响；SDS 处理后的蛋白质呈短棍状结构，其电泳的迁移速率与蛋白质的相对分子质量相关。因此可以根据蛋白质的相对分子量不同，分离各蛋白质。

PAGE 是一种人工合成的凝胶，具有网状结构，其网眼的孔径可通过改变凝胶液中单体的浓度来加以控制，一般分离蛋白质选用 7.5％PAGE。电泳分离样品的过程既具有一般电泳的电荷效应，又具有凝胶的分子筛效应，因此样品分离效果好，分辨率高。

【实验仪器】

电泳仪，垂直平板电泳槽，电泳玻璃板，圆盘电泳槽，玻璃电泳管，移液器等。

【实验材料】

1. 30％丙烯酰胺/甲叉双丙烯酰胺溶液（29∶1）（A 液）。

2. 4×Tris－HCl/SDS 缓冲液（pH 8.8）（B 液），用时不需加纯化水稀释，在配制过程中按配制方法加入，保证 Tris 终浓度为 0.375mol/L（分离胶），如配制 10ml 凝胶液，直接添加 2.5ml 该溶液即可。

3. 4×Tris－HCl/SDS 缓冲液（pH 6.8）（C 液），使用时不需加纯化水稀释，在配制过程中按配制方法加入，保证 Tris 终浓度为 0.125mol/L（浓缩胶），如配制 10ml 凝胶液，直接添加 2.5ml 该溶液即可。

4. N,N,N',N'－四甲基乙二胺（TEMED），密封避光保存。

5. 10％过硫酸铵溶液。

6. 电泳缓冲液（pH 8.3 Tris 甘氨酸缓冲液）：称取 Tris 6.0g、甘氨酸 28.8g，加入纯化水至 1000ml，用时按 1∶10 稀释。

7. 染色液：称取考马斯亮蓝 R－250 0.5g，加 95％乙醇 90ml、冰醋酸 10ml，然后用纯化水稀释至 500ml。

8. 冰醋酸-甲醇洗脱液：取冰醋酸 38ml，加甲醇 125ml，然后用纯化水稀释至 500ml。

9. 保存液：7%冰醋酸溶液。

10. 待分离大肠埃希菌蛋白样品。

11. 待分离血清蛋白样品。

【实验操作】

（一）方案一：SDS-PAGE 垂直平板电泳法分离大肠埃希菌蛋白

1. 将制胶的玻璃板洗净，烘干，在制胶架上组装成胶槽，备用。
2. 制胶。

（1）将试剂从冰箱中取出，恢复至室温。

（2）分离胶的制备：每块胶需配制分离胶 5ml，若多块凝胶一起配制，需要适当增加配制溶液的体积，以弥补试剂在容器壁上的损失。计算出所需要的体积，并按照表 5-10 加入相应体积的溶液至 50ml 离心管中。

表 5-10　7.5%凝胶（分离胶）制备实验操作 1

试剂	7.5%凝胶总体积（ml）				
	5	10	15	20	25
纯化水（ml）	2.45	4.90	7.35	9.80	12.25
30%丙烯酰胺/甲叉双丙烯酰胺溶液（29:1）（ml）	1.25	2.50	3.75	5.00	6.25
4×Tris-HCl/SDS 缓冲液（pH8.8）（ml）	1.25	2.50	3.75	5.00	6.25
10%过硫酸铵溶液（ml）	0.05	0.10	0.15	0.20	0.25
TEMED（ml）	0.002	0.004	0.006	0.008	0.010

拧紧离心管盖，轻柔地颠倒混匀溶液，应避免摇出气泡。将配制好的分离胶溶液加入胶槽中（注意：使溶液沿玻璃板壁流下，避免产生气泡）。当液面距离上端开口处 2.5cm 时停止加入分离胶溶液，用移液器沿玻璃板壁缓慢加入纯化水，切勿使加入的水呈滴状坠入胶液，这样会使顶部凝胶变稀而改变凝胶孔径，应使加入的水层与凝胶层之间有完好的界面。加好水层，静置，使胶聚合 30~40min（视室温而定，夏天可聚合 30min，冬天则需聚合 40min 甚至更长时间），倒去水层。

（3）浓缩胶的配制：每块胶配制浓缩胶 3ml，若多块凝胶一起配制，需要适当增加体积，以弥补在容器壁上的损失。计算出所需要的体积，并按照表 5-11 加入相应体积的溶液至 50ml 离心管中。

表 5-11　5%凝胶（浓缩胶）制备实验操作 1

试剂	5%凝胶（浓缩胶）总体积（ml）		
	1	5	10
纯化水（ml）	0.69	3.47	6.95
30%丙烯酰胺/甲叉双丙烯酰胺溶液（29∶1）（ml）	0.17	0.83	1.70
4×Tris-HCl/SDS 缓冲液（pH 6.8）（ml）	0.125	0.650	1.250
10%过硫酸铵溶液（ml）	0.01	0.05	0.10
TEMED（ml）	0.001	0.005	0.010

拧紧离心管盖，轻柔地颠倒混匀溶液，应避免摇出气泡。用少量配制好的浓缩胶溶液润洗分离胶的胶面，倒去浓缩胶溶液。向胶槽内加入浓缩胶溶液，至液面与上端开口齐平，插入样品梳，静置，使胶聚合 30～40min（视室温而定，夏天可聚合 30min，冬天则需聚合 40min 甚至更长时间）。

将已经制备好的胶槽组装到垂直平板电泳槽中，加入电泳缓冲液。内槽电泳液的液面要与玻璃板的上缘齐平。垂直取出样品梳，并用移液器吸取缓冲液冲洗样品孔。

3. 加样。取 40μl 待分离的大肠埃希菌蛋白样品到 1.5ml 离心管中，加入 10μl 蛋白质上样缓冲液，水浴煮沸 5min。从煮好的样品中取 5μl 加入样品孔中，加样过程中切勿使缓冲液与样品混合，导致样品被稀释。

4. 电泳。接通电源，开始调节电压至 70V，待样品进入胶后，升高电压至 100V。当指示染料迁移至距玻璃管下端口 0.3cm 时停止电泳。

5. 剥胶。断开电源，取出玻璃板，用胶铲撬开玻璃板，取出凝胶。

6. 固定与染色。0.1%考马斯亮蓝 R-250 染色 20～30min。

7. 漂洗。冰醋酸-甲醇洗脱液漂洗 3～4 次，每次 20～30min，至背影清晰为止。

8. 鉴定。根据染色显示的条带，结合实验对照组，分析目标蛋白质的电泳条带位置。

（二）方案二：SDS-PAGE 圆盘电泳法分离血清蛋白

1. 将玻璃管洗净，烘干。将玻璃管插入具有小孔的橡胶塞中，小孔中事先加 1 滴 40%蔗糖溶液，再插紧玻璃管，使胶液不外溢，备用。

2. 制胶。

（1）将试剂从冰箱中取出，恢复至室温。

（2）分离胶的制备：每支玻璃管配制分离胶 3ml，若多支玻璃管的凝胶一起配制，需要适当增加配制溶液的体积：以弥补试剂在容器壁上的损失。计算出所需要的体积，并按照表 5-12 加入相应体积的溶液，至 50ml 离心管中。

表 5-12 7.5%凝胶（分离胶）制备实验操作 2

试剂	7.5%凝胶总体积（ml）				
	5	10	15	20	25
纯化水（ml）	2.45	4.90	7.35	9.80	12.25
30%丙烯酰胺/甲叉双丙烯酰胺溶液（29：1）（ml）	1.25	2.50	3.75	5.00	6.25
4×Tris-HCl/SDS缓冲液（pH 8.8）（ml）	1.25	2.50	3.75	5.00	6.25
10%过硫酸铵溶液（ml）	0.05	0.10	0.15	0.20	0.25
TEMED（ml）	0.002	0.004	0.006	0.008	0.010

拧紧离心管盖，轻柔地颠倒混匀溶液，应避免产生气泡。将配制好的分离胶溶液加入玻璃管中（注意：使溶液沿管壁流下，避免产生气泡）。当液面距离上端开口处1.5cm时停止加入分离胶溶液，用移液器沿管壁缓慢加入纯化水，切勿使加入的水呈滴状坠入胶液，这样会使顶部凝胶浓度变稀而改变凝胶孔径，应使加入的水层与凝胶层之间有完好的界面。加好水层，静置使胶聚合 30~40min（视室内温度而定，夏天可聚合30min，冬天则需聚合 40min 甚至更长时间），倒去水层。

（3）浓缩胶的配制：每支玻璃管配制浓缩胶 0.5ml，若多支玻璃管的凝胶一起配制，需要适当多配制一些，以弥补试剂在容器壁上的损失。计算出所需要的体积，并按照表 5-13 加入相应体积的溶液至 50ml 离心管中。

表 5-13 5%凝胶（浓缩胶）制备实验操作 2

试剂	5%凝胶（浓缩胶）总体积（ml）		
	1	5	10
纯化水（ml）	0.69	3.47	6.95
30%丙烯酰胺/甲叉双丙烯酰胺溶液（29：1）（ml）	0.17	0.83	1.70
4×Tris-HCl/SDS缓冲液（pH 6.8）（ml）	0.125	0.650	1.250
10%过硫酸铵溶液（ml）	0.01	0.05	0.10
TEMED（ml）	0.001	0.005	0.010

拧紧离心管盖，轻柔地颠倒混匀溶液，应避免摇出气泡。用少量配制好的浓缩胶溶液润洗分离胶的胶面，倒去浓缩胶溶液。向玻璃管内加入浓缩胶溶液，至液面距离上端开口处1cm，用移液器沿管壁缓慢加入纯化水，切勿使加入的水呈滴状坠入胶液，这样会使顶部凝胶浓度变稀而改变凝胶孔径，应使加入的水层与凝胶层之间有完好的界面。加好水层，静置使胶聚合 30~40min（视室内温度而定，夏天可聚合 30min，冬天则需聚合 40min 甚至更长时间），倒去水层。

3. 加样。电泳槽下槽中放满电泳缓冲液。将玻璃管从橡胶塞座上拔下，插入电泳槽上槽中，调整好各管的高度，使其尽量在同一水平高度，在玻璃管的下端充满缓冲液，注意不能有气泡，再把上槽放在下槽上。向上槽加入电泳缓冲液至液面高于所有的玻璃管。

取血清 10μl,加入离心管中,用 190μl 20%蔗糖溴酚蓝溶液稀释。用移液器取 50μl 稀释好的样品,将吸头置于浓缩胶上方 0.5cm 处,加入样品。在样品与缓冲液之间应有一明显界面,切勿使缓冲液与样品混合,导致样品被稀释。

4. 电泳。接通电源,调节电流,开始每管 1mA,待样品进入胶后,再升高电流至每管 3mA。当指示染料迁移至距玻璃管下端口 0.3cm 时停止电泳。

5. 剥胶。将一针头长约 10cm 的注射器吸满水,将针头插入凝胶与管壁之间,并紧贴管壁,一边注水一边慢慢旋转玻璃管并推针前进,靠水流压力和润滑作用使玻璃管内壁与胶分开,然后缓慢退出针头,凝胶可自然脱出。如果凝胶未全部脱出,不能用手拉扯,可用洗耳球从另一端加压,使凝胶脱出。

6. 固定与染色:0.1%考马斯亮蓝 R-250 沸水浴染色 10min。

7. 漂洗。冰醋酸-甲醇洗脱液漂洗 3~4 次,每次 20~30min,至背影清晰为止,一般可清晰见到约 15 条条带。

【实验结果和讨论】

及时观察并记录操作现象。绘制染色后的蛋白质条带图。

【思考题】

1. 简述 SDS-PAGE 分离蛋白质的原理。
2. 实验过程中出现哪些现象?请分析其原因。
3. 与 SDS-PAGE 圆盘电泳法相比,SDS-PAGE 垂直平板电泳法有什么优点?

(郑永祥)

实验十五 蛋白质的鉴定——免疫印迹法

【实验目的】

掌握蛋白质免疫印迹法(western blot)的基本原理和方法。

【实验原理】

蛋白质的鉴定是研究蛋白质化学及其生物功能的重要手段。蛋白质免疫印迹法是最为常用的鉴定蛋白质分子的方法,一般由蛋白质的凝胶电泳、蛋白质的印迹和各种灵敏的检测手段(如抗原与抗体反应)三部分组成。通常,先用 SDS-PAGE 分离待测蛋白质,然后用电转移法将待测蛋白质转移到特殊的载体上[常用的是聚偏氟乙烯(PVDF)膜],最后利用一抗来识别待测蛋白质、用二抗进行显像。该方法可以检测 1~5ng 的蛋白质,其灵敏度与所使用的抗体的特异性和灵敏度有关。

本实验中使用的待测样品是含有组氨酸标签的重组蛋白质，采用特异识别组氨酸标签的一抗、辣根过氧化物酶标记的二抗，可以鉴定出样品是否含有目标蛋白质。

【实验仪器】

电泳仪，垂直平板电泳槽，转膜槽，摇床，凝胶成像系统，移液器等。

【实验材料】

1. 含有组氨酸标签目标蛋白质的待检测样品。SDS-PAGE 电泳所需的试剂（见本章实验十四）。预染的蛋白质 Marker，5×蛋白质上样缓冲液。小鼠抗组氨酸一抗，HRP 标记的山羊抗小鼠二抗，ECL 发光液。

2. 转膜缓冲液：25mmol/L Tris，192mmol/L Gly，20%（体积分数）甲醇，调节 pH 至 8.3。

3. TBS 缓冲液：10mmol/L Tris，0.5mmol/L NaCl，调节 pH 至 7.5。

4. TBST 缓冲液：由 TBS 溶液中加入 0.05%（体积分数）吐温 20 制得。

5. 封闭溶液：5%BSA 的 TBST 缓冲液。

【实验操作】

1. SDS-PAGE 电泳分离样品（见本章实验十四）。电泳结束后，取出凝胶进行转膜。

2. 电转膜。

(1) 戴好乳胶手套，将 PVDF 膜裁成比印迹凝胶略大一圈的膜片。将滤纸裁成比 PVDF 膜略大一圈的纸片，将滤纸（6 张）、转膜衬垫浸泡在转膜缓冲液中，排出气泡。

(2) 将凝胶从玻璃板中取出，在转膜缓冲液中漂洗 10min。用甲醇活化 PVDF 膜 1min。

(3) 在转膜夹中，依次放入衬垫、三层滤纸、凝胶、PVDF 膜、三层滤纸、衬垫，夹好转膜夹。

(4) 将转膜夹插入转膜槽中，注意 PVDF 膜朝向正极。加入转膜缓冲液，将转膜夹浸泡在转膜缓冲液中。在电转槽外侧加入冰袋，同时印迹槽外面加冰或通冷凝水，以降低温度。

(5) 电印迹：接通电源，调节电压至 100V，印迹 70min 后，断开电源。

3. 封闭。

(1) 转膜完毕后，用镊子小心取出 PVDF 膜，将有蛋白质的一面朝上，在膜的右上角剪去一小角，以便区分膜的含待测蛋白质面。将 PVDF 膜放在装有 TBS 缓冲液的小塑料盒中清洗。

(2) 将 PVDF 膜放在塑料盒中，用封闭液在 37℃下封闭 1h。

4. 一抗、二抗结合。

(1) TBS 缓冲液清洗封闭好的 PVDF 膜 1 次。

(2) 将 PVDF 膜放在盛有小鼠抗组氨酸一抗（1∶5000 稀释）的塑料盒中，在 4℃

冰箱中孵育过夜。

(3) 洗膜：用 TBST 缓冲液清洗 PVDF 膜 3 次，每次用摇床 100r/min 振摇 10min。

(4) 将 PVDF 膜放在盛有山羊抗小鼠二抗（1∶5000 稀释）的塑料盒中，在 37℃下孵育 1h。

(5) 洗膜：用 TBST 缓冲液，清洗 PVDF 膜 3 次，每次用摇床 100r/min 振摇 10min。

5. 成像：使用凝胶成像系统成像。

【实验结果和讨论】

及时观察并记录现象，拍摄成像结果，分析目标蛋白质是否表达。

【思考题】

1. 蛋白质免疫印迹法的原理是什么？
2. 实验中出现哪些现象？请分析其原因。
3. 如果免疫印迹中未出现目标蛋白质条带，有哪些可能？
4. 如果出现多个条带（目标蛋白质只有一个条带），分析可能的原因。

（郑永祥）

实验十六　酶活力测定——转氨基作用

【实验目的】

1. 掌握谷丙转氨酶活力测定的基本原理和操作技术。
2. 掌握纸层析分离氨基酸、茚三酮显色法的操作。

【实验原理】

人体中氨基酸代谢的主要途径是联合脱氨，该过程包括转氨基作用和 L-谷氨酸氧化脱氨作用偶联。丙氨酸和 α-酮戊二酸在血清谷-丙转氨酶的作用下生成丙酮酸和谷氨酸。通过纸层析可以进行氨基酸的鉴定，进而定性转氨酶转氨基作用。

【实验仪器】

酶液，滤纸，玻璃皿，剪刀，透明胶带，水浴锅，移液器，试管等。

【实验材料】

1. 0.01mol/L pH 7.4 磷酸缓冲液：0.2mol/L Na_2HPO_4 溶液 81ml 与 0.2mol/L NaH_2PO_4 溶液 19ml 混匀，蒸馏水稀释 20 倍。
2. 0.1mol/L 丙氨酸溶液：称取丙氨酸 0.891g 先溶于少量 0.01mol/L pH 7.4 磷

酸缓冲液中，以 1mol/L NaOH 调节 pH 至 7.4，用磷酸缓冲液加至 100ml。

3. 0.1mol/L α-酮戊二酸溶液：称取 α-酮戊二酸 1.46g 先溶于少量 0.01mol/L pH 7.4 磷酸缓冲液中，以 1mol/L NaOH 调节 pH 至 7.4，用磷酸缓冲液加至 100ml。

4. 0.1mol/L 谷氨酸溶液：称取谷氨酸 0.735g 先溶于少量 0.01mol/L pH 7.4 磷酸缓冲液中，以 1mol/L NaOH 仔细调节 pH 至 7.4，用磷酸缓冲液加至 50ml。

5. 0.1% 茚三酮溶液：称取茚三酮 0.1g 溶于 100ml 无水乙醇中。

6. 水饱和的酚溶液：取新蒸馏的无色酚 3 份、蒸馏水 2 份，（按重量计）混合即成。

【实验操作】

1. 转氨酶制备：实验使用重组大肠埃希菌重组表达的转氨酶，或取新鲜动物肝脏破碎 1g，在磁研钵中用剪刀剪碎，加入 9ml 冰冷的 0.01mol/L pH 7.4 磷酸缓冲液，迅速研磨成匀浆。

2. 保温：取干燥试管（或离心管）2 支，分别标明测定管与对照管，各加入重组转氨酶液或新鲜肝匀浆 0.5ml，测定管放入 37℃ 水浴中保温 10min，对照管放入沸水浴中煮 10min，冷却后，于测定管、对照管中分别加入 0.1mol/L 丙氨酸 0.5ml、0.1mol/L α-酮戊二酸 0.5ml、0.01mol/L pH 7.4 磷酸缓冲液 1.5ml，摇匀，放进 37℃ 水浴中保温 1h。保温完毕，立即将测定管、对照管放入沸水浴中 10min 以中止反应，取出冷却后，离心，分别将上清液转移到标明"测定""对照"的干燥试管中。

3. 纸层析：

(1) 取玻璃缸 1 个，加入水饱和的酚溶液至 1cm 深度，作为层析缸。

(2) 取滤纸 1 张，在距边沿 2cm 处用铅笔画一横线，于横线上每隔 2cm 画一小圆点为起点，每点下面注明层析样品。

(3) 点样：用毛细玻管分别取实验所得的两种滤液，分别点于滤纸上（不要点得太多，一般以直径不超过 0.5cm 为宜），与此同时，将谷氨酸标准品与丙氨酸标准品分别点于另两点。

(4) 层析：将滤纸两边用线固定，使成圆筒（注意勿重叠），再小心将滤纸垂直放入层析缸内，点有样品的一端向下，注意勿使滤纸与缸壁接触，盖好玻缸盖，待溶剂上升至 10~15cm 时，小心将滤纸取出，用吹风机吹干。

(5) 显色：用喷雾器将 0.1% 茚三酮乙醇液均匀地喷于滤纸上，以 80℃ 烘干，纸上即显出紫色点，每一色点为一种氨基酸，比较色点的位置及色泽深浅，分析实验结果。

【实验结果和讨论】

及时观察并记录操作现象，计算各样品的 R_f 值，比较色点的位置及色泽深浅，分析实验结果。

【思考题】

1. 观察显色过程中出现哪些现象？请分析其原因。

2. 实验中设定对照管的目的是什么？

3. 测定血清谷－丙转氨酶活性的临床意义是什么？

（张纯）

【参考文献】

余蓉，2023. 生物化学［M］. 北京：化工出版社.

奥斯伯，布伦特，金斯顿，等，2008. 生命科学实验指南系列：精编分子生物学实验指南［M］. 5版. 金由辛，包慧中，赵丽云，等译. 北京：科学出版社.

陈钧辉，李俊，2014. 生物化学实验［M］. 5版. 北京：科学出版社.

何勤，尹红梅，2019. 新编药学实验教程（上、下）［M］. 成都：四川大学出版社.

第六章　药理学实验

实验一　实验动物的捉持和给药法

一、蛙和蟾蜍的捉持和给药法

【实验目的】

学习蛙和蟾蜍的捉持和淋巴囊给药法。

【实验动物】

蛙或蟾蜍。

【试剂与器材】

注射器，针头，生理盐水。

【方法与步骤】

1. 捉持法：通常以左手握持蛙（或蟾蜍），用食指和中指夹住左前肢，用拇指压住右前肢，将下肢拉直并用无名指及小指固定（图6-1）。

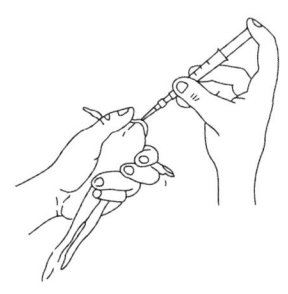

图6-1　蛙的捉持和胸淋巴囊注射法

2. 淋巴囊内注射法：蛙及蟾蜍皮下有多个淋巴囊（图6-2），药物注入后易于吸收。通常将药物注射于胸、腹或股淋巴囊。蛙及蟾蜍的皮肤很薄，缺乏弹性，注射后药物易自针眼漏出，故胸淋巴囊注射给药时应将针头插入口腔，由口腔底部穿过下颌肌层到达胸部皮下（图6-1）；股淋巴囊注射给药时，应由小腿皮肤刺入，通过膝关节到达大腿部皮下。这样才可避免药液外漏。注入药液量一般为0.25~0.50ml。试以生理盐水做胸淋巴囊和股淋巴囊注射练习。

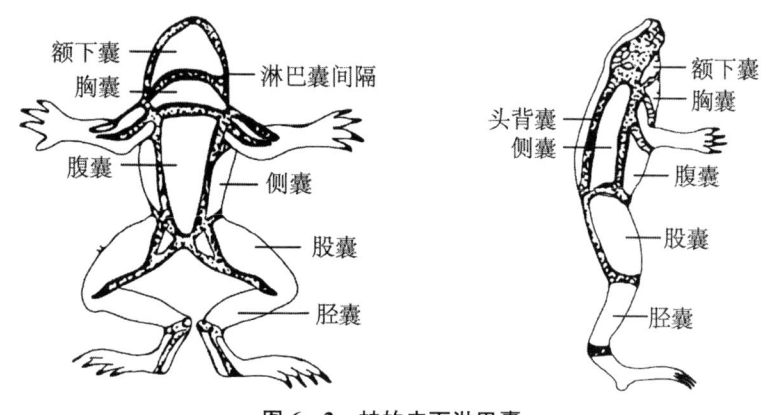

图6-2 蛙的皮下淋巴囊

二、小鼠的捉持和给药法

【实验目的】

学习小鼠的捉持和各种给药法。

【实验动物】

小鼠3~4只。

【试剂与器材】

鼠笼，天平，注射器，小鼠尾静脉注射用固定筒，针头，灌胃针头，生理盐水。

【方法与步骤】

1. 捉持法：以右手拇指和食指提鼠尾，将小鼠放于鼠笼盖或其他粗糙面上，将鼠尾向后轻拉，使小鼠固定在粗糙面上。以左手的拇指及弯曲成"V"状的食指迅速捏其双耳及头颈部皮肤，无名指、小指和掌心夹其背部皮肤和尾部，将小鼠提起。这样便可将小鼠完全固定，并可保持其头颈部平直。

2. 灌胃法：以左手捉持小鼠，使头部朝一侧，颈部拉直。右手持配有小鼠专用灌胃针头的注射器，自小鼠嘴角插入口腔，再从舌面紧沿上腭进入食管（图6-3）。与食管的走向一致，进针深度必须达到针长度的2/3以上。若遇阻碍，小鼠有呕吐动作或强烈挣扎应将针退出后重新插入，不能用力强插，以免刺破其食管或误入气管，致死小鼠。灌胃的药液量一般为 0.1～0.3ml/10g。试以生理盐水做灌胃练习。

3. 皮下注射：可由两人合作。一人左手抓住小鼠头部皮肤，右手拉住鼠尾。另一人左手捏起小鼠背部皮肤，右手持注射器（选用 5 号或 6 号针头），将针头与背部成锐角角度刺入背部皮下（图 6-4）。如果是一人操作，可按前法捉持小鼠，右手持注射器，针尖从右侧肋缘上穿入皮下，向前推至右前肢腋下部位，将药液推入即可。小鼠皮下注射的药液量一般为 0.05～0.2ml/10g。将针头轻轻向左右摆动，易摆动则表示已刺入皮下。轻轻回抽，若无回血，可将药物注入皮下（会有一鼓包）。试以生理盐水进行练习。

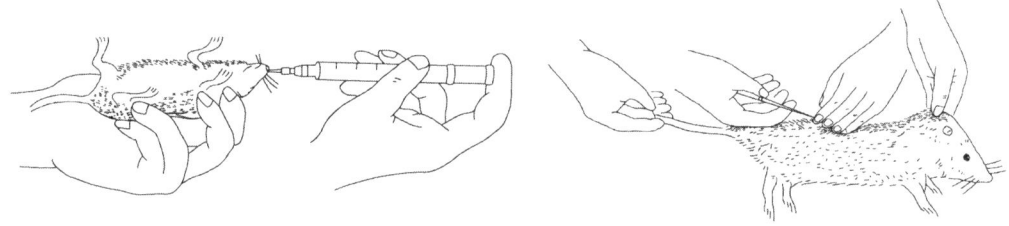

图 6-3　小鼠的灌胃法　　　　　　图 6-4　小鼠的皮下注射法

4. 肌内注射：可由两人合作。一人左手抓住小鼠头部皮肤，右手拉住鼠尾。另一人持注射器（选用 4 号或 5 号针头），将针头刺入后肢外侧部肌肉。如果是一人单独操作，以左手拇指和食指抓住小鼠头部皮肤，小指、无名指和掌部夹住鼠尾及一侧后肢，右手持注射器刺入后肢肌肉给药。注射量每腿不宜超过 0.1ml。试以生理盐水做肌内注射练习。

5. 腹腔注射：以左手抓住小鼠，使腹部在上面，头部下倾，右手持注射器（选用 5 号或 6 号针头），取 45°角将针头从一侧下腹部向头端刺入腹腔（图 6-5）。针尖斜面向上，针头进入腹腔有落空感，进针部位不宜太高，刺入不能太深，以免伤及内脏。注射量一般为 0.1～0.2ml/10g。试以生理盐水做腹腔注射练习。

6. 尾静脉注射：将小鼠置特制的固定筒内（或倒置的大漏斗、乳钵下面），使鼠尾露出在外。用酒精（或二甲苯）棉球涂擦尾部，或将鼠尾在 50℃热水中浸泡 30s，使血管扩张。用左手拉住尾尖，从左右两侧尾静脉中选择一条扩张最明显的尾静脉，右手持注射器（选用 4 号针头），将针头刺入血管，缓慢推入药液（图 6-6）。如果推注时有阻力，且局部肿胀变白，表明针头没有刺入血管，应拔针后重新穿刺。穿刺血管时，宜从鼠尾末端开始，以便失败后可在第一次穿刺点的近心端重新进行。小鼠尾静脉注射的药液量一般为 0.1～0.2ml/10g。试以生理盐水做尾静脉注射练习。

小鼠捉持　小鼠灌胃　小鼠皮下注射　小鼠腹腔注射　　扫一扫，查看实验操作视频

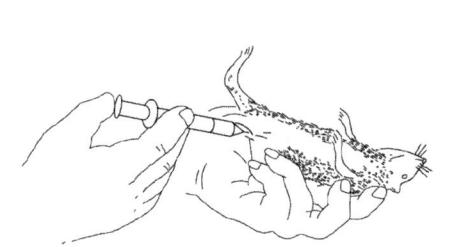
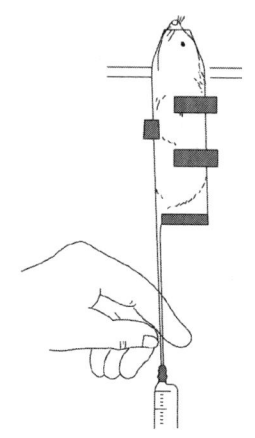

图 6-5　小鼠的腹腔注射法　　　　图 6-6　小鼠的尾静脉注射法

三、家兔的捉持和给药法

【实验目的】

学习家兔的捉持和给药法。

【实验动物】

家兔 1~2 只。

【试剂与器材】

兔箱，开口器，磅秤，导尿管，注射器，生理盐水。

【方法与步骤】

1. 捉持法：用一只手抓住家兔颈背部皮肤，将兔提起；另一只手托其臀部，使兔呈坐位姿势。

2. 灌胃：需两人合作进行。一人取坐位，用两腿夹持兔身。左手握家兔双耳，右手抓住两前肢。另一人将木制开口器横插在兔口内，压住舌头，并固定。取 8 号导尿管，从开口器中部小孔插入食管，深 15~18cm。插入食管时易误入气管。区别食管与气管的方法主要在于谨慎观察插管后家兔的反应。插入气管时将引起家兔剧烈挣扎和呼吸困难。也可将导管的外端浸入水中，若有气泡吹出，则表示已误入气管内，此时应拔管并重新插入。判明导尿管确实插在食管内以后，取注射器接在导管上，将药液推入。再推注少量空气，消除导尿管中残留的药液（图 6-7）。然后抽出导尿管，取出开口器。若用兔箱，则可一人操作。左手将开口器固定于兔口内，右手将导尿管插入食管。家兔灌胃的药液量一般为 5~20ml/kg。试以生理盐水进行灌胃练习。

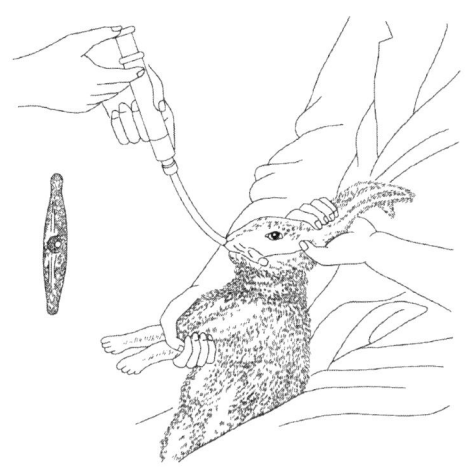

图 6-7 家兔的灌胃法

3. 皮下、肌内及腹腔注射：给药方法基本上同小鼠，针头可稍大（选用6号或7号针头），给药量可稍多（皮下注射与肌内注射为 0.5~1.0ml/kg，腹腔注射为 1.0~5.0ml/kg）。

4. 静脉注射：将家兔固定于兔箱内，拔去耳壳外缘的毛，选择一条比较明显的耳缘静脉，用酒精棉球涂擦皮肤，使血管显露（图6-8）。用左手拇指和中指捏住兔的耳尖，以食指垫在兔耳拟进针部位的下面，右手持注射器（选用6号针头），从近耳尖处将针头刺入血管（图6-9）。如果见到针头确在血管内，即以左手将针头固定在兔耳上，将药液推入。如果推注时有阻力，局部出现肿胀，表明针头不在血管内，应立即拔针并重新刺入。家兔的静脉注射量，一般药液量为 0.2~2.0ml/kg，等渗药液可达 10ml/kg。试以生理盐水进行练习。

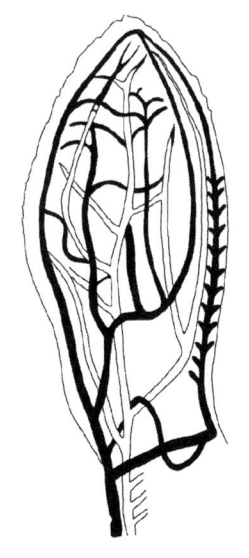

图 6-8 家兔耳壳的血管分布
注：黑色实线表示静脉，中空线表示动脉。

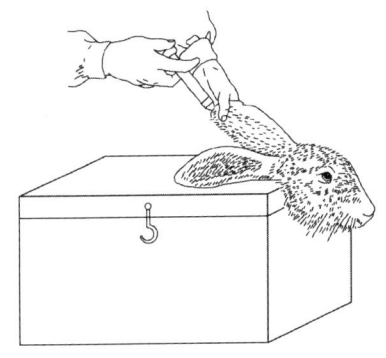

图 6-9 兔耳的静脉注射法

几种实验动物常用给药途径和适宜给药量见表 6-1。

表 6-1　几种实验动物常用给药途径和适宜给药量

动物	给药途径	缩写	适宜给药量
小鼠	灌胃	i. g.	0.1~0.3ml/10g
	皮下注射	s. c.	0.05~0.20ml/10g
	肌内注射	i. m.	0.02~0.05ml/10g（每腿）
	腹腔注射	i. p.	0.1~0.2ml/10g
	静脉注射	i. v.	0.1~0.2ml/10g
大鼠	灌胃	i. g.	1~2ml/100g
	皮下注射	s. c.	0.5~1.0ml/100g
	肌内注射	i. m.	0.1~0.2ml/100g（每腿）
	腹腔注射	i. p.	0.5~1.0ml/100g
家兔	灌胃	i. g.	5~20ml/kg
	皮下注射	s. c.	0.5~1.0ml/kg
	肌内注射	i. m.	0.5~1.0ml/kg
	腹腔注射	i. p.	1~5ml/kg
	静脉注射	i. v.	0.2~2.0ml/kg

四、其他动物的给药法

（一）大鼠的捉持和给药法

1. 捉持法：将大鼠放于粗糙面上，用右手拉其尾部，左手戴保护手套，以拇指和食指捉其头部，其余三指夹住背、腹部。对于身体特大或凶狠易咬人的大鼠，可先以布巾包裹其全身（露出口、鼻），然后进行操作。

2. 给药法：大鼠的各种给药方法基本上同小鼠，所用的给药工具可稍大，给药量也可稍多。

（二）豚鼠的捉持和给药法

1. 捉持法：豚鼠性情温和，一般不咬人，用手握住身体即可。
2. 皮下、肌内及腹腔注射：方法基本上同小鼠，给药量可稍多。
3. 静脉注射：可选用后脚掌外侧的静脉或颈外静脉注射。做后脚掌外侧静脉注射时，由一人捉豚鼠并固定一条后腿，另一人剪去注射部位的毛，用酒精棉球涂擦脚掌外侧的皮肤使血管显露，再将连在注射器上的小儿头皮静脉输液针头刺入血管。做颈外静脉注射时，需先剪开皮肤，使血管暴露，然后将连在注射器上的头皮静脉输液针头刺入。豚鼠的静脉管壁脆弱易破，操作时需特别小心。

（三）猫的给药法

猫的皮下、肌内及腹腔注射方法基本上同家兔。给性情暴躁的猫注射麻醉药时，可先将猫装在布袋内，然后逐渐收缩布袋，将猫推到袋角，按住头部和躯体，隔着布层做腹腔注射。

（四）狗的给药法

1. 给药前处置：对于未经驯服的狗，需先以特制铁钳夹住颈部，将其按倒，以绳索捆扎狗嘴，然后才可进行给药操作。但是对于已经驯养，用于慢性试验的狗，切不可用铁钳夹颈，否则狗的性情将由此变得暴躁而难以操作。

2. 灌胃、皮下、肌内和腹腔注射：方法基本上同家兔，用具和给药量应相应增大。

3. 静脉注射：常见的注射部位是后肢小隐静脉（图6-10），该血管由外踝前侧走向外上侧。也可选用前肢的皮下头静脉（图6-11），该血管在脚爪上方背侧的正前位。注射时先局部剪毛，以酒精棉球涂擦皮肤，一人捏紧注射肢体的上端，阻断血液回流，使静脉充盈，以便看清其走向。另一人持注射器进行静脉穿刺，将药液注入。

图6-10 狗后肢外侧小隐静脉注射法　　图6-11 狗前肢内侧皮下头静脉注射法

（五）其他较大动物

其他较大动物性别特点明显，不难辨认。

（陈小瑞）

实验二　实验动物的性别鉴别、编号和处死法

【实验目的】

学习实验动物的性别鉴别方法。学习实验动物编号和处死的方法。

【实验动物】

小鼠6只（雌雄各半）。

【试剂与器材】

苦味酸溶液，棉签。

【实验操作】

1. 实验动物的性别鉴别。

（1）小鼠和大鼠：雄鼠可见阴囊，站位时阴囊内睾丸下垂尤为明显；雄鼠的尿道口与肛门距离较远，雌鼠的阴道口与肛门距离较近；成熟雌鼠的腹部可见乳头。

（2）豚鼠：与小鼠和大鼠基本相同。

（3）兔：雄兔可见阴囊，两侧各有一个睾丸；用拇指和食指按压生殖器部位，雄兔可露出阴茎；雌兔的腹部可见乳头。

2. 实验动物的编号。

较大的动物如猫、狗、猴等，可用号码牌挂在动物颈部，或将特制的铝制标牌固定在耳壳上。小鼠、大鼠及家兔一般用苦味酸溶液（以稀醇配制）涂于体表不同部位的毛上。方法不尽相同，以能明显区别为原则。例如，1号涂左前肢，2号涂左后肢，3号涂右前肢，4号涂右后肢，5号涂头部，6号涂背部，7号涂尾部，8号涂头及背部，9号涂头及尾部，10号不涂色等。

3. 实验动物的处死法。

（1）蛙和蟾蜍：可以断头处死，也可用探针经枕骨大孔破坏其脑和脊髓。

（2）小鼠和大鼠：常以断头法处死。对于小鼠，还可用颈椎脱臼法处死，即用左手拇指和食指紧按其头部，右手捏其尾根，向后猛拉，就可致其死亡。

（3）兔、猫和狗：静脉注射空气10～30ml，可使动物因血管气栓而死亡。静脉注射大剂量戊巴比妥钠溶液等麻醉药，可使动物在死前免受痛苦。

【注意事项】

1. 苦味酸溶液标记动物时，切勿使标记部位过大或过小。过大容易造成相互混淆，过小不易辨别。

2. 捉拿豚鼠、大鼠时，应戴棉布手套，避免动物咬伤手指。

【报告要点】

仔细区分实验动物的性别，可对比观察。

【讨论题】

动物伦理学对动物实验有哪些规定？如何正确对待动物实验？

（陈小瑞）

实验三　给药途径对药物作用的影响

【实验目的】

观察以不同给药途径给予小鼠相同剂量尼可刹米时所引起药理作用的差别。

【实验原理】

动物以不同给药途径给药时，因吸收部位血液循环速度、吸收过程需透过的生物膜的通透性以及吸收途径中药物代谢酶等因素的影响而导致药物吸收的速度和程度不同。

【实验动物】

同性别小鼠9只。

【试剂与器材】

鼠笼，天平，注射器，小鼠灌胃针头，注射针头，2％尼可刹米溶液。

【实验操作】

1. 取性别相同、体重相近的小鼠9只，标记编号后，分别称重，观察各鼠的一般情况。分为灌胃组、皮下注射组和腹腔注射组，每组3只，依次给药。

2. 各组小鼠分别以灌胃法、皮下注射法和腹腔注射法给予尼可刹米 4mg/10g（即2％尼可刹米溶液 0.2ml/10g）。每次给药后应立即记下给药时间，密切观察小鼠的反应。小鼠首次出现惊厥时，立即记录时间。从给药到首次出现惊厥的一段时间为药物作用的潜伏期。比较三组小鼠潜伏期的差别。

3. 小鼠惊厥反应包括竖尾乱窜、后肢强直、肌肉痉挛、易受惊吓、口吐鲜血。

【注意事项】

1. 仔细观察小鼠出现惊厥反应的表现。

2. 捉拿小鼠时,应戴手套,避免小鼠咬伤手指。出现咬伤后不要惊慌,及时报告指导老师。

【报告要点】

按表 6-2 记录实验结果。

表 6-2 给药途径对药物作用的影响

编号	性别	体重	尼可刹米剂量	给药途径	作用潜伏期	最后结果
1						
2						
3						
4						
5						
6						
7						
8						
9						

注:"最后结果"栏记录小鼠是否死亡,以及从给药到死亡的相隔时间,等等。

【讨论题】

不同给药途径在哪些情况下可使药物的作用产生量的差异?在哪些情况下又可使药物的作用产生质的不同?

(陈小瑞)

实验四 肝脏功能状态对药物作用的影响

【实验目的】

观察肝脏功能状态对药物作用的影响。

【实验原理】

四氯化碳是一种对肝脏有损伤的化学物质,其中毒动物常用作中毒性肝炎的动物模型,用于观察肝脏功能状态对药物作用的影响以及筛选肝功能保护药。

【实验动物】

同性别小鼠 24 只。

【试剂与器材】

天平，鼠笼，微量移液器，2ml 离心管，96 孔板，剪刀，离心机，酶标仪，恒温孵箱，生理盐水，肝功能测定试剂盒。

【实验操作】

1. 取 24 只体重 20~25g 的小鼠分为两组，每组 12 只。模型组以 25% 四氯化碳油溶液灌胃 0.1ml/10g，对照组用同样剂量的生理盐水灌胃。90min 后，取模型组和对照组小鼠各 2 只，腹腔注射戊巴比妥钠 50mg/kg（即 0.25% 戊巴比妥钠溶液 0.2ml/10g），观察小鼠的反应。记录各鼠的翻正反射消失和恢复时间。注意模型组和对照组小鼠麻醉作用的开始时间及麻醉持续时间有无显著差别。

2. 两组各剩余的 10 只小鼠做生化测定，小鼠摘除眼球采血，血样在 37℃ 孵育 30min 后，以 3500rpm 离心 15min，分离得到的血清用于肝脏功能指标的测定。

小鼠眼球采血方法：

（1）左手拇指和食指抓取小鼠双耳及颈后皮肤，小指固定尾部。

（2）中指将小鼠左侧前肢轻压在胸骨心脏部位，无名指按在腹部，捻动拇指，轻压侧眼部皮肤，使眼球充血突出。

（3）用弯头镊夹取眼球。

（4）捻动拇指与食指，使血液从眼眶内以不同速度垂直流入离心管。

（5）同时用左手中指轻按小鼠心脏部位，以加快心脏泵血速度。

（6）当血液流尽时，用断颈法处死小鼠。

3. 肝脏功能指标 ALT/AST 测定，具体操作步骤参见试剂盒说明书。

【注意事项】

1. 摘眼球采血量能达 0.8~1.2ml，但老年和疾病小鼠血量会减少。

2. 采血场所应有充足的光线；夏季室内温度保持在 25~28℃，冬季以 15~20℃ 为宜。

3. 防止血液沾到眼部周围毛发，否则会造成污染和溶血。

4. 按压心脏时，一定要用力适度，若用力过度，一是会造成小鼠采血中途死亡，使采血不完全，二是有可能引起溶血现象，影响实验结果。

5. 采血用的器材和试管必须保持清洁干燥。

6. 采血时要防止小鼠挣扎，否则会损失较多血样。

【报告要点】

1. 初步掌握小鼠眼球采血的方法，学习酶标仪、移液器的用法，掌握微量快速试剂盒的生化检测方法。

2. 学习生化测定结果分析统计方法及结果分析。

【讨论题】

1. 如何避免溶血情况的发生？
2. 肝功能指标的临床意义是什么？

(陈小瑞)

实验五　肾脏功能状态对药物作用的影响

【实验目的】

观察肾功能损害对 $MgSO_4$ 作用的影响。

【实验原理】

$HgCl_2$ 是一种对肾脏有损伤的化学物质，其中毒动物常用作肾功能不全的动物模型。$HgCl_2$ 作用于肾脏的主要部位在近曲小管，先影响电解质及氨基酸的重吸收，后引起蛋白尿，直至少尿甚至无尿。

【实验动物】

小鼠 4 只。

【试剂与器材】

鼠笼，天平，注射器，0.1% $HgCl_2$ 溶液，2.3% $MgSO_4$ 溶液，生理盐水。

【方法与步骤】

将小鼠编号并称重。在实验前 90min 取小鼠 2 只，腹腔注射 $HgCl_2$ 10mg/kg（即 0.1% $HgCl_2$ 溶液 0.1ml/10g），以破坏肾功能，即为模型组。对照组小鼠 2 只，腹腔注射相同剂量的生理盐水。90min 后，取模型组小鼠和对照组小鼠各 2 只，皮下注射 $MgSO_4$ 4.6mg/10g（即 2.3% $MgSO_4$ 溶液 0.2ml/10g），观察小鼠有无肌张力变弱、活动减少及大小便排泄情况。皮下注射后观察 45min。注意观察并记录模型组小鼠与对照组小鼠最后结果的不同。

【肌松指标】

小鼠出现四肢瘫软、呼吸抑制等现象即为肌张力变弱。

【注意事项】

1. 如果室内温度在 20℃以下，则需给小鼠保温。否则，注射过量 $MgSO_4$ 的小鼠容易死亡。

2. 实验结束后可将小鼠处死（断颈处死），比较两组小鼠肾脏的差别。模型组小鼠的肾脏常明显肿大，若将肾脏纵切，可以见到皮质部较为苍白，髓质部有充血现象。

3. 肌肉松弛现象观察指标偏主观，可靠性差。

【报告要点】

记录小鼠体重、小鼠注射 $0.1\%HgCl_2$ 溶液造成肾脏损害的经过、$MgSO_4$ 的剂量、两组小鼠的最后结果，并就两组小鼠对药物反应不同的原因进行讨论。

【讨论题】

哪些常用药物最易受到肾脏功能状态的影响？请简述其原理。

（陈小瑞）

实验六 传出神经药物对兔眼瞳孔的作用

【实验目的】

观察拟胆碱药、抗胆碱药对瞳孔的作用，并分析两类药物的作用机制。

【实验原理】

硫酸阿托品为抗胆碱药，与 M 胆碱受体结合占位，使递质乙酰胆碱不能与 M 胆碱受体结合发挥乙酰胆碱样作用，于眼部表现为扩瞳。

硝酸毛果芸香碱为拟胆碱药，能直接激动胆碱受体，出现乙酰胆碱样现象，于眼部表现为缩瞳。

【实验动物】

家兔 1 只。

【试剂与器材】

兔箱，测瞳尺，1% 硫酸阿托品溶液，1% 硝酸毛果芸香碱滴眼液。

【方法与步骤】

取家兔 1 只，于适度的光照下，用测瞳尺测量两眼瞳孔的大小。突然从侧面照射兔眼，如瞳孔随光而缩小，即为对光反射阳性，否则为阴性。在家兔的结膜囊内滴药，滴药时用拇指和食指将家兔眼睑拉成杯状，中指压住鼻泪管，然后滴药，如图 6-12 所示。滴药的顺序见表 6-3。

图 6-12 家兔眼睑滴药的方法

表 6-3 家兔眼睑滴药的顺序

顺序	左眼	右眼
先	1%硫酸阿托品溶液	1%硝酸毛果芸香碱溶液
后	1%硝酸毛果芸香碱溶液	1%硫酸阿托品溶液

滴药后 10min，在同样的光照下，再测量家兔左、右眼的瞳孔大小和对光反射。如果滴硝酸毛果芸香碱的瞳孔已经缩小，在其左、右眼的结膜囊内再滴入 1%硫酸阿托品溶液 2 滴，10min 后检查瞳孔大小及对光反射的变化。

【注意事项】

1. 测瞳时不能刺激角膜，光照强度及角度必须前后一致，否则将影响测瞳结果。
2. 观察对光反射只能用闪射灯光。
3. 为减少误差，测瞳应由同一人进行。

【报告要点】

按表 6-4 记录实验结果。

表 6-4 拟胆碱药、抗胆碱药对瞳孔的作用

兔眼	药物	瞳孔大小（mm）		对光反射	
		用药前	用药后	用药前	用药后
左	1%硫酸阿托品溶液				
	再滴 1%硝酸毛果芸香碱溶液				
右	1%硝酸毛果芸香碱溶液				
	再滴 1%硫酸阿托品溶液				

【讨论题】

试从实验结果分析阿托品和毛果芸香碱对瞳孔不同的作用。

（陈小瑞）

实验七　传出神经药物对离体兔肠的作用

【实验目的】

学习离体平滑肌器官的实验方法，观察拟胆碱药和抗胆碱药对离体兔肠的作用。

【实验原理】

家兔小肠平滑肌具有自主节律性，M受体激动剂乙酰胆碱可使小肠平滑肌兴奋，收缩幅度增加，M受体阻断剂阿托品能拮抗上述作用。

【实验动物】

家兔1只。

【试剂与器材】

麦氏浴槽，水浴锅，"L"形通气管，充气球胆，铁支架，张力换能器，弹簧夹，螺旋夹，双凹夹，粗剪刀，手术剪，眼科镊，下口瓶（500ml），注射器，烧杯，培养皿，棉线，BL-420N生物机能实验系统等。

台氏（Tyrode）液，0.1%氯化乙酰胆碱溶液，0.1%硫酸阿托品溶液，0.1% $BaCl_2$ 溶液等。

【方法与步骤】

1. 取制肠段标本：取空腹家兔1只，左手执髂上部，右手握木槌猛击其枕骨部致死。迅速开腹，剪取十二指肠，迅速置于冷台氏液中，用台氏液将肠内容物冲洗干净，剪成长约2cm的小段，放入盛有台氏液的培养皿内备用。多余肠管若不需及时应用，可剪成数段，连同台氏液置4℃冰箱中保存，12h内仍可使用。

2. 装于麦氏浴槽：在肠段两端各系一段手术线，将肠段的一端系在通气管的小钩上。将通气管连同肠段放入盛有38℃±0.5℃ 30ml台氏液的麦氏浴槽内，用双凹夹将通气管的另一端固定在铁支架上，使充满空气的球胆和通气管相通。微微开启球胆橡皮管上的螺旋夹，使球胆内的空气以每秒2个气泡的速度从通气管尖端的小孔逸出，供给肠肌氧气。

3. 标本连接及记录：肠段另一端的手术线系于张力换能器的小钩上，将换能头输出线与电源部分的输入插座相连，电源部分的输出线连接于记录仪。浴槽中的肠肌承受约1g的拉力（图6-13）。开动记录仪，记录一段正常收缩曲线，然后依次给药。

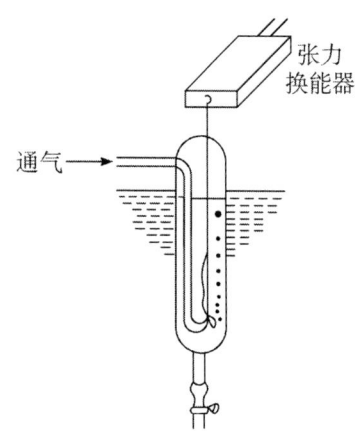

图 6-13　离体肠段的描记装置

(1) 给予 0.1% 氯化乙酰胆碱溶液 0.1ml，观察肠段收缩情况。当肠段收缩明显时，立即进入下一步。

(2) 给予 0.1% 硫酸阿托品溶液 0.1ml，观察肠段收缩情况。收缩曲线下降到基线时进入下一步。

(3) 给予 0.1% 氯化乙酰胆碱溶液 0.1ml，观察肠段收缩情况。如果作用不明显，按下一步操作。

(4) 给予 0.1% 氯化乙酰胆碱溶液 1ml，观察肠段收缩情况。观察 3min 后更换浴槽中的台氏液 3 次。

(5) 给予 0.1% $BaCl_2$ 溶液 0.2ml，观察肠段收缩情况。

【注意事项】

1. 注意控制浴槽的水温，调节肠肌的张力，否则会影响肠段的收缩功能与对药物的反应。

2. 操作步骤中的给药量是以麦氏浴槽中盛有 30ml 的台氏液为准。如果台氏液的量有所改变，则给药量应做相应调整。

【报告要点】

以绘图和文字表述正常离体肠肌的张力和舒缩情况、加入各种药物后的反应，并对实验结果进行讨论。

【讨论题】

1. 使离体平滑肌保持其收缩功能需要具备哪些基本条件？
2. 试用受体学说分析阿托品对肠肌的作用，并讨论这些作用的临床意义。

注意：本实验材料既可以选用兔肠也可以选用豚鼠肠，两者区别如下。

(1) 兔肠的肌层较厚，通气最好用 95% O_2 + 5% CO_2。给药后需多换几次台氏液，才能将药物洗净。豚鼠肠的肌层较薄，一般通空气即可，洗去药物也较容易。

（2）兔肠的肌层较厚，收缩力较强，以加1g左右的负荷为宜。豚鼠肠的肌层菲薄，收缩力较弱，以加0.5g左右的负荷为宜。

（3）兔肠的腔道较宽，自发收缩也较多，剪成短段置于台氏液中后，其内容物可自动洗出。豚鼠肠常需要小心地向肠管内滴加台氏液的方法将其中的内容物洗出。

（4）兔肠段自发活动较多，适宜于观察药物对肠运动影响的实验。豚鼠肠段自发活动较少，基线稳定，适宜于做生物检定（特别是组胺）的实验。

（陈小瑞）

实验八　传出神经药物对兔血压的影响

【实验目的】

学习麻醉动物急性血压实验的装置和方法，观察传出神经药物对家兔血压的影响。理解传出神经药物的相互作用。

【实验原理】

传出神经药物可以模拟或阻断传出神经的效应，通过激动或阻断心脏和血管平滑肌上分布的肾上腺素能受体或胆碱能受体，引起心血管的功能发生相应的改变，从而对血压产生影响。

【实验动物】

家兔1只。

【试剂与器材】

BL-420N生物机能实验系统，压力及呼吸换能器，手术台，手术器械，注射器，动脉夹，动脉插管，头皮针，气管插管，铁支架，棉绳，棉线，纱布，棉花，胶布。

肝素溶液，生理盐水，3％戊巴比妥钠溶液，0.002％盐酸肾上腺素溶液，0.003％重酒石酸去甲肾上腺素溶液，0.002％盐酸异丙肾上腺素溶液，0.2％盐酸麻黄碱溶液，0.001％氯化乙酰胆碱溶液，0.1％氯化乙酰胆碱溶液，0.01％硝酸毛果芸香碱溶液，0.1％水杨酸毒扁豆碱溶液，1％硫酸阿托品溶液，1％盐酸酚妥拉明溶液，0.1％盐酸普萘洛尔溶液。

【实验操作】

1. 麻醉：取家兔1只，称重，腹腔注射戊巴比妥钠30mg/kg（即3％戊巴比妥钠溶液1ml/kg）。麻醉后，将家兔仰卧位固定于手术台上。

2. 手术。

(1) 剪去颈部的毛,正中切开颈部皮肤,分离气管。在气管下穿一根线,轻提气管,做一倒"T"形切口,插入气管插管,结扎固定。气管插管一端与呼吸换能器相连,记录家兔的呼吸情况。

(2) 找到耳缘静脉,插入与注射器相连的头皮静脉输液针,胶布固定,用注射器推注生理盐水 2~3ml,检查输液管是否畅通,有无漏液。

(3) 在气管一侧的颈动脉鞘内分离颈总动脉(注意有迷走神经伴行,应将其与颈总动脉分离),在颈总动脉下方近心端、远心端各穿一根线,远心端结扎;然后用动脉夹夹住近心端,在靠近结扎处用眼科剪剪一"V"形小口,向心方向插入装有肝素溶液的动脉插管,结扎并固定于动脉插管上。动脉插管与压力换能器相连并连接在生物机能实验系统上;慢慢松开动脉夹,描记正常血压曲线。

3. 给药:先描记一段正常血压曲线,然后依次由耳缘静脉给予下列三组药物。每次给药后立即注入生理盐水 2ml,观察并记录血压变化情况,待血压恢复原水平或平稳后,再给予下一种药物。

(1) 观察拟肾上腺素药对血压的影响:

①盐酸肾上腺素 $3\mu g/kg$(0.002%盐酸肾上腺素溶液 0.15ml/kg)。

②重酒石酸去甲肾上腺素 $6\mu g/kg$(0.003%重酒石酸去甲肾上腺素溶液 0.2ml/kg)。

③盐酸异丙肾上腺素 $3\mu g/kg$(0.002%盐酸异丙肾上腺素溶液 0.15ml/kg)。

④盐酸麻黄碱 0.3mg/kg(0.2%盐酸麻黄碱溶液 0.15ml/kg)。

(2) 观察拟胆碱药对血压的影响及 M 受体阻断药对拟胆碱药作用的影响:

①硝酸毛果芸香碱 $20\mu g/kg$(0.01%硝酸毛果芸香碱溶液 0.2ml/kg)。

②氯化乙酰胆碱 $1\mu g/kg$(0.001%氯化乙酰胆碱溶液 0.1ml/kg)。

③水杨酸毒扁豆碱 0.25mg/kg(0.1%水杨酸毒扁豆碱溶液 0.25ml/kg)。3min 后再给予下一种药。

④氯化乙酰胆碱 $0.5\mu g/kg$(0.001%氯化乙酰胆碱溶液 0.05ml/kg)。比较"②氯化乙酰胆碱"$1\mu g/kg$(0.001%氯化乙酰胆碱溶液 0.1ml/kg)的作用。

⑤硫酸阿托品 2mg/kg(1%硫酸阿托品溶液 0.2ml/kg)。3min 后再给予下一种药。

⑥氯化乙酰胆碱 $1\mu g/kg$(0.001%氯化乙酰胆碱溶液 0.1ml/kg),剂量同"②氯化乙酰胆碱"。

⑦氯化乙酰胆碱 1mg/kg(0.1%氯化乙酰胆碱溶液 1ml/kg,即为"②氯化乙酰胆碱"用量的 1000 倍)。

(3) 观察 α 和 β 受体阻断药对拟肾上腺素药作用的影响:

①盐酸肾上腺素 $3\mu g/kg$(0.002%盐酸肾上腺素溶液 0.15ml/kg)。

②盐酸酚妥拉明 1mg/kg(1%盐酸酚妥拉明溶液 0.1ml/kg)。

③盐酸肾上腺素溶液 $6\mu g/kg$(0.002%盐酸肾上腺素溶液 0.3ml/kg,即①用量的 2 倍),比较与"①盐酸肾上腺素 $3\mu g/kg$(0.002%盐酸肾上腺素溶液 0.15ml/kg)"的差异。

④盐酸普萘洛尔 0.5mg/kg(0.1%盐酸普萘洛尔溶液 0.5ml/kg)。

⑤盐酸肾上腺素 6μg/kg（0.002%盐酸肾上腺素溶液 0.3ml/kg），注意结果与"③盐酸肾上腺素溶液"的差异。

【注意事项】

1. 本实验用家兔进行，因家兔的耐受性较差，可能有些结果不明显。
2. 实验中的剂量是按一般情况计算的，必要时可根据具体情况适当增减。
3. 为避免形成血栓，在不给药时应通过所建静脉通道连续、缓慢地推注生理盐水。

【报告要点】

打印或画出血压曲线，标明血压值、所给药物的名称和剂量。分析药物的相互作用，解释实验前后出现的血压变化。

【讨论题】

1. 试讨论肾上腺素、去甲肾上腺素、异丙肾上腺素对心血管系统作用的异同。
2. 本实验如何验证乙酰胆碱的 M 样作用和 N 样作用？
3. 本实验的结果能否充分证明毒扁豆碱对胆碱酯酶的抑制作用？
4. 为什么本实验的结果可以说明肾上腺素既作用于 α 受体又作用于 β 受体？

（陈小瑞）

实验九　药物对动物自发活动的影响

【实验目的】

观察地西泮对小鼠自发活动的影响，学习镇静催眠药的筛选方法。

【实验原理】

自发活动是正常动物的生理特征，自发活动的多少往往能反映中枢神经的兴奋或抑制程度。地西泮等镇静催眠药均可明显减少小鼠的自发活动，自发活动减少的程度与镇静催眠药的作用强度成正比。

【实验动物】

小鼠 15 只。

【试剂与器材】

YLS-1A 多功能小鼠自主活动记录装置，注射器，鼠笼，天平。
0.05%地西泮溶液，生理盐水。

【实验操作】

将小鼠置于 YLS-1A 多功能小鼠自主活动记录装置的计数室内。筛选出活动度相近的小鼠 10 只，称其体重，编号。再次将小鼠置于多功能小鼠自主活动记录装置的计数室内，使其适应环境约 5min。然后开始计算时间，观察并记录 5min 后数码管上显示的数字，作为给药前的对照值。将小鼠取出，5 只小鼠分别腹腔注射地西泮 0.1mg/10g（0.05% 地西泮溶液 0.2ml/10g），另 5 只小鼠分别给予相同剂量的生理盐水，然后将小鼠放回鼠笼，每隔 5min 按上法记录活动量 1 次，连续观察 25min。

【注意事项】

1. 实验环境要求安静，有条件者可在隔音室内进行。
2. 小鼠活动与饮食条件、昼夜及生活环境等有密切关系，观察自发活动最好各方面条件相近。
3. 小鼠宜事先禁食 12h，以增加觅食活动。

【报告要点】

按表 6-5 记录实验结果。

表 6-5　地西泮对小鼠自发活动的影响

编号	体重（g）	药物及剂量	25min 内活动计数				
			给药前	给药后（min）			
				5	10	15	20	25

【讨论题】

用本方法测定小鼠自发活动应注意哪些问题？

（陈小瑞）

实验十 强心苷对离体蛙心的作用（斯氏法）

【实验目的】

学习斯氏离体蛙心的灌流方法。观察强心苷对离体蛙心收缩强度、频率和节律的影响以及强心苷和 Ca^{2+} 的协同作用。

【实验原理】

正常的蛙心能按静脉窦的节律性自动产生兴奋，蛙心离体后，用理化性质近似于血浆的任氏液灌流，在一定时间内，其仍能保持节律性兴奋和收缩活动。心脏的正常活动还有赖于内环境因素的相对稳定，改变灌流液的成分可引起心脏活动的改变。强心苷可增加心肌细胞内的 Ca^{2+} 浓度，使心肌收缩力增强，对衰竭心脏的作用尤为显著。但过量强心苷易引起室性心律失常。

【实验动物】

蛙（70g 以上）两只。

【试剂与器材】

BL-420 生物机能实验系统，张力换能器，手术器械，蛙板，探针，蛙心插管，蛙心夹，试管夹，铁夹，铁支架，滴管。

任氏液，低钙任氏液（所含 $CaCl_2$ 为一般任氏液的 1/4，其他成分不变），5%洋地黄溶液（或 0.1%毒毛花苷 G 溶液），1% $CaCl_2$ 溶液。

【实验操作】

1. 取蛙 1 只，用探针破坏脑及脊髓，将蛙用大头针仰位固定于蛙板上。先剪开胸部皮肤，再剪除胸部肌肉及胸骨，打开胸腔，剪开心包膜，暴露心脏。

2. 在主动脉干分支处之下穿一根线，打好松结，以备结扎插管之用。于左主动脉剪一"V"形切口，将装有任氏液的插管由此开口插入，通过主动脉球转向左后方，同时用镊子轻提动脉球，向插管移动的反方向拉动，即可使插管尖端顺利进入心室。见到插管内液面随着心搏而上下波动后，将松结扎紧、固定，然后剪断两根动脉。持插管提起心脏，用线自静脉窦以下把其余血管一起结扎，在结扎处下面剪断血管，使心脏离体。用滴管吸去插管内血液，并用任氏液连续换洗，至无血色，使插管内保留 1.5ml 左右的任氏液。

3. 用带有长线的蛙心夹夹住心尖，将长线连于张力换能器，记录心脏搏动。

4. 描记一段正常心搏曲线，然后开始加药。每加一种药液后，密切观察蛙心收缩强度、心率和房室收缩的一致性等方面的变化。

（1）换入低钙任氏液。

（2）当心脏收缩显著减弱时，向插管内加入5%洋地黄溶液0.1~0.2ml（或0.1%毒毛花苷G溶液0.2ml）。

（3）当药物作用明显时，再向插管内加入1% $CaCl_2$ 溶液2~3滴。

【注意事项】

1. 制备离体蛙心时，切勿伤及静脉窦。
2. 随时滴加任氏液于蛙心表面，使之保持湿润。
3. 张力换能器头端应向下倾斜，以免液体进入张力换能器。

【报告要点】

打印或描绘蛙心的收缩曲线，图下注明加药、换药、心率、房室收缩的一致性、蛙心体积变化等情况。

【讨论题】

本实验中可以观察到强心苷的哪几种药理作用？

（旷喜）

实验十一 药物急性 LD_{50} 的测定

【实验目的】

学习并掌握测定药物半数致死剂量（LD_{50}）的方法和计算过程。了解急性毒性试验的常规操作。

【实验原理】

药物急性 LD_{50} 是反映药物急性毒性的重要定量指标。LD_{50} 是指在一定条件下，给药后连续观察至少14d，计算使半数动物出现死亡的剂量。

【实验动物】

小鼠200只，分为10组（体重18~22g，雌雄各半，应注明性别）。

【试剂与器材】

注射器及针头，鼠笼。2%新药溶液。

【方法与步骤】

1. 探索剂量范围。

取小鼠 8~10 只，以 2 只为一组，分成 4~5 组。选择数值差距较大的一系列剂量，按照分组分别腹腔注射新药溶液，观察小鼠出现的症状并记录死亡数，找出引起 0% 及 100% 死亡率（至少应找出引起 20%~80% 死亡率）的剂量范围（参考剂量：最小 300mg/kg，最大 1000mg/kg）。

2. 进行正式试验。

在预试验所获得的 0% 和 100% 致死剂量范围内，设定几个剂量（一般为 3~5 个剂量，按等比级数增减），尽可能使半数组的死亡率都在 50% 以上，另半数组的死亡率都在 50% 以下。各组小鼠雌雄各半，共 20 只，小鼠的体重和性别要均匀分配（最好采用区组随机法）。完成小鼠分组和剂量计算后，按组腹腔注射给药。最好先从中剂量组开始，以便能从最初几组小鼠给药后的反应来判断最大剂量和最小剂量是否合适，以随时进行调整。

3. LD_{50} 测定中应观察记录的项目。

（1）实验各要素：实验题目，实验日期，室内温度，检品的批号、规格、来源、理化性状、配制方法及所用浓度等；小鼠品系、来源、性别、体重、给药方式及剂量（药物的绝对剂量与溶液的容量）和给药时间等。

（2）给药后各种反应：潜伏期（从给药到开始出现毒性反应的时间）、中毒现象及出现的先后顺序、开始出现死亡的时间、死亡集中时间、末只死亡时间、死前现象。逐日记录各组死亡只数。

（3）尸解及病理切片：从给药时开始计时，凡 2h 以后死亡的小鼠均应及时尸解以观察内脏的病变，记录病变情况。若有肉眼可见的变化，则需进行病理检查。整个试验一般要观察 7~14d。观察结束时，对全部存活小鼠进行称重，尸解，同样观察内脏病变并与中毒死亡小鼠尸解情况相比较。当发现有病变时，同样做病理检查，以比较中毒后病理改变及恢复情况。

【注意事项】

1. 新药可选用敌百虫，因市售敌百虫质量差别较大，测定 LD_{50} 时宜预先加以精制，并于临用前配制溶液。如无精制敌百虫，亦可用盐酸普鲁卡因测定 LD_{50}。该药小鼠腹腔注射给药时的致死剂量为 105~150mg/kg。

2. 供各组小鼠注射用的敌百虫溶液最好为按剂量比例稀释而成的一系列浓度的溶液。这样可使各组小鼠单位体重的给药体积一致。

【报告要点】

1. 按表 6-6 记录实验结果。

表 6-6　药物急性 LD_{50} 的测定

受试物剂量 (mg/kg)	对数剂量 (X)	小鼠总数 (只)	死亡小鼠数 (只)	死亡率 (%)	概率单位 (Y)	LD_{50}及置信区间 (95%)

2. 结果计算。

(1) 计算 LD_{50} 一般采用简化概率法，如有计算机统计学软件，可用 Bliss 计算法。

(2) 计算 $lgLD_{50}$ 的标准误差（Sx_{50}）。

(3) 计算 95% 置信区间（必要时另计算 99% 置信区间）。

(4) 计算回归直线斜率 b，并算出 LD_{10}、LD_{90}。

(5) 两个 LD_{50} 值的比较：当欲比较同一药物前后两次 LD_{50} 测定值或两种不同药物的 LD_{50} 值时，可用两组 t 检验法，但计算中不能直接计算 LD_{50} 的差值，而应计算 $lgLD_{50}$ 的差值，因 LD_{50} 在计算中是采用对数剂量进行的。

注意：不同性别小鼠或以不同途径给药获得的结果应分别列表。若发现不同性别小鼠的中毒反应和死亡率有明显差异，则应选择比较敏感的性别进行重复实验。

【讨论题】

1. 什么是 LD_{50}？测定 LD_{50} 的意义和依据是什么？

2. 测定 LD_{50} 时，为什么要记录各种中毒现象及时间过程而不能只记录死亡小鼠数量？

3. 计算 LD_{50} 的置信区间的意义是什么？

（旷喜）

实验十二　药物的抗电惊厥作用

【实验目的】

观察苯妥英钠和丙戊酸钠对电惊厥的保护作用。

【实验原理】

以一强电流刺激小鼠头颅可引起其全身强直性惊厥。药物若可预防强直性惊厥发生，可初步推测该药物有抗癫痫大发作的作用。

【实验动物】

昆明小鼠（或 ICR、NIH 小鼠）8～16 只。

【试剂与器材】

钟罩，天平，鼠笼，1ml注射器，YLS-9A生理药理电子刺激仪，0.4%苯妥英钠溶液，2%丙戊酸钠溶液，0.4%新药溶液，生理盐水。

【实验操作】

1. 将YLS-9A生理药理电子刺激仪设定为"连续波"，波形为"正方波+间隙+负方波"，波宽为20ms，间隙为10ms，触发延时为0.00ms，波数为50个，电压为110V，电流为4mA。

2. 将输出线前端的两鳄鱼夹用生理盐水浸湿，分别夹在小鼠双耳之间皮肤和下颚处，接通电源，按下"启动"，即可使小鼠产生前肢屈曲，后肢伸直的强直性惊厥。

3. 按预定参数逐一筛选小鼠，未出现强直性惊厥或死亡的小鼠均被淘汰。每组至少筛选出8只小鼠。若两组合做，则筛选出16只小鼠，称重、标记后给药。用0.4%苯妥英钠溶液、2%丙戊酸钠溶液、0.4%新药溶液、生理盐水各对2只小鼠进行腹腔注射，4种药物给药体积均为0.15ml/10g。

4. 给药40min后，给予相同参数电刺激，观察小鼠是否再出现挣扎性反应或强直性惊厥。

【注意事项】

1. 引起惊厥的电刺激参数因小鼠的个体不同而异，需通过实验测得，设定参数不宜过大，以免引起死亡。
2. 两个鳄鱼夹应严防短路，以免引起仪器损坏。
3. 如果小鼠一次实验不能产生强直性惊厥，应等待4h后再进行实验。
4. 小鼠惊厥可分为5个时期：潜伏期、僵直屈曲期、后肢伸直期、阵挛期以及恢复期。

【报告要点】

按表6-7记录实验结果。

表6-7 苯妥英钠和丙戊酸钠的抗电惊厥作用

编号	体重(g)	药物及给药剂量(ml)	致休克电流(mA)	通电后反应	
				给药前	给药后

【讨论题】

试从给药后小鼠的活动表现及电刺激后的反应，比较苯妥英钠与丙戊酸钠作用的异同。

（旷喜）

实验十三　药物对中枢神经兴奋药所致惊厥的作用

【实验目的】

观察丙戊酸钠对戊四唑所致惊厥的保护作用。

【实验原理】

戊四唑是直接兴奋呼吸中枢的中枢神经兴奋药,剂量过大时可引起惊厥反应。药物对戊四唑所致惊厥反应的保护作用可用来初筛抗惊厥药和抗癫痫药。

【实验动物】

小鼠4~6只。

【试剂与器材】

钟罩,天平,注射器。
0.6%戊四唑溶液,3%丙戊酸钠溶液,生理盐水。

【方法与步骤】

1. 取小鼠4~6只,编号,称其体重并记录。
2. 分别腹腔注射丙戊酸钠6mg/10g(3%丙戊酸钠溶液0.2ml/10g)和生理盐水0.2ml/10g。
3. 30min后,再分别皮下注射戊四唑1.2mg/10g(0.6%戊四唑0.2ml/10g)。观察各小鼠出现反应的时间和强度(痉挛、跌倒、强直或死亡)。

【报告要点】

按表6-8记录实验结果。

表6-8　丙戊酸钠的抗惊厥作用

编号	体重(g)	预先给药及剂量	注射戊四唑后反应

【讨论题】

根据实验结果讨论各药物的作用及临床应用。

(旷喜)

实验十四　注射液的溶血性试验

【实验目的】

学习溶血现象并掌握溶血性试验的基本操作。

【实验原理】

静脉注射液应与红细胞胞浆的渗透压基本相等,以免影响红细胞的黏附功能。所以应对静脉注射液做溶血性试验,考察该药物制剂是否会引起溶血和影响红细胞凝集。

【实验动物】

家兔1只。

【试剂与器材】

烧杯,竹签,试管,试管架,滴管,吸管,离心机,水浴锅。
生理盐水,供试品(适量的中草药注射剂)。

【方法与步骤】

取新鲜兔血10~20ml,用竹签搅拌以除去纤维蛋白,再用生理盐水冲洗3~5次。每次加生理盐水5~10ml,混匀后用离心机离心,弃去上清液,直至上清液不呈红色为止。然后,按所得红细胞的容积,用生理盐水配成2%的悬浮液。

取试管7支,编号,按表6-9加入各种溶液。6号管不加供试品,作为空白对照。7号管不加供试品并用纯化水代替生理盐水,作为完全溶血对照。轻轻摇匀后,置于37℃水浴中保温1h,观察结果,做出判断。

表6-9　注射液的溶血性试验反应体系

	编号						
	1	2	3	4	5	6	7
供试液(ml)	0.1	0.2	0.3	0.4	0.5	—	—
生理盐水(ml)	2.4	2.3	2.2	2.1	2.0	2.5	—
纯化水(ml)	—	—	—	—	—	—	2.5
2%红细胞悬液(ml)	2.5	2.5	2.5	2.5	2.5	2.5	2.5

全溶血:溶液澄明,红色,管底无红细胞残留。
部分溶血:溶液澄明,红色或棕色,底部尚有少量红细胞残留。显微镜检查显示红

细胞稀少或变形。

不溶血：红细胞全部下沉，上层液体无色澄明。显微镜检查红细胞不凝集。

凝集：虽不溶血，但出现红细胞凝集，经振摇后不能分散，或出现药物性沉淀。

一般认为，凡1h后引起3号管以及3号以前的各管出现溶血、部分溶血或凝集反应的药物制剂，不宜用于静脉注射。

【报告要点】

记载供试品的名称、含量、理化性状、生产单位名称及制剂批号、保温后各试管的结果以及试验结论。

【讨论题】

1. 什么叫溶血现象？与药物有关的哪些因素可以引起溶血现象？
2. 如何进行溶血性试验？如何判断其结果？

（旷喜）

实验十五　胰岛素的降血糖作用

【实验目的】

观察皮下注射胰岛素对小鼠血糖的影响。

【实验原理】

胰岛素促进全身组织对葡萄糖的摄取和利用，抑制糖原的分解和糖异生，从而降低血糖。动物皮下注射定量胰岛素后，于不同时间点采血测定血糖，用于检测胰岛素对该动物的降血糖能力。

【实验动物】

昆明小鼠（或ICR、NIH小鼠）20只。

【试剂与器材】

天平，鼠笼，微量移液器，塑料离心管，96孔板，剪刀，细塑料管，离心机，酶标仪，恒温水浴箱。

生理盐水，胰岛素注射液，含0.1%氟化钠（NaF）的生理盐水，葡萄糖测定试剂盒。

【实验操作】

1. 取 20 只体重为 20~25g 的小鼠，分为两组，每组 10 只，一组给生理盐水，另一组给胰岛素。
2. 采取 "0" 时血 10μl 至装有 90μl 含 0.1%NaF 的生理盐水的塑料离心管中，混匀。
3. 小鼠颈背部皮下注射胰岛素（0.4U/kg），40min 时和 90min 时分别采血 10μl 至装有 90μl 含 0.1%NaF 的生理盐水的塑料离心管中，混匀。
4. 将血液样本以 4000rpm 离心 1min，取上清液，测定血糖。

【注意事项】

1. 小鼠微量采血方法：①眼球采血，用塑料软管刺破小鼠眼内眦，待血液滴出后，拔掉采血管。②小鼠尾尖采血，剪去小鼠尾尖约 2mm，待血液自行流出或者轻轻从尾根向尾尖挤压，让血液流出。
2. 滴血的塑料或玻璃平板应洁净，否则会导致溶血，影响测定结果。
3. 实验过程中鼠笼内不应有鼠料。
4. 胰岛素应低温 4℃保存（不能冰冻）。
5. NaF 中的 F^- 可与 Ca^{2+} 结合形成螯合物而发挥抗凝作用，F^- 可抑制糖酵解中的烯醇化酶，防止糖酵解，若未加 NaF，血标本中的葡萄糖含量将以每小时 6%的速度下降，而在有 NaF 存在的条件下，血糖浓度在 25℃的条件下可以稳定 24h，4℃下可以稳定 72h。

【报告要点】

绘制血糖-时间曲线，标明血糖值、所给药物的名称和剂量。

【讨论题】

1. 为什么实验过程中鼠笼中不能有鼠料？
2. 为什么糖尿病病人要在饭前 30min 注射胰岛素？

附：

葡萄糖氧化酶法测定血清（血浆）葡萄糖

【实验原理】

葡萄糖氧化酶（glucose oxidase，GOD）利用氧和水将葡萄糖氧化为葡萄糖酸，并释放过氧化氢。过氧化物酶（peroxidase，POD）在色原性氧受体存在时，将过氧化氢分解为水和氧，并使色原性氧受体 4-氨基安替比林和酚去氢缩合为红色醌类化合物，即 Trinder 反应。红色醌类化合物的生成量与葡萄糖含量成正比。其反应式为：

$$葡萄糖 + O_2 + H_2O \xrightarrow{\text{(GOD)}} 葡萄糖酸 + H_2O_2$$
$$2H_2O_2 + 4-氨基安替比林 + 酚 \xrightarrow{\text{(POD)}} 醌亚胺 + 4H_2O$$

【实验试剂】

试剂成分与浓度见表 6-10。

表 6-10 试剂成分与浓度

试剂	试剂成分	试剂浓度
R1	葡萄糖氧化酶（GOD） 过氧化物酶（POD）	≥13000U/L ≥900U/L
R2	PBS 缓冲液（pH 7.0） 酚 4-氨基安替比林	100.00mmol/L 11.00mmol/L 0.77mmol/L
葡萄糖标准液	5.55mmol/L（100mg/dl）	

试剂稳定性：原装试剂应在 2~8℃避光保存，有效期为 12 个月。混合后于 2~8℃可稳定 1 个月，室温可稳定 3d。

样品：新鲜无溶血血清，肝素抗凝血浆，EDTA 血浆。

【操作步骤】

波长，505nm（480~505nm）；温度，37℃；比色杯光径，1cm。

将 10ml R1 与 90ml R2 混合均匀，即为工作液。

按表 6-11 加入各种溶液。

表 6-11 测定血清葡萄糖反应体系

	空白管	标准管	样品管
工作液（ml）	1.50	1.50	1.50
纯化水（ml）	0.01	—	—
标准品（ml）	—	0.01	—
样品（ml）			0.01

分别混合均匀。37℃下保温 10~15min（避免太阳光直射），以试剂空白管调零，测定标准品和样品在同一波长下的吸光值。

（旷喜）

实验十六　药物的镇痛作用——热刺激法

【实验目的】

了解用一定强度的热刺激动物躯体的某一部位以产生痛反应来筛选镇痛药的方法。

【实验原理】

用恒定强度的光束直接照射在距小鼠尾尖端 1/3 处，受热刺激后引起动物痛反应，并以移尾或甩尾作为痛反应指标。药物如能明显延长小鼠出现移尾或甩尾的时间，即可反映其镇痛作用。

【实验动物】

小鼠数只。

【试剂与器材】

DB027 型鼠尾光照测痛仪，注射器，鼠笼，天平。

0.1%盐酸吗啡溶液，4%乙酰水杨酸混悬液，生理盐水等。

【实验操作】

1. 动物选择：将鼠尾光照测痛仪负载电压调节到 20V 左右，置小鼠于特制固定器，测定各小鼠的甩尾反应潜伏期（tail flick latency，TFL），共测 2 次，每次间隔 5min，剔除基础痛阈值小于 2s 或大于 10s 的小鼠，共选出 3 只（或 6 只，9 只，…，即 3 的倍数只），取其均值为基础潜伏期。将小鼠按照基础痛阈值随机均分为 3 组，即给药 1 组、给药 2 组和阴性对照组。

2. 给药：给药 1 组小鼠腹腔注射盐酸吗啡 0.15mg/10g（0.1%盐酸吗啡溶液 0.15ml/10g），给药 2 组小鼠灌胃乙酰水杨酸 6mg/10g（4%混悬液 0.15ml/10g），阴性对照组小鼠腹腔注射生理盐水 0.15ml/10g。

3. 测定：给药后，分别于 15min、30min、45min、60min 测定各小鼠的 TFL 一次。若小鼠 10s 内无甩尾反应，按 10s 计算，或痛阈提高率达到 100%为限。

4. 按下列公式计算痛阈提高率：

$$痛阈提高率(\%) = \frac{给药后潜伏期 - 基础潜伏期}{基础潜伏期} \times 100\%$$

【注意事项】

1. 热刺激鼠尾法常选用尾部下 1/3 处作为测痛点，但反复连续测定时，必须将测痛部位稍加挪动,防止局部烫伤而影响测痛结果。测定次数亦不宜过多。若阴性对照组TFL变化较大,则统计处理时不仅应与基础痛阈进行比较,还应与阴性对照组对应时间的痛阈值进行比较,才能合理、可靠地评价镇痛药效。

2. 室温对此实验有一定影响,将室温控制在20~23℃为佳。室温过高则痛阈值降低;反之,则升高。

3. 剔除基础痛阈值小于2s或大于10s的反应过敏或迟钝的小鼠。

【报告要点】

按表6-12记录实验结果。

表6-12 盐酸吗啡和乙酰水杨酸的镇痛作用比较

编号	体重(g)	药物与剂量	痛反应潜伏期(s)							痛阈提高率(%)				
			给药前			给药后				给药后				
			1	2	平均	15min	30min	45min	60min	15min	30min	45min	60min

【讨论题】

结合盐酸吗啡和乙酰水杨酸的镇痛实验结果,在图6-14中绘制曲线,并讨论两类镇痛药的药理作用和临床应用。

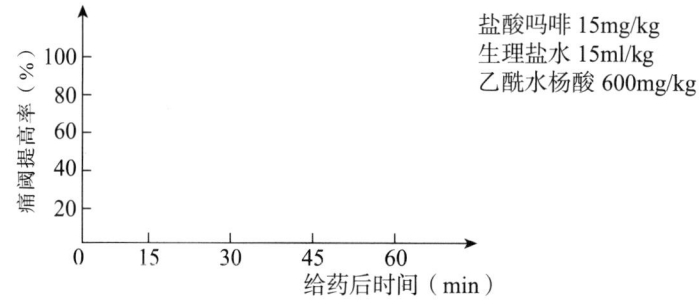

图6-14 盐酸吗啡和乙酰水杨酸的镇痛作用

(旷喜)

实验十七　药物的镇痛作用——化学刺激法

【实验目的】

了解通过腹腔注射刺激性物质引起扭体（反应）来筛选镇痛药物的方法。

【实验原理】

对小鼠腹腔注射化学刺激物，引起腹腔深部大面积而较持久的疼痛刺激，致使小鼠产生扭体反应。药物能明显减少发生扭体反应的小鼠只数或减少小鼠扭体反应次数，可反映药物的镇痛作用。

【实验动物】

小鼠数只。

【试剂与器材】

天平，注射器，鼠笼，0.1%盐酸吗啡，4%乙酰水杨酸混悬液，0.6%醋酸，生理盐水。

【实验操作】

取小鼠3只（或6只，9只，…，即3的倍数只），并平均分为3组，分别为给药1组、给药2组和阴性对照组。将小鼠按照分组进行标记，称体重。给药1组小鼠皮下注射盐酸吗啡0.15mg/10g（0.1%盐酸吗啡0.15ml/10g），给药2组小鼠灌胃乙酰水杨酸6mg/10g（4%乙酰水杨酸混悬液0.15ml/10g），阴性对照组小鼠皮下注射生理盐水0.15ml/10g。30min后，各组小鼠每只分别腹腔注射0.6%醋酸0.2ml，观察10min内小鼠有无扭体反应（腹部内凹、躯体扭曲、后肢伸展及蠕行等）出现。汇集全实验室的结果，评价两种药物的镇痛作用。

【注意事项】

1. 0.6%醋酸溶液应新鲜配制。
2. 室内温度以20℃为宜，当温度过低或过高时，小鼠扭体次数可能减少甚至不扭体。
3. 结果亦可用30min内扭体次数统计。

【报告要点】

按表6-13记录实验结果。

表 6-13　盐酸吗啡和乙酰水杨酸的镇痛作用

编号	体重 (g)	药物及剂量 (mg/kg)	小鼠总数 (只)	出现扭体反应鼠数 (只)	发生扭体反应 百分率（%）

【讨论题】

根据本实验及本章实验十六的结果，讨论热刺激法和扭体法的区别。

（旷喜）

实验十八　药物的镇痛作用——机械刺激法

【实验目的】

了解通过机械加压刺激小鼠尾根部引起缩尾或全身退缩反应来评价镇痛药物作用的方法。

【实验原理】

通过微调加压杆垂直传至鼠尾在支撑点处承受的压力，使小鼠产生疼痛，出现缩尾或全身退缩反应，以此时压力值为痛阈指标。药物能明显提高小鼠的痛阈值，以此可评价药物的镇痛作用。

【实验动物】

小鼠数只。

【试剂与器材】

YSL-3E 电子压痛仪，天平，注射器，鼠笼，0.1%盐酸吗啡溶液，4%乙酰水杨酸，生理盐水。

【实验操作】

1. 基础痛阈值测定。

将小鼠置于特制固定器，距鼠尾根部 1cm 处对准仪器的压痛点，待小鼠稍微安静后，操纵加压杆下压，测定各小鼠的基础压痛阈值（小鼠出现缩尾或者全身退缩反应时的压力值），共测 2 次，每次间隔 5min，取均值。取小鼠 3 只（或 6 只，9 只，…，即 3 的倍数只），将其按照基础压痛阈值随机均分为 3 组，即给药 1 组、给药 2 组和阴性对照组。

2. 给药。

给药 1 组小鼠腹腔注射盐酸吗啡 0.15mg/10g（0.1% 盐酸吗啡溶液 0.15ml/10g），给药 2 组小鼠灌胃乙酰水杨酸 6mg/10g（4% 乙酰水杨酸混悬液 0.15ml/10g），阴性对照组小鼠腹腔注射生理盐水 0.15ml/10g。

3. 给药后。

分别于 15min、30min、45min、60min 测定各组小鼠的压痛阈值。为防止组织损伤，以压痛阈值提高一倍时的压力为终止压力。

4. 按下列公式计算痛阈提高率。

$$痛阈提高率(\%) = \frac{给药后压痛阈值 - 给药前压痛阈值}{给药前压痛阈值} \times 100\%$$

【注意事项】

1. 小鼠体重对压痛阈值有一定影响，体重增加，压痛阈值有所提高。20g 左右的小鼠压痛阈值为 50~80g，一般选 20g 左右小鼠进行实验。

2. 重复测定时，支撑点可稍作移动，压力过大可致组织损伤，以痛阈提高率达 100% 的压力为终止压力。

3. 室温在 15~30℃ 时对实验均无明显影响。

【报告要点】

按表 6-14 记录实验结果。

表 6-14　盐酸吗啡和乙酰水杨酸的镇痛作用比较

组别或编号	体重(g)	药物与剂量	压痛阈值（g）							痛阈提高率（%）			
			给药前			给药后				给药后			
			1	2	平均	15min	30min	45min	60min	15min	30min	45min	60min
1													
2													
3													

【讨论题】

根据实验十六、实验十七及实验十八的结果，讨论热刺激法、扭体法及机械刺激法的区别。这三种方法分别适用于哪类镇痛药物的筛选研究？

（旷喜）

【参考文献】

杜俊蓉，陈忠，2024. 药理学实验指导［M］. 北京：人民卫生出版社.

魏伟，吴希美，李元建，2010. 药理试验方法学［M］. 北京：人民卫生出版社.

赵玉勤，2022. 药理实验方法与学习指导［M］. 杭州：浙江大学出版社.

陈奇，2011. 中药药理研究方法学［M］. 3版. 北京：人民卫生出版社.

第七章 药物分析实验

实验一 氯化钠的杂质检查

【实验目的】

1. 了解药物中杂质检查的意义。
2. 掌握氯化钠中杂质检查的原理和方法。
3. 掌握杂质限量的计算方法。

【仪器与试药】

纳氏比色管,检砷装置,刻度吸管,量瓶,移液管等。

氯化钠原料药,稀盐酸,三氯甲烷,稀醋酸等[②]。

【实验方法】

(一)标准溶液的制备

1. 标准氯化钠溶液的制备:称取氯化钠 0.165g,置 1000ml 量瓶中,加水[③]适量使溶解并稀释至刻度,摇匀,作为贮备液。

临用前,精密量取贮备液 10ml,置 100ml 量瓶中,加水稀释至刻度,摇匀,即得(每 1ml 相当于 10μg Cl)。

2. 标准硫酸钾溶液的制备:称取硫酸钾 0.181g,置 1000ml 量瓶中,加水适量使溶解并稀释至刻度,摇匀,即得(每 1ml 相当于 100μg SO_4)。

3. 标准铁溶液的制备:称取硫酸铁铵 [$FeNH_4(SO_4)_2 \cdot 12H_2O$] 0.863g,置

---

① 本章的表述方式参照《中国药典(2025年版)》。

② 除另有规定外,本章实验所用试液及指示液均为按照《中国药典(2025年版)》通则的方法制备所得,试剂的浓度与表述和《中国药典(2025年版)》一致,其余试剂均为分析纯。

③ 本章所用水除注明外,均为纯化水。

1000ml 量瓶中，加水溶解后，加硫酸①2.5ml，用水稀释至刻度，摇匀，作为贮备液。

临用前，精密量取贮备液 10ml，置 100ml 量瓶中，加水稀释至刻度，摇匀，即得（每 1ml 相当于 10μg Fe）。

4. 标准铅溶液的制备：称取硝酸铅 0.160g，置 1000ml 量瓶中，加硝酸 5ml 与水 50ml 溶解后，用水稀释至刻度，摇匀，作为贮备液。

精密量取贮备液 10ml，置 100ml 量瓶中，加水稀释至刻度，摇匀，即得（每 1ml 相当于 10μg Pb）。本液仅供当日使用。

配制与贮存用的玻璃容器均不得含有铅。

5. 标准砷溶液的制备：称取三氧化二砷 0.132g，置 1000ml 量瓶中，加 20％氢氧化钠溶液 5ml 溶解后，用适量的稀硫酸中和，再加稀硫酸 10ml，用水稀释至刻度，摇匀，作为贮备液。

临用前，精密量取贮备液 10ml，置 1000ml 量瓶中，加稀硫酸 10ml，用水稀释至刻度，摇匀，即得（每 1ml 相当于 1μg As）。

6. 标准溴化钾溶液的制备：取在 105℃ 干燥至恒重的溴化钾 30mg，精密称定，置 100ml 量瓶中，加水溶解并稀释至刻度，摇匀，精密量取 1ml，置 100ml 量瓶中，用水稀释至刻度，摇匀，即得（每 1ml 相当于 2μg 的 Br）。

7. 标准磷酸盐溶液的制备：精密称取在 105℃ 干燥 2h 的磷酸二氢钾 0.716g，置 1000ml 量瓶中，加水溶解并稀释至刻度，摇匀，精密量取 1ml，置 100ml 量瓶中，用水稀释至刻度，摇匀，即得（每 1ml 相当于 5μg 的 PO_4）。

8. 标准铝溶液的制备：精密量取铝单元素标准溶液适量，用 2％硝酸溶液定量稀释制成每 1ml 中含铝（Al）2μg 的溶液。

9. 标准镁溶液的制备：精密称取在 800℃ 炽灼至恒重的氧化镁 16.58mg，加盐酸 2.5ml 与水适量使溶解成 1000ml，摇匀，即得（每 1ml 相当于 10μg 的 Mg）。

（二）检查方法

1. 酸碱度：取本品 5.0g，加水 50ml 溶解后，加溴麝香草酚蓝指示液 2 滴。若显黄色，加氢氧化钠滴定液（0.02mol/L）0.10ml，应变为蓝色；若显蓝色或绿色，加盐酸滴定液（0.02mol/L）0.20ml，应变为黄色。

2. 溶液的澄清度与颜色：取本品 5.0g，加水 25ml 溶解后，溶液应澄清无色。

3. 碘化物：取本品的细粉 5.0g，置瓷蒸发皿内，滴加新配制的适量淀粉混合液（取可溶性淀粉 0.25g，加水 2ml，搅匀，再加沸水至 25ml，随加随搅拌，放冷，加 0.025mol/L 硫酸溶液 2ml、亚硝酸钠试液 3 滴与水 25ml，混匀）使晶粉湿润，置日光下（或日光灯下）观察，5min 内晶粒不得显蓝色痕迹。

4. 溴化物：取本品 2.0g，置 100ml 量瓶中，加水溶解并稀释至刻度，摇匀，精密量取 5ml，置 10ml 比色管中，加苯酚红混合液［取硫酸铵 25mg，加水 235ml，加 2mol/L 氢氧化钠溶液 105ml，加 2mol/L 醋酸溶液 135ml，摇匀，加苯酚红溶液（取苯

---

① 本章所用硫酸除注明外，均为 95％～98％硫酸。

酚红 33mg，加 2mol/L 氢氧化钠溶液 1.5ml，加水溶解并稀释至 100ml，摇匀）25ml，摇匀，必要时，调节 pH 值至 4.7] 2.0ml 和 0.01％氯胺 T 溶液（临用新制）1.0ml，立即混匀，准确放置 2min，加 0.1mol/L 硫代硫酸钠溶液 0.15ml，用水稀释至刻度，摇匀，作为供试品溶液；另取标准溴化钾溶液 5.0ml，置 10ml 比色管中，自"加苯酚红混合液"起同法制备对照溶液。照紫外－可见分光光度法，以水为空白，在波长 590nm 处测定，供试品溶液的吸光度不得大于对照溶液的吸光度（0.01％）。

5. 硫酸盐：取本品 5.0g，加水溶解成约 40ml（溶液如显碱性，可滴加盐酸使成中性），溶液若不澄清，应滤过，置 50ml 纳氏比色管中，加稀盐酸 2ml，摇匀，即得供试溶液。另取标准硫酸钾溶液 1.0ml，置 50ml 纳氏比色管中，加水使成约 40ml，加稀盐酸 2ml，摇匀，即得对照溶液。于供试溶液与对照溶液中分别加入 25％氯化钡溶液 5ml，用水稀释使成 50ml，充分摇匀，放置 10min，同置黑色背景上，从比色管上方向下观察、比较，不得更浓（0.002％）。

6. 亚硝酸盐：取本品 1.0g，置 10ml 量瓶中，加水溶解并稀释至刻度，照紫外－可见分光光度法，在 354nm 的波长处测定吸光度，不得过 0.01。

7. 磷酸盐：取本品 0.40g，加水溶解并稀释至 100ml，加钼酸铵硫酸溶液 [取钼酸铵 2.5g，加水 20ml 使溶解，加硫酸溶液（56→100）50ml，用水稀释至 100ml，摇匀] 4ml，加新配制的氯化亚锡盐酸溶液 [取酸性氯化亚锡试液 1ml，加盐酸溶液（18→100）10ml，摇匀] 0.1ml，摇匀，放置 10min，如果显色，与标准磷酸盐溶液 2.0ml 用同一方法制成的对照液比较，不得更深（0.0025％）。

8. 亚铁氰化物：取本品 2.0g，加水 6ml，超声使溶解，加混合液 [取硫酸铁铵溶液（取硫酸铁铵 1g，加 0.05mol/L 硫酸溶液 100ml 使溶解）5ml 与 1％硫酸亚铁溶液 95ml，混匀] 0.5ml，摇匀，10min 内不得显蓝色。

9. 铝盐（供制备血液透析液、血液过滤液或腹膜透析液用）：取本品 20.0g，加水 100ml 溶解，再加入醋酸－醋酸铵缓冲液（pH 6.0）10ml，作为供试溶液。另取标准铝溶液 2.0ml，加水 98ml 和醋酸－醋酸铵缓冲液（pH 6.0）10ml，作为对照溶液；量取醋酸－醋酸铵缓冲液（pH 6.0）10ml，加水 100ml，作为空白溶液。分别将上述三种溶液移至分液漏斗中，各加入 0.5％的 8－羟基喹啉三氯甲烷溶液提取 3 次（20ml、20ml、10ml），合并提取液，置 50ml 量瓶中，加三氯甲烷至刻度，摇匀。照荧光分光光度法，在激发波长 392nm、发射波长 518mn 处测定，供试液的荧光强度应不大于对照液的荧光强度（0.00002％）。

10. 钡盐：取本品 4.0g，加水 20ml 溶解后，滤过。将滤液分为两等份：一份加稀硫酸 2ml，另一份加水 2ml，静置 15min，两液应同样澄清。

11. 钙盐：取本品 2.0g，加水 10ml 使溶解，加氨试液 1ml，摇匀，加草酸铵试液 1ml，5min 内不得出现浑浊。

12. 镁盐：取本品 1.0g，加水 20ml 使溶解，加氢氧化钠试液 2.5ml 与 0.05％太坦黄溶液 0.5ml，摇匀；生成的颜色与标准镁溶液 1.0ml，用同一方法制成的对照液比较，不得更深（0.001％）。

13. 钾盐：取本品 5.0g，加水 20ml 溶解后，加稀醋酸 2 滴，加四苯硼钠溶液（取四苯硼钠 1.5g，置乳钵中，加水 10ml 研磨后，再加水 40ml，研匀，用致密的滤纸滤过，即得）2ml，加水使成 50ml。如果显浑浊，与标准硫酸钾溶液 12.3ml，用同一方法制成的对照液比较，不得更浓（0.02％）。

14. 干燥失重：取本品，混合均匀（如果为较大的结晶，应先迅速捣碎，使成 2mm 以下的小粒）。分别取约 1g，平铺在 105℃干燥至恒重的扁形称瓶中，厚度不超过 5mm，精密称定。将瓶盖取下，置称瓶旁，或将瓶盖半开，置烘箱内于 105℃干燥约 2h 后，将称瓶盖好，取出，置干燥器中放置 30min 后，称定重量。再按上述方法自"将瓶盖取下……"起，继续干燥 1h，依法操作，直至恒重为止。从减失重量和取样量计算供试品的干燥失重（规定不得超过 0.5％）。

15. 铁盐：取本品 5.0g，加水溶解成 25ml，移置 50ml 纳氏比色管中，加稀盐酸 4ml 与过硫酸铵 50mg，用水稀释成 35ml 后，加 30％硫氰酸铵溶液 3ml，再加水适量稀释成 50ml，摇匀；如果显色，立即与标准铁溶液 1.5ml，用同一方法制成的对照液比较，不得更深（0.0003％）。

16. 重金属：取本品 5.0g，加水 20ml 溶解后，置 25ml 纳氏比色管中，加醋酸盐缓冲液（pH 3.5）2ml 与水适量使成 25ml，加硫代乙酰胺试液 2ml，摇匀，放置 2min。如果显色，立即与标准铅溶液 1.0ml，用同一方法制成的对照液比较，置白纸上，自上向下透视，不得更深（0.0002％）。

17. 砷盐：仪器装置如图 7-1 所示。A、B 上连 C（外径 8.0mm，内径 6.0mm），B 与 C 相连全长约为 180mm。D 上部为圆形平面，中央有一圆孔，孔径与 C 的内径一致，其下部孔径与 C 的外径相适应，将 C 的顶端套入旋塞下部孔内，并使管壁与旋塞的圆孔相吻合，黏合固定。E 为中央具有圆孔（孔径 6.0mm）的有机玻璃旋塞，与 D 紧密吻合。

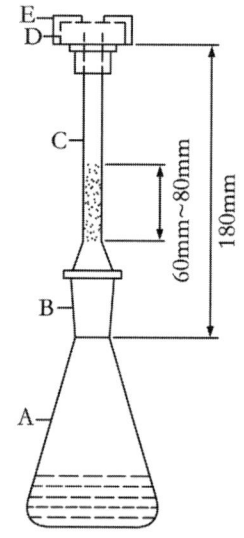

图 7-1 砷盐分析装置图

注：A 为 100ml 标准磨口锥形瓶，B 为中空的标准磨口塞，C 为导气管，D 为具孔的有机玻璃旋塞，E 为中央具有圆孔的有机玻璃旋塞。

测试时，于导气管 C 中装入醋酸铅棉花 60mg（装管高度为 60~80mm），再于旋塞 D 的顶端平面上放一片溴化汞试纸（试纸大小以能覆盖孔径而不露出平面外为宜），盖上旋塞 E 并旋紧，即得。

标准砷斑的制备：精密量取标准砷溶液 2ml，置 A 瓶中，加盐酸 5ml 与水 21ml，再加碘化钾试液 5ml 与酸性氯化亚锡试液 5 滴，在室温放置 10min 后，加锌粒 2g，立即将照上法装妥的导气管 C 密塞于 A 瓶上，并将 A 瓶置 25~40℃水浴中，反应 45min 后，取出溴化汞试纸，即得。

检查法：取本品 5.0g，置 A 瓶中，加水 23ml 溶解后，加盐酸 5ml，照标准砷斑的制备，自"标准砷斑的制备"中"加碘化钾试液 5ml"起，依法操作。将生成的砷斑与标准砷斑比较，不得更深（0.00004%）。

扫一扫，查看实验操作视频

【说明】

1. 药物杂质检查必须严格遵守平行原则。平行原则是指供试品与标准品必须在完全相同的条件下进行反应与比较。即应选择容积、口径和色泽相同的比色管；在同一光源、同一衬底上，以相同的方式（一般是自上而下）观察；加入试药的种类、量，加入顺序和反应时间等也应一致。

2. 杂质限量是指药物中杂质的最大允许量。其计算公式为：

$$杂质限量 = \frac{杂质最大允许量}{供试品量} \times 100\%$$

3. 药物的杂质检查一般为限量检查，合格者仅说明其杂质量在药品质量标准允许范围内，并不说明药品中不含该项杂质。

【思考题】

1. 药物中杂质检查的意义是什么？
2. 药物中杂质的来源主要有哪些？什么是一般杂质？什么是特殊杂质？
3. 药物中杂质检查应严格遵循什么原则？为什么？
4. 试计算出氯化钠中溴化物、硫酸盐、镁盐、钾盐、铁盐、重金属和砷盐的限量。
5. 取某一药物 0.50g 进行重金属检查，规定限量为十万分之一，应取多少毫升标准铅溶液？
6. 某一药物砷盐限量为百万分之四，精密量取标准砷溶液 2ml 作对照，应取供试品多少克？

（付春梅）

实验二 药物中特殊杂质的检查

【实验目的】

1. 掌握阿司匹林肠溶片、盐酸普鲁卡因注射液、己酸孕酮、贝诺酯中特殊杂质检查的基本原理和方法。
2. 掌握薄层色谱法在药物杂质检查中的应用。
3. 掌握薄层色谱法的基本操作。

【仪器与试药】

纳氏比色管，移液管，点样毛细管，玻璃板等。

阿司匹林肠溶片，盐酸普鲁卡因注射液，己酸孕酮原料药，贝诺酯原料药，冰醋酸，丙酮，甲醇等。

【实验方法】

（一）阿司匹林肠溶片中游离水杨酸的检查

取本品（规格：0.1g）5片，研细，再用乙醇①15ml分次研磨，并移入50ml量瓶中，充分振摇，用水稀释至刻度，摇匀，立即滤过。精密量取滤液3ml，置50ml纳氏比色管中，用水稀释至50ml，立即加新制的稀硫酸铁铵溶液（取1mol/L盐酸溶液1ml，加硫酸铁铵指示液2ml后再加水适量至100ml）3ml，摇匀，30秒内若显色，与对照液（精密量取0.01%水杨酸溶液4.5ml，加乙醇3ml和0.05%酒石酸溶液1ml，用水稀释至50ml，再加上述新制的稀硫酸铁铵溶液3ml，摇匀）比较，不得更深（1.5%）。

（二）盐酸普鲁卡因注射液中对氨基苯甲酸的检查

1. 薄层板的制备：取硅胶H 2.5g，加0.5%羧甲基纤维素钠水溶液5.5~6.0ml调成糊状，均匀涂布于光滑、平整、洁净的玻璃板（5cm×15cm）上，置水平台上晾干，在110℃烘烤0.5h，置干燥器中备用。

2. 操作：精密量取本品，加乙醇稀释使成每1ml中含盐酸普鲁卡因2.5mg的溶液，作为供试品溶液。另取对氨基苯甲酸对照品，加乙醇制成每1ml中含30μg的溶液，作为对照品溶液。吸取上述两种溶液各10μl，分别点于同一以羧甲基纤维素钠为黏合剂的硅胶H薄层板上，用苯－冰醋酸－丙酮－甲醇（14:1:1:4）作为展开剂，

---

① 本章乙醇除注明外，均为95%乙醇。

展开后,取出,晾干,用对二甲氨基苯甲醛溶液(2%对二甲氨基苯甲醛乙醇溶液100ml,加入冰醋酸5ml制成)喷雾显色。供试品溶液如显与对照品溶液相应的杂质斑点,其颜色与对照品溶液的主斑点比较,不得更深(1.2%)。

(三)己酸孕酮中其他甾体的检查

1. 薄层板的制备:取硅胶HF_{254} 2.5g,加0.5%羧甲基纤维素钠水溶液5.5~6.0ml调成糊状,均匀涂布于光滑、平整、洁净的玻璃板(5cm×15cm)上,置水平台上晾干,在110℃烘烤0.5h,置干燥器中备用。

2. 操作:取本品,加三氯甲烷制成每1ml中含10mg的溶液,作为供试品溶液;精密量取适量,加三氯甲烷稀释成1ml中含0.10mg的溶液,作为对照溶液。吸取上述两种溶液各10μl,分别点于同一硅胶HF_{254}薄层板上,以环己烷-乙酸乙酯(1:1)作为展开剂,展开后,取出,晾干,置紫外光(254nm)灯下检视。如果供试品溶液显杂质斑点,其颜色与对照溶液的主斑点比较,不得更深(1.0%)。

(四)贝诺酯中有关物质的检查

1. 薄层板的制备:取硅胶GF_{254} 2.5g,加0.5%羧甲基纤维素钠水溶液6.0~7.0ml调成糊状,均匀涂布于光滑、平整、洁净的玻璃板(5cm×15cm)上,置水平台上晾干,在110℃烘烤0.5h,置干燥器中备用。

2. 操作:取本品,加三氯甲烷-甲醇(9:1)制成每1ml中含40.0mg的溶液,作为供试品溶液;精密称取本品与对乙酰氨基酚适量,各加三氯甲烷-甲醇(9:1)制成每1ml中含本品0.4mg、80μg与对乙酰氨基酚80μg的溶液,作为对照溶液1、2、3。吸取上述4种溶液各10μl,分别点在同一硅胶GF_{254}薄层板上,以二氯甲烷-乙醚-冰醋酸(80:15:4)作为展开剂,展开后,取出,晾干,置紫外光(254nm)灯下检视。如果供试品溶液显杂质斑点,不得多于4个,与对照溶液3相同位置上所显的斑点比较,不得更深(0.2%);如果显其他杂质斑点,比主斑点位置稍高的杂质斑点,与对照溶液1所显的主斑点比较,其他杂质斑点与对照溶液2所显的主斑点比较,均不得更深。

【说明】

1. 水杨酸与高铁盐溶液作用显紫堇色,其反应方程式为:

2. 盐酸普鲁卡因、对氨基苯甲酸在酸性条件下可与对二甲氨基苯甲醛缩合而显色,其反应方程式为:

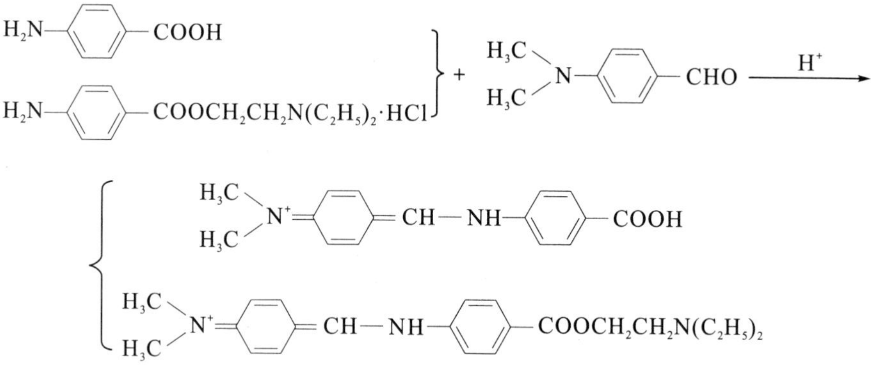

$$H_2N-\underset{}{\bigcirc}-COOH$$
$$H_2N-\underset{}{\bigcirc}-COOCH_2CH_2N(C_2H_5)_2 \cdot HCl \Biggr\} + \underset{H_3C}{\overset{H_3C}{>}}N-\underset{}{\bigcirc}-CHO \xrightarrow{H^+}$$

$$\Biggl\{ \begin{array}{l} \underset{H_3C}{\overset{H_3C}{>}}\overset{+}{N}=\underset{}{\bigcirc}=CH-NH-\underset{}{\bigcirc}-COOH \\ \underset{H_3C}{\overset{H_3C}{>}}\overset{+}{N}=\underset{}{\bigcirc}=CH-NH-\underset{}{\bigcirc}-COOCH_2CH_2N(C_2H_5)_2 \end{array}$$

【思考题】

1. 简要说明以上杂质检查项目的原理和方法。
2. 简要说明薄层色谱法在药物杂质检查中的应用。
3. 试计算阿司匹林肠溶片中游离水杨酸的限量、盐酸普鲁卡因注射液中对氨基苯甲酸的限量。

(付春梅)

实验三 诺氟沙星鉴别及含氟量测定

【实验目的】

1. 掌握氧瓶燃烧法的操作方法。
2. 掌握茜素氟蓝比色法的原理和方法。

【仪器与试药】

紫外-可见分光光度计,分析天平,燃烧瓶,移液管,压缩氧气(钢瓶),减压阀等。

氟化钠,诺氟沙星等。

【仪器与试药】

仪器装置:燃烧瓶为500ml磨口硬质玻璃锥形瓶(或根据取样量选用250ml、1000ml或2000ml的磨口硬质玻璃锥形瓶)。瓶塞应严密、空心,底部熔封铂丝一根(直径为1mm),铂丝下端做成网状或螺旋状,长度为瓶身长度的2/3,如图7-2A所示。

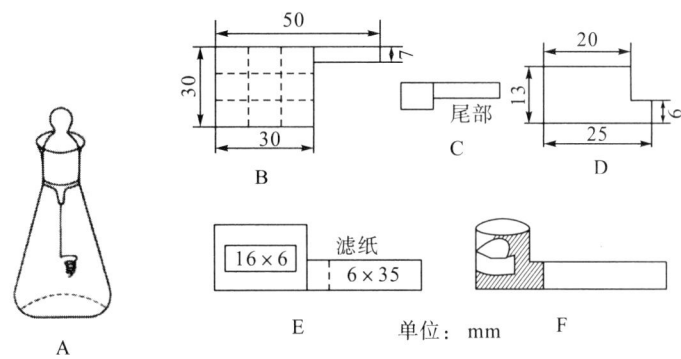

图 7-2 燃烧瓶及滤纸折叠方法

1. 氧瓶燃烧法操作法：按各品种项下的规定，精密称取供试品（若为固体，应研细）适量，除另有规定外，置于无灰滤纸（图 7-2B）中心，按虚线折叠（图 7-2C）后，固定于铂丝下端的网内或螺旋处，使尾部露出。若为液体供试品，可在透明胶纸和滤纸做成的纸袋中称样，方法为将透明胶纸剪成规定的大小和形状（图 7-2D），中部贴一张约 16mm×6mm 的无灰滤纸条，并于其突出部分贴一张 6mm×35mm 的无灰滤纸条（图 2E），将胶纸对折，紧粘住底部及另一边，并使上口敞开（图 7-2F）；精密称定质量，用滴管将供试品从上口滴在无灰滤纸条上，立即捏紧粘住上口，精密称定质量，两次质量之差即为供试品的质量，将含有供试品的纸袋固定于铂丝下端的网内或螺旋处，使尾部露出。另在燃烧瓶内按各品种项下的规定加入吸收液，并将瓶口用水湿润，小心急速通入氧气约 1min（通气管应接近液面，使瓶内空气排尽），立即用表面皿覆盖瓶口，移置他处；点燃包有供试品的滤纸尾部，迅速放入燃烧瓶中，按紧瓶塞，用水少量封闭瓶口，待燃烧完毕（应无黑色碎片），充分振摇，使生成的烟雾被完全吸入吸收液中，放置 15min，用水少量冲洗瓶塞及铂丝，合并洗液及吸收液。同法另做空白试验。然后按各品种项下规定的方法进行检查或测定。

2. 诺氟沙星鉴别：取供试品约 7mg，照氧瓶燃烧法进行有机破坏，用水 20ml 与 0.01mol/L 氢氧化钠溶液 6.5ml 作为吸收液，待燃烧完毕后，充分振摇；取吸收液 2ml，加茜素氟蓝试液 0.5ml，再加 12% 醋酸钠的稀醋酸溶液 0.2ml，用水稀释至 4ml，加硝酸亚铈试液 0.5ml，即显蓝紫色；同时做空白对照试验。

3. 诺氟沙星含氟量测定。

（1）供试品的燃烧破坏及供试溶液的制备：取本品细粉 35mg，精密称定，照氧瓶燃烧法进行有机破坏，用水 20ml 与 0.01mol/L 氢氧化钠溶液 6.5ml 混匀作为吸收液，待燃烧完毕后，充分振摇，使生成的烟雾被完全吸入吸收液中，放置 15min，用水少量冲洗瓶塞及铂丝，合并洗液及吸收液，转移至 100ml 量瓶中，加水稀释至刻度，摇匀，作为供试溶液。

（2）氟对照溶液的制备：精密称取经 105℃ 干燥 1h 的氟化钠 22.1mg，置 100ml 量瓶中，加水溶解并稀释至刻度，摇匀。临用前，精密量取 10ml，置另一 50ml 量瓶中，加水稀释至刻度，摇匀，即得（每 1ml 相当于 20μg F）。

（3）比色测定：精密量取供试溶液与对照溶液各 2ml，分别置 50ml 量瓶中，各加茜素氟蓝试液 10ml，摇匀，再各加 12% 醋酸钠的稀醋酸溶液 3.0ml 与硝酸亚铈试液

10ml，加水稀释至刻度，摇匀，在暗处放置1h。置1cm吸收池中，在波长610nm处分别测定吸光度，并将供试液的吸光度用空白试验校正，计算，即得。

含氟量应不少于5.6%。

【说明】

1. 氧瓶燃烧法是指将有机药物在充满氧气的燃烧瓶中燃烧破坏，使有机结合的测定元素转化为无机的离子状态，其燃烧产物被吸收液完全吸收后，再采用适当的方法来鉴别、检查或测定卤素、硫、硒、磷等元素的方法。
2. 本实验的原理是将诺氟沙星用氧瓶燃烧破坏，使有机结合的氟转变为无机的氟离子，再用茜素氟蓝比色法进行鉴别及测定。
3. 进行本实验时应采取防护措施，如戴防护罩、防护眼镜等。
4. 比色法中的空白试验，是取同体积的溶剂代替供试溶液或对照溶液，然后在与供试溶液和对照溶液完全一致的条件下加入有关试剂，作为空白对照液（又称试剂空白）。测定吸光度时，先将空白对照液的吸光度调为零（或透光率为100%），再测定供试液和对照液的吸光度。

【思考题】

1. 为使供试品燃烧完全和被吸收完全，应注意哪些问题？
2. 氧瓶燃烧法有哪些优点？有什么不足？
3. 写出供试品中氟含量的计算公式。已知诺氟沙星（$C_{16}H_{18}FN_3O_3$）的相对分子质量为319.24，氟（F）的相对原子质量为19.00，试计算诺氟沙星的理论含氟量。

（付春梅）

实验四　酸碱滴定法测定阿司匹林原料及肠溶片的含量

【实验目的】

1. 掌握酸碱滴定法测定阿司匹林原料及肠溶片含量的原理和方法。
2. 掌握剩余滴定法的一般方法和计算。

【仪器与试药】

分析天平，滴定管，乳钵，漏斗，移液管等。

阿司匹林原料及肠溶片，酚酞指示液，氢氧化钠滴定液（0.1mol/L），硫酸滴定液（0.05mol/L）等。

【实验方法】

1. 阿司匹林：取本品约0.4g，精密称定，加中性乙醇（对酚酞指示液显中性）

20ml 溶解后，加酚酞指示液 3 滴，用氢氧化钠滴定液（0.1mol/L）滴定。每 1ml 氢氧化钠滴定液（0.1mol/L）相当于 18.02mg 的 $C_9H_8O_4$。

本品按干燥品计算，含 $C_9H_8O_4$ 不得少于 99.5%。

2. 阿司匹林肠溶片（规格：0.1g）：取本品 15 片，研细，用中性乙醇 35ml 分数次研磨，并移入 50ml 量瓶中，充分振摇，再用水适量洗涤乳钵数次，洗液合并于量瓶中，再用水稀释至刻度，摇匀，滤过。精密量取滤液 10ml（相当于阿司匹林0.3g），置锥形瓶中，加中性乙醇（对酚酞指示液显中性）20ml，酚酞指示液 3 滴，滴加氢氧化钠滴定液（0.1mol/L）至溶液显粉红色。再精密加氢氧化钠滴定液（0.1mol/L）40ml，置水浴上加热 15min，并时时振摇，迅速放冷至室温，用硫酸滴定液（0.05mol/L）滴定，并将滴定结果用空白试验校正。每 1ml 的氢氧化钠滴定液（0.1mol/L）相当于 18.02mg $C_9H_8O_4$。

本品含阿司匹林应为标示量的 95.0%～105.0%。

【说明】

1. 为消除阿司匹林的水解产物水杨酸、醋酸及稳定剂枸橼酸和酒石酸对测定的影响，《中国药典》曾采用两步滴定法测定阿司匹林肠溶片的含量。

2. 中性乙醇的制备方法：取乙醇，加酚酞指示液适量，滴加氢氧化钠液至恰好显粉红色，即得。

3. 过滤供试品溶液是为了滤除不溶解的附加剂，以免对测定造成影响。为了保证滤过前后供试品溶液的浓度相等，应用干燥滤纸滤过，并弃去初滤液，取续滤液备用。

【思考题】

1. 试简述两步滴定法测定阿司匹林肠溶片含量的基本原理。
2. 测定阿司匹林肠溶片含量时为什么要做空白试验？应如何做空白试验？
3. 为什么要用中性乙醇溶解样品？如何制备中性乙醇？

（付春梅）

实验五　酚磺乙胺注射液的含量测定

【实验目的】

1. 熟悉氮测定法的基本原理和测定方法。
2. 了解氮测定法在药物分析中的应用。

【仪器与试药】

半微量凯氏定氮装置，移液管，量瓶，半微量酸式滴定管等。

酚磺乙胺注射液，2%硼酸溶液，40%氢氧化钠溶液等。

【实验方法】

1. 仪器装置：如图7-3所示。

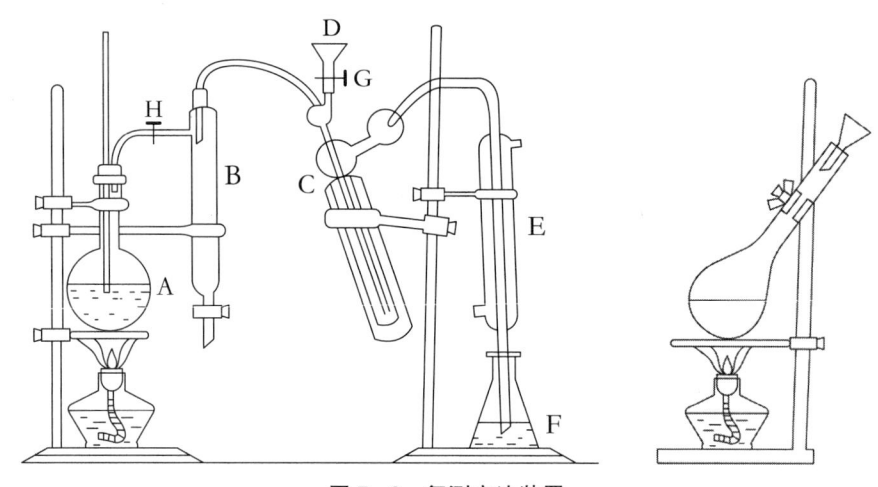

图 7-3　氮测定法装置

注：A 为 1000ml 圆底烧瓶，B 为安全瓶，C 为连有氮气球的蒸馏器，D 为漏斗，E 为冷凝管，F 为 100ml 锥形瓶，G、H 为橡皮管夹。

2. 仪器洗涤：连接蒸馏装置，A 瓶中加水适量与甲基红指示液数滴，加稀硫酸使成酸性，加玻璃珠或沸石数粒，从 D 漏斗加水约 50ml。关 G 夹，开放冷凝水，煮沸 A 瓶中的水。当蒸气从冷凝管尖端冷凝而出时，移去火源，关 H 夹，使 C 瓶中的水反冲到 B 瓶；开 G 夹，放出 B 瓶中的水；关 B 瓶及 G 夹，将冷凝管尖端浸入约 50ml 水中，使水自冷凝管尖端反冲至 C 瓶，如上法放去。如此将仪器洗涤 2~3 次。

3. 酚磺乙胺的含量测定：精密量取本品适量（约相当于酚磺乙胺 0.2g），置 50ml 量瓶中，加水稀释至刻度，摇匀。精密量取 5ml，加入蒸馏器中，用少量水冲洗，加 40%氢氧化钠溶液 5ml，用少量水再次冲洗漏斗，关 G 夹。另取 2%硼酸溶液 10ml，置 100ml 锥形瓶中，加甲基红-溴甲酚绿混合指示液 5 滴，将冷凝管尖端浸入液面下。加热 A 瓶进行水蒸气蒸馏，至硼酸液开始由酒红色变成蓝色起，继续蒸馏 10min 后，将冷凝管尖端提出液面，使蒸气继续冲洗约 1min，用水淋洗尖端后停止蒸馏。馏出液用硫酸滴定液（0.005mol/L）滴定至溶液由蓝绿色变为灰紫色，并将滴定的结果用空白试验（空白和供试品所得馏出液的体积应基本相同，70~80ml）校正，即得（每 1ml 0.005mol/L 硫酸滴定液相当于 2.633mg $C_{10}H_{14}NO_5S$）。

【说明】

1. 本注射液测定方法选自《中国药典（1977 年版）》，供试品名称为止血敏注射液。在《中国药典（2000 年版）》中，本品名称改为酚磺乙胺注射液，含量测定方法改为高效液相色谱法（HPLC法）。为了学习半微量凯氏定氮的蒸馏操作，本实验仍采用《中国药典（1977年版）》中的相关方法进行。

2.《中国药典（2025年版）》对本品的含量限度要求是含$C_{10}H_{14}NO_5S$应为标示量的95.0%~105.0%。

3. 注射液含量测定原理的反应式为：

$$\left[\begin{array}{c}\text{OH}\\ \\ \text{SO}_3\text{H}\\ \text{OH}\end{array}\right] \cdot \text{NH}\begin{array}{c}\text{C}_2\text{H}_5\\ \\ \text{C}_2\text{H}_5\end{array} + \text{NaOH} \longrightarrow \begin{array}{c}\text{ONa}\\ \\ \text{SO}_3\text{Na}\\ \text{ONa}\end{array} + \text{H}_2\text{O} + \text{NH}(\text{C}_2\text{H}_5)_2\uparrow$$

$$\text{NH}(\text{C}_2\text{H}_5)_2 + \text{H}_3\text{BO}_3 \longrightarrow \overset{+}{\text{NH}}_2(\text{C}_2\text{H}_5)_2 \cdot \text{H}_2\text{BO}_3^-$$

$$2\overset{+}{\text{NH}}_2(\text{C}_2\text{H}_5)_2 \cdot \text{H}_2\text{BO}_3^- + \text{H}_2\text{SO}_4 \longrightarrow [\overset{+}{\text{NH}}_2(\text{C}_2\text{H}_5)_2]_2 \cdot \text{SO}_4^{2-} + 2\text{H}_2\text{BO}_3$$

此实验中，应注意的主要问题是蒸馏完全与接收完全。此外，还应注意蒸馏装置的安装，切勿损坏。

4. 氮测定法的基本原理和方法：大多数有机含氮药物可用氮测定法测定其含量。该法准确度高，精密度好，为各国药典收载。但该法操作复杂、费时，故在常规检验中应用不多。

（1）原理。有机含氮药物与氧化剂硫酸一起加热，有机分子被破坏分解，其中氮定量地转变为硫酸铵。加过量氢氧化钠碱化，铵盐转变为游离氨，再进行蒸馏。馏出的氨被含有指示剂的硼酸溶液吸收，用标准滴定液滴定。根据消耗标准酸滴定液的量可计算供试品中氮的含量或换算成被测药物的含量。

氮测定法的操作分消解、蒸馏、测定三个过程。

① 消解。

含氮有机药物分子中的氮定量地转变为铵盐的过程称为消解。以氨基酸为例，反应式为：

$$\text{RCHNH}_2\text{COOH} + 2\text{H}_2\text{SO}_4 \longrightarrow 2\text{CO}_2\uparrow + \text{NH}_3\uparrow + \text{RH} + 2\text{SO}_2\uparrow + 2\text{H}_2\text{O}$$

$$2\text{NH}_3 + \text{H}_2\text{SO}_4 \longrightarrow (\text{NH}_4)_2\text{SO}_4$$

浓硫酸在消解过程中起脱水、氧化的作用，本身被还原为二氧化硫，并有部分硫酸受热分解为三氧化硫，故消解过程中有大量白烟产生。

$$2\text{H}_2\text{SO}_4 + \text{C} \longrightarrow \text{CO}_2\uparrow + 2\text{SO}_2\uparrow + 2\text{H}_2\text{O}$$

$$\text{H}_2\text{SO}_4 \xrightarrow{\triangle} \text{H}_2\text{O} + \text{SO}_3\uparrow$$

为使有机物被破坏完全并尽量缩短消解时间，防止加热时间过长，导致铵盐分解损失，常采取以下措施：

第一，提高消解液的温度。在硫酸溶液中加入硫酸钾或无水硫酸钠，以提高硫酸的沸点并阻止高温下硫酸分解。

第二，加催化剂加速有机物的氧化和分解。催化剂可选用无水硫酸铜、氧化汞、硒、亚硒酸、氧化铜、锰等，但通常是加入无水硫酸铜，因其价廉、易得、无挥发性、毒性较小。

第三，加辅助氧化剂。对于某些难以分解完全的供试品（如具有偶氮、氢化偶氮、含氮杂环结构），消解时可加入氧化剂以促进分解完全并缩短分解时间，但氧化剂的存在可影响氮的还原而造成氨的逸失。故是否采用氧化剂，应慎重考虑。常用的辅助氧化剂有高氯酸、过氧化氢等。

供试品进行消解时，操作中应注意以下问题：

第一，供试品应置于凯氏烧瓶内消解。因凯氏烧瓶颈部较长，可起到回流的作用。也可在瓶口放置一个小漏斗，加热破坏时将凯氏烧瓶放置成约45°的倾斜角，可防止在加热过程中样液飞溅损失。

第二，供试液内应加入沸石，以防止暴沸。

第三，刚开始消解时，宜缓缓加热（可加温控装置），且温度必须均匀，以防止骤然温度过高或受热不均而导致供试液飞溅或氨盐的分解损失。

第四，消解完全后，供试液应为绿色或无色澄明液体。

②蒸馏。

消解液内加入40%氢氧化钠溶液，使其成碱性，硫酸铵分解生成游离氨，将释放出的氨进行蒸馏，用硼酸或标准酸液吸收。

蒸馏的方式有直接蒸馏法与水蒸气蒸馏法。

蒸馏时的注意事项如下：

第一，消解液需冷却并稀释后再缓缓加入碱液，避免中和反应产生大量热而使氨挥散损失。

第二，蒸馏装置的各部分必须严密，吸收管的尖端应插入吸收液的液面下。

第三，为防止产生暴沸现象，常加入锌粒或沸石。锌在蒸馏液中发生的反应式为：

$$2NaOH + Zn \longrightarrow Na_2ZnO_2 + H_2 \uparrow$$

上述反应产生的氢气或沸石受热后产生的细小空气泡，可起搅拌作用。

第四，蒸馏初期，火力不宜太大，以免蒸出的氨未被吸收而损失。

第五，蒸馏完全与否的控制方法：控制蒸馏时间、馏出液的体积，pH试纸测馏出液呈中性。

第六，蒸馏完毕，应先将吸收瓶取出，再停止加热，防止因蒸馏瓶内压力降低产生倒吸。

③测定。

蒸馏逸出的氨被2%硼酸溶液吸收后，用标准硫酸滴定液直接滴定。

硼酸为一元弱酸，K_a为5.8×10^{-10}，其水溶液显弱酸性，是由于氢氧离子中氧原子的孤对电子进入硼原子的p空轨道，形成加合氢氧离子与水合质子，后者与氨形成铵离子，反应式为：

$$B(OH)_3 + 2H_2O \rightleftharpoons \left[HO-\underset{\underset{OH}{|}}{\overset{\overset{OH}{|}}{B}}-OH \right]^- + H_3O^+ \xrightarrow{\text{吸收}NH_3} NH_4^+ + H_2O$$

(2) 测定方法。

第一种方法（常量法）：取供试品适量（相当于含氮量 25~30mg），精密称定。供试品若为固体或半固体，可用滤纸称，并连同滤纸置干燥的 500ml 凯氏烧瓶中，然后依次加入硫酸钾或无水硫酸钠 10.0g 和硫酸铜粉末 0.5g，再沿瓶壁缓缓加硫酸 20ml；在凯氏烧瓶口放一小漏斗并使烧瓶成 45°斜置（图 7-3），用直火缓缓加热，使溶液的温度保持在沸点以下，等泡沸停止，强热至沸腾。待溶液呈澄明的绿色后，除另有规定外，继续加热 30min，放冷。沿瓶壁缓缓加水 250ml，振摇使混合，放冷后，加 40％氢氧化钠溶液 75ml，注意沿瓶壁流至瓶底，自成一液层，加锌粒数粒，用氮气球将凯氏烧瓶与冷凝管连接。另取 20％硼酸溶液 50ml，置 500ml 锥形瓶中，加甲基红－溴甲酚绿混合指示液 10 滴，将冷凝管的一端浸入硼酸溶液的液面下，轻轻转动凯氏烧瓶，使溶液混合均匀，加热蒸馏。至接收液的总体积约为 250ml 时，将冷凝管尖端提出液面，使蒸气冲洗约 1min，用水淋洗尖端后停止蒸馏。馏出液用硫酸液（0.05mol/L）滴定至溶液由蓝绿色变成灰紫色，并将滴定的结果用空白试验校正，即得。即每 1ml 的硫酸滴定液（0.05mol/L）相当于 1.401mg N。

第二种方法（半微量法）：取供试品适量（相当于含氮量 1~2mg），精密称定，置干燥的凯氏烧瓶中，加硫酸钾（或无水硫酸钠）0.3g 与 30％硫酸铜溶液 5 滴，再沿瓶壁滴加硫酸 2ml。在凯氏烧瓶口放一小漏斗，并使烧瓶成 45°斜置，用小火缓缓加热使溶液保持在沸点以下，等泡沸停止，逐步加大火力，沸腾，至溶液呈澄明的绿色后，除另有规定外，继续加热 10min，放冷，加水 2ml。

取 2％硼酸溶液 10ml，置 100ml 锥形瓶中，加甲基红－溴甲酚绿混合指示液 5 滴，将冷凝管尖端浸入液面下。然后，将凯氏烧瓶中内容物经由 D 漏斗转入 C 蒸馏器中，用少量水淋洗凯氏烧瓶及漏斗数次，再加入 40％氢氧化钠溶液 10ml，用少量水再洗漏斗数次。关 G 夹，将热 A 瓶进行水蒸气蒸馏，至硼酸溶液开始由酒红色变为蓝绿色起，继续蒸馏约 10min 后，将冷凝管尖端提出液面，使蒸气继续冲洗约 1min，用水淋洗尖端后停止蒸馏。

馏出液用硫酸滴定液（0.005mol/L）滴定至溶液由蓝绿色变成灰紫色，并将滴定的结果用空白试验（空白和供试品所得馏出液的体积应基本相同，为 70~80ml）校正，即得。每 1ml 硫酸滴定液（0.005mol/L）相当于 0.1401mg N。

如果取用的供试品在 0.1g 以上，应适当增加硫酸的用量，使消解完全，并相应地增加 40％氢氧化钠溶液的用量。

【思考题】

1. 简述氮测定法的基本原理。
2. 应用本法时应注意哪些问题？

（付春梅）

实验六　酸性染料比色法测定硫酸阿托品片的含量

【实验目的】

1. 掌握酸性染料比色法的基本原理和操作。
2. 掌握比色法的基本方法、要求和计算。

【仪器与试药】

紫外-可见分光光度计，分析天平，分液漏斗，移液管，量瓶等。
硫酸阿托品片，三氯甲烷等。

【实验方法】

1. 对照品溶液的制备：精密称取在120℃干燥至恒重的硫酸阿托品对照品25mg，置25ml量瓶中，加水溶解并稀释至刻度，摇匀。精密量取5ml，置100ml量瓶中，加水稀释至刻度，摇匀，作为对照品溶液（每1ml含无水硫酸阿托品50μg）。

2. 供试品溶液的制备：取本品20片，精密称定，研细，精密称取适量（约相当于硫酸阿托品2.5mg），置50ml量瓶中，加水振摇使硫酸阿托品溶解并稀释至刻度，滤过，取续滤液作为供试品溶液。

3. 测定法：精密量取对照品溶液与供试品溶液各2ml，分别置预先精密加入三氯甲烷10ml的分液漏斗中，各加溴甲酚氯溶液（取溴甲酚氯50mg与邻苯二甲酸氢钾1.021g，加0.2mol/L氢氧化钠溶液6.0ml使溶解，再加水稀释至100ml，摇匀，必要时滤过）2.0ml，振摇提取2min后，静置使分层；分取澄清的三氯甲烷液，置1cm吸收池中，在420nm波长处分别测定吸光度；计算，并将结果乘以1.027，即得。

本品含硫酸阿托品 $[(C_{17}H_{23}NO_3)_2 \cdot H_2SO_4 \cdot H_2O]$ 应为标示量的90.0%～110.0%。

【说明】

1. 本实验采用酸性染料比色法测定硫酸阿托品含量。实验中应严格控制水相pH以保证离子对化合物能定量提取进入三氯甲烷层。

2. 分液漏斗活塞处宜涂甘油淀粉作为润滑剂。其配制方法：取甘油22g，加入可溶性淀粉9g，混匀，加热至140℃，持续30min，并不断搅拌至透明，放冷，即得。

3. 振摇提取时，既要能定量地将离子对化合物提取进入三氯甲烷层，又要防止乳化和水混入三氯甲烷层。因此，需小心充分振摇，并使静置分层后再分取三氯甲烷，同时可在分液漏斗颈部放置少许脱脂棉以吸附三氯甲烷中少量水分。

【思考题】

1. 试述酸性染料比色法的原理。
2. 酸性染料比色法的主要实验条件有哪些？结合实验说明如何控制这些条件。
3. 校正因子 1.027 是怎样计算得到的？
4. 如何做空白试验？

（付春梅）

实验七　高效液相色谱法用于阿司匹林肠溶片的鉴别、游离水杨酸检查和阿司匹林含量测定

【实验目的】

1. 了解高效液相色谱仪及相应配套仪器的构成、作用及正确使用方法。
2. 掌握高效液相色谱仪的分析软件的使用方法。
3. 掌握高效液相色谱法用于阿司匹林肠溶片中特殊杂质检查和含量测定的方法。
4. 比较阿司匹林肠溶片中游离水杨酸检查的比色法、阿司匹林含量测定的两步滴定法和本实验采用的方法的优缺点。

【仪器与试药】

高效液相色谱仪，分析天平，超声波清洗器等。

阿司匹林对照品，水杨酸对照品，阿司匹林肠溶片。甲醇（分析纯），四氢呋喃（色谱纯），冰醋酸（色谱纯），乙腈（色谱纯）等，超纯水（实验室自制）。

【实验方法】

1. 供试品溶液的制备：取本品 20 片，精密称定，研细，备用，并计算平均片重。取本品细粉适量（约相当于阿司匹林 0.05g），精密称定，置 50ml 量瓶中，用 1% 冰醋酸甲醇溶液振摇溶解，并稀释至刻度，摇匀，作为溶液 1。取适量溶液 1 经 0.45μm 滤膜滤过，取续滤液作为游离水杨酸检查用供试品溶液（临用新制）。精密量取滤液 1ml，置 10ml 量瓶中，用 1% 冰醋酸甲醇溶液稀释至刻度，摇匀，滤膜滤过，取续滤液作为阿司匹林含量测定用供试品溶液。

2. 对照品溶液的制备：取水杨酸对照品约 15mg，精密称定，置 50ml 量瓶中，用 1% 冰醋酸甲醇溶液溶解，并稀释至刻度，摇匀，精密量取 5ml，置 100ml 量瓶中，用 1% 冰醋酸甲醇溶液振摇溶解，并稀释至刻度，摇匀，作为水杨酸检查的对照品溶液。

取阿司匹林对照品适量，精密称定，用 1% 冰醋酸甲醇溶液溶解并稀释制成每 1ml 中含 0.1mg 的溶液作为含量测定用对照品溶液。

3. 色谱条件及系统适用性试验：采用十八烷基硅烷键合硅胶作为填充剂，以乙腈－四氢呋喃－冰醋酸－水（20∶5∶5∶70）为流动相；检测波长分别为 303nm（游离水杨酸检查）和 276nm（阿司匹林含量测定）。理论塔板数按水杨酸计算不得低于 3000，阿司匹林峰与水杨酸峰的分离度应符合要求。

4. 测定：

（1）精密量取供水杨酸检查用供试品溶液、水杨酸对照品溶液各 10μl，分别注入高效液相色谱仪，记录色谱图。如果供试品溶液色谱图中有与水杨酸峰保留时间一致的色谱峰，按外标法以峰面积计算，含游离水杨酸不得超过阿司匹林标示量的 1.5%。

（2）精密量取供含量测定用供试品溶液、阿司匹林对照品溶液各 10μl，分别注入高效液相色谱仪，记录色谱图。按外标法以峰面积计算供试品中阿司匹林的含量。

（3）在含量测定项下记录的色谱图中，供试品溶液主峰的保留时间应与对照品溶液主峰的保留时间一致。

【说明】

1. 供试品溶液制备过程中，阿司匹林可水解产生新的游离水杨酸。供试品需临用新制，并采用酸性甲醇溶液以防止阿司匹林水解。

2. 流动相配制好后，需要超声波脱气 3~5min，以避免流动相中溶解的气体对实验的影响。同时，流动相和供试品溶液需要过 0.45μm 滤膜，以防止颗粒杂质对色谱系统造成损害。

3. 开机后，以 1ml/min 流速，先用 10%甲醇－水溶液冲洗色谱系统 15min，再用流动相平衡 30min 后进样分析。实验结束后，应冲洗色谱系统。

4. 对照品溶液需进样 2 针。供试品需要配制平行溶液 2 份，每份溶液进样 2 针，分别计算，并取平均值作为测定的结果。

5. 实验报告需要结合前期游离水杨酸检查的比色法结果和阿司匹林肠溶片两步滴定法的测定结果，进行比较分析，说明本实验方法的优缺点。

【思考题】

1. 供试品溶液制备中，为什么要选用 1%冰醋酸甲醇溶液作为溶剂？为什么供试品溶液需要临用新制？为什么供试品溶液需要滤过，取续滤液使用？除滤膜滤过外，还有什么方法可以达到同样的目的？

2. 为什么流动相需要滤过和超声波脱气？

3. 系统适用性试验的目的是什么？

4. 《中国药典（2025 年版）》中水杨酸检查采用 303nm 作为检测波长，而阿司匹林含量测定采用 276nm 作为检测波长，为什么？

（付春梅）

实验八　两种复方解热镇痛药的含量测定

【实验目的】

1. 了解复方制剂含量测定的基本方法。
2. 掌握复方阿司匹林片和复方对乙酰氨基酚中各主药含量测定的原理与方法。

【仪器与试药】

酸式滴定管，碘瓶，分液漏斗，移液管，量瓶等。
复方阿司匹林片，复方对乙酰氨基酚片等。

【实验方法】

（一）复方阿司匹林片

取本品 20 片，精密称定，研细，备用。

1. 阿司匹林：精密称取上述细粉适量（约相当于阿司匹林 0.4g），置分液漏斗中，加水 15ml，摇匀，用三氯甲烷（20ml、10ml、10ml 与 10ml）振摇提取 4 次。三氯甲烷液用同一份水 10ml 洗涤，合并三氯甲烷液，置水浴上蒸干。残渣加中性乙醇（对酚酞指示液显中性）20ml 溶解后，加酚酞指示液 3 滴，用氢氧化钠滴定液（0.1mol/L）滴定，即得。每 1ml 氢氧化钠滴定液（0.1mol/L）相当于 18.02mg $C_9H_8O_4$。

2. 非那西丁：精密称取上述细粉适量（约相当于非那西丁 0.3g），置锥形瓶中，加稀硫酸 25ml，缓缓加热回流 40min，放冷至室温。将析出的水杨酸滤过，滤渣与锥形瓶用盐酸溶液（1→2）40ml 分数次洗涤，每次 5ml。合并滤液与洗液，加溴化钾 3g，溶解后，按照永停滴定法［见《中国药典（2025 年版）：四部》通则 0701］，用亚硝酸钠滴定液（0.1mol/L）滴定，电流计的灵敏度改为 10^{-8} 格，即得。每 1ml 亚硝酸钠滴定液（0.1mol/L）相当于 17.92mg $C_{10}H_{12}NO_2$。

注："(1→2)"符号是《中国药典（2025 年版）》中常用的溶液浓度表示方法，指固体溶质 1.0g 或液体溶质 1.0ml，加溶剂使成 2ml 的溶液。

3. 咖啡因：精密称取上述细粉适量（约相当于咖啡因 50mg），加稀硫酸 5ml，振摇数分钟使咖啡因溶解，滤过。滤液置 50ml 量瓶中，滤器与滤渣用水洗涤 3 次，每次 5ml，洗液并入量瓶中，精密加碘滴定液（0.05mol/L）25ml，用水稀释至刻度，摇匀，在 25℃ 避光放置 15min，滤过。弃去初滤液，精密量取续滤液 25ml，用硫代硫酸钠滴定液（0.05mol/L）滴定。至近终点时，加淀粉指示液，继续滴定至蓝色消失，并将滴定结果用空白试验校正，即得。每 1ml 的碘滴定液（0.025mol/L）相当于 2.653mg $C_8H_{10}N_4O_2 \cdot H_2O$。

本品每片中含阿司匹林（$C_9H_8O_4$）与非那西丁（$C_{10}H_{12}NO_2$）均应为标示量的95.0%～105.0%，含咖啡因（$C_8H_{10}N_4O_2 \cdot H_2O$）应为标示量的90.0%～110.0%。

（二）复方对乙酰氨基酚片

取本品20片，精密称定，研细，备用。

1. 对乙酰氨基酚：精密称取上述细粉适量（约相当于对乙酰氨基酚0.25g），加稀盐酸50ml，加热回流1h，冷却至室温，加水50ml与溴化钾3g。将滴定管的尖端插入液面下约2/3处，用亚硝酸钠滴定液（0.1mol/L）迅速滴定，随滴随搅拌，至近终点时，将滴定管尖端提出液面，用少量水洗涤尖端，洗液并入溶液，继续缓缓滴定，至用细玻璃棒蘸取溶液少许，划过涂有含锌碘化钾淀粉指示液〔取水100ml，加碘化钾溶液（3→20）5ml与氧化锌溶液（1→5）10ml，煮沸，加淀粉混悬液（取可溶性淀粉5g，加水30ml搅匀制成），随加随搅拌，继续煮沸2min，放冷，即得。本品应在阴凉处密闭保存〕的白瓷板上，当显蓝色的条痕时，停止滴定。5min后，再蘸取少许划过上述白瓷板，若仍显蓝色条痕，即为终点。每1ml的亚硝酸钠滴定液（0.1mol/L）相当于15.12mg $C_8H_9NO_2$。

2. 阿司匹林：见本实验"实验方法（一）1. 阿司匹林"。

3. 咖啡因：见本实验"实验方法（一）3. 咖啡因"。

本品每片中含对乙酰氨基酚（$C_8H_9NO_2$）与阿司匹林（$C_9H_8O_4$）均应为标示量的95.0%～105.0%，含咖啡因（$C_8H_{10}N_4O_2 \cdot H_2O$）应为标示量的90.0%～110.0%。

【说明】

1. 复方阿司匹林片的处方：阿司匹林220g，非那西丁150g，咖啡因35g，制成1000片。

2. 复方对乙酰氨基酚片的处方：对乙酰氨基酚126.5g，阿司匹林230g，咖啡因30g，制成1000片。

3. 在两个处方中，阿司匹林含量测定原理相同，均为中和滴定。因片剂中加有酒石酸作为稳定剂，对滴定有影响，因而采用三氯甲烷提取分离后再测定。

4. 在两个处方中，咖啡因的测定原理相同。

$$C_8H_{10}N_4O_2 + 2I_2 + KI + H_2SO_4 \longrightarrow C_8H_{10}N_4O_2HI \cdot I_4 \downarrow + KHSO_4$$
$$I_2（过量）+ 2Na_2S_2O_3 \longrightarrow 2NaI + Na_2S_4O_6$$

在复方阿司匹林片的测定中，非那西丁对测定有干扰，因而加入稀硫酸，使咖啡因溶解，以使非那西丁与咖啡因分离；在复方对乙酰氨基酚片的测定中，加入稀硫酸，增加咖啡因的溶解度，采用滤过法与辅料分离。

5. 非那西丁测定的原理为：

$$C_2H_5O-\underset{}{\bigcirc}-NHCOCH_3 \xrightarrow[\text{水解}]{H^+} C_2H_5O-\underset{}{\bigcirc}-NH_2 + CH_3COOH$$

$$C_2H_5O-\underset{}{\bigcirc}-NH_2 + NaNO_2 + HCl \longrightarrow C_2H_5O-\underset{}{\bigcirc}-N^+\equiv N + Cl^-$$

终点时 $NaNO_2 + HCl \longrightarrow HNO_2 + NaCl$

$2HNO_2 + KI + 2HCl \longrightarrow I_2 + KCl + 2NO + 2H_2O$（使碘化钾淀粉试纸变蓝）

水解时既需保持水解液沸腾使水解完全，又要防止温度过高使水解液显色而影响测定。

6. 对乙酰氨基酚的测定原理与非那西丁相同。对乙酰氨基酚的分子结构为：

$$HO-\langle\bigcirc\rangle-NHCOCH_3$$

7. 在各项目测定中，提取、滤过和沉淀洗涤时应防止样品损失。

【思考题】

1. 测定复方阿司匹林片中阿司匹林含量时，三氯甲烷提取的目的是什么？
2. 重氮化法适用于具有哪类结构的药物的含量测定？操作中应注意哪些问题？
3. 测定咖啡因时应注意哪些问题？空白试验的意义是什么？如何做空白试验？

（付春梅）

实验九　高效液相色谱法同时测定复方阿司匹林片中三种有效成分及游离水杨酸

【实验目的】

1. 进一步熟悉高效液相色谱仪的构成及正确的使用方法。
2. 掌握高效液相色谱仪的分析软件的使用方法。
3. 熟悉 HPLC 在复方制剂分析中的应用。
4. 比较容量法和本实验方法的优缺点。

【仪器和试药】

高效液相色谱仪，超声波清洗器等。

甲醇（色谱纯），乙腈（色谱纯），冰醋酸（色谱纯），磷酸（色谱纯）。阿司匹林对照品，非那西丁对照品，咖啡因对照品，水杨酸对照品。复方阿司匹林片（市售品）。

【实验方法】

1. 混合对照品溶液的制备：分别精密称取阿司匹林对照品、非那西丁对照品、咖啡因对照品、水杨酸对照品约 22mg、15mg、3.5mg、6mg，置 20ml 量瓶中，分别用 1% 冰醋酸甲醇溶液溶解并定容制得单一对照品溶液。分别精密量取各单一对照品溶液适量，置同一 10ml 量瓶中，用 1% 冰醋酸甲醇溶液稀释定容，得到含阿司匹林、非那西丁、咖啡因、水杨酸分别为 110μg/ml、75μg/ml、17.5μg/ml、6.6μg/ml 的混合对照品溶液。

2. 供试品溶液的制备：取本品 20 片，精密称定，研细，备用，并计算平均片重。取本品细粉适量（约相当于阿司匹林 55mg），精密称定，置 50ml 量瓶中，用适量 1‰冰醋酸甲醇溶液超声 15min 后，定容，滤过。精密量取续滤液 1ml，置 10ml 量瓶中，用 1‰冰醋酸甲醇溶液稀释至刻度，作为供试品溶液。

3. 色谱条件及系统适用性试验：以十八烷基硅烷键合硅胶作为填充剂，以甲醇－水－冰醋酸－磷酸（52∶46∶1.5∶0.5）为流动相；检测波长为 279nm。各组分分离度应符合要求。

4. 精密量取供试品溶液、混合对照品溶液各 $10\mu l$，分别注入高效液相色谱仪，记录色谱图。按外标法以峰面积计算供试品中各组分的含量。

【说明】

1. 复方阿司匹林片的处方：阿司匹林 220g，非那西丁 150g，咖啡因 35g，制成 1000 片。

2. 实验报告需要结合"实验七　两种复方解热镇痛药的含量测定"测定方法及结果，进行比较分析，说明本实验方法的优缺点。

【思考题】

1. 为什么供试品溶液制备中要选用 1‰冰醋酸甲醇溶液作为溶剂？为什么供试品溶液需要临用新制？

2. 如果需要对本法进行方法学验证，请列出需要进行验证的项目，并简要说明耐用性试验的具体项目。

（付春梅）

实验十　维生素 B_1 片含量测定方法的验证

【实验目的】

熟悉维生素 B_1 含量测定方法验证的指标和方法。

【仪器与试药】

紫外-可见分光光度计，分析天平，移液管，量瓶，漏斗等。
维生素 B_1 对照品，维生素 B_1 片（市售品）等。

【实验方法】

采用紫外-可见分光光度法测定维生素 B_1 片的含量。具体方法：精密称取相当于

维生素 B_1 25mg 的片粉，置 100ml 量瓶中，加盐酸溶液（9→1000）约 70ml，振摇 15min 使维生素 B_1 溶解，加盐酸溶液（9→1000）稀释至刻度，摇匀，用干燥滤纸滤过。精密量取续滤液 5ml，置另一 100ml 量瓶中，加盐酸溶液（9→1000）稀释至刻度，摇匀，用紫外－可见分光光度法测定波长 246nm 处的吸光度，按维生素 B_1 的吸收系数（$E_{1cm}^{1\%}$）为 421 计算，即得。

维生素 B_1 片的处方：维生素 B_1 10g，淀粉 20g，糊精 30g，硬脂酸镁 1g，制成 1000 片。

【要求】

1. 根据维生素 B_1 片的含量测定方法以及药品质量标准分析方法验证的有关要求，确定验证的指标和方法。写出实验计划，与教师讨论后进行实验。
2. 按论文的格式写出验证的方法、结果和结论。

（付春梅）

【参考文献】

国家药典委员会，2025. 中华人民共和国药典（2025 年版）：二部［M］. 北京：中国医药科技出版社．

何勤，尹红梅，2019. 新编药学实验教程（上、下）［M］. 成都：四川大学出版社．

常书阳，陈玉海，郑梅花，2007. HPLC 法测定复方乙酰水杨酸片的含量及有关物质［J］. 药物分析杂志，27（8）：1252－1255.

杭太俊，2022. 药物分析［M］. 9 版．北京：人民卫生出版社．

第八章 药物化学实验

实验一 藜芦醛的制备——甲基化法

【实验目的】

1. 掌握甲基化法制备藜芦醛的原理和方法。
2. 学习薄层层析在有机合成中的应用。

【安全须知】

硫酸二甲酯属高毒类化合物,对眼、上呼吸道有强烈刺激作用,对皮肤有强腐蚀作用,取用时务必小心。

【实验原理】

硫酸二甲酯是常用的甲基化试剂。它的优点是反应活性强;因其沸点较高,必要时可在较高的温度下反应;不需昂贵的加压设备。其缺点是毒性较大。

$$\text{3-甲氧基-4-羟基苯甲醛} + (CH_3)_2SO_4 + NaOH \longrightarrow \text{3,4-二甲氧基苯甲醛} + Na(CH_3)SO_4 + H_2O$$

【主要实验仪器】

磁力搅拌器,100ml 三颈烧瓶,温度计,滴液漏斗,抽滤装置。

【主要实验试剂】

本实验的主要实验试剂见表 8-1。

表 8-1 藜芦醛的制备——甲基化法的主要实验试剂

名称	规格	用量	摩尔数	摩尔比[①]
香兰醛	化学纯	2.80g	0.018mol	1.00
硫酸二甲酯	化学纯	5.0ml	0.053mol	2.94
20%NaOH	自制	调节至 pH 9~10	—	—

注：①摩尔比，就是实验试剂的摩尔数之比。

【实验操作】

待油浴升温至 50~60℃，在 100ml 三颈烧瓶中加入香兰醛及 7ml 沸水，搅拌下加入 4ml 20%NaOH 溶液。以每两秒一滴的速度匀速滴入硫酸二甲酯，同时滴加适量 20%NaOH 溶液，保持溶液 pH 为 9~10，直至硫酸二甲酯滴完。经薄层层析检测反应完全后，冷却析晶，抽滤，少量冰水洗至中性，干燥得白色固体，熔点为 42~43℃。称量并计算产率。

【注意事项】

1. 本实验中应使用新沸水。
2. 薄层层析采用硅胶 GF_{254} 薄层板，紫外灯下检视，溶剂为 95%乙醇，展开剂为石油醚-乙酸乙酯（4:1）。

【思考题】

1. 如何利用薄层层析判断反应是否完全？
2. 比较无溶剂条件下微波辐射合成藜芦醛与传统合成方法各自的特点。

（尹红梅）

实验二　藜芦醛的制备——微波辐射法

【实验目的】

1. 掌握微波辐射药物合成的方法并了解微波加热方式与传统加热方式的区别。
2. 熟悉微波化学反应器的使用方法。

【安全须知】

微波对人体有危害，必须正确使用微波仪器，以防微波泄漏。

硫酸二甲酯属高毒类化合物，对眼、上呼吸道有强烈刺激作用，对皮肤有强腐蚀作用，取用时务必小心。

【实验原理】

微波是频率为 $3\times10^2 \sim 3\times10^5$ MHz 的电磁波。利用微波辐射代替传统加热方式用于有机合成是一项新技术。其优点是反应速度快、能耗低、操作方便、副产物少且产物易纯化。微波加热是通过偶极分子旋转（主要原因）和离子传导耗散微波能实现的。在微波辐射作用下，极性分子为响应磁场方向变化，通过分子偶极以每秒数十亿次的高速旋转，使分子间不断碰撞和摩擦产生热，这种加热方式较传统的热传导和热对流加热更迅速，而且是空间辐射加热，体系受热均匀。

藜芦醛是许多药物合成的中间体，一般用硫酸二甲酯作为甲基化试剂，在碱性水溶液中与香兰醛反应制得。由于硫酸二甲酯在水中溶解度较小，并易于水解，使得硫酸二甲酯大大过量，且反应时间长。有文献报道，可在无水有机溶剂中或用相转移催化技术制备藜芦醛，但也存在反应时间长、操作烦琐和成本高的缺点。在无溶剂条件下，以硫酸二甲酯作为甲基化试剂，采用微波辐射技术进行甲基化反应制备藜芦醛，结果较好。

$$\text{香兰醛} + (CH_3)_2SO_4 \xrightarrow[MW]{K_2CO_3} \text{藜芦醛}$$

【主要实验仪器】

微波化学反应器，研钵，50ml 圆底烧瓶，抽滤装置。

【主要实验试剂】

本实验的主要实验试剂见表 8-2。

表 8-2 藜芦醛的制备——微波辐射法的主要实验试剂

名称	规格	用量	摩尔数	摩尔比
香兰醛	化学纯	1.50g	0.010mol	1.0
无水碳酸钾	化学纯	1.60g	0.012mol	1.2
硫酸二甲酯	化学纯	1.5ml	0.016mol	1.6
5%NaOH	自制	调节至 pH 7	—	—

【实验操作】

先将香兰醛、无水碳酸钾充分研细，混匀，转入 50ml 圆底烧瓶，均匀滴加硫酸二甲酯使固体浸润，置微波化学反应器中，装上冷凝管。在约 20mA 条件下，微波辐射 5min，加 10ml 5%NaOH 溶液，搅拌析出晶体，冷却后抽滤，冰水洗至中性，干燥，得白色固体，熔点为 42~43℃。称量并计算产率。

【注意事项】

1. 此反应无溶剂，一定要将固体研细混匀，否则会影响反应。
2. 微波化学反应器的正确使用步骤：①插电源插头；②打开微波化学反应器电源开关；③定时；④调节调压器，控制微波所需电流；⑤反应结束后，调压器调零，关闭微波化学反应器，拔下电源插头。

【思考题】

1. 为什么反应结束后加入5％NaOH溶液？
2. 微波辐射合成有哪些优势？

（尹红梅）

实验三　藜芦酸的制备——氧化法

【实验目的】

1. 掌握氧化法制备藜芦酸的原理和方法。
2. 掌握有机化合物氧化还原反应方程式的配平。
3. 巩固薄层层析在有机合成中的应用。

【安全须知】

高锰酸钾具有一定的腐蚀性，吸入后可引起呼吸道损害，溅落眼睛内刺激结膜，重者致灼伤。高锰酸钾浓溶液或结晶对皮肤有腐蚀性，对组织有刺激性，刺激皮肤后皮肤呈棕黑色。高锰酸钾为强氧化剂，遇浓硫酸、铵盐能发生爆炸，遇甘油能引起自燃。其与有机物、还原剂、易燃物（如硫、磷等）接触或混合时有引起燃烧、爆炸的危险。

【实验原理】

高锰酸钾是一种反应强烈、应用广的氧化剂，可以在碱性、中性或酸性溶液中使用。当氢氧根离子浓度大于1mol/L时，高锰酸根离子（MnO_4^-）还原为绿色的锰酸根离子（MnO_4^{2-}）。在弱碱性溶液中，最终产物是二氧化锰，锰原子氧化数变化量为3，是比较合适的氧化过程。

在中性介质中氧化时，由于生成氢氧根离子而使混合物的pH在反应中发生变化，因此，有时会使用镁盐来阻止碱性的增加。在无镁盐存在的情况下，氧化是一种碱性催化反应。

酸性催化反应的最终产物随所用有机物的性质变化而变化，通常高锰酸根离子转化为二价锰离子。

$$\underset{\underset{OCH_3}{OCH_3}}{\overset{CHO}{\bigotimes}} \xrightarrow[\text{②HCl}]{\text{①KMnO}_4} \underset{\underset{OCH_3}{OCH_3}}{\overset{COOH}{\bigotimes}}$$

【主要实验仪器】

磁力搅拌器，250ml 三颈烧瓶，温度计，冷凝管，滴液漏斗，抽滤装置。

【主要实验试剂】

本实验的主要实验试剂见表 8-3。

表 8-3 藜芦酸的制备——氧化法的主要实验试剂

名称	规格	用量	摩尔数	摩尔比
藜芦醛	自制	2.40g	0.014mol	1.00
高锰酸钾	化学纯	2.10g	0.013mol	0.93
碳酸氢钠	化学纯	2.40g	—	—
6mol/L 盐酸	自制	适量	—	—

【实验操作】

在 250ml 三颈烧瓶中加 10ml 纯化水，油浴加热至 70℃时，加入碳酸氢钠和藜芦醛，继续加热至 80℃，搅拌下滴加高锰酸钾溶液（2.10g 高锰酸钾分次溶于 35ml 热水），滴加过程中反应混合物保持微沸，滴加完毕，回流 0.5h，薄层层析检测反应完全后，冷却，抽滤，少量纯化水洗，滤液中加入约 9ml 6mol/L 盐酸酸化至 pH 1~2，析出沉淀，抽滤，少量纯化水洗，熔点为 177~180℃。称量并计算产率。

【注意事项】

1. 藜芦醛在空气中不稳定，必须贮藏在密闭棕色瓶内。
2. 薄层层析采用硅胶 GF_{254} 薄层板，紫外灯下检视，溶剂为 95% 乙醇，展开剂为石油醚-乙酸乙酯（4:1）。

【思考题】

1. 在本实验中高锰酸钾的还原产物是什么？如何除去？写出反应方程式并配平。
2. 制备藜芦酸时，为什么滤液要酸化至 pH 1~2？

（尹红梅）

实验四 苦杏仁酸的制备——相转移催化法

【实验目的】

1. 掌握相转移催化反应的原理。
2. 掌握相转移催化剂的应用。
3. 掌握苦杏仁酸的制备原理及方法。

【安全须知】

三氯甲烷不燃，有毒，为可疑致癌物，具刺激性，与明火或灼热的物体接触时能产生剧毒的光气。

氢氧化钠和硫酸均具有强腐蚀性，一定要小心取用。

【实验原理】

本实验采用相转移催化法制备苦杏仁酸。

相转移催化法：通常在两个不互溶的溶液相中，一相（一般是水相）内含有盐，通常是碱或亲核试剂，另一相是有机相，其中溶有待与盐反应的有机物。因为两相不互溶，反应无法进行，若加入相转移催化剂，通常是季铵、季磷卤化物和硫酸氢盐，其中含有亲脂性的阳离子，这种阳离子在水相和有机相中都具有良好的溶解度，当它和含盐的水相接触时，便与盐溶液中过量的阴离子发生阴离子交换。

$$Q^+X^- （水相） + M^+Nu^- （水相） \rightleftharpoons Q^+Nu^- （水相） + M^+X^- （水相）$$

式中，Q^+ 为季铵离子；M^+Nu^- 为溶于水相的反应试剂；Nu^- 为反应试剂中的亲核基团，起亲核试剂作用的阴离子与 Q^+ 配对后，进入有机相。

$$Q^+Nu^- （水相） \rightleftharpoons Q^+Nu^- （有机相）$$

亲核试剂或碱（Nu）一旦进入非极性介质（有机溶剂）中，便发生取代或脱质子化反应，同时生成产物，而 Q^+ 与脱去基团（如果脱去基团是 X^-）生成离子对 QX 重新进入水相。

相转移催化循环式为：

$$\begin{array}{c} Q^+Nu^- + R-X \longrightarrow R-Nu + QX \quad \text{有机相} \\ \updownarrow \qquad\qquad\qquad\qquad\qquad\qquad \updownarrow \\ Q^+Nu^- + R-M \longrightarrow M-Nu + QX \quad \text{水相} \end{array}$$

相转移催化法的优点主要是通用、温和而且是催化性的。

具体到本实验，原理为：

$$R_4N^+Cl^- + Na^+OH^- \rightleftharpoons R_4N^+OH^- + NaCl \quad \text{水相}$$
$$\text{--} \quad \text{有机相}$$
$$R_4N^+OH^-$$
$$\updownarrow CHCl_3$$
$$R_4N^+Cl^- + :CCl_2 \rightleftharpoons R_4N^+CCl_3^- + H_2O$$
$$\downarrow C_6H_5CHO$$

$$C_6H_5-\overset{H}{\underset{\underset{Cl}{|}}{\overset{|}{C}}}-\overset{O}{\underset{Cl}{|}} \xrightarrow{\text{重排}} \text{PhCH(Cl)COCl}$$

$$\text{PhCHO} + CHCl_3 \xrightarrow[\text{TEBA}]{33\%\text{NaOH}} \text{PhCH(OH)COOH}$$

【主要实验仪器】

电热套,冷凝管,100ml 三颈烧瓶,滴液漏斗,温度计。

【主要实验试剂】

本实验的主要实验试剂见表 8-4。

表 8-4 苦杏仁酸的制备——相转移催化法主要实验试剂

名称	规格	用量	摩尔数	摩尔比
苯甲醛	化学纯	5.0ml	0.05mol	1
TEBA	化学纯	0.65g	—	—
三氯甲烷	化学纯	8.0ml	0.10mol	—
33%NaOH	自制	20.0ml		
二氯甲烷	化学纯	50.0ml		
乙酸乙酯	化学纯	120.0ml		

【实验操作】

在装有搅拌器、滴液漏斗、温度计和冷凝管的 100ml 三颈烧瓶中,加入苯甲醛、TEBA 和三氯甲烷。开启搅拌器并缓慢加热,待温度升到 50~55℃时,缓慢滴入 33% NaOH 溶液 20ml,控制滴加速度,维持反应温度在 50~60℃,加毕,在此温度下继续搅拌 1h。

待反应混合物冷却至室温后,停止搅拌,加入 100ml 纯化水,用二氯甲烷萃取 2 次,每次用量为 25 ml,弃去有机相,此时水层为亮黄色透明状。水层用 50% H_2SO_4 酸化至 pH 1~2,再用乙酸乙酯萃取 4 次,每次用量为 30ml。合并 4 次乙酸乙酯萃取液,

用无水 Na_2SO_4 干燥。减压除去乙酸乙酯得粗产物。称量并计算产率。

此粗产物可按 1g 加 1.5ml 甲苯的比例进行重结晶，得纯产物。

【注意事项】

1. 若苯甲醛放置过久，使用前应先做纯化处理。
2. 严格控制 33% NaOH 溶液的滴加速度和反应温度。
3. 酸化时应保证反应液呈强酸性。

【思考题】

1. 请写出本实验的反应机制。
2. 反应完毕后，用二氯甲烷和乙酸乙酯萃取的作用分别是什么？
3. 本实验中能否用无水 $CaCl_2$ 代替无水 Na_2SO_4 进行干燥，为什么？

（齐庆蓉）

实验五　依达拉奉的合成

【实验目的】

1. 掌握柱层析和重结晶的原理及操作。
2. 熟悉吡唑环的合成原理。
3. 了解无水苯肼的性质和使用注意事项。

【安全须知】

苯肼有刺激性气味，中等毒性，遇明火、高热可燃；与强氧化剂可发生反应；受热分解放出有毒的氧化氮等，应密封保存于暗处。

乙酰乙酸乙酯可燃，对皮肤有刺激作用，吸入、摄入或经皮肤吸收后对身体有害。

浓盐酸和氢氧化钠均具有强腐蚀性，应小心取用。

【实验原理】

依达拉奉是一种脑保护剂（自由基清除剂），在酸作用下，可通过苯肼与乙酰乙酸乙酯环合而成。

$$\text{C}_6\text{H}_5\text{-NHNH}_2 \xrightarrow[\substack{②浓盐酸\\③10\%NaOH}]{①CH_3COCH_2COOC_2H_5} \text{1-苯基-3-甲基-5-吡唑酮}$$

【主要实验仪器】

磁力搅拌器，25ml 三颈烧瓶，10ml 恒温滴液漏斗，温度计，冷凝管，抽滤装置，50ml 圆底烧瓶。

【主要实验试剂】

本实验的主要实验试剂见表 8-5。

表 8-5 依达拉奉的合成的主要实验试剂

名称	规格	用量	摩尔数	摩尔比
苯肼	化学纯	2.17g	0.02mol	1
乙酰乙酸乙酯	化学纯	2.63g	0.02mol	1
70%乙醇	自制	2.5ml	—	—
无水乙醇	化学纯	1.0ml	—	—
浓盐酸	分析纯	0.3ml	—	—
10%NaOH	自制	调节 pH 值为 7	—	—

【实验操作】

将乙酰乙酸乙酯和 70%乙醇混合，搅拌下，于 45～50℃（外温）滴加苯肼和无水乙醇组成的溶液，约 10min 滴毕，保温搅拌 5min，然后冷却至 25℃，加浓盐酸，继续升温至 45～50℃（外温），保温反应 30min。停止反应，将反应液转入烧杯中，搅拌至出现黄色浑浊固体，此时 pH 为 2～3，再用 10%NaOH 溶液（约 1.2ml）调至 pH 7，再加入 10ml 纯化水，有大量黄色固体析出，抽滤，得黄色固体。

取上述粗品于 50ml 圆底烧瓶中，先加 5ml 50%乙醇于搅拌下加热回流，若仍有固体不溶，继续补加 50%乙醇直至样品完全溶解，溶液变为黄色，冷却至室温，再置于冰水浴中，析出固体，抽滤洗涤，干燥，可得黄色或白色晶体，熔点为 128～129℃。称量并计算产率。

粗品也可用柱层析纯化。

【注意事项】

1. 游离的苯肼不稳定，接触空气会冒烟并很快变质，故操作应快速，在滴加过程中可用氮气保护。

2. 可用注射器直接加浓盐酸。

3. 一般转入烧杯中室温搅拌即可析出固体，或调节至 pH 3～4 时就有固体析出，若此时为油状物，需用玻璃棒摩擦固化后再调节 pH，避免形成大量油状物。

4. 继续调节至 pH 7，但不要超过 7，且需搅拌均匀。

5. 粗品抽滤时可用冰乙醇洗涤，能得到近白色固体。

【思考题】

1. 苯肼在空气中不稳定的原因是什么?
2. 浓盐酸在本反应中起什么作用?

（齐庆蓉）

实验六　贝诺酯的制备

【实验目的】

1. 掌握制备贝诺酯的原理和方法。
2. 掌握二氯亚砜在酰氯制备中的应用及药物设计中的结构修饰原理。
3. 巩固有机溶剂重结晶和有毒尾气吸收的方法。

【安全须知】

二氯亚砜为发烟液体，有强烈刺激气味，遇水水解。其对眼睛、黏膜、皮肤和上呼吸道有强烈的刺激作用，可引起灼伤。

氢氧化钠有强腐蚀性，必须小心取用。

【实验原理】

解热镇痛药贝诺酯（又称扑炎痛）是利用孪药原理将阿司匹林和扑热息痛结合而成。它既保留二者原有的治疗作用，又有协同作用，用于风湿性关节炎及其他发热而引起的中等疼痛的治疗。可用如下方法制备。

【主要实验仪器】

磁力搅拌器,50ml 圆底烧瓶,温度计,冷凝管,干燥管,U 形管,洗气装置,滴液漏斗,100ml 三颈烧瓶,抽滤装置。

【主要实验试剂】

本实验的主要实验试剂见表 8-6。

表 8-6 贝诺酯的制备的主要实验试剂

名称	规格	用量	摩尔数	摩尔比
阿司匹林	药用级	4.50g	0.025mol	1
二氯亚砜	化学纯	5.0ml	—	—
N,N-二甲基甲酰胺(DMF)	化学纯	1~2滴	—	—
扑热息痛	药用级	3.20g	0.021mol	
氢氧化钠	化学纯	1.40g	0.035mol	
95%乙醇	化学纯	适量	—	—

【实验操作】

于 50ml 干燥圆底烧瓶中加入 4.50g 阿司匹林和 1~2 滴 N,N-二甲基甲酰胺(DMF),搅拌,控制圆底烧瓶内温度不高于 30℃,加入 5ml 新蒸二氯亚砜,继续搅拌,并缓慢加热至 65℃,保温至无尾气产生,水泵减压蒸出过量二氯亚砜,冷却即得乙酰水杨酰氯。转移到滴液漏斗中,用 3ml 无水丙酮洗涤圆底烧瓶,合并于滴液漏斗中。

于 100ml 三颈烧瓶中加 25ml 纯化水、1.40g NaOH,搅拌溶解。在 0~5℃分次缓慢加入 3.20g 扑热息痛,于 0~5℃均匀滴加乙酰水杨酰氯。加毕,测 pH,控制 pH 不小于 10,保温搅拌 30min,抽滤,用冷水洗至中性。

粗品中加入适量 95%乙醇,加热回流溶解,稍冷,加入活性炭脱色 30min,趁热抽滤。滤液自然降温至 10℃以下,析出固体,抽滤,用少量 95%乙醇洗涤,干燥,称量。熔点为 175~176℃,计算产率。

【注意事项】

1. 制备酰氯需无水,仪器必须干燥,且回流时需采用防潮装置。
2. 用 20%NaOH 溶液调节至 pH 不小于 10。

【思考题】

1. 为什么本反应需要 pH 值不小于 10?
2. 二氯亚砜作为酰氯化反应试剂的优点是什么?放出什么尾气?设计一个简易的气体吸收装置。

3. 为什么本实验要将扑热息痛的酚羟基转化成酚钠盐？
4. 试解释 DMF 催化酰氯化反应的机理。

（齐庆蓉）

实验七 埃索美拉唑钠的制备

【实验目的】

1. 掌握埃索美拉唑钠的制备方法。
2. 了解不对称催化的原理。

【安全须知】

四异丙氧基钛为无色可燃液体，对空气和水敏感，对眼、皮肤可能引起刺激作用，取用时应特别小心。

【实验原理】

埃索美拉唑是质子泵抑制剂奥美拉唑的左旋异构体，可用于胃食管反流性疾病（GORD），包括侵蚀性反流性食管炎的治疗。可采用硫醚的不对称催化氧化制备。

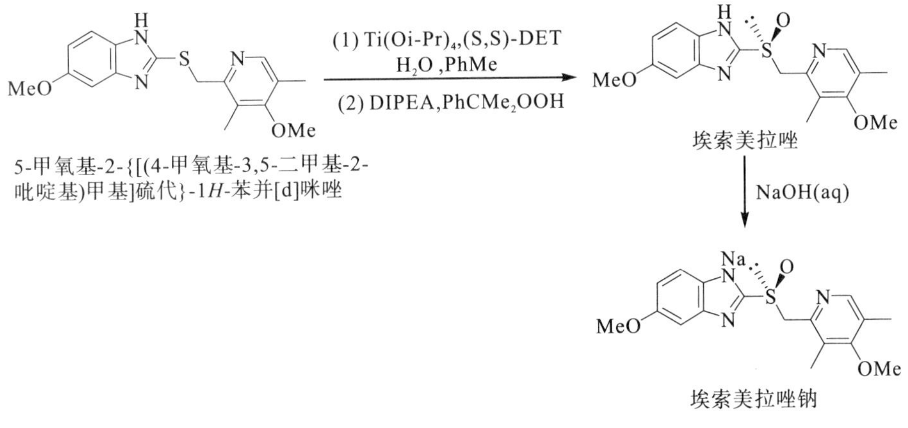

5-甲氧基-2-{[(4-甲氧基-3,5-二甲基-2-吡啶基)甲基]硫代}-1H-苯并[d]咪唑

(1) Ti(Oi-Pr)$_4$,(S,S)-DET H$_2$O ,PhMe
(2) DIPEA,PhCMe$_2$OOH

→ 埃索美拉唑

NaOH(aq) →

埃索美拉唑钠

【主要实验仪器】

磁力搅拌器，100ml 三颈烧瓶，直形冷凝管，分液漏斗，旋转蒸发仪，抽滤装置。

【主要实验试剂】

本实验的主要实验试剂见表 8-7。

表 8-7 埃索美拉唑钠的制备的主要实验试剂

名称	规格	用量	摩尔数	摩尔比
(S,S)-酒石酸二乙酯	CP	1.13g	5.46mmol	0.60
水	纯净水	0.023ml	1.27mmol	0.14
钛酸四异丙酯	CP	0.78g	2.73mmol	0.30
Pymetazole	AP	3.00g	9.11mmol	1.00
N,N-二异丙基乙胺	CP	0.35g	2.73mmol	0.30
80%氢过氧化枯烯	CP	1.73g	9.11mmol	1.00
甲苯	CP	15ml	—	—

【实验操作】

将纯化水、(S,S)-酒石酸二乙酯和钛酸四异丙酯加入 5-甲氧基-2-{[(4-甲氧基-3,5-二甲基-2-吡啶基)甲基]硫代}-1H-苯并[d]咪唑（Pymetazole）的甲苯（15ml）悬浮液中，并于 55~70℃ 搅拌 40min，再将温度设为 30~40℃，加入 N,N-二异丙基乙胺和氢过氧化枯烯。保温搅拌反应 40min。

将反应液置于冰浴中，搅拌冷却下缓慢加入 2.6% NaOH 溶液 30ml，控制温度不超过 20℃，加毕，搅拌约 3min 后，倒入分液漏斗中静置分层；水层用甲苯萃取（15ml×2）。将所得水层置中于冰浴中，搅拌冷却下加入 EtOAc（30ml），然后滴加 HOAc 调节水相 pH 至 6~7，分离水层与有机层，水层再用 EtOAc（30ml）萃取，合并有机层；依次用水洗（15ml）、饱和食盐水洗（15ml），无水 Na_2SO_4 干燥，过滤，滤液旋干得红棕色蜂窝状固体。

向上述所得固体中加入 MeOH（3ml）和乙腈（30ml），冰浴条件下，加入 44% NaOH 溶液 0.85ml，搅拌约 5min 后旋干，加入 25ml 乙腈，打浆，过滤，得白色固体，充分干燥后称重并计算产率。

【注意事项】

1. 水是催化体系重要的组成部分，切记加入。
2. 分液时注意区分水相和有机相。
3. 反应仪器必须干燥。

【思考题】

1. 不对称催化有何特点？
2. N,N-二异丙基乙胺在反应中起什么作用？
3. ee 值如何确定？

（齐庆蓉）

实验八 酶催化（±）－N－Boc－脯胺酸甲酯的水解拆分

【实验目的】

1. 了解外消旋体拆分的原理和常用方法。
2. 掌握脂肪酶催化水解消旋氨基酸酯制备单一羧酸异构体的原理。
3. 学习脂肪酶催化的操作方法。

【安全须知】

甲苯是一种无色、带特殊芳香味的易挥发液体，能与乙醇、乙醚、丙酮、三氯甲烷、二硫化碳和冰醋酸混溶，不溶于水。甲苯易燃，其蒸气能与空气形成爆炸性混合物，混合物的体积浓度在较低范围时即可发生爆炸。甲苯的半数致死量（大鼠，经口）为 5000 mg/kg。高浓度气体有麻醉性。

【实验原理】

南极假丝酵母脂肪酶 B（Candida antarctica lipase B，CALB）因具有底物范围广、催化效率高、选择性良好、可适度耐受有机溶剂和高温、对环境友好并且低成本等优点，是当前研究和应用较多的脂肪酶。CALB 固定化酶为 CALB 通过疏水作用物理吸附于聚甲基丙烯酸树脂上得到的固定化酶，能在水相或有机相中高效催化酯水解、酯交换、内酯开环聚合、酰胺的水解与合成等多种反应，具有较强的立体及区域选择性，广泛用于油脂加工、食品、医药、日化等行业。

【主要实验仪器】

磁力搅拌器，油浴，50ml 圆底烧瓶，分液漏斗，抽滤装置

【主要实验试剂】

本实验的主要实验试剂见表 8-8。

表 8-8 酶催化（±）－N－Boc－脯胺酸甲酯的水解拆分的主要实验试剂

名称	规格	用量	摩尔数	摩尔比
1－Boc－2－吡咯烷甲酸甲酯	CP	2.30g	0.01mol	1

续表

名称	规格	用量	摩尔数	摩尔比
CALB	—	1.15g	—	—
磷酸钾缓冲液	0.2mol/L，pH 7.2	40ml	—	—
K_2CO_3 饱和水溶液	自制	至 pH 9~10	—	—

【实验操作】

称取 1-Boc-2-吡咯烷甲酸甲酯（2.30g）于 50ml 圆底烧瓶中，加入 40ml 磷酸钾缓冲液（0.2mol/L，pH 7.2）后加入 CALB 脂肪酶（1.15g），将反应液置于 40℃ 油浴中搅拌 45 min 后冷至室温，此时 pH 为 6 左右，加入饱和 K_2CO_3 溶液调节 pH 至 9~10。将反应液用 7~10g 硅藻土过滤，少量水洗后用甲苯萃取 3 次（20ml×3），加入 2N HCl 调节水相 pH 至 3~4。用 40ml 乙酸乙酯 + 30ml 乙醇混合溶剂萃取水相；之后用（40ml 乙酸乙酯+ 15ml 乙醇）×2 萃取。合并有机相后分别用水（40ml）和饱和食盐水（40ml）洗涤，然后用无水硫酸钠干燥，过滤并减压蒸馏得到白色固体，计算收率。

【注意事项】

1. 注意控制温度不超过 45℃，避免酶失活。
2. 分液时，请留取正确的有机相或水相。
3. 实验结束后，请勿随意丢弃 CALB 固定化酶，请于指定地点回收。

【思考题】

1. 请简述 CALB 固定化酶催化酯水解的特点。
2. 除酶催化外，还可用何种方法拆分消旋的脯氨酸制备单一异构体？

（齐庆蓉）

实验九　不对称有机催化合成 α-羟基-β-氨基酮

【实验目的】

1. 了解不对称有机催化的原理和常用方法。
2. 掌握手性脯氨酸催化三组分不对称曼尼希反应的原理。
3. 学习有机催化的操作方法。

【安全须知】

4-氰基苯甲醛、4-甲氧基苯胺对皮肤有刺激作用，吸入、摄入或经皮肤吸收对身体有害。α-羟基丙酮易燃、易聚合。二甲基亚砜溶解性好，应减少皮肤接触。本实验需全程戴手套和戴护目镜操作。

【实验原理】

不对称有机催化（asymmetric organocatalysis）指的是仅使用包含碳、氢、硫及其他非金属元素的"有机催化剂"对化学反应进行不对称催化作用，是继金属和酶之后发展的第三类高效的化学反应催化剂体系，丰富了化学催化的工具箱，对于药物研发、功能材料制备等领域具有重要应用价值。

本实验为手性脯氨酸催化三组分不对称曼尼希反应，α-羟基丙酮（1）、4-氰基苯甲醛（2）和4-甲氧基苯胺（3）在（S）-脯氨酸（4）催化下，在无水二甲基亚砜（DMSO）中反应2h合成含有两个连续手性中心的（S,R）-α-羟基-β-氨基酮（5）。

【主要实验仪器】

磁力搅拌器，25ml具塞锥形瓶，50ml圆底烧瓶，分液漏斗，旋转蒸发仪，柱层析装置。

【主要实验试剂】

本实验的主要实验试剂见表8-9。

表8-9 不对称有机催化合成 α-羟基-β-氨基酮的主要实验试剂

名称	规格	用量	摩尔数	摩尔比
4-氰基苯甲醛	分析纯	0.131g	1.0mmol	1.0
4-甲氧基苯胺	分析纯	0.135g	1.1mmol	1.1
（S）-脯氨酸	分析纯	0.023g	0.2mmol	0.2
α-羟基丙酮	DMSO溶液（10%）	0.974g	13.1mmol	13.1

【实验操作】

在干燥的25ml具塞锥形瓶中分别加入1ml α-羟基丙酮和9ml干燥二甲基亚砜，混合均匀，配制成体积分数10%的α-羟基丙酮DMSO溶液。

在装有搅拌子的50ml圆底烧瓶中，依次称量加入4-氰基苯甲醛（0.131g，1.0mmol）、4-甲氧基苯胺（0.135g，1.1mmol）和（S）-脯氨酸（0.023g，

0.2mmol），然后向烧瓶中加入 9ml 预先配制的体积分数 10% 的 α-羟基丙酮 DMSO 溶液。将反应于室温（25～30℃）下充分搅拌，用薄层色谱（石油醚：乙酸乙酯=2：1，紫外显色）监测反应，至亚胺完全消失（约 2h）。

反应结束后，向反应瓶中加入 15ml 饱和氯化铵溶液淬灭反应，搅拌 5min 后转移至 125ml 分液漏斗，分液漏斗萃取并保留有机相。水相用 15ml 乙酸乙酯再次萃取。合并有机相，用无水硫酸钠干燥 30min，过滤至 50ml 圆底烧瓶，加入 0.5g 粗硅胶（60～100 目）旋转蒸发浓缩至无大颗粒，完成干法制样。然后，经柱层析（填料为 200～300 目硅胶，湿法装柱，干法上样，洗脱剂为石油醚：乙酸乙酯=2：1，约 300ml）分离纯化得淡黄色泡沫状产物，称重计算收率。

【注意事项】

1. 薄层点板时注意分析原料、中间体和产物的位置和 R_f 值。
2. 分液时，请留取正确的有机相。

【思考题】

1. 请简述手性脯氨酸催化三组分不对称曼尼希反应的基本原理。
2. 如何表征产物（S,R）-α-羟基-β-氨基酮的光学纯度？

（唐培）

实验十　磺胺醋酰钠的合成

【实验目的】

1. 掌握磺胺类药物的一般理化性质，并掌握利用其理化性质分离提纯产品的方法。
2. 掌握乙酰化反应的原理。

【安全须知】

醋酐具有强烈的刺激性和腐蚀性，切勿使其接触皮肤或眼睛，以防损伤，有催泪性，且遇水分解。其蒸气与空气形成爆炸性混合物，遇明火、高热能引起燃烧爆炸，与强氧化剂可发生反应。

氢氧化钠有强腐蚀性，一定要小心取用。

【实验原理】

磺胺醋酰钠为短效磺胺类药物，可用于结膜炎、角膜炎、泪囊炎、沙眼及其他敏感菌引起的眼部感染。可通过以下方法合成。

$$H_2N-\underset{}{\underset{}{\bigcirc}}-SO_2NH_2 \xrightarrow[NaOH]{(CH_3CO)_2O} H_2N-\underset{}{\underset{}{\bigcirc}}-SO_2\underset{COCH_3}{\overset{Na}{N}}-COCH_3 \xrightarrow{HCl}$$

$$H_2N-\underset{}{\underset{}{\bigcirc}}-SO_2NHCOCH_3 \xrightarrow{NaOH} H_2N-\underset{}{\underset{}{\bigcirc}}-SO_2\underset{COCH_3}{\overset{Na}{N}}-COCH_3$$

【主要实验仪器】

磁力搅拌器,温度计,冷凝管,25ml 三颈烧瓶,滴液漏斗,抽滤装置。

【主要实验试剂】

本实验的主要实验试剂见表 8-10。

表 8-10 磺胺醋酰钠的合成的主要实验试剂

名称	规格	用量	摩尔数	摩尔比
磺胺	化学纯	8.60g	0.0500mol	1.00
醋酐	化学纯	6.8ml	0.0720mol	1.44
22.5%NaOH	自制	11.0ml	0.0563mol	1.13
77%NaOH	自制	6.3ml	0.0963mol	1.90

【实验操作】

在装有搅拌器、温度计和冷凝管的 25ml 三颈烧瓶中投入磺胺 8.60g 及 22.5% NaOH 溶液 11.0ml,搅拌,于水浴上加热至 50℃左右,待物料溶解后,滴加醋酐 1.8ml,5min 后滴加 77%NaOH 溶液 1.3ml,并保持反应液 pH 12~13,随后每隔 5min 交替滴加醋酐及 77%NaOH 溶液,每次 1ml,加料期间反应温度维持在 50~55℃ 且 pH 12~13。加料毕,继续保温搅拌反应 30min。将反应液转入 50ml 烧杯中,加纯化水 10ml 稀释。用浓盐酸调节 pH 7,放置于冰浴中,冷却析出固体。抽滤,用适量冰水洗涤。洗液与滤液合并后,用浓盐酸调节 pH 4~5,抽滤。将沉淀加入 3 倍量的 10% 盐酸中,放置 30min,抽滤除去不溶物。滤液加少量活性炭室温脱色后,用 40%NaOH 溶液调节 pH 5,析出磺胺醋酰,干燥,得固体,熔点为 179~184℃。如果熔点不合格,可用热水(1∶15)精制。

将以上所得的磺胺醋酰投入 50ml 烧杯中,滴加 0.5ml 以下的纯化水润湿。于水浴上加热至 90℃,滴加 20%NaOH 溶液至刚好溶解,溶液 pH 为 7~8,趁热抽滤,滤液转至小烧杯中放冷,析出晶体,抽滤,干燥,得白色固体,称量并计算产率。

【注意事项】

1. 本实验中使用的 NaOH 溶液有多种浓度,在实验中切勿用错,否则会导致实验失败。
2. 滴加醋酐和氢氧化钠溶液是交替进行的,每滴完一种溶液后,反应 5min,再滴入另一种溶液。

3. 反应中应保持反应液 pH 12~13，否则影响收率。
4. 在 pH 7 时析出的固体不是产物，应弃去。产物在滤液中，切勿搞错。
5. 在 pH 4~5 时析出的固体是产物。
6. 在本实验中，调节溶液 pH 是反应能否成功的关键，应特别注意。
7. 若加入的纯化水多于 0.5ml，或放置不析出晶体，可在析出晶体时挥去一部分纯化水。

【思考题】

1. 本实验中，如何利用磺胺类药物的理化性质进行产品纯化？
2. 反应液后处理时，pH 7 时析出的固体是什么？pH 4~5 时析出的固体是什么？10%盐酸中的不溶物是什么？
3. 反应过程中为什么需保持 pH 12~13？

（齐庆蓉）

实验十一 硝苯地平的制备

【实验目的】

1. 掌握经典 Hantzsch 法一步合成硝苯地平的原理和方法。
2. 了解本实验中杂质可能的来源。

【安全须知】

乙酰乙酸甲酯毒性较小，有中等程度的刺激性和麻醉性，应加强设备密闭和操作场所的通风。

甲醇高度易燃，其蒸气与空气混合，能形成爆炸性混合物。吞食、与皮肤接触、吸入皆可使机体中毒。短期暴露有严重损害健康的危险。

【实验原理】

硝苯地平可用于预防和治疗冠心病、心绞痛，特别是变异型心绞痛和冠状动脉痉挛所致的心绞痛。可通过 Hantzsch 法一步合成硝苯地平。

$$\text{CHO-C}_6\text{H}_4\text{-NO}_2 + 2\ \text{CH}_3\text{COCH}_2\text{COOCH}_3 + \text{NH}_4\text{HCO}_3 \xrightarrow[\Delta]{\text{CH}_3\text{OH}} \text{硝苯地平} + \text{CO}_2\uparrow + 4\text{H}_2\text{O}$$

【主要实验仪器】

磁力搅拌器，25ml 圆底烧瓶，冷凝管。

【主要实验试剂】

本实验的主要实验试剂见表 8-11。

表 8-11 硝苯地平的制备的主要实验试剂

名称	规格	用量	摩尔数	摩尔比
邻硝基苯甲醛	化学纯	1.51g	0.010mol	1.0
乙酰乙酸甲酯	化学纯	3.02g	0.026mol	2.6
碳酸氢铵	化学纯	1.03g	0.013mol	1.3
甲醇	化学纯	3.0ml	—	—

【实验操作】

在 25ml 圆底烧瓶中加入邻硝基苯甲醛、乙酰乙酸甲酯、碳酸氢铵和甲醇，混合均匀后缓慢加热至 50℃，保温搅拌 1h，然后加热至回流，反应 1.5h，冷却至室温，析出黄色固体，抽滤，用少量甲醇洗涤，干燥，得到黄色固体。称量并计算产率。

【注意事项】

碳酸氢铵加热分解生成氨气、二氧化碳和水，是本反应的氨源。为了防止碳酸氢铵分解速度过快，使分解时所产生的氨气不能被充分利用，应降低反应产率，实验过程中先不加热原料混合物，搅拌至原料混合均匀后再开始缓慢加热。

【思考题】

1. 本实验中 Hantzsch 法的反应机理是什么？
2. 本实验中可能产生哪些副产物？

(齐庆蓉)

实验十二　吉非替尼的合成

【实验目的】

1. 掌握吉非替尼的合成原理。
2. 了解吉非替尼的工艺设计思路。

【安全须知】

氢氧化钠具有强腐蚀性，取用时务必小心。

【实验原理】

吉非替尼（Gefitinib，伊瑞可，易瑞沙）是一种口服表皮生长因子受体酪氨酸激酶（EGFR-TK）抑制剂。对 EGFR-TK 的抑制可阻碍肿瘤的生长、转移和血管生成，并促进肿瘤细胞的凋亡，适用于治疗既往接受过化学治疗的局部晚期或转移性非小细胞肺癌（NSCLC）。

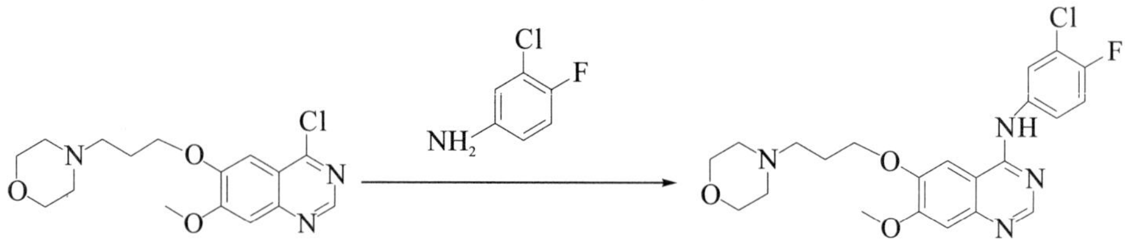

4-氯-7-甲氧基-6-[3-(4-吗啉基)丙氧基]喹唑啉

【主要实验仪器】

磁力搅拌器，100ml 三颈烧瓶，温度计，冷凝管，抽滤装置。

【主要实验试剂】

本实验的主要实验试剂见表 8-12。

表 8-12 吉非替尼的合成的主要实验试剂

名称	规格	用量	摩尔数	摩尔比
4-氯-7-甲氧基-6-[3-(4-吗啉基)丙氧基]喹唑啉	自制	3.37g	0.010mol	1.0
3-氯-4-氟-苯胺	化学纯	1.61g	0.011mol	1.1
异丙醇	化学纯	35.0ml	—	—
20%NaOH	自制	调节至 pH 9	—	—

【实验操作】

在 100ml 三颈烧瓶中加入 4-氯-7-甲氧基-6-[3-(4-吗啉基)丙氧基]喹唑啉和异丙醇，搅拌下分批加入 3-氯-4-氟-苯胺，加料毕，加热回流 1h。冷却至约 30℃，抽滤，滤饼减压干燥。向所得固体中加入 100ml 纯化水，加热至 60℃，用 20% NaOH 溶液调节至 pH 9，冷却后析晶，抽滤，滤饼用乙酸乙酯重结晶，得白色固体，熔点为 190.0~191.2℃。称量并计算产率。

【注意事项】

1. 3-氯-4-氟-苯胺是低熔点固体,请注意保存及称量条件。
2. 调节 pH 时尽量搅拌均匀。

【思考题】

1. 此反应可以用甲醇作为溶剂吗?为什么?
2. 反应后加碱处理的目的是什么?

(齐庆蓉)

实验十三　连续流动化学制备 1-苯甲酰-2-哌啶酮

【实验目的】

1. 了解连续流动化学的原理和常用方法。
2. 掌握 N-酰化反应的原理。
3. 学习连续流动化学的操作方法。

【安全须知】

2-哌啶酮具有刺激性和吸湿性。苯甲酰氯可燃,对眼睛、皮肤、黏膜和呼吸道有强烈的刺激作用。三乙胺易燃,具有氨臭气味。二氯甲烷可燃,具有刺激性气味。本实验需全程戴手套和戴护目镜操作。

【实验原理】

连续流动化学(continuous flow chemistry)是将反应物或其溶液泵入盘管或微反应器中快速混合,然后以连续流动模式发生化学反应的技术。尽管连续流动过程在石油工业的应用已经有近百年的历史,但在传统釜式生产的化学制药领域仍有巨大的发展空间。随着近些年来绿色化学的发展,制药行业的连续生产趋势越来越明显。与传统釜式合成相比,连续流合成具有很多优点,如传热传质效率高、过程可重复性好、过程本质安全、易放大生产从而实现从实验室规模到工业生产规模的有效转化等。

本实验利用连续流动化学技术对 2-哌啶酮(1)进行 N-酰化反应,制备得到在药物合成中常用的 1-苯甲酰-2-哌啶酮中间体(2)。该实验利用传统釜式反应的方式需 10h 左右,而采用连续流反应仅需 10~30min,且分离收率可达 93%。

```
      O
      ‖
HN      + Et₃N      Solution A
      1.3eq
1(1eq)              Pump A
(0.3mol/L in DCM)                                      O    O
                          Reactor   5bar               ‖    ‖
                                    BPR  →              N
                            1ml                              2
BzCl              Pump B   T=25℃
1.2eq                      t_R=10min
(0.3mol/L in DCM) Solution B
```

【主要实验仪器】

双通道注射泵，20ml 带螺旋接头的玻璃注射器，1/8 的 PTFE 盘管，T 形混合器，5 bar 背压调节器（BPR），旋转蒸发仪，柱层析装置。

【主要实验试剂】

本实验的主要实验试剂见表 8-13。

表 8-13 连续流动化学制备 1-苯甲酰-2-哌啶酮的主要实验试剂

名称	规格	用量	摩尔数	摩尔比
2-哌啶酮	分析纯	0.134g	1.35mmol	1.0
苯甲酰氯	分析纯	0.228g	1.62mmol	1.2
三乙胺	分析纯	0.178g	1.76mmol	1.3
二氯甲烷	分析纯	15ml	—	—

【实验操作】

连续流动反应器设备主要由双通道注射泵、玻璃注射器、聚四氟乙烯（PTFE）盘管和背压调节器（BPR）等组成。首先，所有的反应部件都注入二氯甲烷（DCM）进行饱和。注射泵通道 A 用于泵送原料 2-哌啶酮（1）的 DCM 溶液 4.5ml（0.3mol/L）和三乙胺（Et₃N）的混合物。通道 B 用于泵送苯甲酰氯（BzCl）的 DCM 溶液 5.4ml（1.2 eq，0.3mol/L）。溶液 A 和 B 在 T 形混合器上混合，并通过 PTFE 盘管反应器。反应器后连接一个 5bar 背压调节器（BPR），室温下停留时间 10min。在经历三个总系统停留时间后，收集来自反应器的输出流分，持续 30min（约 3.0ml）。使用旋转蒸发仪除去溶剂，然后经柱层析（填料为 200～300 目硅胶，湿法装柱，湿法上样，洗脱剂为石油醚：乙酸乙酯=3：1，约 300ml）分离纯化得白色固体，称重计算收率。

扫一扫，查看实验操作视频

【注意事项】

1. 注意反应器件的正确连接，安装玻璃注射器时必须对准注射泵的凹槽。
2. 正确取用苯甲酰氯等刺激性试剂。

【思考题】

1. 请简述连续流动化学技术的优势和不足。
2. 若要扩大该实验的单位时间产量，应该如何设计或者调整反应器件？

（唐培）

【参考文献】

李公春，田源，李存希，等，2015. 硝苯地平的合成 [J]. 浙江化工，46（3）：26-29.

Cotton H，Elebring T T，Larsson M，et al，2000. Asymmetric synthesis of esomeprazole [J]. Tetrahedron Asymmetry，11（18）：3819-3825.

陈任宏，叶连宝，袁萍，2012. 吉非替尼合成工艺的研究 [J]. 中国药学杂志，47（13）：1084-1087.

徐建康，车大庆，赵宗敏，等，2012. 吉非替尼的合成工艺研究 [J]. 华西药学杂志，27（4）：362-364.

刘筱琴，周琳，高小丽，等，2017. 抗肿瘤药物吉非替尼的合成工艺研究 [J]. 化学研究与应用，29（9）：1398-1401.

尤启冬，2021. 药物化学实验与指导 [M]. 2版. 北京：中国医药科技出版社.

An Y，Wu M J，Li W J，et al，2022. The total synthesis of (-) -strempeliopine via palladium-catalyzed decarboxylative asymmetric allylic alkylation [J]. Chem Commun，58（9）：1402-1405.

冯康博，陈炯，古双喜，等，2024. 全连续流反应技术在药物合成中的新进展（2019~2022）[J]. 有机化学，44（2）：378-397.

鲁鸿，翟奕蝶，成星星，等，2024. 脯氨酸催化的不对称羟醛缩合反应的改进与拓展 [J]. 大学化学，39（5）：154-162.

李经纬，徐利文，夏春谷，2004. 脯氨酸催化剂在不对称反应中的研究进展 [J]. 有机化学，24（1）：23-28.

第九章 药剂学实验

实验一 溶液型与胶体型液体制剂的制备

【实验目的】

1. 掌握液体制剂制备过程的各项基本操作。
2. 掌握溶液型、胶体型液体制剂配制的特点和质量检查方法。
3. 了解液体制剂中常用附加剂的正确使用方法。

【实验指导】

溶液型液体制剂是指小分子药物分散在溶剂中制成的均匀分散的供内服或外用的液体制剂。溶液的分散相小于1nm,均匀、澄明并能通过半透膜。溶剂为水、乙醇、丙二醇、甘油或其混合液等。常见的溶液型液体制剂有溶液剂、糖浆剂、酊剂、醑剂、酏剂、甘油剂等。溶液剂的常见制备方法有三种:溶解法、稀释法和化学反应法。

增溶与助溶是增加难溶性药物在水中溶解度的有效手段。例如,用聚山梨酯80增加薄荷油的溶解度;利用KI与I_2形成可溶性络合物,制得浓度较高的碘制剂。有机药物常用的络合助溶剂是有机酸及由其羧基衍生物生成的酸或盐,亦可以是酰胺类化合物。

胶体型液体制剂是指某些药物以1~100nm大小的质点分散于适当分散介质中的制剂,分为高分子溶液剂和溶胶剂。胶体型液体制剂所用的分散介质大多数为水,少数为非水溶剂,如乙醇、丙酮等。本实验中,甲酚皂溶液是钠肥皂形成胶团,使微溶于水的甲酚增溶而制得的稠厚的红棕色胶体溶液。

胶体型液体制剂的配制过程基本上与溶液型液体制剂类同。高分子的溶解是一个缓慢的过程,可分为溶胀和溶解两个阶段。在配制高分子溶液时,宜分次将药物撒布在水面上或将药物黏附于已湿润的器壁上,使之迅速地自然溶胀而胶溶。制备时,通常液体药物量取比称取方便,量取体积单位常用ml或L;固体药物是称重,单位是g或kg。相对密度有显著差异的药物量取或称重时,需要考虑其相对密度。以液滴计数的药物要用标准滴管,且需预先进行测定。在20℃时,标准滴管1ml纯化水相当于20滴,其重量误差为 0.90~1.10g。药物的称量通常按处方记载顺序进行，有时亦需变更，特别是麻醉药应最后称取，且需有人核对并登记用量。

量取液体药物后应用少量纯化水荡洗量具，荡洗液合并于容器中。

药物加入的次序：一般先加入潜溶剂、助溶剂、稳定剂等附加剂；固体药物中难溶性药物应先加入溶解；易溶性药物、液体药物及挥发性药物后加入；酊剂特别是含树脂性的药物加到水性混合液中时，速度宜慢，且需边加入边搅拌。为了加速溶解，可将药物研细，以配方溶剂量的 1/2~3/4 来溶解，必要时可搅拌或加热，但受热不稳定的药物以及遇热反而难溶解的药物则不应加热。原则上，固体药物应另用容器溶解，以便必要时加以过滤（有异物混入或者为了避免溶液间发生配伍变化），并加溶剂至定量。

胶体溶液配方中遇有电解质时，需制成保护胶体防止凝聚、沉淀。遇有浓醇、糖浆、甘油等具有脱水作用的液体时，需用溶剂稀释后加入。当需要过滤时，所选用滤材应与胶体溶液荷电性相适应，最好采用不带电荷滤器，以免凝聚。

对成品应进行质量检查，合格后选用适宜的洁净容器包装，并以标签（内服药用白底蓝字或黑字标签，外用药用白底红字标签）标明用法、用量。

【实验仪器与材料】

1. 仪器。分析天平，量筒，量杯，玻璃棒，细口瓶等。
2. 材料。薄荷油，滑石粉，轻质 $MgCO_3$，活性炭，聚山梨酯80，90%乙醇，纯化水，I_2，KI，甲酚，菜油，NaOH，软肥皂，胃蛋白酶，稀盐酸，甘油等。

【实验内容】

1. 薄荷水的制备。
（1）处方（见表 9-1）。

表 9-1 薄荷水的处方组成

	Ⅰ	Ⅱ	Ⅲ
薄荷油（ml）	0.2	0.2	2.0
滑石粉（g）	1.5	—	—
聚山梨酯80（g）	—	1.2	2
90%乙醇（ml）	—	—	60
纯化水（ml）	加至100	加至100	加至100

（2）操作。

①处方Ⅰ用分散溶解法：取薄荷油，加滑石粉，在研钵中研匀，移至细口瓶中，加入纯化水，加盖，振摇 10min 后，反复过滤至滤液澄明，再由滤器上加适量纯化水，使总体积为 100ml，即得。

另用轻质 $MgCO_3$ 或活性炭 1.5g，分别按上法制备薄荷水。记录不同分散剂制备薄荷水所观察到的结果。

②处方Ⅱ用增溶法：取薄荷油，加聚山梨酯80搅匀，加入纯化水充分搅拌溶解，过滤至滤液澄明，再由滤器上加适量纯化水，使总体积为100ml，即得。

③处方Ⅲ用增溶－潜溶剂法：取薄荷油，加聚山梨酯80搅匀，在搅拌下，缓慢加入90％乙醇及纯化水适量溶解，过滤至滤液澄明，再由滤器上加适量纯化水使总体积为100ml，即得。

（3）操作注意事项。

①本品为薄荷油的饱和水溶液（约0.05％，V/V），处方用量为溶解量的4倍，配制时不能完全溶解。

②滑石粉等分散剂应与薄荷油充分研匀，以利于发挥其作用，加速薄荷油溶解过程。

③聚山梨酯80为增溶剂，应先与薄荷油充分搅匀，再加纯化水溶解，以利于发挥增溶作用，加速薄荷油溶解过程。

2. 复方碘溶液的制备。

（1）处方：I_2 1g，KI 2g，加纯化水至20ml。

（2）操作：取KI，加纯化水适量，配成浓溶液，再将I_2溶解后，加入适量的纯化水，使总体积为20ml，即得。

（3）操作注意事项。

①I_2在水中溶解度小，加入KI作为助溶剂。

②为使I_2迅速溶解，宜先将KI加适量纯化水配制成浓溶液，然后加入I_2溶解。

③I_2有腐蚀性，勿使之接触皮肤与黏膜。

3. 甲酚皂溶液的制备。

（1）处方。

①处方Ⅰ：甲酚25ml，菜油8.65g，NaOH 1.35g，加纯化水至50ml。

②处方Ⅱ：甲酚25ml，软肥皂25g，加纯化水至50ml。

（2）操作。

①处方Ⅰ：取NaOH，加纯化水5ml，溶解后，加菜油，置水浴上加热（50～60℃）**搅拌至呈土黄黏状半固体**，稍冷后，加甲酚，搅匀，放冷，再加入适量纯化水，使总体积为50ml，混合均匀，即得。

②处方Ⅱ：将甲酚、软肥皂一起搅拌使溶解，添加适量纯化水至50ml，搅拌均匀，即得。

分别取经处方Ⅰ与处方Ⅱ制得的成品1ml，各加纯化水稀释至100ml，观察并比较其外观。

（3）操作注意事项。

①甲酚与苯酚的性质相似，较苯酚的杀菌力强，较高浓度时对皮肤有刺激性，操作宜谨慎。

②甲酚在水中溶解度小（1∶50），利用软肥皂增溶作用制成50％甲酚皂溶液。

③处方Ⅰ中皂化程度与成品质量有密切关系，可加少量95％乙醇（约为成品总量的5.5％）以加快皂化速度，待反应完全后再加热除醇。

④甲酚、软肥皂、纯化水三组分形成的溶液是一个复杂的三元体系，因三者比例不

同,可分别呈现均相、两相和凝胶状态。上述三组分制得的成品为澄清溶液,且用纯化水稀释后不呈现浑浊现象。

4. 胃蛋白酶合剂的制备。

(1) 处方:胃蛋白酶1.20g,稀盐酸1.2ml,甘油12ml,加纯化水至60ml。

(2) 操作:取稀盐酸与处方量约2/3的纯化水混合后,将胃蛋白酶撒在液面使其膨胀溶解,必要时轻轻搅拌,加甘油混匀,并加适量纯化水至60ml,即得。

(3) 操作注意事项。

①胃蛋白酶极易吸潮,称取操作宜迅速。胃蛋白酶的消化力应为1:3000,若用其他规格则用量应按规定折算。

②强力搅拌,以及用棉花、滤纸过滤对胃蛋白酶的活性和稳定性均有影响,故应注意操作,其活性通过实验可作比较。

【实验结果与讨论】

1. 薄荷水:实验比较3个处方不同方法制备的制剂的异同,记录于表9-2,并说明各自的特点与适用性。

表9-2 不同方法制得薄荷水的性状

处方	成分	pH	澄清度	嗅味
Ⅰ	滑石粉			
	$MgCO_3$(轻质)			
	活性炭			
Ⅱ	聚山梨酯80			
Ⅲ	聚山梨酯80和90%乙醇			

2. 复方碘溶液:描述成品外观性状,观察KI溶解的水量与加入I_2的溶解速度。

3. 甲酚皂溶液:比较阐述按处方Ⅰ与处方Ⅱ所制的成品能否在加任意量纯化水稀释后,得澄明溶液。

4. 胃蛋白酶合剂:记录胃蛋白酶在水中的溶解速度并解释原因。

5. 观察并记录本次实验制备的溶液是否具有丁达尔现象。

【思考题】

1. 制备薄荷水时加入滑石粉、轻质$MgCO_3$、活性炭的作用分别是什么?还可选用哪些具有类似作用的物质?制得澄明液体的关键操作是什么?

2. 薄荷水中加入聚山梨酯80的增溶效果与其用量(临界胶束浓度)有关,临界胶束浓度可用哪些方法测定?

3. 复方碘溶液中碘有刺激性,口服时宜做何处理?

4. 若复方薄荷脑滴鼻剂出现浑浊,试说明其原因。

5. 试写出甲酚皂溶液制备过程涉及的皂化反应式。有哪些其他植物油可代替菜油,对成品的杀菌效力有无影响？

6. 简述影响胃蛋白酶活性的因素及预防措施。

7. 甲酚皂溶液的制备中，比较两种处方中增溶剂的增溶效果，并分析原因。

8. 胃蛋白酶合剂中，甘油的作用是什么？

（李曼）

实验二　混悬型液体制剂的制备

【实验目的】

1. 掌握混悬型液体制剂的一般制备方法。
2. 熟悉按照药物性质选用合适稳定剂的方法。
3. 掌握混悬型液体制剂的质量评价方法。

【实验指导】

混悬型液体制剂（简称混悬剂）指难溶性固体药物分散在液体分散介质中形成的非均相分散体系。

对于优良的混悬型液体制剂，除有一般液体制剂要求外，应有一定的质量要求：药物的化学性质稳定；微粒细腻，分散均匀；微粒沉降较慢，下沉的微粒经振摇能迅速再均匀分散，不应结成饼块；微粒大小及液体的黏度均应符合用药要求，易于倾倒且分剂量准确；外用混悬型液体制剂应易于涂布于皮肤患处，且不易被擦掉或流失。

根据 Stokes 定律 $v = \dfrac{2r^2(\rho_1 - \rho_2)g}{9\eta}$ 可知，要制备沉降缓慢的混悬液，首先应考虑减小微粒半径（r），再减小微粒与液体介质密度差（$\rho_1 - \rho_2$），或增加介质黏度（η），因此制备混悬型液体制剂应先将药物研细，并加入助悬剂如天然胶类、合成的天然纤维类、糖浆类，以增加黏度，降低沉降速度。

混悬型液体制剂中微粒分散度大，有较大的表面自由能，体系处于不稳定状态，有聚集的趋向，根据公式 $\Delta F = \delta_{SL} \cdot \Delta A$，$\Delta F$ 为微粒总的表面自由能的改变值，决定于固液间界面张力 δ_{SL} 和微粒总表面积的改变值 ΔA，在混悬型液体制剂中可加入表面活性剂以降低 δ_{SL}，降低微粒表面自由能，使体系稳定，表面活性剂又可以作为润湿剂，有效地使疏水性药物被水润湿，从而克服微粒吸附空气而漂浮的现象（如硫黄粉末分散在水中时）；也可以加入适量的絮凝剂（与微粒表面所带电荷相反的电解质），使微粒 ζ 电位降低到一定程度，则微粒发生部分絮凝，随之微粒总表面积的改变值 ΔA 减小，表面自由能的改变值 ΔF 下降，混悬型液体制剂相对稳定，且絮凝所形成的网状疏松的聚集体使沉降体积变大，振摇时易再分散。有的产品为了增加混悬型液体制剂的流动性，可以加入适量的与微粒表面电荷相同的电解质（反絮凝剂），使 ζ 电位增大，由于同性电荷相斥而减少了微粒的聚结，使沉降体积变小，混悬液流动性增加，易于倾倒。

混悬型液体制剂一般配制方法有分散法与凝聚法。

分散法：将固体药物粉碎成微粒，再根据主药的性质混悬于分散介质中并加入适宜的稳定剂。亲水性药物可先干研磨至一定细度，加纯化水或高分子溶液。水性溶液加液研磨时通常以药物1份，加0.4~0.6份液体分散介质为宜。遇水膨胀的药物配制时不采用加液研磨。疏水性药物可加润湿剂或高分子溶液研磨，使药物颗粒润湿，在颗粒表面形成带电的吸附膜，最后加水性分散介质稀释至足量，混匀即得。

凝聚法：将离子或分子状态的药物借物理或化学方法在分散介质中聚集成新相。化学凝聚法是将两种或两种以上的药物分别制成稀溶液，混合并急速搅拌，使之发生化学反应，制成混悬型液体制剂；也可改变溶剂或浓度制成稀混悬型液体制剂。溶剂改变时的速度越剧烈，析出的沉淀越细，所以配制合剂时，常将酊剂、醑剂缓缓加到水中并快速搅拌，使制成的混悬型液体制剂细腻，微粒沉降缓慢。

混悬型液体制剂的成品包装后，在标签上注明"用时摇匀"。为了安全起见，剧毒药或剂量小的药物不应制成混悬型液体制剂。

【实验仪器与材料】

1. 仪器。

分析天平，量筒，研钵，刻度试管，表面皿等。

2. 材料。

ZnO，$BaSO_4$，硫黄，炉甘石，樟脑，液化酚，甘油，西黄蓍胶，羧甲基纤维素钠，聚山梨酯80，$AlCl_3$，柠檬酸钠，纯化水，95%乙醇，软肥皂等。

【实验内容】

1. 药物亲水与疏水性质的观察。

分别将少许ZnO、$BaSO_4$、硫黄、炉甘石、樟脑等粉末置于表面皿上，再分别在粉末上滴加1滴纯化水，观察粉末与水接触的现象。分辨其亲水性、疏水性，并记录于实验报告上。

2. 炉甘石洗剂的制备。

比较不同稳定剂对炉甘石洗剂的稳定作用。

（1）处方（见表9-3）。

表9-3 炉甘石洗剂处方组成

	处方号					
	1	2	3	4	5	6
炉甘石（g）	3.00	3.00	3.00	3.00	3.00	3.00
ZnO（g）	1.50	1.50	1.50	1.50	1.50	1.50
液化酚（g）	0.15	0.15	0.15	0.15	0.15	0.15
甘油（g）	1.50	1.50	1.50	1.50	1.50	1.50

续表

	处方号					
	1	2	3	4	5	6
西黄蓍胶（g）	0.15	—	—	—	—	—
羧甲基纤维素钠（g）	—	0.15	—	—	—	—
聚山梨酯80（g）	—	—	0.60	—	—	—
$AlCl_3$（g）	—	—	—	0.036	—	—
柠檬酸钠（g）	—	—	—	—	0.15	—
纯化水（ml）	加至50	加至50	加至50	加至50	加至50	加至50

（2）操作。

①稳定剂的制备：a. 称取西黄蓍胶0.15g，加95%乙醇数滴，润湿均匀，加纯化水20ml于研钵中，研成0.75%的胶浆。b. 称取羧甲基纤维素钠（CMC-Na）0.15g，加20ml纯化水，加热溶解而成胶浆。c. 称取聚山梨酯80配成10%的水溶液备用。d. 称取$AlCl_3$配成0.36%水溶液，取用10ml。e. 称取柠檬酸钠0.15g，加纯化水10ml溶解，备用。

②称取过100目筛的炉甘石、ZnO于研钵中，按各处方加入纯化水或稳定剂溶液研成糊状，再加液化酚、甘油研匀，最后加纯化水至足量，研磨均匀，即得1~6号处方洗剂，6号为对照管。

③将以上1~6号处方洗剂分别倒入6个有刻度的量筒或试管中，塞住管口，振摇相同次数，分别放置15~90min，记录各时间点的沉降体积（H_0为初始高度，H为静置一段时间后观察沉降面不再改变时沉降物的最终高度），计算各个放置时间的沉降体积比（F），$F=H/H_0$，记录结果。

④最后，将量筒或试管倒置翻转（即翻转180°为1次），记录放置90min后试管底沉降物分散完全的翻转次数。

（3）操作注意事项。

①按各处方配制时注意同法操作，与第一次加量及研磨力度尽可能一致。

②比较用刻度试管或量筒，尽可能大小、粗细一致，记录高度以"ml"为单位。

3. 复方硫黄洗剂的制备。

（1）处方：硫黄0.6g，$ZnSO_4$ 0.6g，樟脑醑5ml，稳定剂（通过筛选得到），加纯化水至20ml。

（2）操作：根据配方主药性质选择稳定剂。

①表面活性剂等润湿剂对疏水性药物硫黄混悬液的作用：称取硫黄置研钵中，按处方（见表9-4）分别加入纯化水、甘油与95%乙醇、软肥皂与少量纯化水、聚山梨酯80和少量纯化水研磨，再分别缓缓加入纯化水，边加边研磨，直至足量。分别倒入试管中，振摇，静置，观察现象，比较各稳定剂的作用。

表 9-4 稳定剂的筛选

	编号			
	1	2	3	4
硫黄（g）	0.20	0.20	0.20	0.20
95%乙醇（ml）	—	2.00	—	—
甘油（g）	—	1.00	—	—
软肥皂（g）	—	—	0.02	—
聚山梨酯 80（g）	—	—	—	0.03
纯化水（ml）	加至 10	加至 10	加至 10	加至 10

②根据上述实验结果选择稳定剂，拟定配制方法，制成稳定的复方硫黄洗剂。

(3) 操作注意事项。

①用同样配制方法，观察疏水性药物中加入润湿剂的现象。

②软肥皂与 $ZnSO_4$ 可生成不溶性的锌皂，故在复方硫黄洗剂中不能选用软肥皂作为稳定剂。

③樟脑醑为樟脑的乙醇溶液，应以细流缓缓加入，并急速搅拌，使樟脑不致析出大颗粒。

【实验结果与讨论】

1. 记录亲水性药物与疏水性药物的实验结果。
2. 炉甘石洗剂。

(1) 制备炉甘石洗剂，比较不同稳定剂的作用，将实验结果填于表 9-5。

表 9-5 沉降体积比与沉降时间的关系

沉降时间 （min）	H (ml)						F					
	处方号						处方号					
	1	2	3	4	5	6	1	2	3	4	5	6
0												
15												
30												
60												
90												

(2) 记录各时间点静置一段时间后观察沉降面不再改变时沉降物的最终高度（H），计算沉降体积比（F），$F = H/H_0$。以体积比（F）为纵坐标，时间（t）为横坐标，在坐标纸上绘制炉甘石洗剂各处方的沉降曲线。同时，记录 6 个处方中沉降物质再分散所需的翻转次数。即可得出结论。

3. 记录复方硫黄洗剂各处方样品质量情况，讨论不同稳定剂的作用。制订复方硫黄洗剂的制备工艺并选择稳定剂，制成稳定的复方硫黄洗剂。

【思考题】

1. 实验中判断药物疏水与亲水性质的依据是什么？
2. 比较炉甘石洗剂与复方硫黄洗剂制备方法有何不同，为什么？
3. 观察樟脑酊加到水中有什么现象出现？如何使产品微粒不至于过大？
4. 简述在实验中加入絮凝剂与反絮凝剂的意义。
5. 复方硫黄洗剂中还可加入什么稳定剂？
6. 炉甘石洗剂中，甘油的作用是什么？
7. 请尝试解释药物疏水和难溶这两个概念。

（李曼）

实验三 乳剂型液体制剂的制备

【实验目的】

1. 掌握乳剂的一般制备方法及常见乳剂的鉴别方法。
2. 了解用乳化法测定乳化鱼肝油所需的 HLB 值。

【实验指导】

乳浊液（或称乳剂）是指两种互不相溶的液体混合，其中一相液体以液滴状态分散于另一相液体中形成的非均相分散体系。制备时常需在乳化剂作用下，通过外力做功，形成水包油（O/W）型或油包水（W/O）型等类型乳剂。乳剂的分散相液滴直径一般为 $0.1\sim100\mu m$，由于表面积大，表面自由能大，因而具有热力学不稳定性，常需加入乳化剂才能使其稳定。

乳化剂通常为表面活性剂，其分子中的亲水基团和亲油基团所起作用的相对强弱可以用 HLB 值来表示。HLB 值高者，亲水基团的作用较强，即亲水性较强；反之，则亲油性较强。此外，各种油被乳化生成某种类型乳剂所要求的 HLB 值并不相同，乳剂的形成、类型以及体系稳定性，与所选用的乳化剂的 HLB 值、分散相所要求 HLB 值、分散相的粒度大小、分散介质的黏度、乳剂 ζ 电位大小、微生物污染和温度等因素有关。生成的乳剂稳定的关键为乳化剂的 HLB 值和分散相所要求的 HLB 值应一致。因为，单一的乳化剂的 HLB 值不一定恰好与被乳化油的要求相适应，所以常常将具有两种不同 HLB 值的乳化剂混合使用，以获得最适宜 HLB 值。混合乳化剂的 HLB 值为各个乳化剂 HLB 值的加权平均值，其计算公式为：

$$HLB_{AB}=(HLB_A \cdot W_A + HLB_B \cdot W_B)/(W_A+W_B)$$

式中，HLB_{AB} 为混合乳化剂的 HLB 值，HLB_A 和 HLB_B 分别为乳化剂 A 和 B 的 HLB 值，W_A 和 W_B 分别为乳化剂的重量。

本实验采用乳化法测定鱼肝油（或液体石蜡）被乳化所需的 HLB 值。该法是将两种已知 HLB 值的乳化剂按上述公式以不同重量比例配合，制成一系列具有不同 HLB 值的混合乳化剂，然后分别与油相制成一系列乳剂；在室温或加速实验（如离心法等）条件下，观察分散液滴的分散度、均匀度或分层速度，将稳定性最佳的乳剂所用乳化剂的 HLB 值定为油相所需 HLB 值。在药物制剂的制备中，常用乳化剂的 HLB 值一般为 3～16，其中 HLB 值为 3～8 的是 W/O 型乳化剂，HLB 值为 8～16 的是 O/W 型乳化剂。小量制备乳剂多在研钵中进行或于瓶中振摇制得，大量制备可用搅拌器、乳匀机、胶体磨或超声波乳化器等器械。乳剂制备以阿拉伯胶作为乳化剂时，常采用干胶法或湿胶法。本实验采用干胶法制备。

乳剂类型的鉴别一般用稀释法或染色镜检法。

【实验仪器与材料】

1. 仪器。分析天平，量筒，量杯，研钵等。
2. 材料。鱼肝油，阿拉伯胶，西黄蓍胶，羟苯乙酯，纯化水，菜油，石灰水，液体石蜡，司盘 80，聚山梨酯 80，苏丹红，亚甲蓝等。

【实验内容】

1. 鱼肝油乳的制备。

（1）处方：鱼肝油 6ml，阿拉伯胶 0.8g，西黄蓍胶 0.8g，羟苯乙酯 0.05g，加纯化水至 50ml。

（2）操作：将阿拉伯胶和西黄蓍胶置于干燥研钵中，研细，加入全量鱼肝油稍加研磨均匀，一次性加入 3ml 纯化水并沿同一方向用力搅拌，直至产生特别的"劈裂"乳化声，即成稠厚的初乳。然后，用少量纯化水将初乳分次转移至量杯中，搅拌下滴加羟苯乙酯醇溶液，最后加纯化水至全量，搅匀即得。

（3）操作注意事项：初乳的形成是乳剂制备的关键，研磨时应朝同一方向用力搅拌均匀。

2. 石灰搽剂的制备。

（1）处方：菜油 10ml，石灰水 10ml。

（2）操作：量取菜油及石灰水各 10ml，置同一试管中，用力振摇至初乳生成。

3. 乳剂类型的鉴别。

（1）稀释法：取试管 2 支，分别加入鱼肝油乳及石灰搽剂约 1ml，再分别加入纯化水约 5ml，振摇或翻倒数次，观察是否能均匀混合。

（2）染色镜检法：将上述乳剂分别涂于载玻片上，加油溶性苏丹红少许，在显微镜下观察外相是否被染色。另用水溶性亚甲蓝少许，同样在显微镜下观察外相染色情况。

4. 乳化鱼肝油（或液体石蜡）所需 HLB 值的测定。

（1）处方：鱼肝油（或液体石蜡）10ml，混合乳化剂 1g，加纯化水至 20ml。

(2) 制备。

①用司盘 80（HLB 值为 4.3）、聚山梨酯 80（HLB 值为 15.0）配成 6 种混合乳化剂各 1g，使其 HLB 值分别为 4.3、6.0、8.0、10.0、12.0 和 14.0（见表 9-6）。计算各单个乳化剂的用量。

表 9-6 混合乳化剂组成

	编号					
	1	2	3	4	5	6
混合乳化剂 HLB 值	4.3	6.0	8.0	10.0	12.0	14.0
司盘 80（g）						
聚山梨酯 80（g）						

②取 6 支具塞刻度试管，各加入鱼肝油（或液体石蜡）10ml，再分别加入上述具有不同 HLB 值的混合乳化剂 1g，然后加纯化水至 20ml，加塞，振摇 2min，即成初乳。

(3) 稳定性观察：将制成的初乳分别用纯化水稀释成 50ml，混合均匀，各取适量倒入粗细一致的试管中至等高，振摇，观察静置 0min、5min、30min、60min 后油水两相的分离情况（代表乳剂的稳定性），分别记下各时间点各乳剂分层后上层的毫升数并计算沉降体积比（F）。

(4) 操作注意事项：6 支具塞刻度试管振摇时，振摇的强度应尽量一致。

 扫一扫，查看实验操作视频

【实验结果与讨论】

1. 乳剂的类型鉴别。

2. 鱼肝油（或液体石蜡）被乳化所需 HLB 值的测定。6 支具塞刻度试管经振摇后放置不同时间，观察并记录各乳剂的上层毫升数，填入表 9-7。根据实验结果，得出结论：鱼肝油（或液体石蜡）所需 HLB 值为_____，所制得的乳剂的类型为_____。

表 9-7 各乳剂经放置后上层毫升数

放置时间（min）	混合乳化剂 HLB 值					
	4.3	6.0	8.0	10.0	12.0	14.0
0						
5						
30						
60						

【思考题】

1. 石灰搽剂制备的原理是什么？它属于何种类型乳剂？
2. 测定油的乳化所需 HLB 值有何实际意义？
3. 乳剂的类型主要取决于什么因素？

(李曼)

实验四 5%维生素C注射液处方及工艺设计

【实验目的】

1. 熟悉用实验手段考察影响维生素C（抗坏血酸）稳定性的因素及增加其稳定性的方法，从而初步掌握拟订注射剂处方及制备工艺的方法。

2. 拟出5%维生素C注射液的处方及制备工艺。

【实验指导】

药物的结构及其由此而决定的理化特性是决定药物及其制剂稳定性的根本原因。其稳定性受多种因素影响，但任何药物都有一个相对稳定的最佳条件。稳定制剂处方的拟订，就是要通过一系列的实验，探索出影响稳定性的主要因素及药物稳定的最佳条件，最终达到制剂的有效性、稳定性和安全性要求。

维生素C不稳定的主要原因是分子中存在烯醇基，溶液状态时易于氧化。影响其氧化反应的主要因素是含氧量、金属离子、光线、温度、pH等。例如，维生素C在pH为5.5~6.0时最稳定，其pH为8.0~9.0时5min可被破坏80%~90%。本实验用比较性实验方法，在煮沸的条件下做加速试验，单独考虑各影响因素在不同条件下影响的程度，从而粗略地筛选出稳定的条件和工艺。

在研制中，对这样得到的处方和工艺尚需做进一步的实验研究，如处方的进一步筛选、加速试验、药理和临床试验、留样观察、质量标准的拟定等，其生产规模亦需由小变大，不断改进，最后才有可能筛选出比较理想的注射液处方和工艺。

【实验仪器与材料】

1. 仪器。分析天平，量筒，烧杯，量瓶，安瓿，紫外－可见分光光度计，pH计，安瓿熔封仪等。

2. 材料。注射用维生素C，$NaHCO_3$，丙酮，稀醋酸，淀粉，碘液，$NaHSO_3$，$Na_2S_2O_5$，Na_2SO_3，半胱氨酸，$CuSO_4$，乙二胺四乙酸二钠（$EDTA-Na_2$）等。

【实验内容】

1. pH对维生素C的影响及缓冲剂的作用。

（1）方法：称取注射用维生素C 17.5g，加新鲜煮沸放冷的纯化水350ml使之溶解，将溶液分为7份。按表9-8要求，用$NaHCO_3$调节pH为3.0、4.0、5.0、6.0、7.0、7.6，原液（不调节pH但需测定其pH）作为对照。分别先取每种pH的溶液一定量在430nm处测定透光率（T）或含量作为加速试验前的质量标准。剩余溶液灌装于2ml安瓿中，熔封，分别编号，放入沸水中，做加速试验。定时取出2~3支安瓿，于 430nm 处测定透光率或含量，结果记录于表 9-8 中。

表 9-8 pH 对维生素 C 溶液稳定性的影响

编号	pH 规定	pH 实测	不同时间维生素 C 的含量与透光率（T）				含量下降（%）
			0min	30min	60min	90min	
1	原液						
2	3.0						
3	4.0						
4	5.0						
5	6.0						
6	7.0						
7	7.6						

含量测定：精密量取样品 1ml，加纯化水 15ml 稀释，加丙酮 2ml（如无亚硫酸类抗氧剂时可不加），放置 5min，加稀醋酸 4ml、淀粉指示液 1ml，用 0.1mol/L 碘液滴定至溶液呈蓝色即可。按下式计算维生素 C 含量。

$$维生素 C 含量（\%） = \frac{NV \times \frac{M}{2000}}{W} \times 100\%$$

式中，N 为碘液浓度，V 为滴定所用碘液体积，M 为维生素 C 的相对分子质量，W 为样品的质量。

(2) 结果与讨论：在直角坐标系上，以煮沸 90min 时样品的透光率和含量对 pH 作图，依次推测维生素 C 的最适 pH 范围、含量与颜色变化的差异。

2. 抗氧剂的选用。

方法：称取注射用维生素 C 15g，加纯化水适量（约 150ml）使其溶解，加 $NaHCO_3$ 调节 pH 为 6.0±0.2，加新鲜煮沸放冷的纯化水至 300ml，搅匀，过滤，按表 9-9 将溶液分成 6 份，每份 50ml，加入抗氧剂，使之溶解后，灌封于 2ml 安瓿，分别编号。结果记录于表 9-9 中。

表 9-9 抗氧剂对维生素 C 溶液稳定性的影响

编号	抗氧剂及使用浓度	不同时间维生素 C 的含量与透光率（T）				含量下降（%）
		0min	30min	60min	90min	
1	对照（不加抗氧剂）					
2	0.2% $NaHSO_3$					
3	0.2% $Na_2S_2O_5$					
4	0.2% Na_2SO_3					
5	0.2% 半胱氨酸					

续表

编号	抗氧剂及使用浓度	不同时间维生素C的含量与透光率（T）				含量下降（%）
		0min	30min	60min	90min	
6	0.1%$Na_2S_2O_5$+0.1%半胱氨酸					

3. 金属离子对维生素C稳定性的影响及络合剂的使用。

方法：称取注射用维生素C 25g，加纯化水使之溶解，使总容量为200ml。精密吸取20ml，按表9-10要求分别加入实验液后，再准确稀释至50ml，混匀，灌封于2ml安瓿中，分别编号，放于沸水中煮沸，按规定时间取出2~3支安瓿测透光率及含量，结果记录于表9-10中。

表9-10 金属离子对维生素C溶液稳定性的影响及络合剂的使用

编号	实验液		不同时间维生素C的含量与透光率（T）					含量下降（%）
	1×10^{-4}mol/L $CuSO_4$（ml）	1%$EDTA-Na_2$（ml）	0min	30min	60min	90min	120min	
A1	—	—						
A2	—	0.25						
A3	—	5						
B1	5	—						
B2	5	0.25						
B3	5	5						
C1	0.25	—						
C2	0.25	0.25						
C3	0.25	5						

4. 5%维生素C注射液的处方及制备工艺条件的拟订。

根据以上三个实验的初步结果，结合参考资料，拟出最佳处方，并写出制备工艺。

【思考题】

1. 此实验是单因素处方筛选，未能反映各因素间的交互影响，若要在此基础上做进一步处方筛选，应如何设计实验？
2. 写出维生素C的结构和理化性质。
3. 以不同时间点测得的透光率对煮沸时间作图，此曲线说明了什么问题？此项实验在处方和工艺上可提供什么参考？
4. 表9-8、表9-9的结果说明什么问题？在处方和工艺上可提供什么参考？
5. 筛选抗氧剂时，为何要预先调节维生素C溶液的pH？调节pH为6.0±0.2的依据是什么？
6. 金属离子对维生素C溶液稳定性的影响及络合剂的使用实验结果说明什么问题？这为处方和工艺设计提供了哪些依据？

（李曼）

实验五 5%维生素C注射液的制备

【实验目的】

1. 掌握手工生产注射剂的工艺操作过程及各工序操作要点。
2. 熟悉注射剂成品的质量检查内容及方法,了解影响成品质量的因素。

【实验指导】

注射剂指将药物制成供注入体内的灭菌溶液、乳状液或混悬液,以及供临用前配成溶液或混悬液的无菌粉末或浓溶液。其具有吸收快、作用迅速的特点,产品性质和质量要求有别于其他制剂。注射剂的质量要求更为严格,以保证用药安全、有效。

合格的注射剂必须无菌、无热原,澄明度合格,使用安全,无刺激性或刺激性很小,贮存期内稳定、有效。要达到此质量要求就必须在原料的选用、制备环境和设备、制备方法、包装材料以及质量控制等方面,严格遵守在实验基础上为某一制剂拟订的技术操作规程和质量控制标准,并在生产中不断发现问题,总结经验,持续提高。

注射剂生产流程:重蒸馏水→注射用水→配液→过滤→封口→灭菌→检漏→灯检→质检→印字→包装;空安瓿→检验→洗涤→烘干。

【实验仪器与材料】

1. 仪器。分析天平,安瓿,澄明度检测仪,pH 酸度计,G_3 垂熔漏斗,微孔滤膜,安瓿熔封仪,微粒分析仪等。
2. 材料。维生素C,$NaHCO_3$,焦亚硫酸钠,乙二胺四乙酸二钠($EDTA-Na_2$),注射用水,CO_2,氢氧化钠溶液,盐酸等。

【实验内容】

1.5%维生素C注射液的制备。

(1) 处方:维生素C 5.0g,$NaHCO_3$ 2.33g,焦亚硫酸钠 0.2g,$EDTA-Na_2$ 0.005g,加注射用水至100ml。

(2) 制法。

①容器处理。

安瓿的洗涤、灭菌和干燥:取质量检查合格的2ml安瓿(长度应为68~69mm),铺放在小盒上,将安瓿口朝下,用自来水冲洗安瓿外部的污物,再用去离子水洗3次,注射用水洗1次,放入倒插盘,置烘箱灭菌干燥,备用。

滤器、抽滤器、灌注器等的洗涤:玻璃容器或滤器沥干后,用重铬酸钾洗液清洗或浸泡15min以上,用自来水冲洗至近中性,用去离子水冲洗1~3次,备用。

新的乳胶管的洗涤：先用自来水冲洗后，用0.5%～1%氢氧化钠溶液适量煮沸30min，用交换水洗法去碱后，再用0.5%～1%盐酸如法处理，最后用去离子水冲洗至近中性，备用。

手工药液灌注是将上述处理好的容器，用去离子水抽滤洗涤数次。每次抽滤后，都应反复洗贮液桶内壁，然后将水排尽，至排出液澄明度合格，最后用注射用水抽滤洗涤1次，即可供过滤药液用。

②配液灌封：取多于100ml的注射用水，通入经处理的CO_2至饱和。取80ml经CO_2饱和后的注射用水，加入EDTA-Na_2并使其溶解，加入维生素C并使其溶解，再缓缓加入$NaHCO_3$并不断搅拌至无气泡产生，待完全溶解后，加入焦亚硫酸钠并使其溶解，调节药液pH至5.8～6.2，添加经CO_2饱和的注射用水至足量。用G_3垂熔漏斗预滤，再用0.45μm微孔滤膜精滤。根据《中国药典（2025年版）：四部》通则0102规定，增加规定量注射剂灌装量，将灌装溶液灌注入2ml安瓿中，并在安瓿中注入CO_2后立即熔封。

CO_2的洗气装置：缓冲瓶→硫酸铜溶液→缓冲瓶→1%高锰酸钾溶液→缓冲瓶→碱式焦性没食子酸溶液→缓冲瓶→纯CO_2气体。

③灭菌、检漏：于100℃流通蒸气或煮沸灭菌15min，取出后立即放入1%亚甲蓝溶液中检漏。

2. 质量检查。

(1) 装量检查［见《中国药典（2025年版）：四部》通则0102］。

(2) 不溶性微粒检查［见《中国药典（2025年版）：四部》通则0903］。

(3) 可见异物检查［见《中国药典（2025年版）：四部》通则0904］。

检查结果记录于表9-11。

表9-11 可见异物检查结果

检查总数（支）	废品数（支）					成品数（支）	成品率（%）
	玻屑	纤维	白点	焦头	总数		

(4) pH应为5.0～7.0。

(5) 热原检查：剂量为2ml/kg（兔体重），应符合规定［《中国药典（2025年版）：四部》通则1142］。

(6) 无菌检查：应符合规定［《中国药典（2025年版）：四部》通则1101］。

(7) 含量测定：应符合规定［《中国药典（2025年版）：二部》"维生素C"项下］。

3. 印写包装。

每支安瓿上印上品名、规格、主药含量及批号，封口，即得。

【实验结果与讨论】

本实验制得的维生素C注射液是否符合《中国药典（2025年版）》的有关规定，成功或失败的原因是什么？

【思考题】

1. 影响注射剂成品率的因素有哪些？如何提高成品率？
2. 注射剂澄明度检查有何意义？
3. 易氧化药物注射剂的生产应注意什么问题？
4. 二氧化碳气体需经过硫酸铜溶液、1‰高锰酸钾溶液、碱式焦性没食子酸溶液的原因是什么？

（李曼　林箐）

实验六　软膏剂的制备

【实验目的】

1. 掌握不同类型软膏剂的制备方法。
2. 熟悉软膏中药物体外释放的测定方法。
3. 了解软膏剂的质量评价方法。

【实验指导】

软膏剂指原料药物与油脂性或水溶性基质混合制成的均匀半固体外用制剂。因原料药物在基质中分散状态不同，软膏剂分为溶液型软膏剂和混悬型软膏剂。溶液型软膏剂为原料药物溶解（或共熔）于基质或基质组分中制成的软膏剂。混悬型软膏剂为原料药物细粉均匀分散于基质中制成的软膏剂。

软膏的基质常用油脂性基质、水溶性基质和乳状基质。其中，乳状基质软膏又称乳膏剂。乳膏剂指原料药物溶解或分散于乳状基质中形成的均匀半固体制剂。乳膏剂由于基质不同，可分为水包油（O/W）型乳膏剂和油包水（W/O）型乳膏剂。

软膏剂和乳膏剂可根据药物与基质的不同性质，采用研和法、熔和法和乳化法制备。

研和法：半固体或液体油脂性基质在常温下通过研磨即能与药物均匀混合，故可采用直接研和法。该法多用于小量制备，适用于不耐热和不溶于基质的药物。制备时，先将药物研细过筛，与部分基质或适量液体研磨成细腻糊状后，等量递加其余基质，研匀至涂于皮肤上无颗粒感为止。小量制备时可采用软膏板与软膏刀研和，当有液体组分时可采用研钵研和。

熔和法：处方中基质熔点较高，常温下不能均匀混合的软膏剂的制备可采用熔和法。制备时，先将熔点较高的基质加热熔化，然后，按熔点高低顺序加入其余的基质和液体成分（必要时可用筛网滤除杂质），最后加入原料药物，使药物溶解或混悬于其中，并不断搅拌直至冷凝。

乳化法：将油溶性成分加热至 70~80℃，使其熔化（必要时可用筛网滤除杂质）；另将水溶性成分溶于水中，加热至油溶性成分相同或略高温度后，与油溶性成分混合搅拌至冷凝。

软膏剂中药物的释放性能影响药物的疗效，不同类型软膏基质的体外释药特性，可通过软膏中药物穿过无屏障性能的半透膜到达接受介质的速度来评定；也可采用某种凝胶介质来模拟皮肤，该介质含有可与软膏中的药物产生变色反应的指示剂，观察并测定一定时间扩散进入该介质模拟皮肤的色层高度来评定（又称凝胶扩散法）。软膏剂中药物的释放一般遵循 Higuchi 公式，即药物的累积释放量（扩散距离）M 与时间 t 的平方根成正比，其表达式为

$$M=kt^{\frac{1}{2}}$$

其中，药物的理化性质与基质组成会影响 k 的大小。

比较不同基质中药物释放的性能还可以采用微生物法。该方法适用于抑菌药物软膏，即将细菌接种于平板培养基上，在平板上打若干个大小相同的孔，填入软膏，经培养后测定孔周围抑菌区的大小。

软膏剂和乳膏剂的流变学性质，如稠度等，会影响使用时的涂展性及药物扩散进入皮肤的速度。软膏剂和乳膏剂的稠度常用插入度计来测定，即通过在一定温度下金属锥体自由落下插入样品的深度来测定。

【实验仪器与材料】

1. 仪器。蒸发皿，水浴锅，电炉，温度计，显微镜，插入度计，黏度测定仪等。
2. 材料。水杨酸，液体石蜡，凡士林，十八醇，单硬脂酸甘油酯，十二烷基硫酸钠，甘油，羟苯乙酯，司盘 40，乳化剂 OP，羧甲基纤维素钠，苯甲酸钠等。

【实验内容】

1. 油脂性基质的水杨酸软膏。
（1）处方：水杨酸 0.5g，液体石蜡 2.5g，凡士林 10g。
（2）制备：取水杨酸置于研钵中研细，称取 0.5g 备用。另取凡士林与液体石蜡于软膏板上混合均匀，即得油脂性基质，再将研细的水杨酸粉末与上述基质混合均匀，即得。
（3）注意事项。
①处方中的凡士林基质可根据温度以液体石蜡或石蜡调节稠度。
②水杨酸需先粉碎成细粉［见《中国药典（2025 年版）》］，配制过程中避免接触金属器皿。

2. 水杨酸 O/W 型乳膏。
（1）处方：水杨酸 0.5g，白凡士林 1.2g，十八醇 0.8g，单硬脂酸甘油酯 0.2g，十二烷基硫酸钠 0.1g，甘油 0.7g，羟苯乙酯 0.02g，纯化水 10ml。
（2）制备：将白凡士林、十八醇和单硬脂酸甘油酯置于蒸发皿中，水浴加热至 70~80℃使其熔化，将十二烷基硫酸钠、甘油、羟苯乙酯和计算量的纯化水置另一蒸发皿中加热至 70~80℃使其溶解，在同温下将水相以细流加到油相中，边加边搅拌至冷

凝，即得 O/W 型乳状基质。

（3）将 0.5g 研细的水杨酸置于软膏板上或研钵中，分次加入制得的 O/W 型乳状基质，混匀（或研匀），即得水杨酸 O/W 型乳膏。

3. 水杨酸 W/O 型乳膏。

（1）处方：水杨酸 0.5g，单硬脂酸甘油酯 1.0g，石蜡 1.0g，白凡士林 0.5g，液体石蜡 5.0g，司盘 40 0.05g，乳化剂 OP 0.05g，羟苯乙酯 0.01g，纯化水 2.5ml。

（2）制备：取石蜡、单硬脂酸甘油酯、白凡士林、液体石蜡、司盘 40、乳化剂 OP 和羟苯乙酯置于蒸发皿中，水浴加热使之熔化并保持 80℃，以细流加入同温度的纯化水，边加边搅拌至冷凝，即得 W/O 型乳状基质。以此基质按照"2.（3）研细的水杨酸置于软膏板上……即得 O/W 型乳膏"方法制备水杨酸 W/O 型乳膏。

4. 水溶性基质的水杨酸软膏。

（1）处方：水杨酸 0.5g，羧甲基纤维素钠 0.6g，甘油 1.0g，苯甲酸钠 0.05g，纯化水 8.4ml。

（2）制备：取羧甲基纤维素钠置研钵中，加入甘油研匀，然后边研磨边加入溶有苯甲酸钠溶液，待溶胀 15min 后，研匀，即得水溶性基质。以此基质"2.（3）研细的水杨酸置于软膏板上……即得 O/W 型乳膏"方法制备水杨酸软膏。

5. 不同类型基质的体外释药试验。

（1）半透膜法。

①操作：取上述水杨酸软膏和乳膏分别填装于 4 支内径约 2cm 的玻璃管内，约高 0.2cm，管口用纯化水浸泡过的玻璃纸包扎，使管口的玻璃纸无皱折并与软膏紧贴且无气泡。取盛有 100ml 纯化水的烧杯，加入磁力搅拌子，置于 32℃恒温水浴中，插入装有软膏或乳膏的玻璃管，玻璃纸端向下。软膏或乳膏的上表面与水面持平。开启磁力搅拌器，定时取出 5ml 释放溶液，同时补加同量纯化水，测定释放溶液中水杨酸的浓度。

②操作注意事项：比较 4 个样品中水杨酸的释放速度，当取样时间至 60min 时，即可明显区分 4 种基质，但如果要根据 Higuchi 公式求出 k 值，则需将实验持续进行 3h。

（2）凝胶扩散法。

模拟皮肤的制备。

①林格液：NaCl 1.70g，KCl 0.06g，$CaCl_2$ 0.066g，溶于适量纯化水，再加纯化水至 200ml。

②配制含 $FeCl_3$ 试液的琼脂基质：称取琼脂 4g，加林格液 200ml，沸水浴加热熔化 20min，必要时趁热过滤，然后加入 $FeCl_3$ 试液 5ml，趁热等量分装于 5 支适宜的试管中，加至约距管口 1.5cm 处，自然冷却后备用。

取上述制备的 4 种基质的水杨酸软膏或乳膏，分别小心、紧密地填充于盛有琼脂基质的试管中，使软膏或乳膏与琼脂基质表面紧贴且无气泡，各管装填一致，记录时间，分别于 5min、10min、20min、30min、45min、60min、90min、120min、150min、180min 测量色区的长度（mm），记录于表中。

6. 软膏稠度的测定。

（1）操作：以凡士林为样品，用插入度计测定插入度，评价样品的稠度。将凡士林熔化后倒入适宜大小的容器中，静置使样品凝固且表面光滑，保持样品内温度为25℃，放置于已调节水平的插入度计的底座上。降下标准锥，使锥尖恰好接触样品的表面，指针调到零点，按钮放下带有标准锥的联杆，用秒表计时，控制5s，然后固定联杆，于同刻度盘处读取插入度。依此方法测定5次，如果误差不超过3%，用其平均值作为稠度；反之，则取10次实验的平均值。

（2）操作注意事项：为使标准锥恰好接触样品表面，可借助反光镜以求精确地安放。不要将锥尖放到容器的边缘或已经做过试验的部位，以免测得的数据不准确。

7. 软膏黏度的测定。

以4种不同基质的水杨酸软膏剂作为样品，使用黏度测定仪测定黏度。将各类软膏装入适宜大小的容器中，适度抖动后静置，尽量使样品均匀、内部无气泡，将容器放置于已调节水平的黏度测定仪的底座上。降下黏度测定转子（L4），使转子置于软膏剂中1/3~2/3位置，开启黏度测定仪，调节转子转速，使扭矩达到20%~90%范围内，待各项数值稳定后，记录下扭矩和动力黏度数据。

【实验结果与讨论】

1. 将制备得到的4种基质的水杨酸软膏涂布在自己的皮肤上，评价是否均匀、细腻，记录皮肤的感觉，比较4种软膏或乳膏的黏稠性与涂布性，讨论4种软膏或乳膏中各组分的作用。

2. 记录半透膜法中不同类型基质的体外释药试验结果，将各种基质的制剂的释药时间及释放溶液中水杨酸的浓度记录于表9-12。根据释放溶液的体积及每次取出样品的量，计算各时间点的累积释放量（M），并记录于表9-13。分别以t和$t^{\frac{1}{2}}$对M作图，得释放曲线，由$M-t^{\frac{1}{2}}$曲线计算k值。

讨论4种基质中药物释放速度的差异。

表9-12 半透膜法测定不同类型基质的体外释药时间及浓度

体外释药时间（min）	油脂性基质浓度（g/L）	O/W型乳状基质浓度（g/L）	W/O型乳状基质浓度（g/L）	水溶性基质浓度（g/L）
5				
10				
20				
30				
45				
60				
90				
120				
150				
180				

表9-13 半透膜法测定不同类型基质的体外释药时间及累积释放量

体外释药时间（min）	$t^{\frac{1}{2}}$ ($\min^{\frac{1}{2}}$)	累积释放量（mg）			
		油脂性基质	O/W 型乳状基质	W/O 型乳状基质	水溶性基质
5					
10					
20					
30					
45					
60					
90					
120					
150					
180					

3. 记录凝胶扩散法中不同类型基质的体外释药试验结果，将各种基质制剂的释药时间（min）及扩散色区长度 M（mm）填入表9-14。以时间 $t^{\frac{1}{2}}$ 对扩散色区长度 M 作图，拟合得到一条过原点的直线，其斜率 k 即为扩散系数（mm/$\min^{\frac{1}{2}}$），反映了软膏和乳膏的释药能力。

通过释药曲线和扩散系数 k 来比较不同类型基质的释药能力，并与半透膜法所得结果比较。

表9-14 凝胶扩散法测定不同类型基质的体外释药时间及扩散色区长度

体外释药时间（min）	$t^{\frac{1}{2}}$ ($\min^{\frac{1}{2}}$)	扩散色区长度（mm）			
		油脂性基质	O/W 型乳状基质	W/O 型乳状基质	水溶性基质
5					
10					
20					
30					
45					
60					
90					
120					
150					
180					

4. 记录凡士林样品的插入度测定值，计算平均值。
5. 记录各软膏样品在黏度测定中的扭矩和动力黏度数据，并做比较。

【思考题】

1. 大量制备软膏或乳膏时，如何对凡士林等基质进行预处理？
2. 软膏剂制备过程中加入的药物有哪些？
3. 制备乳膏基质时应注意什么？为什么要将两相均加热至70~80℃？
4. 根据实验结果，结合临床用药需要，如何选用不同类型基质？
5. 用于治疗大面积烧伤的软膏剂在制备时应注意什么？
6. 影响药物从软膏中释放的因素有哪些？

(林菁)

实验七　膜剂的制备

【实验目的】

1. 掌握实验室制备膜剂的方法和操作注意事项。
2. 熟悉常用成膜材料的性质和特点。

【实验指导】

膜剂指药物与适宜的成膜材料经加工制成的膜状制剂。膜剂可供口服、口含、舌下给药、眼结膜囊内或阴道内等黏膜用，也可用于皮肤和黏膜创伤、烧伤或炎症表面的覆盖。

膜剂成型主要取决于成膜材料。常用的成膜材料有天然高分子物质，如明胶、阿拉伯胶、琼脂、海藻酸及其盐、纤维素衍生物等；合成高分子物质，常用的有丙烯类、乙烯类高分子聚合物，如聚乙烯醇（PVA）、聚乙烯醇缩乙醛、聚乙烯吡咯烷酮（PVP）、乙烯－乙酸乙烯共聚物（EVA）及丙烯酸树脂类等。其中，最常用的成膜材料是聚乙烯醇。该材料系白色或淡黄色粉末或颗粒，微有特殊气味。国内应用的多为PVA（05－88）和PVA（17－88）两种规格，平均聚合度分别为500和1700。后者聚合度大，分子质量大，因而在水中的溶解度较小而黏度较大。这两种规格醇解度均为88%，此时水溶性最好，在温水中能很快溶解，4%水溶液pH约为6。

膜剂的制备方法有多种，工业大生产可使用涂膜机，采用流涎法来制备。本实验小量制备膜剂可采用刮板法，即选用大小适宜、表面平整的玻璃板，洗净，擦干，撒上少许滑石粉（或涂上少许液体石蜡或其他脱膜剂），用洁净纱布擦去。然后，将浆液倒至玻璃板上，用有一定间距的刮刀（或玻璃棒）将其刮平后置于一定温度的烘箱中干燥即可。除用脱膜剂外，尚可用保鲜膜、聚乙烯薄膜作为垫材，脱膜效果更佳。以聚乙烯薄膜为垫材制备药膜的具体操作方法如下：玻璃板用75%乙醇涂擦一遍，趁湿铺上一张两边宽于玻璃板的聚乙烯薄膜（即一般食品袋之薄膜），驱除残留气泡，使薄膜紧密、平展地贴于玻璃板上，再把两边宽出部分贴在玻璃板反面，使薄膜固定即可用于制备药膜。此法不但易揭膜，且可将聚乙烯薄膜作为药膜的衬料一起剪裁，于临用时揭膜。如果采用保鲜膜为垫材，因其本身具有一定的吸附性，则可直接贴于玻璃板上，不用涂擦75％乙醇及驱除残留气泡，操作较以聚乙烯薄膜为垫材更为简便。

膜剂制备中的常见问题、产生原因与解决办法见表9-15。

表9-15 膜剂制备中的常见问题、产生原因与解决办法

常见问题	产生原因	解决办法
药膜不易剥离	(1) 干燥温度太高 (2) 玻璃板等未洗净、未涂润滑剂	(1) 降低干燥温度 (2) 玻璃板上涂脱膜剂或药膜配方中加少量脱膜剂（润滑油）
药膜表面有不均匀气泡	开始干燥温度太高	(1) 开始干燥温度应在溶剂沸点以下 (2) 通风
药膜"走油"	(1) 油的含量太高 (2) 成膜材料选择不当	(1) 降低含油量 (2) 用填充料吸收油后再制膜 (3) 更换成膜材料
药粉从药膜上"脱落"	固体成分含量太高	(1) 减少粉末含量 (2) 增加增塑剂用量
药膜太脆或太软	(1) 增塑剂太少或太多 (2) 药物与成膜材料发生了化学反应	更换成膜材料
药膜中有粗大颗粒	(1) 未过滤 (2) 溶解的药物从浆液中析出晶体	(1) 制膜前浆液过滤 (2) 采用研磨法
药膜中药物含量不均匀	(1) 浆液久置，药物沉淀 (2) 不溶性成分粒子太大	(1) 浆液不宜久置，混匀后排出气泡即应制膜 (2) 研细

【实验仪器与材料】

1. 仪器。分析天平，量筒，烧杯，玻璃板，玻璃棒，水浴锅，烘箱等。
2. 材料。PVA（05-88），甘油，纯化水等。

【实验内容】

1. 处方。

空白膜剂：PVA（05-88）2g，甘油0.05g，纯化水15ml。

2. 制备。

(1) 手工制备。取PVA（05-88），用纯化水浸泡溶胀后于80～90℃水浴中加热使其溶解，加入甘油，搅匀，置30～40℃水浴中保温30min除气泡，必要时用药匙将表面泡沫除去。然后趁热倒在以保鲜膜为垫材的5cm×10cm玻璃板上，用刮板法制膜，厚约0.3mm，在80℃干燥30～45min。揭膜后，夹入衬纸小薄片中，剪为1cm×1cm小膜，分析合格后，以聚乙烯袋封袋即可。

(2) 机器制备。开启自动涂膜机，将待涂布基材平放在涂布底座上，打开真空泵开

关至"吸附"位置，使涂布基材被吸附于涂布底座上，然后将横向推杆放置在涂布底座两侧的固定杆上，将湿膜制备器放置在横向推杆的前方，选择适当的涂布速度。在湿膜制备器涂布方向前面倒入适量制备好的待涂布溶液，按下"开始"按钮，开始涂布。待涂布停止后，将剩余涂料刮入废料收集盘，并关闭真空泵，将膜取下并在80℃干燥30~45min。揭膜后，夹入衬纸小薄片中，剪为1cm×1cm小膜，分析合格后，以聚乙烯袋封袋即可。

3. 质量检查。

(1) 性状：本品应平整、光洁、色泽均匀，无明显气泡。

(2) 检查：①厚度：厚度应为0.065mm±0.015mm。取膜1片用千分尺测量膜的四边，取其平均值，应符合规定。四边中任何一边厚度不得低于0.05mm或高于0.08mm。②重量差异：除另有规定外，取膜20片，精密称定总重量，求得平均重量，再分别精密称定各片的重量。每片重量与平均重量相比较，按表9－16中的规定，超出重量差异限度的不得多于2片，并不得有1片超出限度的1倍［见《中国药典（2025年版）：四部》通则0125］。

表9－16 膜剂重量差异限度

平均重量	重量差异限度（%）
0.02g及0.02g以下	±15
0.02g以上至0.20g	±10
0.20g以上	±7.5

4. 注意事项。

(1) 尽量避免气泡产生。溶解膜材的过程中应注意勿剧烈搅拌，以免产生大量气泡，难以除去；保温时不应搅拌，气泡受热会自然上升。

(2) 垫材保鲜膜宜平铺于玻璃板，尽量避免出现皱褶和气泡。揭膜时宜从边角开始，避免膜破裂。

【实验结果与讨论】

1. 观察制备所得膜剂的性状。判断其是否符合重量要求。
2. 测量制备所得膜剂的四边，取其平均值，得其厚度。判断其是否符合质量要求。
3. 按照本实验"【实验内容】3.（2）②"的方法检查制备所得膜剂是否符合重量差异限度。

【思考题】

1. 本处方中的甘油起什么作用？此外，膜剂中还可使用哪些辅料？它们各起什么作用？
2. 制备膜剂时，如何防止气泡产生？

（林菁）

实验八　栓剂的制备及栓剂置换价的测定

【实验目的】

1. 掌握热熔法制备栓剂的工艺。
2. 掌握置换价的测定方法、应用、意义及其计算。
3. 了解常用栓剂基质。
4. 了解评价栓剂质量的方法。

【实验指导】

栓剂指药物与适宜基质制成供腔道给药的固体制剂。栓剂在常温下为固体,塞入人体腔道后能迅速软化、融化或溶解于分泌液中,逐渐释放药物而产生局部或全身作用。

栓剂的基质可分为油溶性基质,如可可豆脂、半合成脂肪酸甘油酯、氢化植物油等;水溶性基质,如甘油明胶、聚乙二醇类、聚氧乙烯单硬脂酸类(S-40)、泊洛沙姆等。某些基质中还可以加入表面活性剂使药物易于释放、吸收。

对于制备栓剂用的固体药物,除另有规定外,应制成细粉。

栓剂的制法有冷压法和热熔法两种。冷压法对基质与混合方法要求高,极少使用;而热熔法既适用于油溶性基质,也适用于水溶性基质,小量生产可手工操作,大量生产用机械进行操作。热熔法制备栓剂的工艺流程:

基质→熔化(50～60℃水浴)→混匀→浇模→冷却(完全凝固)→削去溢出部分→脱模→质检→包装
　　　↑　　　　　　　　　　　　　↑
　　药物粉末　　　　　　　润滑剂涂模

为了使栓剂冷却后易从栓模中推出,栓模内应涂以润滑剂。润滑剂可分为以下两类:

(1) 油溶性润滑剂,如液体石蜡或植物油等,可用于水溶性基质栓剂的脱模。

(2) 水溶性润滑剂,常用软肥皂、甘油与95%乙醇(1∶1∶5)的混合物等,可用于脂肪性基质栓剂的脱模。

热熔法制备栓剂需要使用栓剂模型,同一模型所制栓剂的容积虽然相同,但其重量则随基质与药物的密度不同而有所不同。为了确定基质的用量,以保证栓剂主药剂量的准确,常需测定药物对基质的置换价,对于主药含量较大的栓剂,尤其具有实际意义。

置换价(displacement value, DV)指栓剂中药物的重量与同体积基质的重量的比值。由此可见,置换价实际是药物的密度与基质密度的比值。因此,固定药物对固定基质的置换价为一个常数,这个常数与栓剂中所含药物与基质的比例无关,即

$$DV = \frac{\text{药物的重量}}{\text{同体积基质的重量}} = \frac{\text{药物密度}}{\text{基质密度}} = \text{常数}$$

当基质和药物的密度未知时，可经下列实验求得药物对基质的置换价，并通过求得的置换价进一步计算出制备这种含药栓（每粒含药物的重量为 y）需要基质的重量 x。

可以用一个栓模先后制备出两个体积和形状都相同的栓剂，一个纯基质栓、一个含药量为 W 的含药栓，并可称定两个栓剂的重量分别为 G 和 M，如图 9-1 所示。

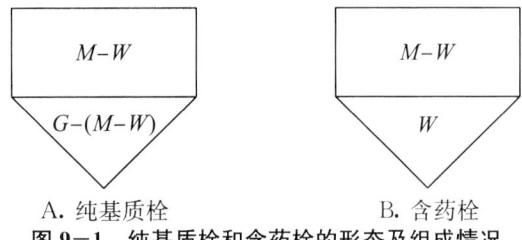

A. 纯基质栓　　　　　　B. 含药栓

图 9-1　纯基质栓和含药栓的形态及组成情况

药物在整个含药栓中均匀分布。假设药物均沉淀在栓剂的底部，并占有一定的体积，则上部均为基质，如图 9-1B 所示。因为该含药栓的重量 M 和药物的重量 W 均为已知值，故其上部基质的重量应为 $M-W$。则图 9-1A 所示纯基质中与图 9-1B 所示基质相同体积的上部基质亦为 $M-W$，那么图 9-1A 下部与图 9-1B 药物 W 所占体积相同的基质重量应为 $G-(M-W)$。

根据置换价的定义，得：

$$DV = \frac{药物的重量}{同体积基质的重量} = \frac{W}{G-(M-W)}$$

根据求得的置换价，计算出每粒栓剂中应加的基质质量 x 为

$$x = M - W = G - \frac{W}{DV}$$

栓剂的质量评定内容如下：外形、重量差异、主药含量、熔变时限和体外释放试验等。

【实验仪器与材料】

1. 仪器。栓剂模型，研钵，蒸发皿，水浴锅，玻璃棒，刮刀等。
2. 材料。半合成脂肪酸酯，乙酰水杨酸，润滑剂等。

【实验内容】

1. 处方。乙酰水杨酸 0.4g/粒，半合成脂肪酸酯适量，制成肛门栓 5 粒。
2. 制备。

（1）置换价的测定

以乙酰水杨酸为模型药物，以半合成脂肪酸酯为基质，进行置换价测定。

①纯基质栓的制备：称取半合成脂肪酸酯 7g，置于蒸发皿中，于 50～60℃ 水浴加热，使 2/3 基质熔化时停止加热，搅拌使其全熔，倒入涂有润滑剂的栓剂模具（5 粒）中，冷却 15min，凝固后削去溢出部分，脱模，得到完整的纯基质栓数粒。小心擦干表面黏附的润滑剂，称重，求得纯基质栓的平均重量 G（g），回收使用。

②含药栓的制备：取乙酰水杨酸置干燥研钵中研细，称取 3g 备用。另称取半合成

脂肪酸酯 6g 置蒸发皿中，于水浴中加热，使 2/3 基质熔化时停止加热，搅拌使其全熔，加入乙酰水杨酸粉末搅匀后，立即倒入涂有润滑剂的栓剂模具（5粒）中，冷却固化，削去溢出部分，脱模，得完整的含药栓数粒。称重，求得含药栓的平均重量 M（g），含药量为：

$$W = M \cdot p$$

式中，p 为含药百分率。

③置换价的计算：将上述得到的 G、M、W 代入公式，可求得乙酰水杨酸对半合成脂肪酸酯的置换价。

(2) 乙酰水杨酸栓剂的制备。

①基质用量的计算：根据上述实验得到的乙酰水杨酸对半合成脂肪酸酯的置换价，根据公式计算每粒栓剂需加入的基质量（因削去溢出部分，注意要相应增加一定比例的药物和基质用量）。

②操作：取计算量的乙酰水杨酸和半合成脂肪酸酯，按本实验【实验内容】2.（1）②方法操作，得到栓剂数粒。

3. 质量检查。

(1) 外观与药物分散状态：检查栓剂的外观是否完整，表面亮度是否一致，有无斑点和气泡。将栓剂纵向剖开，观察药物分散是否均匀。

(2) 重量差异检查：取栓剂 5 粒，精密称定总重量，求得粒平均重量后，再分别精密称定各粒的重量，每粒重量与平均重量相比，超出重量差异限度的栓剂不得多于 1 粒，并不得超出限度 1 倍〔见《中国药典（2025 年版）：四部》通则 0107〕（见表 9－17）。

表 9－17 栓剂重量差异限度

粒平均重量或标示粒重量	重量差异限度（%）
1.0g 及 1.0g 以下	±10
1.0g 以上至 3.0g	±7.5
3.0g 以上	±5

4. 注意事项。

(1) 润滑剂使用量以刚好涂布于模具无多余液体为宜，不宜过多，避免因为润滑剂流动积于模具底部造成栓剂质量偏低。

(2) 浇模时应注意混合物的温度，温度太高混合物稠度小，栓剂易出现中空和顶端凹陷现象，故宜在混合物稠度大时浇模，浇至模口稍有溢出为度，且要一次完成。

(3) 浇好的模型应置适宜的温度下冷却一定时间，冷却后的温度不够低或时间过短，常导致粘模；相反，冷却温度过低或时间过长，则又可导致栓剂破碎。

【实验结果与讨论】

1. 置换价。

将实验结果记录于表 9-18。

表 9-18 置换价的结果

种类	总重量	平均值	p	W	G	M	DV
纯基质栓							
含药栓							

2. 栓剂的质量检查：外观与药物分散情况，重量差异检查。

【思考题】

1. 热熔法制备乙酰水杨酸栓剂时应注意什么？
2. 乙酰水杨酸栓剂选用何类基质为好？为什么？
3. 乙酰水杨酸栓剂是起局部作用还是起全身作用？欲制备起全身作用的栓剂，选择药物时应考虑哪些问题？

（林菁）

实验九　乙酰水杨酸片的制备

【实验目的】

1. 掌握湿法制粒压片的一般工艺。
2. 掌握单冲压片机的使用方法及片剂质量的检查方法。

【实验指导】

片剂指药物与适宜辅料混匀压制而成的圆片状或异形片状的固体制剂，可供内服和外用，是医疗中应用最广泛的剂型之一，具有剂量准确、质量稳定、服用方便、成本低等优点。制片的方法有制颗粒压片、直接压片、空白颗粒压片、3D打印制片等。制颗粒的方法又分为干法制粒和湿法制粒。常用的湿法制粒压片的工艺流程如图 9-2 所示。

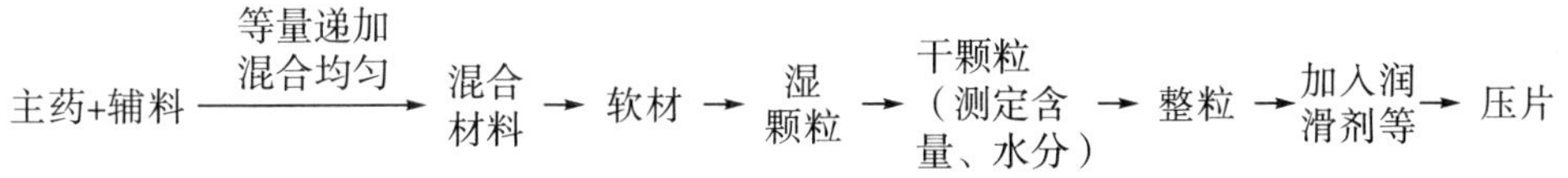

主药+辅料 →(等量递加混合均匀)→ 混合材料 → 软材 → 湿颗粒 → 干颗粒（测定含量、水分）→ 整粒 → 加入润滑剂等 → 压片

图 9-2　常用湿法制粒压片的工艺流程

整个流程中各工序都直接影响片剂的质量。首先，主药和辅料必须符合规格要求，特别是主药为难溶性药物时，必须有足够的细度，以保证和辅料混匀及溶出度符合要求。主药与辅料是否充分混合均匀与操作方法也有关。当药物量小，且与辅料量相差悬

殊时，用递加稀释法（配研法）混合，一般可混合较均匀，但其含量波动仍然较大；而用溶剂分散法，即将量小的药物先溶于适宜的溶剂中，再与其他成分混合，往往可以混合得很均匀，含量波动也较小。

颗粒的制备是制片的关键。湿法制粒，欲制好颗粒，首先必须根据主药的性质选择适宜的黏合剂或润湿剂，制软材时要控制黏合剂或润湿剂的用量，达到"握之成团，轻压即散"，并以握后掌上不沾粉为度。过筛制得的颗粒一般要求较完整，可有一部分小颗粒。如果颗粒中含细粉过多，则说明黏合剂用量太少；若呈条状，则说明黏合剂用量太多。这两种情况下制出的颗粒烘干后往往太软或太硬，都不符合压片的颗粒要求，从而不能制得符合质量要求的片剂。

颗粒大小根据片剂大小由筛网孔径来控制，一般大片（0.3~0.5g）选用14~16目筛，小片（0.3g以下）选用18~20目筛制粒。颗粒一般宜细而圆整。

干燥、制粒过程中，应将已制备好的湿颗粒尽快通风干燥，温度控制在40~60℃，以免干燥时间过长，药物易被破坏。干燥后的颗粒常黏连结团，需进行再过筛整粒。整粒筛孔径与制粒时相同或略小。整粒后加入润滑剂混合均匀，计算片重后压片。

片重的计算：主要以测定颗粒的药物含量计算片重。

$$片重 = \frac{每片应含主药量}{干颗粒中主药百分含量测得值}$$

冲模直径的选择：一般片重为 0.5g 左右的片剂，选用直径 12mm 冲模；0.4g 左右，选用直径 10mm 冲模；0.3g 左右，选用直径 8mm 冲模；0.1~0.2g，选用直径 6mm 冲模；0.1g 以下，选用直径 5~5.5mm 冲模。在此基础上，可根据药物密度再进行适当调整。

制成的片剂需要按《中国药典（2025年版）》规定的片剂质量标准进行检查。检查的项目除片剂的外观应完整光洁、色泽均匀且有适当的硬度外，必须检查重量差异和崩解时限。对部分片剂品种，《中国药典（2025年版）》还规定检查溶出度和含量均匀度，并明确凡检查溶出度的片剂，不再检查崩解时限；凡检查含量均匀度的片剂，不再检查重量差异。具体检查方法见《中国药典（2025年版）》。

【实验仪器与材料】

1. 仪器。筛网，烘箱，单冲压片机，片剂四用测定仪等。
2. 材料。乙酰水杨酸，淀粉，柠檬酸，滑石粉等。

【实验内容】

1. 处方：乙酰水杨酸30.0g，淀粉3.0g，10%淀粉浆（含0.3%柠檬酸）适量，滑石粉1.5g，制成100片。
2. 制备。

（1）10%淀粉浆的制备：将0.3g柠檬酸溶于100ml纯化水中，再加入10.0g淀粉分散均匀，加热制成10%淀粉浆。

（2）制粒压片：取乙酰水杨酸细粉与淀粉混合均匀，加10%淀粉浆适量制成软材，过14目筛制粒,将湿粒置于40~60℃干燥30min,用16目筛整粒,与滑石粉混匀后,以直径8mm冲模压片。

3. 注意事项。

(1) 乙酰水杨酸在润湿状态下遇铁器易变色,呈淡红色。因此,宜尽量避免铁器,如过筛时宜用尼龙筛网。宜迅速干燥。

(2) 在实验室中配制淀粉浆,若用直火时,需不停搅拌,防止焦化而使压片时片面产生黑点。浆的糊化程度以呈乳白色为宜。制粒干燥后,颗粒不易松散。加浆的温度,以温浆为宜,温度太高不利于药物稳定,并易使崩解剂淀粉糊化而降低崩解作用;温度太低不易分散均匀。

(3) 压片过程中应及时检查片重与崩解时间,以便及时调整。

【实验结果与讨论】

1. 外观:观察制得的药片表面是否光滑、平整。

2. 重量差异:取药片20片,精密称定重量,求得平均片重,再称定各片的重量。按下式计算片重差异。

$$片剂重量差异（\%）=\frac{单片重量-平均片重}{平均片重}\times 100\%$$

按表9-19中的规定,超过重量差异限度的药片不得多于2片,并不得有1片超过限度的1倍[见《中国药典(2025年版):四部》通则0101]。

表9-19 片剂重量差异限度

平均片重或标示片重	重量差异(%)
0.30g以下	±7.5
0.30g及0.30g以上	±5

3. 崩解时限:采用片剂四用测定仪进行测定。取药片6片,分别置于吊篮的玻璃管中,每管各加1片,吊篮浸入盛有37℃±1℃纯化水的1000ml烧杯中,开启仪器按一定的频率和幅度往复运动(每分钟30~32次)。从药片置于玻璃管时开始计时,至药片全部崩解成碎片并全部通过管底筛网为止,该时间即为该药片的崩解时间,应符合规定崩解时限(普通片崩解时限应≤15min)。若有1片崩解不全,应另取6片复试,均应符合规定[见《中国药典(2025年版):四部》通则0921]。

4. 硬度:采用片剂四用测定仪进行测定。将药片垂直固定在两横杆之间,其中的活动横杆借助弹簧沿水平方向对片剂径向加压。当药片破碎时,活动横杆的弹簧停止加压,仪器刻度标尺上所指示的压力即为其硬度。测3~6片,取平均值。

【思考题】

1. 试分析乙酰水杨酸片处方中各辅料的作用。
2. 配制10%淀粉浆,为何将淀粉加热,稍冷后使用?
3. 本实验中,采取了哪些手段以改善混合粉料的流动性?

4. 试述造成片重差异的原因。

（林菁）

实验十　滴丸的制备

【实验目的】

1. 掌握制备滴丸的一般工艺。
2. 掌握滴丸机的使用方法。
3. 熟悉滴丸的质量检查方法。

【实验指导】

滴丸指药物与适宜的基质加热熔融混匀，滴入不相混溶、不产生相互作用的冷凝介质中制成的球形或类球形制剂。这种滴丸的制备过程，实际上是将固体分散体制成滴丸。滴丸可供口服，亦可以外用。其主要特点为发挥药效迅速，生物利用度高，副作用小。将液体药物制成固体滴丸，可以增加药物的稳定性，生产工序简单，操作容易。也可以将药物制成缓释、控释等多种类型的滴丸剂。

【实验仪器与材料】

1. 仪器。分析天平，滴丸机，溶出度仪，水浴锅等。
2. 材料。芸香油，硬脂酸钠，石蜡，盐酸氧氟沙星，PEG6000，PEG400等。

【实验内容】

1. 芸香油滴丸的制备。

（1）处方：芸香油835g（相当于948.9ml），硬脂酸钠100g，石蜡25g，纯化水40ml。

（2）制备：将芸香油、硬脂酸钠和石蜡依次加入烧瓶中，摇匀，加入纯化水后再摇匀，将附有回流冷凝管的橡皮塞塞入烧瓶后，不时振摇，加热至约100℃使之全部熔化，冷却至77℃，放入滴丸机贮液瓶中。玻璃管滴头内径为4.9mm、外径为8.0mm，保温箱温度约为65℃，以每分钟120丸，滴入1‰ H_2SO_4 中。将制得的滴丸取出，置于冷水中冷却1min后取出，倒入垫有滤纸的陶瓷盘上，吸去水后即得。称重，计算得率。

（3）注意事项。

①芸香油滴丸的制备：利用蜡丸制备原理，将芸香油与硬脂酸钠和石蜡受热成熔融油液，滴于1‰ H_2SO_4 冷却液中，由于冷却液界面张力作用而收缩并冷凝成丸。之所以采用1‰ H_2SO_4 作为冷却液，是因为硬脂酸钠与酸作用生成硬脂酸，在丸的表面是一层硬脂酸与石蜡的膜，在胃液中不能溶解，而进入小肠后，又因肠液呈碱性而在肠中溶

解，成为肠溶丸，同时克服了芸香油片的恶心、呕吐等副作用。

②硬脂酸钠的制法：无水 Na_2CO_3 溶于纯化水后，加热，缓缓加入硬脂酸细粉，边加边搅拌，待不再产生气泡时停止。作用完全后，蒸发，干燥，研磨后过 60 目筛。

③由于硬脂酸钠能使芸香油与水形成凝胶，其含油量达 94.9%。

④用酸作冷却液使滴丸表面层的硬脂酸钠变成不溶性的硬脂酸，以避免滴丸在冷凝的水中溶解。

2. 盐酸氧氟沙星滴丸的制备。

（1）处方：盐酸氧氟沙星 10g，PEG6000 62g，PEG400 8g。

（2）制备：取处方量盐酸氧氟沙星，加入已在水浴中熔融的 PEG6000 和 PEG400 中，充分搅拌均匀后转移至保温至 90℃ 的滴丸机贮液瓶中，控制滴速为每分钟 30 丸，滴入用冰水冷却的二甲基硅烷冷却液中，滴制完毕，静置 0.5h，取出后吸去黏附在滴丸表面的二甲基硅烷，干燥即得。称重，计算得率。

（3）注意事项。

①滴丸时可选用二甲基硅烷或者液体石蜡作为冷却液，二甲基硅烷的相对密度为 0.930~0.975，液体石蜡的相对密度为 0.86~0.89，滴丸在二甲基硅烷中沉降更慢，利于滴丸形成。

②本实验中使用的滴丸机为下行滴丸机。

【实验结果与讨论】

1. 对滴丸外观进行评定，并计算滴丸得率。
2. 重量差异：取滴丸 20 粒，按《中国药典（2025 年版）》进行重量差异检查。
3. 溶出度测定：按《中国药典（2025 年版）》测定滴丸的溶出度。

【思考题】

1. 滴丸制备中应注意哪些问题？怎样进行质量控制？
2. 实验操作中哪些因素可能影响实验结果？
3. 如何选择滴丸制备中所用的冷却液？

（杜广盛）

实验十一　微丸的制备

【实验目的】

1. 掌握滚转包衣法制备微丸的一般工艺。
2. 掌握底喷流化床法制备微丸的一般工艺。
3. 熟悉微丸的质量检查方法。

【实验指导】

微丸是指由药物和辅料制成的直径小于2.5mm的圆球状实体。其制备方法有包衣锅法、旋转颗粒机法、流化床法等，大生产中用旋转颗粒机法较多。本实验采用滚转包衣法和底喷流化床法制备乙酰水杨酸微丸。选用商品化蔗糖丸芯，通过包药、包衣制备微丸。

微丸的特点是制备过程中通过调节包衣层厚度可以制备不同释放速度的微丸，使服用后血药浓度平稳，同时在一定时间内药物逐渐释放，避免胃内药物局部浓度过高，故可减少药物对胃肠道的刺激。

【实验仪器与材料】

1. 仪器。筛网，分析天平，小型包衣机，流化床等。
2. 材料。乙酰水杨酸，淀粉，滑石粉，蔗糖，丙烯酸树脂E30D，PEG6000，蔗糖丸芯等。

【实验内容】

1. 滚转包衣法制备微丸。

（1）处方：蔗糖丸芯10g，乙酰水杨酸5g，淀粉2.5g，滑石粉2.5g，包衣液[胃崩型丙烯酸树脂E30D：PEG6000（8：2）]。

（2）制备。

①上药粉料的配制：按处方量称取乙酰水杨酸、淀粉和滑石粉，混合均匀后备用。

②包衣液的配制：由胃崩型丙烯酸树脂E30D与PEG6000按8：2配制，丙烯酸树脂E30D用前过120目筛，PEG6000用少量纯化水溶解，将二者按比例混合即可。

③黏合剂配制：取10g蔗糖，加12ml水加热溶解，恒温60℃备用。

④微丸上药：将商品化蔗糖丸芯10g，放入包衣锅内，喷少量60℃左右的糖浆至糖粒滚动不流畅时，少量多次加入上药粉料，并随时用毛刷将团块打散，待物料与糖粒充分混匀并滚动流畅后，最大热风吹至干燥。重复以上步骤直至物料用完为止，即得包药微丸。

⑤微丸包衣：取1/2包药微丸，称重后放入包衣锅内，少量多次滴加包衣液，并随时用毛刷将团块打散，吹风至微丸干燥。重复以上步骤直至丸重增加20%，即得包衣微丸。

（3）操作注意事项：包衣液在使用过程中均要充分混匀，包衣锅转速约为40r/min。黏合剂和包衣液添加时注意少量多次原则，避免一次加入过多导致团块与凝聚。

2. 底喷流化床法制备微丸。

（1）处方。

①16~18目空白蔗糖丸芯150g。

②上药溶液：乙酰水杨酸6g，4% HPMC E5 4.2g，亚甲蓝1.5mg，75%乙醇70ml，纯化水适量，共105ml。

③包衣材料：乙基纤维素水分散体（固含量20%）。

(2) 制备。

①上药溶液的配制：取25ml纯化水置100ml烧杯中，加热至70℃，将4.2g HPMC E5均匀撒到水面上制备热水淤浆，然后加10ml冷水至淤浆中，搅拌之后冷却即得4% HPMC E5溶液。将6g阿司匹林原料药加入70ml 75%乙醇中，超声使之溶解，后加入上述4% HPMC E5溶液中搅拌均匀，加入1.5mg亚甲蓝，搅拌溶解并排出气泡，即得上药溶液。28℃±2℃保温，防止上药过程中析出结晶。

②包衣溶液的配制：取包衣材料56g（固含量20%）加入250ml烧杯中，加纯化水至100ml，磁力搅拌0.5h，使成固含量为14%的均匀乳状液。包衣过程中应持续搅拌。

③流化床设备调试：喷枪选用直径为0.5mm的枪头，导流筒高度为0.5cm，分布板选用WBF-1C型。称取16~18目空白蔗糖丸芯150g加入流化床物料槽中，开启流化床，设置参数（见表9-20）。

表9-20 流化床设备调试设置参数

参数	参数设定值
进风量（$m^3 \cdot h^{-1}$）	50.0
进风温度（℃）	60.0
蠕动泵供液速度（$ml \cdot min^{-1}$）	3.5
雾化压力（MPa）	0.1

④微丸上药、包衣：将物料预热至35℃±2℃，然后以3.5ml/min速度供液，观察物料温度，每升高约0.5℃时，将供液速度提高0.5ml/min，提高至4.5ml/min时保持此速度供液至上药结束（包衣供液同法操作，泵液速度升至4.0ml/min，不再提高速度）。泵液结束后，流化干燥并及时清洗供液系统。按同样方法称取一定量的载药微丸进行包衣。

【实验结果与讨论】

1. 圆整度。微丸的圆整度是反映微丸质量的重要特征之一。本实验采用平面临界角（φ）法测定微丸圆整度。即取适量微丸置于光滑玻璃板上，将玻璃板一侧抬起，当微丸突然滚落时，测定倾斜平面与平面的夹角（φ），φ越小表明圆整度越高。

2. 堆密度。选取一定量的微丸（重量为M）置于10ml量筒中，轻微抖动量筒20s，测定其体积V，根据堆密度=M/V计算。

3. 比较微丸上药前后和包衣前后的色泽与圆整度差异。

4. 包衣微丸与未包衣微丸在水中的溶解情况。

【思考题】

1. 微丸在应用中的特点是什么？有哪些制备方法？
2. 制备符合质量要求的微丸的关键是什么？
3. 影响底喷流化床法制备微丸的关键参数有哪些？

（杜广盛）

实验十二 脂质体的制备

【实验目的】

1. 掌握注入法制备脂质体的工艺。
2. 熟悉脂质体的形成原理及作用特点。
3. 熟悉脂质体的质量检查方法。

【实验指导】

脂质体是一种类似生物膜结构的类脂质双分子层微小囊泡,该类脂质双分子层微小囊泡可以作为药物的载体,运载药物到特定的部位或在一定部位缓慢释放药物。20世纪 60 年代初,Banghan 等发现磷脂分散在水中可形成多层囊,并证明每层囊均为双分子脂质膜并被水相隔开,这种具有生物膜结构的囊称为脂质体。1971 年,Ryman 等提出将脂质体作为药物载体,即将酶或药物包裹在脂质体中。近年来,脂质体已发展成为一种较成熟的传递药物的载体。迄今为止,全球已有十多款脂质体药物产品获批上市。

脂质体由磷脂(骨架膜材)及附加剂组成。用于制备脂质体的磷脂有天然磷脂(如豆磷脂、卵磷脂等)和合成磷脂(如二棕榈酰磷脂酰胆碱、二硬脂酰磷脂酰胆碱等)。磷脂在水中能形成脂质体是由其结构决定的。常见的磷脂分子结构中有两条较长的疏水烃链和一个亲水基团。将适量的磷脂加至水或缓冲溶液中,磷脂分子定向排列,其亲水基团面向两侧的水相,疏水的烃链彼此相对缔合为双分子层,构成脂质体(图 9-3)。常用的附加剂为胆固醇。胆固醇是两亲性物质,与磷脂混合使用,可制备稳定的脂质体。其作用是调节双分子层的流动性,减少脂质体膜的通透性。其他附加剂有十八胺、磷脂酸等,这两种附加剂可改变脂质体表面电荷的性质。

脂质体可分为小单室脂质体、多室脂质体和大单室脂质体三类。小单室脂质体的粒径为 20~80nm,凡经超声波处理的脂质体混悬液,绝大部分为小单室脂质体。多室脂质体的粒径为 1000~5000nm。大单室脂质体的粒径为 100~1000nm,用乙醇注入法制备的脂质体多属于这一类。

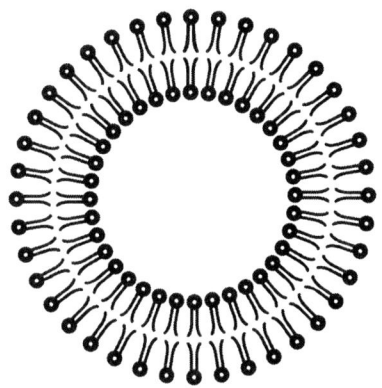

图 9-3 脂质体结构示意图

脂质体的包封率是指包入脂质体内的药物量占投入药物量的百分比，可用下式表示：

$$包封率 = \frac{m_\text{总} - m_\text{游离}}{m_\text{总}} \times 100\%$$

式中，$m_\text{总}$ 为脂质体混悬液中总的药物量，$m_\text{游离}$ 为未包入脂质体中的游离药物量。

影响脂质体包封率的因素有很多，如磷脂的种类、组成比例、制备方法及介质的离子强度等。

包封率的测定方法有凝胶过滤法、超速离心法、透析法、超滤膜过滤法等，可根据实验条件选择。常用凝胶为 Sephadex G50、G100 或 Sepharose 4B、6B。

脂质体的制备方法有多种，可根据药物性质或需要进行选择。

薄膜分散法是一种经典的制备脂质体的方法，可制备多室脂质体；经超声处理，得到小单室脂质体。此法的特点是操作简便，但包封率较低。

注入法根据所用溶剂可分为乙醚注入法和乙醇注入法。乙醇注入法是将磷脂与胆固醇等类脂质和脂溶性药物溶于适量的乙醇中，然后把油相匀速注射到温度恒定在有机溶剂沸点的水相（含水溶性药物）中，水相为磷酸盐（PBS）缓冲液，搅拌挥尽有机溶剂，即可形成脂质体。此法适用于实验室小量制备脂质体。本实验采用该法制成脂质体，选择亚甲蓝为模型药物。采用乙醇注入法制备脂质体，脂质体混悬液一般含有 10%~20% 乙醇。

反向蒸发法是制备多室脂质体或大单室脂质体的方法，制备的脂质体包封率高。

冷冻干燥法适用于在水中不稳定的药物制备脂质体。

【实验仪器与材料】

1. 仪器。恒温磁力搅拌器，注射器（或细滴管），显微镜，离心机，分析天平，烧杯等。

2. 材料。亚甲蓝，注射用卵磷脂，胆固醇，PBS 缓冲液，乙醇等。

【实验内容】

1. 处方。

亚甲蓝 20mg，注射用卵磷脂 0.9g，胆固醇 0.3g，乙醇 10ml，PBS 缓冲液 50ml。

2. 制备。

(1) 亚甲蓝 PBS 溶液的配制：称取亚甲蓝 20mg，加入 30ml PBS 缓冲液，保持 60℃水浴搅拌。

(2) 注射用卵磷脂、胆固醇乙醇溶液的配制：称取注射用卵磷脂 0.9g、胆固醇 0.3g 溶于 10ml 乙醇中，即得。

(3) 亚甲蓝脂质体的制备：缓慢将上步配制的乙醇溶液滴加至 60℃水浴搅拌的亚甲蓝 PBS 溶液中，保持水浴温度持续搅拌 20min，再在室温磁力搅拌 1～2h。取样镜检，在显微镜下观察脂质是否形成具有双分子层的脂质体；以 4000rpm 离心 10min，弃上清液，取沉淀与 20ml PBS 缓冲液重新混合，取样镜检。

3. 质量检查。

(1) 脂质体的形态和粒度。在光学显微镜下（使用油镜或放大倍数接近的镜头）观察脂质体的形态，并测定最大和最多的脂质体粒径。

(2) 异物。在显微镜下观察是否存在色斑块、棒状结晶等。

(3) 药物包封情况。观察亚甲蓝是否被包封于脂质体内水相。

4. 注意事项。

(1) 溶解注射用卵磷脂和胆固醇的乙醇溶液应澄清，否则需过滤除去杂质。

(2) 乙醇的注入，可用 1ml 注射器或细滴管滴至 PBS 缓冲液中，每滴加 1 滴必须使产生的泡沫消失后再滴加下 1 滴。

(3) 整个实验过程中，温度控制在 60℃；操作中始终伴随搅拌。温度、滴加速度和搅拌时间对脂质体的形成均有影响。

【实验结果与讨论】

1. 绘制脂质体的形态图，说明脂质体的性状与乳滴的性状有何不同。
2. 记录通过显微镜观察测定的脂质体的粒径。

最大粒径（μm）：

最多粒径（μm）：

【思考题】

1. 使用注入法制备脂质体成败的关键是什么？
2. 制备脂质体时加入胆固醇的目的是什么？
3. 脂质体包封药物的原理是什么？

（杜广盛）

实验十三　微型胶囊的制备

【实验目的】

1. 掌握制备微型胶囊的复凝聚和单凝聚工艺。
2. 熟悉囊心物与囊材的选用原理。

【实验指导】

微型胶囊（简称微囊）指利用天然或合成的高分子材料（通称囊材）作为囊膜壁壳，将固体或液体药物（通称囊心物）包裹形成的药库型微型胶囊。药物被制成微囊后，具有缓释作用，能提高药物的稳定性，掩盖不良口味，降低胃肠道的副反应，减少复方的配伍禁忌，改善药物的流动性与可压性，还可将液态药物制成固体制剂等。

微囊的制备方法很多，可归纳为物理化学法、化学法和物理机械法。可按囊心物、囊材的性质，设备与要求微囊的大小等选用不同的方法。在实验室内常采用物理化学法中的凝聚工艺制备微囊。

本实验采用以水作为介质的复凝聚工艺，操作简易，重现性好，是难溶性药物微囊化的经典方法。以鱼肝油为液态囊心物或以吲哚美辛为固态囊心物，以明胶－阿拉伯胶为囊材，采用复凝聚工艺制备鱼肝油微囊与吲哚美辛微囊。前者可减少胃肠道的副反应，后者可掩盖不良气味。明胶－阿拉伯胶复凝聚成囊工艺的机理是静电作用。明胶为蛋白质，在水溶液中分子链上含有—NH_2与—COOH以及其相应解离基团—NH_3^+与—COO^-，但其含正负离子的多少受介质 pH 的影响。当 pH 低于等电点时，—NH_3^+数目多于—COO^-；当 pH 高于等电点时，—COO^-数目多于—NH_3^+。明胶在 pH 为 4.0～4.5 时，其正电荷达最高量。阿拉伯胶为多聚糖，分子链含有—COOH 和—COO^-，具有负电荷。因此，在明胶与阿拉伯胶的混合水溶液中，调节 pH 在明胶的等电点以下，即可使明胶与阿拉伯胶因电荷相反相互作用形成复合物（即复合囊材），溶解度降低，在搅拌条件下，自体系中凝聚成囊而析出。但是这种凝聚是可逆的，一旦改变形成凝聚的这些条件，就可解凝聚，使形成的囊消失。在实验过程中可利用这种可逆性使凝聚过程多次反复进行直到满意为止。最后应加入固化剂甲醛与明胶进行胺缩醛反应，且介质 pH 在 8.0～9.0 时可使反应完全，明胶分子交联成网状结构，微囊能较长久地保持囊形，不粘连、不凝固，形成不可逆的微囊。若囊心物不宜用碱性介质，可用 25% 戊二醛或丙酮醛在中性介质中使明胶交联完全。

单凝聚工艺中，在水溶液中高分子囊材周围形成水合膜，可用凝聚剂（强亲水性的电解质或非电解质）与水合膜的水结合，致使囊材的溶解度降低，在搅拌条件下自体系中凝聚成囊而析出，然后根据囊材性质进行固化。

【实验仪器与材料】

1. 仪器。分析天平，研钵，磁力搅拌器，玻璃棒，量筒，烧杯，水浴锅，显微镜，pH试纸，温度计等。

2. 材料。鱼肝油，明胶，阿拉伯胶，5％醋酸，36％～37％甲醛，纯化水，20％NaOH溶液等。

【实验内容】

1. 处方。

鱼肝油3g，明胶3g，阿拉伯胶3g，5％醋酸适量，36％～37％甲醛适量，纯化水适量。

2. 制备。

（1）明胶溶液的制备：称取明胶，用适量纯化水浸泡，待膨胀后，加纯化水至60ml，搅拌溶解（必要时可微热助其溶解），即得。

（2）鱼肝油乳的制备：称取阿拉伯胶与鱼肝油，于干燥研钵中混匀，加入纯化水6ml，迅速朝同一方向研磨至初乳形成，再加纯化水54ml，混匀，加入上述明胶溶液60ml，混匀，即得。

（3）微囊的制备：将鱼肝油乳置于500ml烧杯中，在约50℃恒温水浴中搅拌，滴加5％醋酸约10ml，于显微镜下观察至微囊形成。pH约为4，加入约30℃纯化水240ml稀释。取出烧杯，不停搅拌、冷却至10℃以下，观察，加入3ml甲醛溶液，搅拌15min，用20％ NaOH溶液调节pH至8.0～9.0，继续搅拌约0.5h，静置至微囊沉降完全。倾去上清液，取样置显微镜下观察。

3. 注意事项。

（1）操作过程中使用的水均系纯化水（或去离子水），否则会因有离子存在而干扰凝聚成囊。

（2）制备微囊的搅拌速度应以产生泡沫最少为宜，必要时可加入几滴戊醇或辛醇消泡，以提高产率。在固化前切勿停止搅拌，以免微囊粘连成团。

（3）加入240ml 30℃纯化水的目的：①微囊吸水膨胀，囊形较好；②便于固化剂均匀分散。

【实验结果与讨论】

1. 绘制采用复凝聚工艺制成的微囊的形态图，并讨论制备过程中出现的现象与问题。

2. 显微镜下观察微囊大小是否均匀，囊心物包封情况，并进行相应的讨论。

【思考题】

1. 采用复凝聚或单凝聚工艺制备微囊的关键是什么？

2. 在加入甲醛前后所形成的微囊有何区别？

3. 影响微囊大小和包封效率的因素有哪些?

(杜广盛)

实验十四　药物制剂实训仿真系统上机实验

【实验目的】

1. 熟悉药品生产质量管理规范（GMP）的概念和基本要求。
2. 熟悉常见药物剂型的单元操作。

【实验指导】

药物制剂实训仿真系统整合了现代药物制剂生产工艺、药品生产质量管理规范（GMP）、药物制剂设备、标准操作程序（SOP）、药品生产过程质量控制以及车间管理等内容，具体包括 GMP 基础知识、GMP 车间建设、药物制剂生产流程录像、二十多台（套）药物制剂设备三维讲解、药物制剂设备机械基础、GMP 生产管理规范、GMP 质量管理文件等大量多媒体授课素材。

【实验仪器与材料】

微型电子计算机，《药物制剂实训仿真系统》软件。

【实验内容】

1. 选择"学生仿真练习"模块中"流化床制粒"，教师演示，并指导学生使用软件。要求学生完成"流化床制粒"的全部操作。
2. 教师安排学生从"学生仿真练习"模块中自选 5 个仿真操作练习，并进行指导和讲解。

【思考题】

结合药剂学实验与上机实习进行总结。

(杜广盛)

【参考文献】

国家药典委员会，2025. 中华人民共和国药典（2025 年版）：四部 [M]. 北京：中国医药科技出版社.

何勤，张志荣，2021. 药剂学 [M]. 3 版. 北京：高等教育出版社.

何晓明，王晓晖，党云洁，等，2016. 甲酚皂溶液制备因素的考察 [J]. 高校实验室工作研究，(2)：44-46.

刘彦，王伟，王晓晖，等，2018.《维生素 C 注射液的稳定性影响因素考察》实验方法的优化［J］. 海峡药学，30（8）：13－15.

何勤，尹红梅，2019. 新编药学实验教程（上、下）［M］. 成都：四川大学出版社.

第十章 生物药剂学与药动学实验

实验一 片剂溶出度的测定

【实验目的】

1. 掌握片剂溶出度测定的方法。
2. 熟悉溶出度测定结果的分析和统计学评价方法。
3. 了解溶出度测定在药物评价中的意义和应用。

【实验原理】

溶出度（dissolution）指在规定条件下活性药物从片剂、胶囊剂或颗粒剂等普通制剂中溶出的速率和程度，在缓释制剂、控释制剂、肠溶制剂及透皮贴剂等制剂中也称释放度。

口服固体制剂中，药物能否被吸收是药物能否发挥临床效应的关键，而药物从制剂中溶出的速度和程度则是影响吸收的重要因素，这与药物的起效时间、药效强度和持续时间都有密切关系。对一些难溶性的药物和溶出速度较慢的药物而言，药物从固体制剂中溶解、释放速度慢，溶出成为吸收的限速过程。因此，溶出度的测定对口服固体制剂的内在质量的评价具有重要意义。比较同一药物不同处方口服固体制剂溶出度，还可以反映出药物与赋形剂、制剂工艺之间的关系，探索溶出度、生物利用度与临床效应之间的关系，为口服固体制剂处方筛选、工艺优化以及质量控制指标与方法的建立提供有力的依据。

1965 年，《美国药典》首先收载溶出度与释放度的测定方法。20 世纪 70 年代中期，我国开始进行溶出度与释放度研究。《中国药典（2025 年版）》要求进行溶出度与释放度检查的品种超过 200 个。在新药口服固体制剂的研究中，对药物的溶出与释放行为考察已成为不可缺少的内容。

目前，溶出度测定的方法已经比较成熟，其设备也趋于标准化和自动化，使溶出度实验的科学性、灵敏度、重现性和实用性都大幅度提高。《中国药典（2025 年版）》收载了 9 种"溶出度与释放度测定法"，并对仪器装置、测定方法、结果判定都做出了详细规定。

本实验选用常用的、与体内实验有较好相关性的篮法［见《中国药典（2025年版）：四部》通则0931］测定甲、乙两厂甲硝唑片的溶出度，通过数学模型拟合求算 T_{50} 等溶出参数，并采用方差分析对实验结果进行统计分析。

【实验仪器与材料】

1. 仪器。智能溶出仪，分析天平，紫外-可见分光光度计。研钵，量瓶，移液管，注射器，塑料离心管，具塞刻度试管，微孔滤膜，巴氏滴管，移液器，烧杯等。

2. 试药及试剂。

（1）试药：不同厂家的甲硝唑片。

（2）试剂：人工胃液的配制，取稀盐酸16.4ml，加约800ml纯化水及10g胃蛋白酶，摇匀后加纯化水稀释成1000ml，即得。

【实验操作】

1. 不同厂家生产的甲硝唑片的含量测定。

分别取甲、乙厂家甲硝唑片10片，准确称量，研碎磨细，精密称取相当于1片量的细粉（$W_含$），加约500ml人工胃液搅拌使其溶解，充分溶解后移入1000ml量瓶中，定容。混匀后过滤，精密吸取续滤液1ml于10ml具塞刻度试管中，加9ml人工胃液，混匀，以人工胃液为空白，采用紫外-可见分光光度法测定吸光度（$A_含$），检测波长为277nm，记录结果。

2. 不同厂家生产的甲硝唑片溶出度测定。

（1）溶出度测定仪的调试与使用。

实验前溶出仪已安装完备并经过调试，整机及主要部件如图10-1所示。

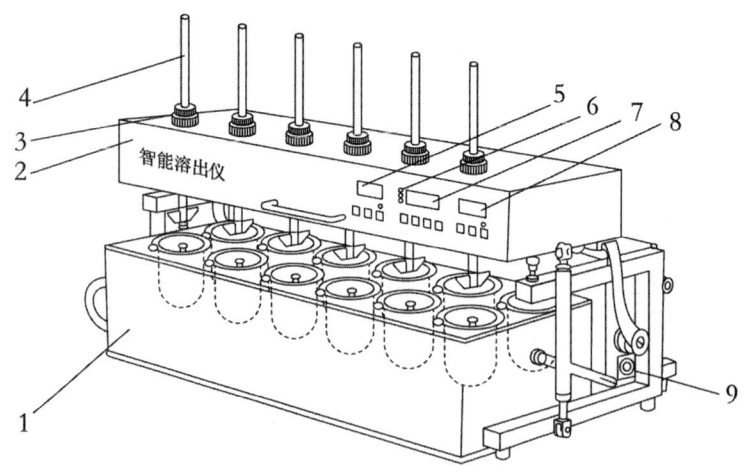

图10-1 智能溶出仪示意图

注：1. 水浴箱，2. 机头，3. 离合器，4. 浆杆，5. 转速控制面板，6. 状态指示灯，7. 时间控制面板，8. 恒温控制面板，9. 电源开关。

①预热：打开电源开关，在水浴恒温控制面板（图10-2A）处，使用△或▽键设定水浴的预置温度为37℃，随后温度显示窗将显示出水浴的实测温度。按一次"启/停"键，温控状态指示灯亮，水浴开始循环升温，直至达到预置温度，并保持恒定。

②安装转杆，调节转篮高度：仰起机头，将已清洗干净的玻璃溶出杯（1000ml，小杯法为250ml）放入水浴箱上溶出杯孔中，固定。将转杆由下向上插入机头的转轴孔中，安上转篮，从浆杆上端套入离合器。注意，离合器不要拧紧。将定高环（Φ=25mm，小杯法为15mm）放入溶出杯至杯底中心处。放下机头，垂直下压转杆顶端，使转篮底部与定高环顶部轻微接触（图10-2B），旋紧离合器至恰能夹住转杆，向上提起转杆，然后固定离合器下部与转杆的相对位置，顺时针旋紧离合器上部螺母即可。

③加入溶出介质，设定转速：量取经脱气处理的溶出介质（本实验为人工胃液）900ml注入溶出杯中；在转速控制面板（图10-2C）处使用△或▽键设定转速为50转/分。

④待溶出介质达到设定温度，将精密称定的待测药物放入干燥的转篮，连接转篮与转杆，垂直下压转杆顶端，直至离合器下部压住同步齿轮为止，按转速控制面板处"启/停"键，运动状态指示灯亮，此时时间控制面板（图10-2D）处开始计时。

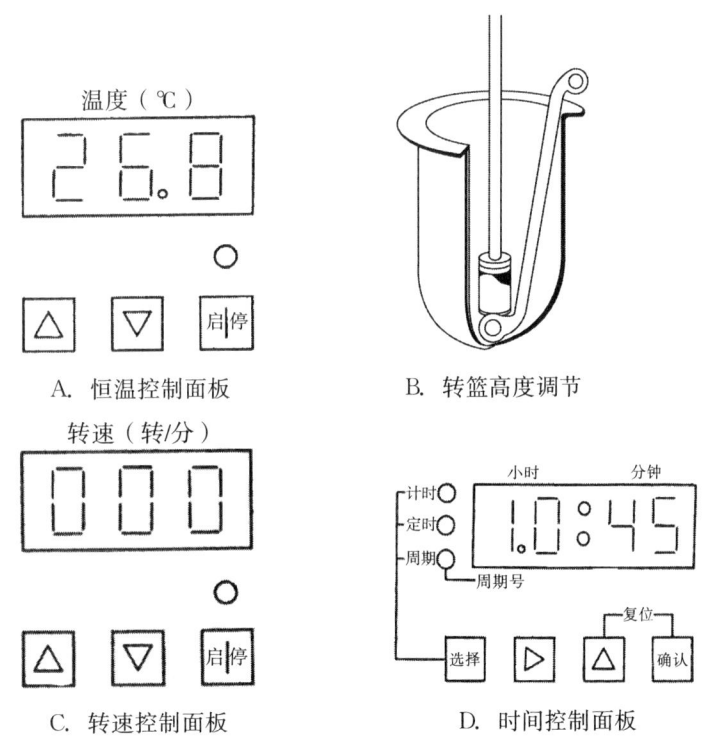

图10-2 溶出仪局部结构

（2）溶出度测定。

分别将精密称定质量的甲硝唑片1片投入干燥转篮内，按上面第④步所述操作，开始测定。根据预实验结果在不同时间点（不少于7个）取样。$W_释$ 为精密称定的甲硝唑片的重量。取样时用5ml注射器通过取样针从溶出杯中抽取样液5ml，并迅速补充5ml

人工胃液至溶出杯中。取出的样液以 0.8μm 微孔滤膜过滤，续滤液置于塑料离心管中（取样至过滤应在 30s 内完成），再精密移取 1ml 续滤液于 10ml 具塞刻度试管中，加 9ml 人工胃液，以人工胃液为空白，于波长 277nm 处测定吸光度（$A_{释}$），记录结果。

【实验结果与讨论】

1. 甲硝唑片溶出度实验结果。

实验中溶出度的近似计算公式为：

$$F(\%) = \frac{A_{释} \times W_{含}}{A_{含} \times W_{释}} \times 100\% \times \frac{900}{1000}$$

各小组将测定结果记录于表 10-1，计算各个取样点的溶出度。可根据以下公式求算各实验小组数据之间的标准偏差（S）和变异系数（CV）。

$$S = \sqrt{\frac{\sum_{i=1}^{n} x^2 - \frac{\left(\sum_{i=1}^{n} x\right)^2}{n}}{n-1}} = \sqrt{\frac{\sum_{i=1}^{n} (x-\bar{x})^2}{n-1}}$$

$$CV = \frac{S}{\bar{x}} \times 100\%$$

表 10-1 甲、乙两厂生产的甲硝唑片溶出度实验结果

	片别	
	甲厂	乙厂
取样时间（min）		
$A_{释}$		
F（%）		

2. 不同模型拟合甲硝唑片溶出行为。

T_{50} 为口服固体制剂主药累积溶出量为 50% 时所需时间，将溶出数据以 F 为纵坐标，t 为横坐标描点后得到 $F-t$ 溶出曲线（图 10-3），于曲线中 F 值为 50% 处向 t 轴作垂线，与 t 轴交点所对应的时间即为 T_{50}。

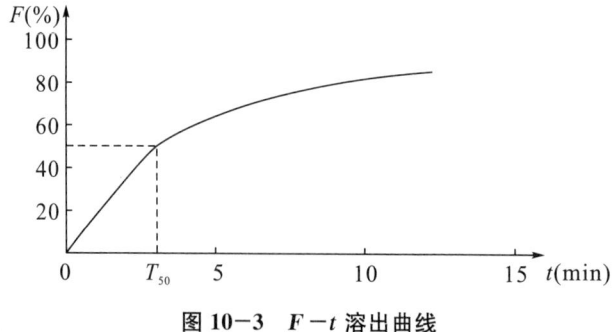

图 10-3 $F-t$ 溶出曲线

从溶出与释放曲线获取参数是一种简单且直接获取药物溶出与释放体外参数的方法。此外，根据固体制剂溶出与释放的规律，还可以采用一些数学模型，如单指数模

型、对数正态分布模型、Higuchi 方程、Ritger-Peppas 模型、威布尔（Weibull）分布模型等来模拟药物的溶出行为，进一步探寻药物的溶出规律。

本实验采用 Higuchi 方程、Ritger-Peppas 模型、威布尔（Weibull）分布模型来模拟药物的溶出行为，并得到最适合的模型方程。

3. 实验数据的方差分析。

本实验将不同厂家的处方及制剂工艺作为影响甲硝唑片溶出度的主要因素，采用单因素方差分析进行计算，两个厂家的处方及制剂工艺作为该因素的不同水平，对每一种片剂 5 组所得的 T_{50} 为同水平下的实验值，以 F 检验考察在检验水准为 0.05 时它们之间是否有统计学差异，数据记录于表 10-2。

表 10-2　甲、乙两厂生产的甲硝唑片溶出度测定所得 T_{50} 值

	T_{50} (min)					n_i	$\sum_{j=1}^{N} X_{ij}$	$\sum_{j=1}^{N} X_{ij}^2$
	1	2	3	4	5			
甲厂						5		
乙厂						5		
合计						10		

（1）建立检验假设。

H_0：$\mu_1 = \mu_2$（甲、乙两厂生产的甲硝唑片溶出行为相同）；H_1：$\mu_1 \neq \mu_2$（甲、乙两厂生产的甲硝唑片溶出行为不相同）。确定检验水准 $\alpha = 0.05$。

（2）计算检验统计量。

$$C = \frac{\left(\sum_{i=1}^{N} \sum_{j=1}^{N} X_{ij}\right)^2}{N}$$

$$SS_T = \sum_{i=1}^{N} \sum_{j=1}^{N} X_{ij}^2 - C$$

$$SS_{TR} = \sum_{i=1}^{N} \frac{\left(\sum_{j=1}^{N} X_{ij}\right)^2}{n_i} - C$$

$$SS_e = SS_T - SS_{TR}$$

将计算所得统计量填入表 10-3 中。

表 10-3　单因素方差分析表

变异来源	SS	v	MS	F
总变异	SS_T	$N-1$		
组间（处理）	SS_{TR}	$c-1$	SS_{TR}/v_{TR}	MS_{TR}/MS_e
组内（误差）	SS_e	$N-c$	SS_e/v_e	

(3) 确定 P 值做出统计推断。

查 F 界值表,得到对应的 $F_{0.05}$。已知 $P=0.05$ 时,$F_{0.05}(1,8)=5.32$。若 $F>F_{0.05}$,$P<0.05$,按 $\alpha=0.05$ 水平拒绝 H_0,接受 H_1,可认为甲、乙两厂生产的甲硝唑片溶出行为不同;若 $F<F_{0.05}$,$P>0.05$,按 $\alpha=0.05$ 水平不拒绝 H_0,尚不能认为甲、乙两厂生产的甲硝唑片溶出行为不同。

4. 采用 SPSS 软件处理数据,分析甲、乙两厂生产的甲硝唑片溶出行为是否相同,并对比上述单因素方差分析的计算结果。

5. 列表、作图表示出实验结果,并根据以上数据处理和统计学分析得出合理的实验结论。

【思考题】

1. 溶出度的测定在口服固体制剂的质量评价中有何意义?
2. 使用溶出度仪测定片剂溶出度的操作中应注意哪些问题?
3. 在处方设计和制剂工艺中,影响片剂溶出度的因素有哪些?
4. 在溶出度实验中,影响片剂溶出度测定的因素有哪些?
5. 为什么甲硝唑片的溶出度测定中要求取样至过滤应在 30s 内完成?

(周静)

实验二 尿药法测定口服对乙酰氨基酚片的药动学参数

【实验目的】

1. 掌握尿药法测定药物制剂的药动学参数的原理与方法。
2. 了解尿药法的特点及对乙酰氨基酚的体内代谢过程。

【实验原理】

由于对乙酰氨基酚在体内以原型(约 5%)、葡糖醛酸结合物(55%~75%)及磺酸结合物(20%~40%)形式从尿液中排出体外,因此可采用尿药法测定药动学参数。其测定原理是对乙酰氨基酚及其代谢物水解成对氨基酚,对氨基酚在次溴酸钠存在的情况下能与苯酚产生反应生成靛蓝色染料,此染料在波长 620nm 处有最大吸收。

$$O=\underset{}{\bigcirc}=N-OH + \underset{}{\bigcirc}-OH \longrightarrow O=\underset{}{\bigcirc}=N-\underset{}{\bigcirc}-OH + H_2O$$

$$\downarrow NaOH$$

$$O^--\underset{}{\bigcirc}-N=\underset{}{\bigcirc}=O \rightleftharpoons O=\underset{}{\bigcirc}=N-\underset{}{\bigcirc}-O^-$$

靛蓝染料

一室模型口服给药尿药法计算公式：

$$\frac{dX_u}{dt} = \frac{k_a k_1 F X_0}{k_a - k}(e^{-kt} - e^{-k_a t})$$

一般 $k_a > k$，当 t 充分大时，$e^{-k_a t} \to 0$，故上式可简化：

$$\frac{dX_u}{dt} = \frac{k_a k_1 F X_0}{k_a - k} e^{-kt}$$

两边取对数并以平均速度 $\frac{\Delta X_u}{\Delta t}$ 代替瞬时速度 $\frac{dX_u}{dt}$，以中点时间 $t_中$ 代替 t，得：

$$\lg \frac{\Delta X_u}{\Delta t} = \lg \frac{k_a k_1 F X_0}{k_a - k} - \frac{k}{2.303} t_中$$

式中，ΔX_u 为某段时间 Δt 内排出的尿药量，k_1 为一级肾排泄速度常数，k_a 为一级吸收速度常数，F 为生物利用度，X_0 为给药剂量。以 $\lg \frac{\Delta X_u}{\Delta t}$ 对 $t_中$ 作图，可得一条曲线，从后段直线的斜率可求出一级消除速度常数（k）。

尿药总排出量计算公式：

$$X_u^\infty = X_u^{0 \to t} + X_u^{t \to \infty} = X_u^{0 \to t} + \frac{\left(\frac{\Delta X_u}{\Delta t}\right)_t}{k}$$

应用尿药法可直接测定制剂的尿药排泄率，本实验中对乙酰氨基酚片尿药排泄率的计算公式：

$$尿药排泄率 = \frac{X_{u,试}^\infty}{X_{u,标}^\infty} \times 100\%$$

【实验仪器与材料】

1. 仪器。量瓶，移液管，具塞刻度试管，巴氏滴管，移液器，紫外-可见分光光度计，电炉，烧杯，离心管架，夹子等。

2. 试药及试剂。

（1）试药：对乙酰氨基酚对照品。

（2）试剂。

①1%酚溶液：量取 1ml 液化酚（含量在 99%以上）溶于纯化水，稀释至 100ml。

②饱和溴溶液：取适量液态溴，加入纯化水适量，振摇溶解，放置 24h 后，溶液底层仍有少量液态溴存在即可，备用。

③1mol/L Na_2CO_3－溴溶液：称取 10.6g 无水碳酸钠，溶于纯化水，稀释至

100ml，加入饱和溴水 15ml，混合均匀，备用。

④显色剂：应临用时配制，量取 0.2mol/L NaOH 80ml，加入 1‰酚溶液 10ml，振摇混匀后，再加入 1mol/L Na_2CO_3－溴溶液 10ml，混匀即得，备用。

⑤对乙酰氨基酚贮备液：精密称定 105℃干燥至恒重的对乙酰氨基酚（重结晶）1g，置于 250ml 量瓶中，用热纯化水溶解，冷却至室温，定容，得到 4mg/ml 对乙酰氨基酚贮备液，置 4℃冰箱冷藏备用。

【实验操作】

1. 制作标准曲线。

（1）配制标准溶液：分别精密吸取对乙酰氨基酚贮备液 0.5ml、1.0ml、2.0ml、4.0ml、5.0ml、7.0ml 于 50ml 量瓶中，加纯化水定容，得浓度分别为 40μg/ml、80μg/ml、160μg/ml、320μg/ml、400μg/ml、560μg/ml 的标准溶液。

（2）绘制标准曲线：分别精密吸取上述浓度标准溶液 1ml 于 10ml 具塞刻度试管中，分别加入空白尿 1ml、4mol/L HCl 4ml，水浴煮沸 1h，取出冷却至室温，加入纯化水至 10ml，混匀，精密吸取该液 1ml，加显色剂 10ml，混匀，放置 30min 后，于紫外－可见分光光度计在波长 620nm 处测定吸光度，以空白尿 1ml 加入纯化水按相同方法处理作为对照液。测得数据记录于表 10－4。

表 10－4 标准曲线数据

	编号					
	1	2	3	4	5	6
标准溶液浓度（μg/ml）						
吸光度（A）						
回归方程						

2. 收集尿液并测定其浓度。

（1）服药及收集尿样的要求：选择一名自愿受试者，服药前 48h 内不得服用含有对乙酰氨基酚的药物。服药者需禁食早餐，早上起床后排隔夜尿，7：30 喝水 150ml，7：55 采集尿样作为空白尿，排尽尿液，8：00 用 150ml 温开水送服对乙酰氨基酚一片（0.3 克/片），然后按服药后的时间收集尿液（见表 10－5）。记下尿液体积，吸取尿液约 10ml 置于编号试管中，加塞置冰箱中冷冻放置，待尿液样品收集完毕进行测定（见表 10－6）。

表 10－5 尿液取样计划

编号	采尿样时间（h）	尿量（ml）
0	空白尿	
1	1	
2	2	

续表

编号	采尿样时间（h）	尿量（ml）
3	4	
4	6	
5	8	
6	10	
7	12	
8	14	
9	24	

表 10-6　尿药浓度数据处理

受试者：　　　　　　　　　　　药品：
剂型：　　　　　　　　　　　　剂量：

编号	采尿样时间（h）	Δt (h)	$t_{中}$ (h)	尿量 (ml)	尿药浓度 (mg/ml)	ΔX_u (mg)	$\dfrac{\Delta X_u}{\Delta t}$ (mg/h)	$\lg \dfrac{\Delta X_u}{\Delta t}$	X_u (mg)
0	0								
1	1								
2	2								
3	4								
4	6								
5	8								
6	10								
7	12								
8	14								
9	24								

X_u^{∞} (mg)：　　　　　　　　k (h^{-1})：　　　　　　　　$t_{\frac{1}{2}}$ (h)：

（2）尿液浓度测定：精密吸取尿液样品 1ml，加纯化水 1ml、4mol/L HCl 4ml，水浴煮沸 1h，取出冷却至室温，其余操作见"1. 制作标准曲线"。

【实验结果与讨论】

1. 根据各浓度样品测得的吸光度绘制标准曲线，求出回归方程并记录于表 10-4。
2. 根据回归方程计算各样品尿药浓度，记录于表 10-6。
3. 以 $\lg \dfrac{\Delta X_u}{\Delta t}$ 对 $t_{中}$ 作图，对曲线尾部直线进行回归分析，求出 k 和尿排药总量 X_u^{∞}。
4. 求片剂的尿药排泄率。
5. 讨论实验结果。

【思考题】

1. 使用尿药法测定尿药排泄率时取尿时间应为多长？该方法误差来源有哪些？
2. 使用尿药法能够求得哪些药动学参数？该方法在实际应用中有何优缺点？

(周静)

实验三　血药法测定对乙酰氨基酚片的生物利用度

【实验目的】

1. 掌握血药法测定口服固体制剂生物利用度的原理及方法。
2. 掌握相关药动学参数的计算方法。
3. 熟悉生物利用度在药物评价中的意义。
4. 了解血浆生物样品的处理方法。

【实验原理】

对乙酰氨基酚是临床上广泛应用的解热镇痛药，通过抑制下丘脑体温调节中枢前列腺素合成酶，减少前列腺素 PGE1、缓激肽和组胺的合成与释放，从而产生解热镇痛作用。血浆蛋白结合率约为 25%，90%~95% 经肝脏代谢。半衰期为 1~4h（平均为 2h），主要以葡糖醛酸结合物和磺酸结合物的形式从肾脏排泄。

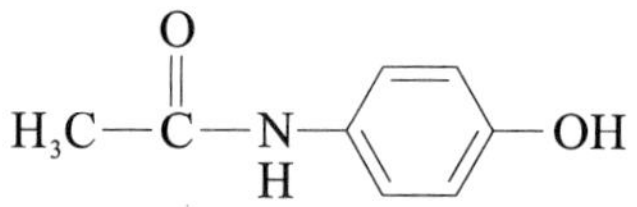

$$H_3C-\underset{\underset{H}{|}}{\overset{\overset{O}{\|}}{C}}-N-\text{〈}-OH$$

对乙酰氨基酚结构式

对乙酰氨基酚含有苯环共轭基团，在波长 245nm 处有较强紫外吸收。因此，本实验采用紫外分光光度法测定家兔体内对乙酰氨基酚的血药浓度，并计算相应的药动学参数，方法简便快捷。

【实验仪器与材料】

1. 仪器。紫外-可见分光光度计，具塞刻度试管，移液管，5ml 肝素化塑料离心管，移液器及吸头，巴氏滴管，玻璃漏斗，塑料离心管，滤纸，试管架，刀片，塑料夹，酒精棉球，脱脂棉，注射器，注射针头，兔箱等。
2. 试药及试剂。
(1) 试药：对乙酰氨基酚对照品。
(2) 试剂。

①0.12mol/L氢氧化钡溶液：取氢氧化钡 19g，加新鲜煮沸放冷的纯化水溶解并稀释至 1000ml，静置过夜，过滤即得。

②2%硫酸锌溶液：取硫酸锌 20g，加纯化水溶解并稀释至 1000ml。

③对乙酰氨基酚标准溶液的配制：取对乙酰氨基酚对照品约 50mg，精密称定，置 100ml 量瓶中，以纯化水溶解，并添加至刻度，摇匀，精密吸取 10ml 于 50ml 量瓶中，用纯化水稀释至刻度，摇匀即得 100μg/ml 的标准溶液。

3. 动物。健康成年家兔，体重为 2～3kg。

【实验操作】

1. 空白血的采集。

取体重 2～3kg 的健康成年家兔 1 只，心脏取血约 30ml，置于 5ml 肝素化塑料离心管中，以 3000rpm 离心 10min，取空白血浆供标准曲线制备用。

2. 标准曲线的制作。

分别按表 10-7 中标准溶液的量吸取对乙酰氨基酚标准溶液于 20ml 具塞刻度试管中，加纯化水使成 10ml，然后加上述血浆 1ml 混匀，再加 0.12mol/L 氢氧化钡 4.5ml，混匀，放置 2min，再分别加入 2%硫酸锌溶液 4.5ml，轻轻上下颠倒两次混匀，即出现明显乳状浑浊，静置 2min 后用双层滤纸过滤，弃去初滤液，收集续滤液于 10～15ml 干燥具塞刻度试管中，以 0 号管溶液作为空白对照，于波长 245nm 处测定吸光度（A），结果记录于表 10-7。

表 10-7　标准曲线测定结果

	编号							
	0	1	2	3	4	5	6	7
标准溶液（ml）	0.0	0.4	0.8	1.2	1.6	2.0	2.4	2.8
血药浓度（C）（μg/ml）	0	40	80	120	160	200	240	280
加入纯化水（ml）	10.0	9.6	9.2	8.8	8.4	8.0	7.6	7.2
吸光度（A）								

3. 体内血药浓度的测定。

（1）家兔血浆样品的采集。

取体重 2～3kg 的健康成年家兔 1 只，实验前两天下午开始禁食，实验当日早晨耳静脉取血 4ml，作为空白对照，然后口服给予对乙酰氨基酚片，剂量为每只 300mg，分别于给药后 0.25h、0.50h、1.00h、1.50h、2.00h、2.50h、3.00h、4.00h、5.00h 耳静脉采血 4ml，供测定血药浓度用，给药 4.00h 后可以进食，采血时间见表 10-8。

（2）血药浓度测定。

将采取的血样按照前述空白血的处理方法处理后，得到血浆。精密吸取血浆 1ml，加入纯化水 10ml，余下按"2. 标准曲线的制作"中"再加 0.12mol/L 氢氧化钡 4.5ml"起进行操作，测定结果记录于表 10-8。

表 10-8　血药浓度测定结果

兔重：　　　　　　　　给药量：　　　　　　　给药时间：

	编号									
	0	1	2	3	4	5	6	7	8	9
采血时间（t）(h)	空白	0.25	0.50	1.00	1.50	2.00	2.50	3.00	4.00	5.00
吸光度（A）										
血药浓度（C）（μg/ml）										
ln$C$										

【实验结果与讨论】

1. 标准曲线的绘制。

以表 10-7 中吸光度（A）对标准曲线中血药浓度（C）作图，求得直线回归方程，并计算相关系数。

2. 血药浓度-时间曲线的绘制。

根据表 10-8 中的实验数据，以血药浓度（C）对采血时间（t）作图，即得血药浓度随时间变化曲线；以对数血药浓度（ln$C$）对采血时间（t）作图，即得对数血药浓度随时间变化曲线。

3. 消除速率常数（k）的求算。

文献表明，对乙酰氨基酚的体内过程为一室模型，血管外给药一室模型药动学方程为：

$$C = A(e^{kt} - e^{k_a t}) \qquad ①$$

其中，

$$A = \frac{k_a F X_0}{V(k_a - k)} \qquad ②$$

假设 $k_a > k$，当 t 充分大时，①式中 $e^{k_a t}$ 先趋向于零，可忽略不计，故①式可改写为：

$$C = A \cdot e^{kt} \qquad ③$$

③式两端取对数，得：

$$\ln C = kt + \ln A \qquad ④$$

将血药浓度-时间曲线中尾部近似于直线上的 3 点，即尾部数据，代入式④作线性回归，求得系数：$a = $ _____，$b = $ _____，则 $k = -b$，$A = \ln^{-1} a$。

4. 半衰期（$t_{\frac{1}{2}}$）的计算。

$$t_{\frac{1}{2}} = \frac{0.693}{k}$$

5. 血药浓度-时间曲线下面积（AUC）的计算。

梯形面积法求算 AUC。将表 10-8 中采血时间（t）和血药浓度（C）代入下式即可求得 AUC。

$$AUC_{0 \to t} = \frac{1}{2} \sum_{i=1}^{a} [(C_{a-1} + C_a)(t_a - t_{a-1})]$$

$$AUC_{t\to\infty} = \frac{C_n}{k}$$

$$AUC_{0\to\infty} = AUC_{0\to t} + AUC_{t\to\infty}$$

6. 达峰浓度（C_{max}）和达峰时间（t_{max}）的计算。

直接从表10-8中得到最大血药浓度值，即为 C_{max}=_____μg/ml；最大血药浓度对应时间，即为 t_{max}=_____h。

7. 生物利用度的计算。

根据 $AUC_{0\to\infty}/AUC_{0\to\infty(标准)}$ 计算家兔口服给予对乙酰氨基酚片的生物利用度，某标准对乙酰氨基酚参比制剂的 $AUC_{0\to\infty(标准)}$ 为1093（μg·h）/ml。

8. 房室模型的判断。

结合理论课教材房室模型的判断方法，对本实验数据进行分析，得出本实验家兔口服给予对乙酰氨基酚片后的最佳房室模型。

【思考题】

1. 血药法在生物利用度研究中的意义是什么？
2. 本实验血浆样品处理的特点是什么？加氢氧化钡溶液和硫酸锌溶液的作用分别是什么？
3. 生物利用度在新药评价中的意义是什么？

（周静）

实验四 药动学二室模型模拟实验

【实验目的】

1. 掌握二室模型模拟实验的方法。
2. 掌握应用残数法计算药动学参数的方法。

【实验原理】

静脉注射给药时，若药物在体内按二室模型分布，即先进入中央室，然后逐渐向周边室转运，则中央室的药物浓度随时间变化规律的药动学表达式为

$$C = \frac{X_0(\alpha - k_{21})}{V_0(\alpha - \beta)} \cdot e^{-\alpha t} + \frac{X_0(k_{21} - \beta)}{V_0(\alpha - \beta)} \cdot e^{-\beta t}$$

或

$$C = Ae^{-\alpha t} + Be^{-\beta t}$$

由上式可见，以血药浓度的对数对时间作图，将得到一条二项指数曲线。因为 $\alpha \gg \beta$，当 t 充分大时，$Ae^{-\alpha t}$ 项趋于0，此时上式可简化为

$$C = Be^{-\beta t}$$

两边取常用对数,得:

$$\lg C = \lg B - \frac{\beta t}{2.303}$$

此时以 $\lg C - t$ 作图为一条直线,由直线的截距可得到 B,由斜率可求出 β,其生物半衰期计算公式如下:

$$t_{\frac{1}{2}} = \frac{0.693}{\beta}$$

然后将上述二室模型静脉注射给药的公式整理为

$$(C - Be^{-\beta t}) = Ae^{-\alpha t}$$

两边取对数,得:

$$\lg(C - Be^{-\beta t}) = \lg A - \frac{\alpha t}{2.303}$$

式中,C 为实测浓度,$Be^{-\beta t}$ 为外推浓度,$(C - Be^{-\beta t})$ 为残数浓度 Cr,在分布相求出各时间的外推浓度,即可算出残数浓度 Cr。以 $\lg Cr$ 对 t 作图,得到残数线,根据残数线的斜率 $-\frac{\alpha}{2.303}$ 和截距 $\lg A$ 可求出 α 和 A。

二室模型模拟装置如图 10-4 所示,装置 A 为中央室,B 为周边室。当将药物(酚红供试液)注入中央室时,蠕动泵 1 将水注入中央室,药物不断从支管中消除,同时蠕动泵 2 将中央室的药物分布到周边室,然后药物通过连接管回到中央室。

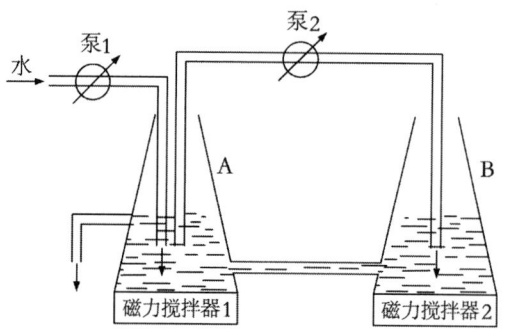

图 10-4 二室模型模拟装置图

【实验仪器与材料】

1. 仪器。紫外-可见分光光度计,恒流泵,磁力搅拌器。锥烧瓶(带支管,图 10-4),橡皮管,夹子,搅拌子,量瓶,烧杯,量筒,刻度试管等。

2. 试剂。

(1) 酚红标准溶液的配制:取酚红约 25mg,精密称定,置 25ml 量瓶中,加 1‰ Na_2CO_3 溶液溶解并稀释至刻度,得 1mg/ml 的酚红标准液。

(2) 酚红储备液的配制:取酚红约 10mg,精密称定,置 100ml 量瓶中,加 1‰ Na_2CO_3 溶液溶解并稀释至刻度,得 100μg/ml 的酚红储备液。

【实验操作】

1. 标准曲线的制作。

分别量取酚红储备液 0.5ml、1.0ml、1.5ml、2.0ml、2.5ml、3.0ml 于 10ml 量瓶中，加纯化水至 10ml，得一系列浓度的标准溶液。分别量取 0.5ml 酚红标准溶液，加入 0.2mol/L NaOH 溶液 5ml，以 0.2mol/L NaOH 作为空白对照，在波长 555nm 处测定吸光度，绘制标准曲线，得到回归方程。

2. 二室模型模拟实验。

将 300～400ml 纯化水加入模拟装置（图 11-4）中，开启蠕动泵 1（流速为每分钟 3～4ml）。当纯化水注入装置 A 中时，开启蠕动泵 2（流速为每分钟约 20ml）和磁力搅拌器 1、2，搅拌数分钟后，使进入装置的水量同由支管排出的水量相等。用移液管自装置 A 中吸出 10ml 纯化水，并将 10ml 酚红供试液加入装置 A 中，开始计时。分别于 1min、3min、6min、10min、15min、20min、30min、50min、60min 自装置 A 中吸取 0.5ml 样液供测定用。测定方法见"1. 标准曲线的制作"。

【实验结果与讨论】

1. 标准曲线的绘制。

以标准曲线制备中吸光度对酚红浓度作图，求得线性回归方程，并计算相关系数。

2. 二室模型模拟实验药动学参数的计算。

将模拟实验的实验数据记录于表 10-9。

表 10-9 模拟实验的实验数据

	取样时间（min）									
	0	1	3	6	10	15	20	30	50	60
吸光度（A）										
实测浓度（μg/ml）										
外推浓度（μg/ml）										
残数浓度（μg/ml）										

应用残数法计算药动学参数 A、B、α、β 及 $t_{\frac{1}{2}}$。

【思考题】

1. 本实验中的模拟装置的生物学意义是什么？

2. 取样时间、取样间隔时间、酚红供试液加入量、恒流泵流速等因素对实验结果有无影响？

3. 如果需模拟得到尿药排泄药动学参数，应如何设计实验？

4. 试根据本实验，设计一室模型模拟实验。

（周静）

实验五　家兔灌胃给予对乙酰氨基酚的药动学实验

【实验目的】

1. 掌握家兔灌胃的给药方法。
2. 掌握房室模型的判断及相关药动学参数的计算方法。
3. 熟悉高效液相色谱仪的使用方法。
4. 了解血浆生物样品的处理方法。

【实验原理】

对乙酰氨基酚的含量测定方法有重量滴定法、紫外分光光度法、高效液相色谱法等。高效液相色谱法专属性强，灵敏度高。本实验采用反相高效液相色谱法，以 C_{18} 烷基键合硅胶为固定相，以 0.05mol/L 磷酸二氢钾－甲醇溶液为流动相。根据对乙酰氨基酚含有苯环共轭基团，在波长 243nm 处有紫外吸收，采用高效液相－紫外检测法测定家兔体内对乙酰氨基酚的血药浓度，并计算相应的药动学参数。

【实验仪器与材料】

1. 仪器。量瓶，刻度试管，15ml 肝素化塑料离心管，1ml 塑料离心管，巴氏滴管，移液器，高效液相色谱仪，色谱柱，预柱，液相进样针，台式高速离心机，漩涡混合仪，红外烤灯，开口器，导尿管，注射器，刀片，剪刀，烧杯，离心管架，夹子，脱脂棉等。

2. 试药及试剂。

（1）试药：对乙酰氨基酚对照品、对乙酰氨基酚灌胃混悬液（10mg/ml，自配）。

（2）试剂：甲醇（色谱纯）、超纯水。

①0.05mol/L 磷酸二氢钾溶液的配制：称取磷酸二氢钾 6.8g，加超纯水溶解并定容至 1000ml，超声混匀。

②对乙酰氨基酚储备液的配制：取对乙酰氨基酚对照品约 20mg，置于 10ml 量瓶中，精密称定，用甲醇－水（1∶1）溶液溶解并定容，充分摇匀，得浓度约为 2mg/ml 的对乙酰氨基酚储备液，冷藏保存。

③内标溶液的配制：称取间氨基苯酚对照品约 10mg，精密称定，置于 10ml 量瓶中，用 10% $HClO_4$（V/V）溶液溶解并定容，充分摇匀，得浓度约为 1mg/ml 的内标储备液，冷藏保存。临用前用 10% $HClO_4$（V/V）溶液稀释成 200μg/ml 的内标工作液。

3. 动物。健康成年家兔，体重 2～3kg。

【实验操作】

1. 空白血的采集。

取体重2~3kg的健康成年家兔1只,耳缘静脉取血约8ml,于15ml肝素化塑料离心管中,以3000rpm离心10min,取空白血浆供标准曲线制备用。

2. 标准曲线的制作。

(1) 标准溶液的配制:按表10-10量取对乙酰氨基酚储备液适量,用甲醇-水(1:1)溶液配制成浓度分别为5μg/ml、10μg/ml、20μg/ml、100μg/ml、500μg/ml、1000μg/ml、2000μg/ml的对乙酰氨基酚标准溶液,具体配制方法见表10-10。

表10-10 标准溶液的配制

	编号							
	0	1	2	3	4	5	6	7
对乙酰氨基酚储备液(μl)	0	5	10	20	100	500	1000	2000
甲醇-水(1:1)溶液(μl)	2000	1995	1990	1980	1900	1500	1000	0

(2) 标准血浆样品的制备:精密量取45μl空白血浆于1ml塑料离心管中,分别加入上述对乙酰氨基酚标准溶液5μl,加入30μl内标工作液(200μg/ml)、120μl 10% $HClO_4$溶液,涡旋1min,以10000rpm离心10min,取上清液进样。

(3) 标准曲线的绘制:采用内标法,以对乙酰氨基酚与内标峰面积的比值为纵坐标,以浓度为横坐标,绘制标准曲线,并得到回归方程。

3. 高效液相色谱条件。

色谱柱:Hypersil BDS C_{18}柱,5μm,250mm×4.6mm;预柱:柱芯为C_{18}柱;

流动相:0.05mol/L磷酸二氢钾-甲醇(95:5)溶液;

流速:1.5ml/min;

检测波长(λ):243nm。

4. 灌胃给药后血药浓度的测定。

(1) 血浆样品的采集。

取体重2~3kg的健康成年家兔1只,实验前两天下午禁食,实验当日早晨耳静脉取血1ml,作为空白对照,然后立即灌胃给予对乙酰氨基酚混悬液(10mg/ml,给药剂量为50mg/kg)。在给药后0.25h、0.50h、1.00h、1.50h、2.00h、3.00h、4.00h、5.00h、6.00h耳静脉采血1ml,以3000rpm离心10min,得到血浆用于血药浓度测定,给药4h后可以进食,采血时间见表10-11。

表 10-11 血药浓度测定结果

兔体重：　　　　　　　　给药量：　　　　　　　　给药时间：

	编号									
	0	1	2	3	4	5	6	7	8	9
时间（t）（h）	空白	0.25	0.50	1.00	1.50	2.00	3.00	4.00	5.00	6.00
峰面积比值										
血药浓度（C）（μg/ml）										

家兔灌胃给药方法：家兔置于倾斜 50°左右的兔箱中，兔头露出，将开口器横置放入兔口并将兔舌压下固定，将导尿管从开口器中央孔中插入兔口，并慢慢插入食管和胃，深度约为 15cm。插管时需动作轻柔缓慢，感觉顺利，动物无挣扎及呼吸困难现象出现，说明未误入气道。也可将导尿管外端放入水中，若有气泡吹出，表明误入气管，需取出重插。若无气泡吹出，表明已插入胃，即可将药液用注射器从导尿管外端注入，灌注量一般不宜超过 10ml/kg。

（2）血药浓度的测定。

精密量取血浆样品 50μl，其余操作见"2.（2）标准血浆样品的制备"，记录峰面积比值，内标法计算血药浓度，实验结果填入表 10-11。

【实验结果与讨论】

1. 标准曲线的绘制。

以标准曲线中对乙酰氨基酚与内标的峰面积比值（A）对血药浓度（C）作图，求得线性回归方程，并计算相关系数。

以 A 为纵坐标，C 为横坐标，绘制标准曲线。

2. $C-t$ 曲线的绘制。

根据表 10-11 中的实验数据，以 C 对 t 作图，得到血药浓度随时间变化曲线；以 $\ln C$ 对 t 作图，得到对数血药浓度随时间变化曲线。

3. 按照本章实验三"实验结果与讨论"中方法计算消除速率常数（k）、半衰期（$t_{\frac{1}{2}}$）、$C-t$ 曲线下面积（AUC）、达峰浓度（$C_{\max}$）和达峰时间（$t_{\max}$）。

4. 房室模型的判断。

结合理论课教材房室模型的判断方法，对本实验数据进行分析，得出本实验家兔灌胃给予对乙酰氨基酚后的最佳房室模型。

5. 药动学软件处理血药浓度数据。

采用 DAS 3.0 药动学软件对表 10-11 中的数据进行处理，得到隔室模型参数和统计矩参数。根据这两个参数，对本药动学实验进行评价。

【注意事项】

1. 本实验流动相中含缓冲盐，进样完成后需用不同梯度的有机相和超纯水将仪器的管路、泵、进样阀、色谱柱及检测器等部位充分冲洗干净。

2. 本实验样品前处理采用高氯酸沉淀蛋白法，离心后取上清液进样时需轻柔小心，确保样品溶液中不含固体颗粒及肉眼可见的沉淀物，防止固体颗粒或沉淀物进入管路后引起堵塞。

3. 流动相应临用现配。

【思考题】

1. 血浆样品处理方法有哪些？
2. 流动相中水相加入缓冲盐的作用是什么？
3. 若出现血药浓度过高，超出标准曲线的范围，应如何处理？
4. 药动学研究中，血样采集时间点的设计原则是什么？
5. 生物样本分析中，方法学的验证包括哪些项目？
6. 在药动学实验结果评价方面，隔室模型和统计矩方法分别有何作用？

（周静）

实验六　Franz 扩散池实验——方法建立（一）

【实验目的】

1. 建立对乙酰氨基酚高效液相色谱检测方法并进行方法学验证。
2. 掌握药物透皮吸收的研究方法。

【实验原理】

经皮给药是药物通过皮肤吸收的一种给药方法。药物经皮给药，穿过角质层，通过皮肤扩散，由毛细血管吸收进入体循环的过程称经皮吸收或透皮吸收。

一般认为药物通过皮肤是一个被动扩散的过程，常用 Fick 扩散定律来描述。该定律将皮肤看作一个均质膜，药物通过皮肤很快被毛细血管吸收进入体循环，因此药物在皮肤内表面的浓度很低，即符合扩散的漏槽条件。

本实验采用 Franz 扩散池测定对乙酰氨基酚的透皮速率。采用足量的生理盐水作为接收液，并辅以搅拌，以形成漏槽条件，在不同时间点取适量接收液测定药物浓度，以计算透过皮肤的累积药量，进而计算药物的透皮速率。

【实验仪器与材料】

1. 仪器。高效液相色谱仪，超声振荡仪。移液器（200μl、1000μl），移液管（5ml），量瓶（10ml、100ml），塑料离心管（0.5ml、2ml、4ml），烧杯（50ml）。

2. 试剂。生理盐水，对乙酰氨基酚（2.00mg/ml），超纯水，甲醇（色谱级）。

【实验操作】

1. 制作标准曲线。

量取 2.00mg/ml 对乙酰氨基酚储备液 2.0ml 置于 100ml 量瓶中,补加生理盐水定容,得到 40.00μg/ml 的标准曲线储备液。如上操作方法,按表 10-12 使用生理盐水逐级稀释,最终分别得到浓度为 0.04μg/ml、0.08μg/ml、0.40μg/ml、2.00μg/ml、10.00μg/ml、20.00μg/ml、40.00μg/ml 的样品,使用高效液相色谱仪进行分析。

表 10-12 对乙酰氨基酚工作溶液稀释方法

编号	移取体积 (ml)	稀释后体积 (ml)	稀释后溶液浓度 (μg/ml)	稀释后溶液编号
储备液	2.0	100	40.00	⑦
⑦	5.0	10	20.00	⑥
⑥	5.0	10	10.00	⑤
⑤	2.0	10	2.00	④
④	2.0	10	0.40	③
③	2.0	10	0.08	②
②	5.0	10	0.04	①

注:1. 工作溶液①~⑦作为标准曲线系列工作溶液;
   2. 工作溶液②④⑥作为方法学建立中的低(L)、中(M)、高(H)浓度工作溶液。

2. 准确度和精密度的考察。

平行制备 L、M 和 H 浓度样品各 3 份,以高效液相色谱仪进行分析。

高效液相色谱检测的色谱条件:

色谱柱:C_{18} 柱,5μm,250mm×4.6mm;

洗脱条件:甲醇-水(30:70)等度洗脱,运行时间 8min;

柱温:45℃;

流速:1.0ml/min;

检测波长:254nm;

进样量:20μl。

【实验数据与处理】

记录实验数据于表 10-13 和表 10-14,计算各质控样品点的偏差和 RSD。准确度以实测浓度与理论浓度的偏差表示,要求 3 组质控样品偏差为 85%~115%,即低、中、高 3 组质控样品的准确度都应该为 85%~115%;精密度通过计算平行 3 组样品的 RSD 进行考察,要求 3 组质控样品浓度的 RSD 应小于 15%。

$$准确度 = \frac{C_{测定}}{C_{实际}} \times 100\%$$

$$精密度: RSD = \frac{SD}{\bar{x}} \times 100\% = \frac{\sqrt{\dfrac{\sum_{i=1}^{n}(C_i - \bar{C})^2}{n-1}}}{\bar{C}} \times 100\%$$

表 10-13　标准曲线

编号	峰面积	保留时间（min）	理论值（μg/ml）	实测值（μg/ml）	准确度（%）
7					
6					
5					
4					
3					
2					
1					

线性回归方程：$Y=$　　　　　　　　　　　　　　$r^2=$

表 10-14　精密度与准确度

样品	峰面积	理论浓度（μg/ml）	实测浓度（μg/ml）	准确度（%）	RSD（%）
L1					
L2					
L3					
M1					
M2					
M3					
H1					
H2					
H3					

【思考题】

1. 试述经皮给药吸收的过程及经皮给药的特点。
2. 本实验中标准曲线线性范围是如何确定的？

（王凌）

实验七　Franz 扩散池实验——扩散实验（二）

【实验目的】

同本章实验六。

【实验原理】

同本章实验六。

【实验仪器与材料】

1. 仪器。高效液相色谱仪，超声振荡仪，移液器（200μl、1000μl），移液管（5ml），量瓶（10ml、100ml），塑料离心管（0.5ml、2ml、4ml），烧杯（50ml），注射器（2ml、10ml），大鼠解剖台，脱毛膏，刮毛器，厚手套，载玻片，游标卡尺，手术器械（手术剪、镊子、止血钳），肝素抗凝管。

2. 试剂。生理盐水，对乙酰氨基酚（2.0mg/ml），超纯水，甲醇（色谱级），20%乌拉坦，肝素。

3. 实验动物。SD 雄性大鼠。

【实验操作】

1. 大鼠按 0.6ml/100g 注射 20%乌拉坦麻醉。

2. 用剪刀剃除大鼠大部分的腹部毛，用脱毛膏脱毛，心尖取血，以 4000rpm 离心 10min，用移液器吸取上层血浆转移至塑料离心管中备用。剪下已去毛皮肤，在载玻片上小心除去皮下脂肪，洗净，切割成比扩散小室口稍大的小块皮肤，使用游标卡尺测得扩散池面积后，立即进行实验。

3. 将离体皮肤固定于样品池与接收池之间，角质层面向样品池。

4. 在接收池中注满生理盐水作为接收液，使得皮肤背面与接收液紧密接触（不得有气泡）。

5. 在皮肤的角质层一面给药，即在样品池中加入 3ml 2.0mg/ml 对乙酰氨基酚工作溶液。

6. 将接收池置于 37℃恒温水浴中，180r/min 电磁搅拌，并开始计时，分别于 1.0h、1.5h、2.0h 用注射器取接收液 0.2ml，并补充相同体积的生理盐水。

7. 采用高效液相色谱仪测定 1h、1.5h、2h 所取样品中对乙酰氨基酚的浓度。

【实验数据与处理】

药物渗透累积量 M 的计算公式为

$$M = C_n V_{总} + \sum_{i=1}^{n-1} C_i V_{取样} \quad ①$$

式中，C_n 为第 n 个取样点的药物浓度，C_i 为第 i 个取样点的药物浓度。

$$单位面积累积透过量 = \frac{M}{A} \times 100\% \quad ②$$

$$累积透过率 = \frac{M}{C_{样} \times V_{样}} \times 100\% \quad ③$$

式中，$C_{样}$ 为给药浓度，$V_{样}$ 为给药体积。

记录测得药物浓度，按照式①计算药物渗透累积量，并将计算结果记录于表10-15。

表 10-15 药物渗透累积量计算结果

扩散小室接收池介质总体积（$V_{总}$）(ml)		7.0	
单次取样体积（$V_{取样}$）(ml)		0.2	
透皮扩散面积（A）(cm²)		实际测得	
时间（t）(h)	1.0	1.5	2.0
浓度（C）(μg/ml)			
药物渗透累积量（M）(μg)			

【思考题】

1. 影响药物经皮通透性的因素有哪些？如何促进药物经皮吸收？
2. 结合实验结果，讨论对乙酰氨基酚是否适合经皮给药？

（王凌）

实验八 血浆蛋白结合实验

【实验目的】

1. 掌握用平衡透析法测定血浆蛋白结合率。
2. 熟悉血浆蛋白结合率的测定结果的分析。

【实验原理】

药物血浆蛋白结合率是药物与血浆蛋白结合的量占药物总浓度的百分率，是药物代谢动力学的重要参数之一。它影响药物在体内的分布、代谢与排泄，从而影响其作用强度和时间，并往往与药物的相互作用及作用机制等密切相关。研究药物血浆蛋白结合率的方法包括常规的平衡透析法、超滤法、超速离心法、凝胶过滤法、分配平衡法、稳定同位素 GC-MS 法等。本实验采用平衡透析法对药物血浆蛋白结合率进行测定，对于新药研究开发和指导临床合理用药都具有重要意义。

平衡透析法的基本原理是将蛋白置于一个隔室内，用半透膜将此隔室与另一隔室隔开。蛋白等大分子不能通过此半透膜，但系统中游离药物可自由通过。当达到平衡时半透膜两侧自由药物的浓度相等。若系统中自由药物的总量已知，测定不含蛋白隔室中自由药物的浓度，即可推算与蛋白结合的药物量。

【实验仪器与材料】

1. 仪器。高效液相色谱仪、水浴锅、恒温磁力搅拌器、移液器、移液管、塑料离心管、烧杯（500ml）、肝素抗凝管、透析袋（分子量8000~14000kDa）、磁力搅拌子。
2. 试剂。华法林钠储备液（1mg/ml、1.25mg/ml、100μg/ml），20%乌拉坦，PBS缓冲液，水杨酸钠溶液（60mg/ml）。
3. 实验动物。SD雄性大鼠。

【实验操作】

1. 大鼠按0.6ml/100g腹腔注射20%乌拉坦溶液麻醉，腹主动脉取血，肝素抗凝，以4000rpm离心10min，取上清液空白血浆备用。
2. 样品孵育：取5ml血浆置于10ml EP管中，加入1.5ml 1mg/ml华法林钠溶液作为样品1；取5ml血浆置于10ml EP管中，加入1.2ml 1.25mg/ml华法林钠溶液和0.3ml 60 mg/ml水杨酸溶液作为样品2。样品混合均匀后于37℃下恒温孵育1h。
3. 样品透析：在500ml的烧杯中加入200ml PBS缓冲液，即为透析外液，取1ml透析外液，作为袋外初浓度样品。先将透析袋一端用透析夹封闭，分别装入样品1、2，确保透析袋中没有气泡后，用透析夹密封另一端袋口，将整个装置置于37℃恒温磁力搅拌器上搅拌。
4. 透析1h后，取1ml透析外液，作为袋外终浓度样品。
5. 制作透析外液的标准曲线。取100μg/ml华法林钠储备液，按照表10-16标准曲线配制方法，最终分别得到浓度为10μg/ml、8μg/ml、4μg/ml、2μg/ml、1μg/ml、0.5μg/ml的标准曲线系列工作溶液。

表10-16　华法林钠工作溶液稀释方法

编号	量取体积（ml）	加入PBS缓冲液的体积（ml）	稀释后溶液浓度（μg/ml）	稀释后溶液编号
储备液	1.0	10	10	⑥
储备液	0.8	10	8	⑤
储备液	0.5	10	5	④
⑥	2.0	10	2	③
⑥	1.0	10	1	②
⑥	0.5	10	0.5	①

6. 采用 HPLC-UV 法测定透析袋外溶液中华法林钠浓度。

高效液相色谱检测的色谱条件如下。

色谱柱：C_{18} 柱。

洗脱条件：0.1％磷酸-乙腈（30∶70），等度洗脱，检测时间 10min。

检测波长：280nm。

【实验数据与处理】

计算血浆蛋白结合率，公式如下：

$$血浆蛋白结合率 = \frac{M - (C_{1h} - C_{0h})V}{M} \times 100\%$$

式中，M 为初始透析袋内华法林钠的总量，V 为袋外透析液和袋内样品的总体积，C_{0h} 为透析前袋外华法林钠浓度，C_{1h} 为透析完成后袋外华法林钠测定的浓度。

血浆蛋白结合实验数据记录于表 10-17。

表 10-17 血浆蛋白结合实验数据

组别	样品 1	样品 2
C_{0h}（μg/ml）		
C_{1h}（μg/ml）		
血浆蛋白结合率		
标准曲线方程	Y=	$r^2=$

【思考题】

1. 常用的血浆蛋白结合率的测定方法有哪些？
2. 样品 2 中加入水杨酸的目的是什么？

（王凌）

实验九　药物组织分布实验

【实验目的】

掌握研究药物组织分布的实验方法。

【实验原理】

药物的分布是指药物经给药部位吸收进入血液后，由循环系统运送至体内各器官、组织、体液和细胞的现象。药物的分布特征不同，会使得药物的作用强弱、作用速度、作用持续时间以及药物产生的毒副作用等有所差异。

通过给药后不同时间点处死实验动物，获得各部分组织，并测定组织中所含药物浓度，可确定药物在体内的分布特征。

【实验仪器与材料】

1. 仪器。高效液相色谱仪，超声振荡仪，玻璃匀浆器，分析天平，移液器（200μl、1000μl），移液管（5ml），量瓶（10ml、100ml），塑料离心管（0.5ml、2ml、4ml、10ml），烧杯（50ml），大鼠解剖台，厚手套，手术器械（手术剪、镊子、止血钳），注射器（2ml、5ml、10ml、50ml），肝素抗凝管，灌胃针。

2. 试剂。生理盐水，对乙酰氨基酚（20mg/ml），超纯水，甲醇（色谱级），20%乌拉坦，肝素，咖啡因（1mg/ml）。

3. 实验动物。SD雄性大鼠。

【实验操作】

1. 以剂量120mg/kg灌胃给予大鼠对乙酰氨基酚溶液。

2. 1.5h后大鼠按0.6ml/100g腹腔注射20%乌拉坦麻醉，剖开大鼠胸腔，以肝素润湿的注射器于心脏取血（或将大鼠股动脉剪开，采血），肝素抗凝，以4000rpm离心10min，上清液即为血浆。

3. 心尖灌注生理盐水（约100ml）至各器官发白后，将心、肝、脾、肺、肾取出，用生理盐水洗净，以滤纸吸干水分后，称重。

4. 将组织剪碎，置玻璃匀浆器中，以每克组织加入3ml生理盐水的比例加入生理盐水，充分匀浆，得空白组织匀浆液样品。

5. 制作血浆标准曲线。分别量取 0.025mg/ml、0.050mg/ml、0.100mg/ml、0.200mg/ml、0.400mg/ml、1.000mg/ml对乙酰氨基酚工作溶液0.1ml加入1.0ml血浆中，得到浓度为 2.5μg/ml、5.0μg/ml、10.0μg/ml、20.0μg/ml、40.0μg/ml、100.0μg/ml标准曲线系列样品。

（1）血浆样品需要前处理，前处理方法如下。

①取1.0ml含药大鼠血浆（或组织匀浆），向其中加入0.1ml 20%空白甲醇，0.1ml 1.0mg/ml咖啡因溶液（内标）。

②涡旋30s。

③加入3ml甲醇。

④涡旋3min，以12000rpm离心5min。

⑤取上清液20μl进样。

（2）色谱条件。

①色谱柱：C_{18}柱。

②洗脱条件：甲醇-水（30∶70），等度洗脱，检测时间8min。

③柱温：45℃。

④检测波长：254nm。

6. 采用高效液相色谱仪测定血浆中对乙酰氨基酚浓度,并计算各组织中对乙酰氨基酚的量。

【实验数据与处理】

将组织中对乙酰氨基酚的量填写于表 10-18。

表 10-18 组织中对乙酰氨基酚的量

	样品类型					
	血浆	心	肝	脾	肺	肾
实测浓度($\mu g/ml$)						
换算浓度($\mu g/g$)						
总药量(μg)	—					

将表 10-18 中数据绘制成柱状图,并进行描述。

备注:组织分布实验中各个器官的药物浓度,原则上应该通过相应组织器官的空白匀浆液配制标准曲线进行计算,但是鉴于实验时长,只能用血浆中的标准曲线来代替。

【思考题】

1. 试述影响药物组织分布的因素。
2. 基于对乙酰氨基酚的组织分布特征,讨论可能影响其药效的因素。

(王凌)

实验十 肝匀浆代谢实验

【实验目的】

通过建立大鼠肝匀浆体外孵育体系及黄芩苷在大鼠肝匀浆孵育体系的高效液相色谱检测方法,研究黄芩苷在肝匀浆中的代谢情况,并考察其在体外孵育体系中的酶动力学及其参数。

【实验原理】

药物代谢研究对于人们认识药物体内作用规律、指导临床合理用药以及设计新药具有重要的意义。肝脏是生物体内药物代谢的主要场所,富含一个庞大的依赖细胞色素 P450 的混合功能氧化酶系统。大多数药物的Ⅰ相和Ⅱ相代谢反应都是在肝药酶系统的参与下发生的。其中,Ⅰ相代谢反应主要包括水解、氧化和还原反应,Ⅱ相代谢反应主要是指结合反应。目前,肝脏代谢常用的体外研究模型包括肝匀浆、肝脏 S9、微粒体及转基因细胞株等。研究药物的肝脏代谢对于药物体内代谢途径研究有着重要的指导意义。

黄芩苷为黄芩素的 7-O-葡萄糖结合物，属于黄酮类化合物，是中药黄芩的主要有效成分，在临床上主要用于抗菌消炎和抗感染。黄芩苷可通过水解产生苷元黄芩素，其亦具有抗炎和抗变态反应等多方面的作用。对黄芩苷在大鼠体内的药动学研究表明，黄芩苷在大鼠体内主要经历了葡萄糖结合、葡糖醛酸结合、甲基化及水解等代谢途径。

本实验通过加入不同浓度的黄芩苷进行肝匀浆体外孵育，使用高效液相色谱仪检测孵育后黄芩苷的剩余量，并用不同底物浓度计算酶促反应参数米氏常数（K_m）及最大反应速度（V_{max}）。

【实验仪器与材料】

1. 仪器。高效液相色谱仪，超声振荡仪，玻璃匀浆器，分析天平，恒温水浴锅，离心机，移液器（200μl、1000μl），移液管（5ml），量瓶（10ml、100ml），塑料离心管（0.5ml、2ml、4ml、10ml），烧杯（50ml），大鼠解剖台，厚手套，手术器械（手术剪、镊子、止血钳），注射器（2ml、5ml、10ml、50ml），肝素抗凝管。

2. 试剂。生理盐水，对乙酰氨基酚，超纯水，甲醇（色谱级），20%乌拉坦，肝素，咖啡因（100μg/ml），黄芩苷（10mg/ml），PBS缓冲液。

3. 动物。SD雄性大鼠。

【实验操作】

1. 肝匀浆制备。

大鼠按 0.6ml/100g 腹腔注射 20%乌拉坦麻醉，剖开大鼠胸腔，以注射器心脏取血后，使用冰 PBS 缓冲液进行心脏灌流，直至肝脏发白，取出肝脏，去除肝脏上的筋膜，用冰 PBS 缓冲液洗净，以滤纸吸干水分后，将组织剪碎，置玻璃匀浆器中，以每克组织加入 3ml PBS 缓冲液的比例加入 PBS 缓冲液，于冰上充分匀浆，得空白肝匀浆。

2. 制备标准曲线。

将 10mg/ml 的黄芩苷储备液（用 DMSO 溶解并定容）按表 10-19 使用 PBS 缓冲液进行稀释，最终分别得到浓度为 36μg/ml、72μg/ml、360μg/ml、1000μg/ml、1800μg/ml、3600μg/ml 的标准曲线系列工作溶液。

表 10-19 黄芩苷工作溶液稀释方法

溶液编号	量取体积（μl）	加入 PBS 缓冲液的体积（μl）	稀释后溶液浓度（μg/ml）	稀释后溶液编号
储备液	360	640	3600	⑥
储备液	180	820	1800	⑤
储备液	100	900	1000	④
⑥	100	900	360	③
③	200	800	72	②
③	100	900	36	①

分别精密量取已制备好的①、②、③、④、⑤、⑥标准曲线工作溶液 20μl，按照以下流程操作，最终得到浓度分别为 1.8μg/ml、3.6μg/ml、18μg/ml、50μg/ml、90μg/ml、180μg/ml 的标准曲线样品。采用高效液相色谱仪进行分析。

流程图如图 10-5 所示。

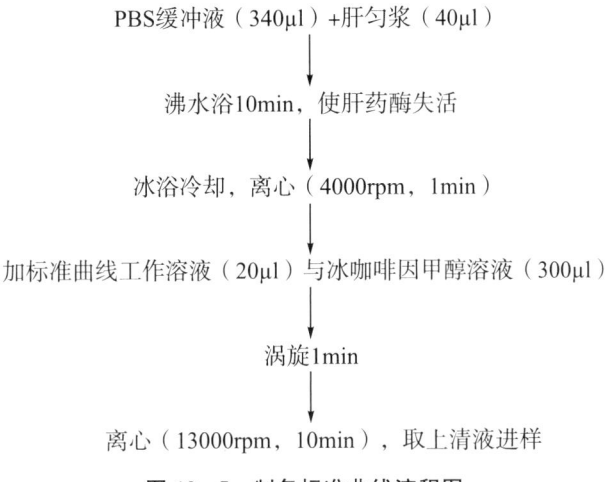

图 10-5　制备标准曲线流程图

3. 制备样品。

分别精密量取已制备好的②、③、④、⑤、⑥标准曲线工作溶液 20μl，加入图 10-6 所示的孵育体系中，作为不同浓度的底物，最终得到浓度分别为 3.6μg/ml、18μg/ml、50μg/ml、90μg/ml、180μg/ml 的样品。采用高效液相色谱仪进行分析。

400μl 孵育体系如图 10-6 所示。

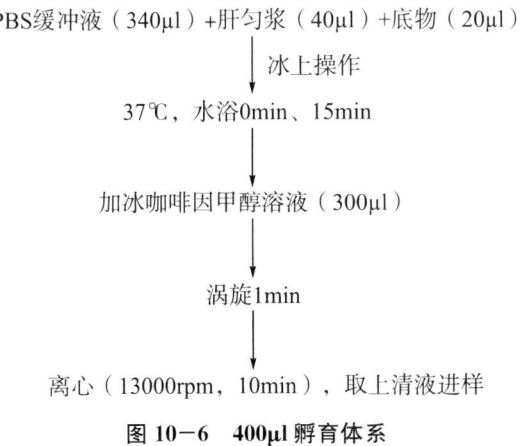

图 10-6　400μl 孵育体系

【实验数据与处理】

1. 用于初速度计算的实验数据填入表 10-20。

表 10-20 用于初速度计算的实验数据

溶液编号	时间（min）	黄芩苷峰面积	咖啡因峰面积	黄芩苷浓度（μg/ml）	初速度 [μg/(ml·min)]
②	0				
	3				
③	0				
	3				
④	0				
	3				
⑤	0				
	3				
⑥	0				
	3				

黄芩苷浓度计算公式为：

$$C = \frac{\frac{A_{黄芩苷}}{A_{内标}} - b}{k}$$

式中，$A_{黄芩苷}$ 为黄芩苷峰面积，$A_{内标}$ 为咖啡因峰面积，b 为黄芩苷线性方程纵截距，k 为黄芩苷线性方程斜率。

以不同浓度底物 3min 时黄芩苷单位时间减少量作为反应的初速度（V），计算公式为：

$$V = \frac{C_{0min} - C_{3min}}{3}$$

2. K_m 及 V_{max} 的计算。

由 Lineweaver-Burk 方程式，得：

$$\frac{1}{V} = \frac{K_m}{V_{max} \times [S]} + \frac{1}{V_{max}}$$

式中，K_m 为米氏常数，即反应速度达到最大反应速度一半时的底物浓度。V_{max} 为最大反应速度。以上述公式中 $\frac{1}{[S]} - \frac{1}{V}$ 进行线性回归，即可计算得到 K_m 及 V_{max}。

【思考题】

1. 研究药物体外代谢的模型除了本实验运用的肝匀浆外，还有其他模型如肝微粒体、S9、肝细胞等，试述不同模型的特点与应用条件。

2. 黄芩苷在肝脏中经历葡糖醛酸结合、甲基化及水解等反应，在本实验的孵育体系中，除了发生水解，是否能发生其他反应？

（王凌）

实验十一 大鼠在体肠吸收实验

【实验目的】

1. 掌握大鼠在体肠循环灌流实验的原理和操作。
2. 熟悉在体肠吸收实验数据处理方法参数的意义。
3. 了解对乙酰氨基酚在十二指肠的吸收动力学特征。

【实验原理】

被动扩散是药物经胃肠道被吸收的重要方式之一。药物分子通过胃肠屏障从高浓度区（吸收部位）向低浓度区（血液）扩散，或从高电动势区向低电动势区移动。该过程不耗能，药物扩散速度与膜两侧的浓度差成正比，采用 Fick 方程可以描述这一吸收过程：

$$-\frac{dC}{dt} = DS\frac{C-C_0}{h} \quad ①$$

式中，$\frac{dC}{dt}$ 为药物扩散速率，S 为药物表面积，D 为膜内扩散系数，C 为胃肠液中药物浓度（外部浓度），C_0 为在血液中药物浓度（内部浓度），h 为膜厚度。

一般药物进入循环系统后，立即转运至全身，故药物在吸收部位血液中浓度较低，可忽略不计。因此，转运的扩散速率与消化液中的药物浓度成正比。设 $\frac{DS}{h}=k_a$，则①式可以简化为

$$-\frac{dC}{dt} = \frac{DS}{h}C = Ck_a \quad ②$$

由②式可看出，药物的扩散属于一级速率过程。若以 $\frac{dX}{dt}$ 表示药物的扩散速率，则

$$-\frac{dX}{dt} = k_a X \quad ③$$

将③式积分，得

$$\ln X = \ln X_0 - k_a t \quad ④$$

以时间 t 对肠内残存的 $\ln X$ 作图，通过斜率可求算 K_a，即药物在体肠实验的吸收速率常数。

吸收半衰期计算公式为

$$t_{\frac{1}{2}} = \frac{0.693}{k_a} \quad ⑤$$

$$单位时间吸收百分率 = \frac{C_0 V_0 - C_t V_t}{C_0 V_0 t} \times 100\% \quad ⑥$$

式中，C_0为肠灌流液药物初始浓度，V_0为肠灌流液药物初始体积，C_t为t时刻肠灌流液药物浓度，V_t为t时刻肠灌流液体积，t为肠灌流液循环灌流时间。

由于小肠能吸收肠灌流液中的水和对乙酰氨基酚，而酚红不能被小肠吸收，通过测定不同时间酚红浓度来计算不同时间供试液的体积，从而校正肠灌流液的体积。

【实验仪器与材料】

1. 仪器。恒流泵，乳胶管（19♯），玻璃插管，恒温水浴锅，红外烤灯，台式高速离心机，高效液相色谱仪，紫外-可见分光光度计，量瓶，具塞刻度试管，刻度吸管，移液器，恒温鼠板，手术剪，眼科剪，止血钳，镊子，结扎线等。

2. 试剂。对乙酰氨基酚储备液（1000μg/ml），酚红储备液（200μg/ml），2%戊巴比妥钠，1mol/L NaOH，生理盐水，Krebs-Ringer's 磷酸盐缓冲液（简称 K-R 液，每 1000ml 含 NaCl 7.8g，KCl 0.35g，$NaHCO_3$ 1.37g，NaH_2PO_4 0.32g，$MgCl_2$ 0.02g，$CaCl_2$ 0.37g，葡萄糖 1.40g）。

3. 动物。健康雄性 SD 大鼠，体重约为 250g。

【实验操作】

1. 溶液的配制。

（1）含酚红的 K-R 液：精密吸取酚红储备液 10ml 置 100ml 量瓶中，用 K-R 液稀释至刻度，混匀，得含酚红（浓度为 20μg/ml）的 K-R 液。

（2）空白肠灌流液：将大鼠十二指肠段两端分别插管固定，先用 37℃生理盐水将肠内容物冲洗干净，用 K-R 液快速充满肠段后，再以 0.2ml/min 的速度持续泵入肠段，在出口处收集流出液，作为空白肠灌流液。

（3）肠灌流液：精密吸取对乙酰氨基酚储备液 5ml 和酚红储备液 10ml 置 100ml 量瓶中，用 K-R 液稀释至刻度，混匀，得到含 50μg/ml 对乙酰氨基酚和 20μg/ml 酚红的肠灌流液。

2. 样品浓度的测定。

（1）酚红浓度的测定：精密吸取样品溶液 1ml 于 2ml 塑料离心管中，以 10000rpm 离心 5min，取上清液 0.5ml 置于 10ml 具塞刻度试管中，加入 1mol/L NaOH 5ml，摇匀，以 1mol/L NaOH 作为空白对照，采用紫外-可见分光光度计测定吸光度值，检测波长为 558nm。

（2）对乙酰氨基酚浓度的测定：精密吸取样品溶液 1ml 置 2ml 塑料离心管中，以 10000rpm 离心 5min，取上清液 20μl，按照以下色谱条件进样分析。

色谱条件：C_{18}柱（5μm，250mm×4.6mm），流动相为甲醇-水（20∶80），检测波长为 254nm，柱温为 35℃，进样体积为 20μl。

3. 标准曲线的制备。

（1）酚红的标准曲线：分别精密吸取 200μg/ml 的酚红储备液 0.5ml、1.0ml、2.0ml、3.0ml、4.0ml 置于 10ml 量瓶中，用 K-R 液稀释至刻度，混匀，得浓度分别为 10.0μg/ml、20.0μg/ml、40.0μg/ml、60.0μg/ml、80.0μg/ml 的系列标准溶液。再

分别精密吸取该系列标准溶液 0.5ml 置于 10ml 具塞刻度试管中，加入 1mol/L NaOH 5ml，摇匀显色后，在波长 558nm 处测定吸光度（A'），以 A' 为纵坐标、浓度（C）为横坐标进行线性回归，即得酚红的标准曲线方程，并记录结果。

（2）对乙酰氨基酚的标准曲线：分别精密吸取 1000μg/ml 对乙酰氨基酚储备液 0.5ml、1.0ml、2.5ml、4.0ml、5.0ml 置于 50ml 量瓶中，用 K-R 液稀释至刻度，混匀，得浓度分别为 10.0μg/ml、20.0μg/ml、50.0μg/ml、80.0μg/ml、100.0μg/ml 的系列标准溶液，采用高效液相色谱法进样测定，以峰面积（A）为纵坐标、浓度（C）为横坐标进行线性回归，即得对乙酰氨基酚的标准曲线方程，并记录结果。

4. 对乙酰氨基酚在肠灌流液中的稳定性考察。

取 1000μg/ml 对乙酰氨基酚储备液 2.5ml 置 50ml 量瓶中，加空白肠灌流液稀释至刻度，混匀，得到 50μg/ml 对乙酰氨基酚肠灌流液 50ml。将该溶液置 37℃±1℃ 水浴中孵育，分别于 0h、0.5h、1.0h 和 2.0h 取样 1ml，按"2.（2）对乙酰氨基酚浓度的测定"方法，考察 37℃±1℃ 条件下对乙酰氨基酚在肠灌流液中的稳定性，并记录结果。

5. 大鼠肠壁对对乙酰氨基酚的物理吸附、代谢或摄取考察。

取 1000μg/ml 对乙酰氨基酚储备液 2.5ml 置于 50ml 量瓶中，加 K-R 液稀释至刻度，混匀，得到 50μg/ml 对乙酰氨基酚供试液 50ml。

取大鼠十二指肠 10cm，用玻璃棒翻转后结扎两端，洗净肠内容物，将肠段置于 100ml 烧杯中，加入对乙酰氨基酚供试液 50ml，37℃±1℃ 水浴中孵育 1.5h，按"2. 样品浓度的测定"方法测定孵育前后对乙酰氨基酚的浓度，计算孵育后对乙酰氨基酚相较于 0 时刻的偏差，并记录结果。

6. 大鼠在体肠吸收。

（1）大鼠十二指肠循环灌流。

按"1. 溶液的配制"方法配制肠灌流液 100ml，备用。所用生理盐水、含酚红 K-R 液和肠灌流液均预先置于 37℃ 水浴中保温，备用。

取禁食 12h 的健康雄性 SD 大鼠，腹腔注射 2% 戊巴比妥钠溶液（浓度为 20mg/ml，剂量为 40mg/kg）麻醉，将大鼠背位固定于操作台上，用红外烤灯照射保持体温。沿腹部正中线剖开腹腔约 3cm，暴露胃及十二指肠，从胃幽门下端 1cm 处开始，向下量取十二指肠适宜长度，两端各剪一小口，插入肠玻璃插管，使肠玻璃插管管尖间距（有效灌流长度）为 10cm，用线扎紧固定，插管另一端分别接乳胶管，乳胶管安装于恒流泵，按如图 10-7 所示装置进行在体肠循环灌流实验。首先，用 37℃ 生理盐水冲洗肠内容物，待流出液澄清后，排尽管道内的生理盐水，换 37℃ 含酚红 K-R 液以 5ml/min 的流速平衡 10min。其次，取 37℃ 的肠灌流液 50ml，以 5ml/min 流速循环灌流，10min 后将流速调至 2.5ml/min，立即取肠灌流液 1ml，同时补加同温等量的含酚红 K-R 液，并开始计时。最后分别于 0min、15min、30min、45min、60min、75min 和 90min 同法取样，按"2. 样品浓度的测定"方法测定灌流样品中酚红和对乙酰氨基酚的浓度，并记录结果。

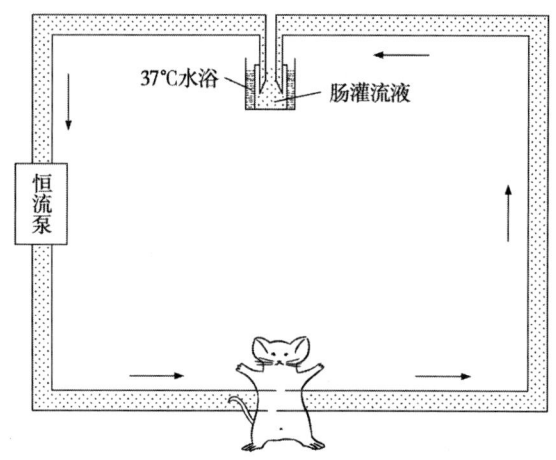

图 10-7 大鼠在体肠实验示意图

（2）肠吸收面积计算。

实验结束后，从两插管结扎处剪下小肠，冲洗后剖开，摊于平面上，测量其有效宽度和长度，计算肠吸收面积。

【实验结果与讨论】

1. 标准曲线。

按"实验操作 3.（1）酚红的标准曲线"方法测定后，以酚红的吸光度（A'）为纵坐标、浓度（C）为横坐标进行线性回归，即得酚红的标准曲线方程，结果填于表10-21。按"实验操作 3.（2）对乙酰氨基酚的标准曲线"方法测定后，以对乙酰氨基酚的峰面积（A）为纵坐标、浓度（C）为横坐标进行线性回归，即得对乙酰氨基酚的标准曲线方程，结果填于表 10-22。

表 10-21 酚红标准曲线数据及方程

C（μg/ml）	10.0	20.0	40.0	60.0	80.0
A'					
标准曲线方程	$A' = $ _____ $C + $ _____ ，$r = $ _____				

注：r 为相关系数。

表 10-22 对乙酰氨基酚标准曲线及方程

C（μg/ml）	10.0	20.0	50.0	80.0	100.0
A					
标准曲线方程	$A = $ _____ $C + $ _____ ，$r = $ _____				

2. 稳定性及肠吸附考察。

按"实验操作 4. 对乙酰氨基酚在肠灌流液中的稳定性考察"方法操作后，记录峰面积 A，代入标准曲线方程计算对乙酰氨基酚浓度，结果填于表 10-23。按"实验操作 5. 大鼠肠壁对对乙酰氨基酚的物理吸附、代谢或摄取考察"方法操作后，计算对乙酰氨基酚的剩余百分率（residual percentage，RP）。

$$RP = \frac{C_t - C_0}{C_0} \times 100\%$$

表 10－23　对乙酰氨基酚在肠灌流液中的稳定性及肠壁吸附结果

t (h)	0.0	0.5	1.0	2.0
A				
C (μg/ml)				
RP (%)				

3. 在体肠吸收实验。

取肠灌流样品，分别按"实验操作 2.（1）酚红浓度的测定"和"实验操作 2.（2）对乙酰氨基酚浓度的测定"方法测定并计算酚红及对乙酰氨基酚的浓度，结果填于表 10－24 和表 10－25。

表 10－24　在不同时刻酚红的测定数据及结果

t (min)	0	15	30	45	60	75	90
A'							
C (μg/ml)							

表 10－25　在不同时刻对乙酰氨基酚的测定数据及结果

t (min)	0	15	30	45	60	75	90
A							
C (μg/ml)							

将实验数据按以下公式进行计算：

$$单位时间吸收百分率 = \frac{0\min 剩余药量 - 60\min 剩余药量}{0\min 剩余药量} \times 100\%$$

以剩余药量的对数 $\ln X$ 对取样时间 t 作图，按"实验原理"中的公式及表 10－26，计算吸收速率常数、吸收半衰期和单位时间吸收百分率，并填入表 10－27。

表 10－26　大鼠在体小肠吸收量计算式

取样时间 (h)	对乙酰氨基酚		酚红		供试液体积 (ml)	剩余药量 (μg)
	吸光度	浓度	吸光度	浓度		
循环前	A_0	C_0	A'_0	C'_0	$V_0 = 50$	$X_0 = 50 \times C_0$
0.00	A_1	C_1	A'_1	C'_1	$V_1 = \dfrac{C'_0 V_0}{C'_1}$	$X_1 = C_1 V_1$
0.25	A_2	C_2	A'_2	C'_2	$V_2 = \dfrac{(V_1 - 1)C'_1 + 20}{C'_2}$	$X_2 = C_2 V_2 + 1 \times C_1$

续表

取样时间 (h)	对乙酰氨基酚		酚红		供试液体积（ml）	剩余药量（μg）
	吸光度	浓度	吸光度	浓度		
0.50	A_3	C_3	A'_3	C'_3	$V_3 = \dfrac{(V_2 - 1)C'_2 + 20}{C'_3}$	$X_3 = C_3 V_3 + 1 \times (C_1 + C_2)$
⋮	⋮	⋮	⋮	⋮	⋮	⋮
t_n	A_n	C_n	A'_n	C'_n	$V_n = \dfrac{(V_{n-1} - 1)C'_{n-1} + 20}{C'_n}$	$X_n = C_n V_n + 1 \times \sum\limits_{i=1}^{n-1} C_{n-1}$

表 10-27 大鼠在体小肠吸收数据处理结果

取样时间（min）	循环前	0	15	30	45	60	75	90
供试液体积（V）(ml)								
剩余药量（X）(μg)								
$\ln X$								
k_a (h^{-1})								
$t_{\frac{1}{2}}$ (h)								

根据小肠面积计算单位面积（cm^2 或 $100cm^2$）和单位时间的吸收率（%）。

【思考题】

1. 酚红在本实验中的作用是什么？本方法可否应用于其他药物小肠吸收的研究？
2. 根据实验结果，试推测对乙酰氨基酚在肠道的吸收机制。影响其吸收的因素有哪些？

（杨俊毅）

实验十二 大鼠口服给药药动学实验

【实验目的】

1. 掌握药动学实验设计、操作及数据处理方法。
2. 熟悉高效液相色谱法测定血药浓度方法的建立及初步评价。
3. 了解血浆样品的处理方法。

【实验原理】

药动学是定量研究药物（包括外来化学物质）在生物体内的吸收、分布、代谢和排泄（简称体内过程）动态变化规律的一门学科。在实验基础上，建立数学模型，计算相应的药动学参数后，可以了解药物在体内随时间变化的规律，从而对药物在体内的过程进行预测，应用于新药的成药性评价、制剂优选和临床药物治疗方案设计及合理用药。

血药法的原理是基于药物进入机体后，主要通过血液循环系统进行转运，通常血液中药物浓度的水平与药物效应是正相关的。因此，探究血药浓度变化规律可间接地反映药物的有效性和安全性。实验方法是选择适当的给药途径，将药物给予受试者或受试动物，于规定时间采集血样，采用合适的分析方法测定血样中的药物浓度，得到一系列经时血药浓度数据。运用药动学方法计算出药动学参数，如 $C-t$ 曲线下面积（AUC）、药峰浓度（C_{max}）、达峰时间（t_{max}）、速度常数（k）、半衰期（$t_{\frac{1}{2}}$）、表观分布容积（V）等，从而了解药物的吸收、分布和消除规律。

对乙酰氨基酚能溶于乙醇、丙酮和热水，难溶于水，不溶于石油醚和苯；无气味，味苦；口服吸收迅速、完全，在体内分布均匀，大部分经肝脏代谢，中间代谢产物对肝脏有毒，主要以葡糖醛酸结合物形式经肾脏排泄。

【实验仪器与材料】

1. 仪器。量瓶，刻度吸管，肝素化塑料离心管，塑料离心管，巴氏滴管，移液器，高效液相色谱仪，色谱柱，预柱，液相进样针，台式高速离心机，漩涡混合仪，红外烤灯，灌胃针，2ml 注射器，剪刀，烧杯，离心管架，夹子等。

2. 试药及试剂。对乙酰氨基酚（含量按 100% 计），甲醇（色谱纯），超纯水等。

3. 动物。健康雄性 SD 大鼠，体重约为 250g。

【实验操作】

1. 空白血的采集。

取 250g 左右健康雄性 SD 大鼠 1 只，于股动脉取空白血，置于 5ml 肝素化塑料离心管中，轻轻翻转混匀，以 8000rpm 离心 5min，取上层血浆，备用。

2. 血浆样品处理。

取血浆样品 100μl 于 2ml 塑料离心管中，加 10μl 超纯水和 300μl 甲醇，涡旋混合 3min，以 12000rpm 离心 5min，取上清液于新的 2ml 塑料离心管中，以 12000rpm 离心 1min，取上清液 20μl 进行分析。

3. 高效液相色谱条件。

色谱柱：C_{18} 柱，5μm，250mm×4.6mm；

预柱：柱芯为 C_{18} 柱；

流动相：甲醇-水（20∶80）；

检测波长（λ）：254nm。

4. 标准曲线的制备。

（1）标准溶液的配制。

配制浓度分别为 1000μg/ml、500μg/ml、100μg/ml、50μg/ml 和 10μg/ml 的对乙酰氨基酚系列标准溶液。

(2) 标准血浆样品的制备。

分别精密吸取 100μl 空白血浆于 5 支 2ml 塑料离心管中，分别加入上述对乙酰氨基酚标准溶液 10μl，涡旋 30s，得到浓度分别为 100μg/ml、50μg/ml、10μg/ml、5μg/ml 和 1μg/ml 的标准血浆样品。分别加入 300μl 甲醇，按"2. 血浆样品处理"中"涡旋混合 3min"起同法操作。结果记录于表 10-28。以峰面积（A）对血药浓度（C）作标准曲线，计算回归方程：$A = b \cdot C + a$ 和相关系数 r。

表 10-28 标准曲线结果

	样品编号				
	S1	S2	S3	S4	S5
C (μg/ml)	100	50	10	5	1
A					
标准曲线方程	$A = $ _____ $C + $ _____ ，$r = $ _____				

5. 精密度和准确度的考察。

配制浓度分别为 800μg/ml、100μg/ml 和 20μg/ml 的对乙酰氨基酚标准溶液。

按"4.（2）标准血浆样品的制备"方法，取上述标准溶液，配制高、中、低浓度分别为 80μg/ml、10μg/ml 和 2μg/ml 的标准血浆样品各 3 份，同法处理后，用高效液相色谱仪进行测定，记录峰面积 A，代入标准曲线方程计算测得浓度 C'，结果填于表 10-29；合并 2 组（本组和邻组）C' 数据，使得 $n \geq 5$，以 C' 计算高、中、低浓度组 RSD 和回收率，结果填于表 10-30。

表 10-29 样品浓度测定结果

	C (μg/ml)								
	80			10			2		
编号	C1	C2	C3	C4	C5	C6	C7	C8	C9
A									
C' (μg/ml)									

表 10-30 精密度和准确度评价结果（$n \geq 5$）

C (μg/ml)	C' (μg/ml)	回收率（%）	$\bar{x} \pm SD$	RSD（%）
80				
80				
80				
80 *				
80 *				
80 *				

续表

C (μg/ml)	C' (μg/ml)	回收率（%）	$\bar{x} \pm SD$	RSD（%）
10				
10				
10				
10 *				
10 *				
10 *				
2				
2				
2				
2 *				
2 *				
2 *				

＊：邻组数据。本组为第_____组，邻组为第_____组。

6. 大鼠体内血药浓度的测定。

（1）血样的采集：取体重约为 250g 的健康雄性 SD 大鼠 1 只，实验前至少禁食 12h，可自由饮水，给药前称重，然后灌胃给予大鼠对乙酰氨基酚溶液（浓度为 20mg/ml，给药剂量为 80mg/kg），在给药后 0.25h、0.50h、1.00h、2.00h、3.00h、4.00h 和 5.00h 于尾静脉采血 0.3ml，置于 2ml 肝素化塑料离心管中，轻轻翻转混匀，以 8000rpm 离心 5min，分离上层血浆样品，备用。给药 4h 后可以喂食。

（2）血药浓度测定：精密吸取血浆样品 100μl，按"2. 血浆样品处理"方法操作，记录峰面积，外标法计算血药浓度，结果填于表 10-31。

表 10-31 血药浓度测定结果

鼠体重： 　　　　给药体积： 　　　　给药时间：

	编号						
	1	2	3	4	5	6	7
采血时间（t）(h)	0.25	0.50	1.00	2.00	3.00	4.00	5.00
峰面积（A）							
血药浓度（C）(μg/ml)							
$\ln C$							

【实验结果与讨论】

1. 标准曲线的回归分析及绘制。

以表 10-28 中峰面积（A）对标准曲线中血药浓度（C）作图，求得线性回归方程

$A = b \cdot C + a$，并计算相关系数 r。

以 A 为纵坐标、C 为横坐标，绘制标准曲线。

2. $C-t$ 曲线的绘制。

用表 10-31 中的实验数据，以 C 对 t 作图，得药物浓度随时间变化曲线；以 $\ln C$ 对 t 作图，得到对数药物浓度随时间变化曲线。

3. 按照本章实验三"实验结果与讨论"中方法计算消除速率常数（k）、半衰期（$t_{\frac{1}{2}}$）、$C-t$ 曲线下面积（AUC）、达峰浓度（$C_{\max}$）和达峰时间（$t_{\max}$）。

4. 药动学软件处理血药浓度数据。

采用 DAS 3.0 药动学软件对表 10-31 中的数据进行处理，得到隔室模型参数和统计矩参数。根据这两类参数对本药动学实验结果进行评价。

【思考题】

1. 简述血药法在药动学研究中的意义。
2. 血浆样品处理方法有哪些？
3. 建立和验证生物样品分析方法包括哪些内容？
4. 隔室模型参数和统计矩参数在药动学实验结果评价方面的作用分别是什么？

（杨俊毅）

实验十三　生物等效性虚拟仿真实验

【实验目的】

1. 了解临床药动学中人体生物等效性实验的过程。
2. 熟悉生物等效性实验的实验设计及实验各环节要求。
3. 熟悉药动学软件的使用。

【实验原理】

生物等效性是指在相似的试验条件下单次或多次给予相同剂量的试验药物后，受试制剂中药物的吸收速度和吸收程度与参比制剂的差异在可接受范围内。生物等效性研究方法按照研究方法评价效力，其优先顺序为药代动力学研究、药效动力学研究、临床研究和体外研究。

对于大多数药物而言，生物等效性研究着重考察药物自制剂释放进入体循环的过程，通常将受试制剂在机体内的暴露情况与参比制剂进行比较。通过测定可获得的生物基质（如血液、血浆、血清）中的药物浓度，取得药代动力学参数作为终点指标，反映药物释放并被吸收进入循环系统的速度和程度。通常采用药代动力学终点指标 AUC、$C_{\max}$ 和 $t_{\max}$ 进行评价。

生物等效性实验设计及实施需符合相关研究技术指导原则和《药物临床试验质量管理规范》(GCP，2020 年 4 月 27 日发布，自 2020 年 7 月 1 日起施行)。本实验根据项目具体情况，主要要求包括但不限于：

受试者：年龄≥18 岁；健康志愿者，男女兼顾；体重指数 19～26kg/m²；样本量≥18 例；签署知情同意书；餐前及餐后实验。

实验设计：实验需有参比制剂，采用随机自身对照交叉实验设计，见表 10-32 和表 10-33。

表 10-32 双周期交叉试验设计

受试者分组	A 组	B 组
第一周期	T	R
第二周期	R	T

注：R，参比制剂；T，供试制剂。

表 10-33 3 周期二重 3×3 拉丁方交叉试验设计

受试者分组	A 组	B 组	C 组	D 组	E 组	F 组
第一周期	T1	T2	R	T1	R	T2
第二周期	T2	R	T1	R	T2	T1
第三周期	R	T1	T2	T2	T1	R

洗净期：≥7 个 $t_{\frac{1}{2}}$。

采样点：兼顾药物的吸收相、平衡相（峰浓度附近）和消除相，3～5 个 $t_{\frac{1}{2}}$，持续时间至血药浓度为 C_{max} 的 1/20～1/10。

实验在 I 期临床实验室进行，实验方案需向伦理委员会申请批准并获得通过；实验前关于实验的方案、对受试者的风险和收益必须向志愿受试者说明，签署知情同意书。

数据统计分析如下。

主要药动学参数：AUC、C_{max}、t_{max}。

分析方法：方差分析、双单侧 t 检验；90％置信区间检验及非参数检验方法。AUC、C_{max} 经对数处理后进行统计学检验。

生物等效性标准：90％置信区间检验等效范围 80％～125％；双单侧 t 检验，$t_1 \geq t_{1-\alpha}(\upsilon)$，$t_2 \geq t_{1-\alpha}(\upsilon)$；$t_{max}$ 经非参数法检验，差异无统计学意义。

【实验仪器与材料】

虚拟仿真实验软件：生物等效性虚拟仿真实验（归属于临床药物动力学虚拟仿真实验系统序列）。

软件来源：四川大学华西药学院。计算机软件著作权证书号：软著登字第 4747350 号。

软件操作运行环境与要求：推荐使用火狐浏览器，谷歌浏览器，360 极速浏览器。

操作系统：Windows 7、Windows 10。

终端计算机推荐配置：CPU i5 双核、2.0GHz，内存 4G，硬盘 100G，N 系独立显卡 2G 显存，音箱可选，带滚动轮的鼠标。

【实验操作】

1. 主要功能简介。

（1）实验原理和相关知识学习。主要介绍与该实验相关的知识，包括但不限于仪器原理、仪器结构、实验操作方法和相关注意事项等。

（2）打分和计时。在不通过管理平台修改设置的情况下，系统按照预先设定的默认方式进行打分和计时。

2. 软件功能介绍和使用说明。

（1）封面和主菜单：实验加载后会出现实验封面，在封面右下角会出现如图10-8所示的"开始实验"按键。

图 10-8　"开始实验"按键

点击"开始实验"按键可以进入实验，进入实验中以后首先进入前置教学环节，在该环节，屏幕左上角的主菜单失效。

如图 10-9 所示，首先展示与实验相关的教学知识，如实验目的、实验原理等，每页介绍在几秒后自动翻页，如果在自动翻页前完成阅读，也可以点击"上一页""下一页"进行翻页。

图 10-9　实验说明页面

注：阅读完成后，可以点击"×"进入下一教学环节。

（2）键盘鼠标操作。本软件可以使用键盘、鼠标或游戏手柄来操作。当使用者需要在实验室内漫游参观时，可通过按住键盘控制键或游戏手柄来实现走动、转动、角度变换等。键盘和鼠标功能键设定与大部分三维场景游戏等相同。

键盘控制说明：用 W、A、S、D 控制前进、后退、左移和右移，Z、X 控制放大、缩小，鼠标右键控制角度，鼠标左键控制选取物品。键盘鼠标操作说明如图 10-10、图

10－11 所示。

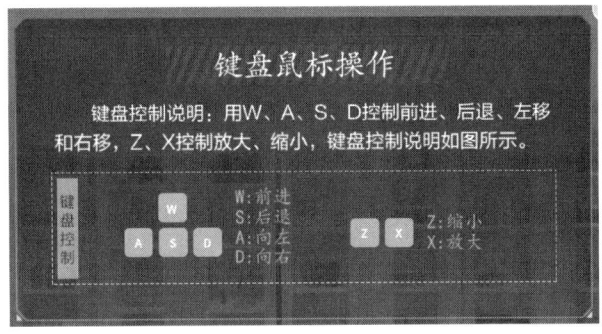

图 10－10　键盘鼠标操作说明（一）

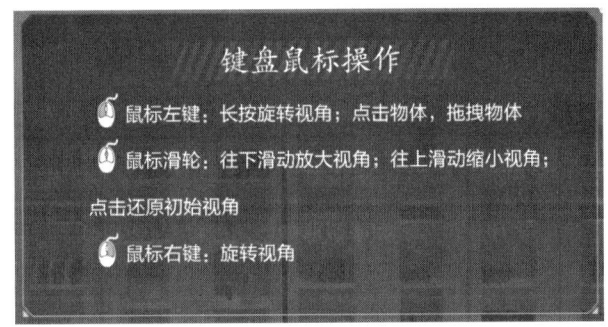

图 10－11　键盘鼠标操作说明（二）

（3）教学菜单。点击教学菜单，弹出的下拉菜单中有"实验目的""实验原理""思考题"以及实验相关的其他介绍，每个实验的具体内容有所不同。

（4）信息菜单。点击信息菜单，弹出的下拉菜单中显示实验进行时实验室内的温度、气压及湿度等相关信息。

（5）点击其他功能菜单，在弹出的下拉菜单中点击提前提交分数选项，显示当前基础分数、有效步骤分数、总分，以及是否确认提交分数。

【实验结果与讨论】

各实验环节的要求及注意事项。

【思考题】

1. 实验为什么采用自身对照交叉实验设计？
2. 生物等效性评价的主要药动学参数有哪些？分别采用什么统计学分析方法评价？
3. 血浆样品前处理和分析方法有哪些？

（杨俊毅）

【参考文献】

钟国平，2017. 药代动力学实验教程［M］. 广州：中山大学出版社．

蔡雅琴，冯军，侯延辉，等，2018.3种丹皮酚凝胶经皮渗透性能的比较［J］.中成药，40（1）：66－70.

何勤，尹红梅，2019.新编药学实验教程（上、下）［M］.成都：四川大学出版社.

尹莉芳，张娜，2022.生物药剂学与药物动力学［M］.北京：人民卫生出版社.

国家药典委员会，2025.中华人民共和国药典（2025年版）：四部［M］.北京：中国医药科技出版社.

第十一章 高等分子生物学实验

【课程介绍】

高等分子生物学实验课程是生物化学与分子生物学实验以及理论课程的接续。本课程以酶分子定向进化和基因编辑等高阶研究专题为教学路径,整合无菌操作及微生物培养、质粒抽提、核酸电泳及纯化、DNA 重组、PCR 扩增、定点饱和突变、异源蛋白表达、DNA 测序、酶活性分析、蛋白质工程设计、酶催化机制分析、蛋白质与 RNA 水平分析等多个实验内容,借助课题研究合力,在提高学生实验操作技能的同时,着力培养其科研创新思维和科学素养。课程采用引导式、探究式教学设计,引导学生独立思考、自主学习、自主探索,并能自主提出科学问题、自主创新实验设计、自主优化实验方案、自主分析并解决问题,全面系统地培养学生的创新能力和科学素养。

实验一 TRIzol 法提取细胞总 RNA

【实验目的】

1. 明确 RNA 研究在分子生物学相关研究中的地位及重要意义。
2. 了解 RNA 相关操作细节及其注意事项。
3. 掌握 TRIzol 一步分离法提取 RNA 的基本原理和实验方法。

【实验原理】

RNA 是遗传信息表达的关键载体,研究 RNA 是分析基因表达和构建表达系统的重要内容。RNA 研究需要将 RNA 从复杂的组织细胞中提取、分离、纯化出来。

RNA 提取的原则:①保证 RNA 一级结构的完整性;②提取的 RNA 样品中不存在对酶有抑制作用的有机溶剂及浓度过高的金属离子;③其他生物大分子(如蛋白质、多糖和脂类分子)的污染应降低到最低程度;④排除其他核酸分子(如 DNA)的污染。提取 RNA 的方法有很多,可根据标本来源和最终用途选择合适的方法。TRIzol 一步分离法具有简便快速,提取的 RNA 产率高、纯度高、完整性好等优点,可用于逆转录建库和表达分析。

TRIzol 是主要成分为苯酚和异硫氰酸胍的复合试剂。苯酚可裂解细胞，使蛋白质变性与核酸解聚，从而释放 RNA。异硫氰酸胍也是强有力的蛋白质变性剂，能迅速溶解蛋白质，导致细胞结构破碎，释放 RNA。此外，异硫氰酸胍对核糖核酸酶（ribonuclease，RNase）的变性作用可保护 RNA 不被降解。组织细胞在 TRIzol 中匀浆后加三氯甲烷分相，此时 DNA 优先分配于密度大的酚/三氯甲烷有机相中，RNA 溶解于上层水相，组织蛋白以及部分核蛋白则以沉淀形成中间相。

【仪器与材料】

台式低温高速离心机，超净工作台，涡旋振荡仪，匀浆器。

TRIzol，无 RNase 无菌水，三氯甲烷，异丙醇，75％乙醇（用无 RNase 水配制），TE 缓冲液，无 RNase 离心管及架子，移液器，无 RNase 吸头。

无 RNase 无菌水的配制：去离子水中加入焦碳酸二乙酯（diethy pyrocarbonate，DEPC）至终浓度为 0.1％，37℃放置 12～16h，再高压灭菌 30min 以去除残留的 DEPC。

100×TE 缓冲液的配制：称取三羟甲基氨基甲烷（Tris）121.1g、乙二胺四乙酸二钠（EDTA-Na_2）237.23g，加入约 800ml 双蒸水，加热搅拌溶解后用浓盐酸调节 pH 至 8.0，最后定容至 1000ml。用时稀释 100 倍。

【实验操作】

1. 样品同质化。

(1) 细胞样品：按如下方法进行变性裂解后转移至 1.5ml 无 RNase 离心管，室温静置 5min。

①贴壁细胞：弃培养液，加入 1ml TRIzol（每 $10cm^2$ 加入 1ml），轻轻摇动培养瓶（皿）后吸打至细胞裂解，液体黏稠。

②悬浮细胞：800g 离心 5min，收集细胞，加入 1ml TRIzol（1ml TRIzol 适用于 $5×10^6$～$10×10^6$ 个的动物、植物或酵母细胞，或 $1×10^7$ 个细菌细胞）轻轻吸打至细胞裂解，液体黏稠。一些酵母和细菌细胞的裂解可能需要使用均质器。

(2) 组织样品：取 100mg 新鲜组织，加入液氮迅速冷冻后用研钵磨碎；或加入适量 TRIzol，用剪刀剪碎。加入 TRIzol 至 1ml，移入匀浆器，冰浴条件下缓慢充分匀浆（15～20 次），室温静置 5min。

可选步骤：对于蛋白质、脂肪、多糖和细胞外基质含量高的肌肉、脂肪组织等，同质化后需要于 4℃以 12000g 离心 10min，除去不溶物。

2. 相分离。

向上述同质化的组织（或细胞）样品中加入 0.2ml 三氯甲烷，用手大力摇管 15s，静置 2min 后，于 4℃以 12000g 离心 15min。离心后，混合物分离为下层红色的酚/三氯甲烷相、中间相以及上层无色的水相。RNA 存在于水相。吸取上层无色水相至另一干净无 RNase 离心管中，得 RNA 粗品。

3. RNA 沉淀。

向上述 RNA 粗品中加入 0.5ml 异丙醇，将管中液体轻轻混匀，室温静置 10min 后于 4℃以 12000g 离心 10min。离心后在管侧面和底部形成凝胶样沉淀，弃去上清液。

4. RNA 洗涤。

向上述 RNA 沉淀中加入至少 1ml 75％乙醇，涡旋混合后于 4℃以 7500g 离心 5min，弃去上清液。

5. 重新溶解获得 RNA 样品。

晾干（勿使 RNA 沉淀完全干燥），然后加入适量无 RNase 无菌水，于 65℃促溶 10~15min，即得总 RNA。

6. 上述总 RNA 分装后于-80℃保存备用。

【注意事项】

1. TRIzol 与皮肤接触及吞咽后会对人体造成伤害，可导致烧伤。操作时应戴手套，同时注意保护眼睛，避免试剂与皮肤或衣物接触；使用化学通风橱，避免吸入蒸气。与皮肤接触后，应立即用洗涤剂和大量水冲洗。若感到身体不适，应立即就医（如果需要，应出示产品标签）。

2. TRIzol 在室温下可稳定保存 12 个月，但宜储存于 2~8℃，以保证最佳性能。

3. 样品和 TRIzol 的加入量一定要按"实验操作 1. 样品同质化"比例进行调整，不得随意增加样品量或减少 TRIzol 量，否则无法完全抑制内源性 RNase，导致 RNA 降解。

4. 实验过程中必须严格防止 RNase 污染。全程戴手套和口罩，在洁净区严格遵循无菌操作规范，使用无菌无 RNase 用具（包括离心管及吸头等）。

5. RNA 可以用无 RNase 无菌水或 0.5％ SDS 溶液溶解。若 RNA 将用于酶反应，则不能使用 SDS。

6. 同质化后加入三氯甲烷前，样品可以于-80℃存储一个月以上；RNA 沉淀在洗涤后可以在 2~8℃存储一周以上，或在-20℃存储一年以上。

【思考题】

1. 如何提取 mRNA？
2. 为什么 mRNA 的逆转录可以直接以总 RNA 为模板？

（李晓红）

实验二　琼脂糖凝胶电泳结合紫外分析鉴定 RNA

【实验目的】

1. 明确 RNA 样品的质量对于 RNA 相关研究的意义及重要性。
2. 掌握总 RNA 鉴定的常用实验方法和基本原理。

【实验原理】

RNA 样品的鉴定主要包括定量、纯度鉴定和完整性分析。

RNA 的定量与纯度鉴定常采用紫外-可见分光光度法。波长 260nm、280nm 和 230nm 处的吸光度值分别代表了核酸、蛋白质和残余盐的存在,260nm 处的吸光度可用于 RNA 定量(OD 值为 1 相当于大约 $40\mu g/ml$ 单链 RNA),OD_{260}/OD_{280} 值可用于估计 RNA 样品的纯度,OD_{260}/OD_{230} 值可提示残余盐的量。RNA 纯品的 OD_{260}/OD_{280} 值接近 2.0。若 OD_{260}/OD_{280} 小于 1.8,则表示有蛋白质和其他有机物的存在(可以增加酚抽提);大于 2.0,则表示 RNA 有降解。RNA 样品的 OD_{260}/OD_{230} 应大于 2.0,若比值较小,则表示有残余异硫氰酸胍,可重复异丙醇沉淀的操作。

RNA 完整性分析的经典方法是变性琼脂糖凝胶电泳法(快速检测通常采用普通琼脂糖凝胶电泳),电泳分离后可通过分析 28S rRNA 和 18S rRNA 的条带及浓度比值确定 RNA 样品的降解情况。若 28S rRNA 和 18S rRNA 的条带清晰明亮且前者的浓度为后者的 2 倍及以上,则表示 RNA 样品完整无降解。

【仪器与材料】

NanoDrop 核酸定量仪,电泳仪,水平电泳槽,分析天平,微波炉,凝胶成像仪。

无 RNase 水,TE 缓冲液,琼脂糖,GoldView Ⅱ 型核酸染料,核酸分子量标准,6×DNA Loading Buffer,10×3-(N-吗啉代)丙烷磺酸(3-N-morpholine propane sulphonic acid,MOPS)缓冲液 [含 0.4mol/L MOPS(pH 7.0)、0.1mol/L 醋酸钠和 10mol/L EDTA],甲醛,甲酰胺(去离子),过氧化氢,DEPC,无 RNase 离心管及架子,移液器与无 RNase 吸头。

【实验操作】

1. RNA 定量与纯度鉴定。

取 $2\mu l$ RNA 样品于 NanoDrop 核酸定量仪上用微滴法进行测量,记录数据。

2. RNA 完整性鉴定——非变性琼脂糖凝胶电泳法。

(1) 琼脂糖凝胶的制备。

①将制胶用具洗净,晾干,放入制胶槽,插上样品梳。

②称取琼脂糖 0.2g 于干净锥形瓶中，加入 1×TE 缓冲液 20ml，置微波炉中，加热至琼脂糖完全溶化（注意避免液体沸腾溢出），取出摇匀。

③向冷却至 60℃左右的琼脂糖溶液中加入 2μl 核酸染料，混匀后轻轻倒入制胶水平板上（注意避免气泡产生）。

④室温静置约 30min 后，琼脂糖凝固，垂直向上轻轻拔出样品梳。将制胶水平板从制胶槽取出，放入已有 1×TE 缓冲液的水平电泳槽内。

（2）加样。

将 5μl RNA 样品与 1μl 6×Loading Buffer 混合后，用微量移液器加到样品孔中。同时，选择另一孔加入核酸分子量标准。

（3）电泳。

安装好电极导线（点样孔一端接负极），打开电源，调节电压至 10V/cm，电泳约 10min 即停止。

（4）观察。

取出凝胶，置于凝胶成像仪，分析 28S rRNA 和 18S rRNA 条带情况，拍照记录电泳图谱。若 28S rRNA、18S rRNA 和 5S rRNA 三条带清晰可见，28S rRNA 条带亮度接近 18S rRNA 的 2 倍，且在加样孔附近无条带，提示无 DNA 污染、RNA 无明显降解。

3. RNA 完整性鉴定——变性琼脂糖凝胶电泳法。

（1）琼脂糖凝胶的制备。

①将干净的制胶用具用 70%乙醇冲洗一遍，晾干备用。

②称取琼脂糖 0.2g 于干净锥形瓶中，加入 20ml 无 RNase 水，置微波炉中加热至琼脂糖完全溶化（注意避免液体沸腾溢出），取出摇匀。

③向冷却至 60℃左右的琼脂糖溶液中依次加入 4.5ml 甲醛、一定量 10×MOPS 缓冲液，2~3μl 核酸染料，混匀后轻轻倒入制胶槽水平板上（注意避免气泡产生）。

④室温静置大约 30min 后，琼脂糖凝固，垂直向上轻轻拔出样品梳。将制胶水平板从制胶槽取出，放入已加有 1×MOPS 缓冲液的电泳槽内。

（2）样品准备及加样。

取无 RNase 离心管，加入 10×MOPS 缓冲液 2.0μl、甲醛 3.5μl、甲酰胺（去离子）10μl 和 RNA 样品 4.5μl，混匀后置于 60℃水浴 10min，再冰浴 2min 后，加入上样缓冲液，混匀后，用微量移液器加入样品孔。

（3）电泳。

安装好电极导线（点样孔一端接负极），打开电源，调节电压至 7.5V/cm。当溴酚蓝移到距凝胶前沿 1~2cm 时，停止电泳。

（4）观察。

取出凝胶，置于凝胶成像仪，分析 28S rRNA 和 18S rRNA 的条带情况，拍照记录电泳图谱。

【注意事项】

1. 变性琼脂糖凝胶电泳的电泳槽清洗：去污剂浸泡过夜后依次用水、乙醇冲洗，干燥，再灌满 3% 过氧化氢，室温放置 10min 后，用无 RNase 水冲洗。

2. 非变性电泳在 1.0%～1.4% 琼脂糖浓度下能有效分离 RNA，可快速检测总 RNA 样品的完整性。但由于分离受构型影响，因此无法准确判断其分子量。若要准确分析 RNA 的分子量，必须使用变性凝胶。RNA 充分变性后可依据分子大小进行电泳分离。

【思考题】

琼脂糖凝胶电泳中，影响核酸分子迁移率的因素有哪些？

（李晓红）

实验三　逆转录 PCR

【实验目的】

1. 掌握逆转录 PCR 的基本原理和实验方法。
2. 了解目的基因制备的常用方法及各种方法的应用。

【实验原理】

逆转录 PCR，或称反转录 PCR（reverse transcription polymerase chain reaction，RT－PCR），是 PCR 的一种变形。在 RT－PCR 中，RNA 链被逆转录成为互补 DNA（complementary DNA，cDNA），再通过 PCR 进行扩增。RT－PCR 灵敏度高，可检测低拷贝数 RNA，常用于研究基因转录、获取目的基因、合成 cDNA 探针以及建立 cDNA 文库等。

【仪器与材料】

PCR 仪，电泳仪，水平电泳槽，凝胶成像仪，高压灭菌锅，超净工作台，超纯水系统，冰箱（−80℃，−20℃ 和 4℃），分析天平，涡旋振荡仪，微波炉，水浴锅。

逆转录试剂（RevertAid™ First Strand cDNA Synthesis 试剂盒），Taq DNA 聚合酶或 PCR Mix（包含 Taq DNA 聚合酶、dNTP Mix，以及 PCR 所需的除了 DNA 模板和引物的所有组分），无 RNase 水，TE 缓冲液，琼脂糖，GoldViewⅡ型核酸染料，核酸分子量标准，6×DNA Loading Buffer，胶回收试剂盒，离心管及架子，移液器与吸头，刀片，PCR 管及管架。

【实验操作】

1. 逆转录体系的配制。

(1) 在 PCR 管中加入总 RNA 2μg、0.5μg/μl oligo（dT）$_{18}$ 1μl 和一定量的无 RNase 水，使体系总体积为 12μl，缓慢吸打混匀。

(2) 65℃孵育 5min 后冰浴激冷，瞬时离心使所有溶液集中到管底。

(3) 分别加入 5×First Strand Reaction Buffer 4μl、20U/μl RNase 抑制剂 1μl、10mmol/L dNTPs Mix 2μl、200U/μl 逆转录酶 1μl，缓慢吸打混匀。

2. 逆转录成 cDNA 第一链。

(1) 在 PCR 仪上设置程序使逆转录体系依次经历 42℃ 60min 和 72℃ 10min。

(2) 取出 PCR 管，冰上冷却，瞬时离心使所有溶液集中到管底。

(3) 所得溶液用于 PCR 扩增或 -20℃ 保存备用。

3. PCR 扩增 cDNA。

(1) 反应体系（30μl）：

cDNA	2.0μl
10×PCR Buffer	3.0μl
25mmol/L MgCl$_2$	3.0μl
2.5mmol/L dNTPs Mix	3.0μl
10pmol/μl 正向引物	0.9μl
10pmol/μl 反向引物	0.9μl
5U/μl Taq DNA 聚合酶	0.3μl
无 RNase 水	16.9μl

(2) 轻弹管底将溶液混合，6000rpm 瞬时离心使所有溶液集中到管底。

(3) 在 PCR 仪上设定如下扩增条件，进行扩增反应：

95℃	3min	预变性
95℃	10s	变性 ⎫
退火温度	30s	复性 ⎬ 35 个循环
72℃	30s	延伸 ⎭
72℃	10min	延伸
4℃	短时间保温	

4. DNA 琼脂糖凝胶电泳。

电泳分析扩增产物，方法参照"第五章 生物化学与分子生物学实验 实验四 DNA 琼脂糖凝胶电泳"中的相关内容，调节电压至 5V/cm，电泳至溴酚蓝离凝胶前端 2~3cm 即停止。取出凝胶，置于凝胶成像仪观察，拍照记录。若扩增产物有杂带，则调整扩增条件继续扩增，使通过 PCR 扩增能获得明亮单带。凝胶条带中 DNA 可回收获得 cDNA 供酶切和载体构建。

5. 胶回收扩增产物。

(1) 取 1.5ml 离心管，称其重量。

(2) 在凝胶成像仪的紫外灯下观察目标条带并将其用刀片切下，放入离心管。

(3) 再次称重，计算凝胶重量。

(4) 按凝胶重量计算溶胶液的体积（计算方法参照胶回收试剂盒说明书）。加入溶胶液，在一定水浴温度（参照胶回收试剂盒说明书）下间断振摇至凝胶完全融化。

(5) 恢复至室温后，将上述混合液转移至DNA胶回收纯化柱中，按胶回收试剂盒说明书进行胶回收操作。

(6) 用DNA琼脂糖凝胶电泳观察产物回收情况。胶回收产物可于4℃短期保存，−20℃或−80℃长期冻存。

【注意事项】

1. Taq DNA聚合酶、dNTPs Mix和逆转录试剂盒等于−20℃保存，勿反复冻融。置于冰上操作。

2. RT−PCR的关键步骤是RNA逆转录，要求RNA模板完整且不含DNA和蛋白质等杂质。

3. PCR引物的设计与选择。引物可使用primer软件进行设计。避免同源多聚体结构，无形成二级结构的明显趋势，与基因组中其他序列无显著同源性。两条引物G+C含量相似且在40%~60%，引物间无明显互补性（避免引物上出现三个连续碱基与另一条引物互补）。引物的3′末端碱基最好为G或C。

4. PCR复性温度至关重要。复性温度太高会导致引物不能与模板结合，扩增效率降低。复性温度太低则会导致引物非特异性结合性，出现非特异性扩增。一般，合适的复性温度比理论计算的引物和模板的溶解温度低3~5℃。

5. 胶回收实验中切胶时，要在保证切下全部目标条带的同时尽量切除多余凝胶，以减少凝胶体积，提高回收率。尽量减少凝胶在紫外灯下的暴露时间，以防出现基因突变和DNA损伤。

【思考题】

1. 构建真核基因的原核表达系统时，可以用什么方法制备目的基因？为什么？

2. RT−PCR在用于表达水平分析或表达载体构建时，扩增引物有什么差异？为什么？

3. 若要将RT−PCR的产物用于表达载体的构建，在重组实验前必须先确定什么？为什么？

（李晓红）

实验四 质粒载体介导的 DNA 重组技术——重组质粒的构建、筛选及鉴定

【实验目的】

1. 了解限制性内切酶的概念及其在现代分子生物学技术中的应用。
2. 掌握限制性内切酶酶切 DNA 分子的基本原理和实验方法。
3. 掌握重组质粒构建的基本原理和实验方法。

【实验原理】

DNA 重组技术是现代分子生物技术的基础与核心,支撑着基因治疗、基因工程药物以及疾病与药物机制等重要领域的研究,其主要目的是通过在细胞内获得某一基因或 DNA 片段的大量拷贝,改变基因的表达模式和细胞行为,从而研究基因的结构与功能或人为改变组织细胞及个体基因型。DNA 重组技术依次经过酶切、连接、转化和筛选鉴定等步骤,将待研究(克隆或表达)的目的基因插入载体后导入受体细胞。载体是携带目的基因进入受体细胞进行扩增或诱导目的基因表达的工具,主要有质粒载体和病毒载体。本实验着重介绍质粒载体介导的 DNA 重组技术。

质粒是细菌染色体外能独立复制的环状 DNA 分子,可作为载体携带外源基因进入受体细胞。质粒载体上均携带有复制起点、选择标记和多克隆位点,质粒表达载体上还有启动子序列。

将目的基因插入质粒载体前,需要将目的基因和载体分别用相同限制性内切酶进行切割。限制性内切酶是原核生物中一类能识别和切割双链 DNA 分子内特定碱基序列的核酸内切酶,是体外剪切 DNA 片段的主要工具。在 DNA 重组技术中常用的是以双链 DNA 为底物的 II 型酶,具有高度特异的识别序列和切割位点。目前,大量商品化的限制性内切酶为 DNA 重组技术提供了便利,可识别切割各种不同的 DNA 片段,如 *Eco* R I 的识别切割位点是 G↓AATTC,*Hind* III 的识别切割位点是 A↓AGCTT,而 *Sca* I 的识别切割位点则是 AGT↓ACT。酶切反应需要 Mg^{2+} 和一定盐浓度。二硫苏糖醇(dithiothreitol, DTT)可通过防止酶氧化而保持限制性内切酶活性。酶切反应的终止可通过加入 EDTA 螯合 Mg^{2+} 或加入 0.1‰ SDS 溶液使酶变性。

在质粒载体介导的 DNA 重组技术中,重组体筛选鉴定的常用方法是蓝白斑筛选。在含有抗生素、5-溴-4-氯-3-吲哚-β-D-半乳糖苷(5-bromo-4-chloro-3-indolyl β-D-galactoside, X-gal)和异丙基-β-D-硫代吡喃半乳糖苷(isopropyl β-D-1-thiogalactopyranoside, IPTG)的培养基上,未转化细菌不能生长,转化了含有 *lacz* 基因质粒载体的细菌,会在 IPTG 诱导下表达 β-半乳糖苷酶,从而使无色的 X-gal 水解产生蓝色,导致菌落呈蓝色,而重组体由于外源基因的插入破坏了 *lacz* 基因,

无法表达 β-半乳糖苷酶，菌落呈白色。

【仪器与材料】

超净工作台，台式高速离心机，高压灭菌锅，恒温振荡摇床，培养箱，电泳仪，水平电泳槽，凝胶成像仪，超纯水系统，冰箱（-80℃，-20℃和4℃），分析天平，涡旋振荡仪，微波炉，水浴锅。

限制性内切酶，连接酶试剂盒，E.coli 感受态细胞 DH5α，LB（Luria-Bertani）固体培养基和培养液，抗生素，X-gal，IPTG，胶回收试剂盒，甘油（保存菌种用），TE缓冲液，GoldView Ⅱ 型核酸染料，琼脂糖，核酸分子量标准，6×DNA Loading Buffer，培养皿（直径10cm），酒精灯，消毒酒精棉球，玻璃涂棒，离心管及架子，移液器与吸头，刀片。

X-gal 储备液的配制及储存：用二甲基甲酰胺溶解 X-gal 并配制成 20mg/ml 的储备液，-20℃避光保存。X-gal 溶液无需过滤除菌。

【实验操作】

1. PCR获得的目的基因片段通过胶回收纯化后和载体同时酶切。酶切体系（20μl）：

DNA	6.0μl
限制性内切酶1	0.5~1.0μl
限制性内切酶2	0.5~1.0μl
酶切缓冲液	2.0μl
无菌水	加至体系总体积为20μl

37℃水浴2~4h。

2. DNA琼脂糖凝胶电泳观察酶切效果。方法参照"第五章 生物化学与分子生物学实验"中"实验四 DNA琼脂糖凝胶电泳"，根据酶切片段大小判断酶切效果。

3. 将目的基因和质粒的酶切片段分别进行胶回收。方法参照本章"实验三 逆转录PCR"中"实验操作5. 胶回收扩增产物"。

4. 将酶切片段进行连接反应。连接反应体系（10μl）：

目的基因片段	6μl
质粒载体	2μl
T4 DNA Ligase	1μl
Ligase Buffer	1μl

同时做连接反应的对照组。16℃孵育过夜。

5. 将连接产物转化至感受态细胞 DH5α。

（1）冰浴解冻一支感受态细胞 DH5α（100μl）。

（2）将连接产物加入感受态细胞 DH5α 后轻轻吸打混匀，冰浴30min后，42℃热激90s，再冰浴120s。

（3）加入800μl LB液体培养基，倾斜放置于恒温振荡摇床中，于37℃、250rpm

条件下预培养 1h。

(4) 预制含有相应抗生素（载体筛选标记）的 LB 抗性平板。

(5) 将预培养菌液以 4000g 离心 1min，弃掉大部分上清液，留大约 170μl 上清液用作悬浮菌体。

(6) 加入 25μl X-gal 储备液和 4μl IPTG（0.2g/ml），混匀后，用玻璃涂棒做圆周运动将菌液均匀涂布于预制的 LB 抗性平板。

(7) 将平板正向放置于室温（5~10min）至培养液被吸收。倒置平板，于 37℃ 培养 12~16h。

(8) 挑取白色单菌落，接种到盛有 5ml LB 抗性培养液的离心管中，置于恒温振荡摇床中，于 37℃、220rpm 条件下培养 12~16h。

(9) 保留菌种。短期保存，可将平板菌落或菌液保存于 4℃。长期保存则需要将菌液与 50% 甘油 1∶1 混合后，-80℃ 冻存。

6. 重组体的鉴定。

(1) 琼脂糖凝胶电泳法：取上述菌液 1.5ml，抽提质粒（方法参照"第五章 生物化学与分子生物学实验"中"实验一 细菌质粒 DNA 的提取"），然后进行 DNA 琼脂糖凝胶电泳，分析条带大小是否与理论相符。电泳方法参照"第五章 生物化学与分子生物学实验"中"实验四 DNA 琼脂糖凝胶电泳"。

(2) 测序法：直接量取约 800μl 菌液，用载体上的通用引物进行测序。比对测序结果，分析序列插入情况及突变情况。

(3) PCR 法：PCR 管中加入 10μl 无菌水，向其中挑入 LB 抗性平板上白色单菌落。置于 PCR 仪中，95℃ 处理 6min。取适量（如 1.5μl）作模板进行 PCR。PCR 引物及条件和方法参照"第五章 生物化学与分子生物学实验"中"实验三 PCR 扩增质粒目的基因"。PCR 产物用 DNA 琼脂糖凝胶电泳的方法进行鉴定，分析条带大小是否与理论相符。

【注意事项】

1. 连接反应中目的基因量应多于载体量，以提高目的基因和载体碰撞的概率，避免载体自身连接反应，提高连接反应效率。

2. 连接反应产物可于 4℃ 保存数天，-80℃ 保存 2 个月。保存的连接产物应避免反复冻融，以免降低转化效率。

3. 42℃ 热激对于转化非常关键，必须准确达到热激所需温度。

4. 转化和克隆的培养时间不得超过 16h。

5. 玻璃涂棒在酒精灯上加热灭菌后，必须冷却后方可接触菌液。

6. 抗性平板在 4℃ 冰箱存放不得超过 1 个月，否则抗生素效价会降低。

【思考题】

1. 为了保证通过 RT-PCR 制备的目的基因能够完整、准确地插入载体，PCR 引物设计时酶切位点的添加应遵循哪些原则？

2. 选择载体的依据是什么？

（李晓红）

实验五　点饱和突变与酶定向进化

【实验目的】

1. 掌握酶定向进化的基本原理与实验方法；
2. 了解蛋白质（酶）定向进化的研究现状与应用。

【实验原理】

蛋白质（酶）定向进化是人为模拟达尔文进化过程，通过重复"突变－筛选"的流程，优化目标蛋白质（酶）的功能，是一种基于突变筛选的蛋白质非合理设计技术。

本实验拟定向进化 sp3 碳氢伯胺化酶，通过点饱和突变策略，筛选提高其催化活性和立体选择性。巨大芽孢杆菌（Bacillus megaterium）来源的细胞色素 P450（$P450_{BM3}$）可催化脂肪酸 sp3 碳氢羟基化，其工程化 $P450_{BM3}$ 变体 P411 由于铁配位 Cys 残基被 Ser 取代，增加了 Fe（Ⅲ）/Fe（Ⅱ）的还原潜力，能够在生理条件下催化 C－H 官能化。$P411_{BPA}$突变体是以 P411－B2 突变体为起点，经过五轮定向进化（G268P V78M I437F T327A E267D）而获得的高效苄基 C－H 伯胺化酶。本实验拟在 $P411_{BPA}$ 突变体 N395 位置引入点饱和突变，筛选能够选择性地官能化烯丙基 C－H 键的非天然 sp3 碳氢伯胺化酶，获得更高的催化效率和立体选择性。

$P411_{BPA}$突变体被克隆于表达质粒 pET22b$^+$ 上（图 11－1），以便于突变、克隆和表达。

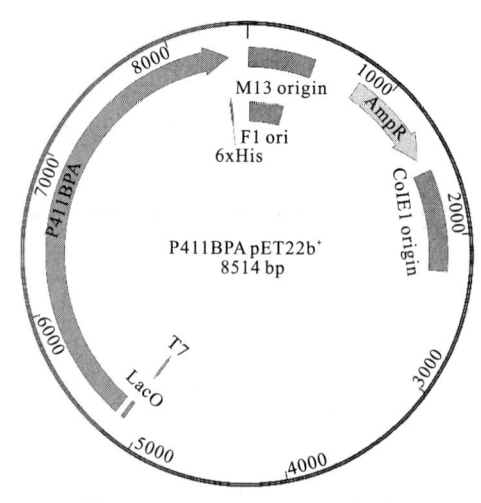

图 11－1　$P411_{BPA}$ pET22b$^+$ 质粒

酶活性筛选基于下述反应式进行：

$$\text{PhCH=CHCH}_2\text{CH}_3 + \text{t-Bu-O-C(O)-O-NH}_3^+ \text{TfO}^- \xrightarrow[\text{室温，12 h}]{\substack{E.coli\ \text{haboring P411s} \\ \text{M9-N(0.1 mol/L, pH 7.4)}}} \text{PhCH=CH-CH(NH}_2\text{)CH}_3$$

P411s 催化（E）-1-苯基-1-丁烯（底物 1）与 O-特戊酰基羟胺三氟甲磺酸盐（底物 2）反应生成（2R，3E）-4-苯基-3-丁烯-2-胺。

点饱和突变采用 22 codon-trick，以降低突变密码子冗余度，提高筛选效率。该策略设计三条正向引物和一条反向引物：正向引物 1 [同源序列+NDT（N=A/T/C/G，D=no C）+引物]、正向引物 2 [同源序列+VHG（V=no T，H=no G）+引物]、正向引物 3（同源序列+TGG+引物），反向引物（同源序列+引物）。同源序列长度为 15~20nt，引物和同源序列各自控制 Tm 在 50℃以上。

【仪器与材料】

PCR 仪，凝胶成像仪，超净台，培养箱，摇床，恒温振荡器，无氧手套箱，压力蒸气灭菌器，DNA 琼脂糖凝胶电泳相关设备，涡旋振荡仪，LC-MS 仪，微波炉，水浴锅，膜过滤器，多道移液器，96 孔培养板（深孔和浅孔），超纯水系统，冰箱（-80℃，-20℃和4℃），牙签，电子天平，硅胶膜，铝膜等。

KOD One™ PCR Master Mix（Toyobo），TS-Gel Red 核酸凝胶染料 Ver.2（擎科），ClonExpress II One Step Cloning Kit（Vazyme），微柱浓缩 DNA 凝胶回收试剂盒（庄盟生物），大肠埃希菌 BL21 感受态细胞（擎科），5-氨基乙酰丙酸（ALA）盐酸盐，胰蛋白胨，酵母提取物，NaCl，甘油，琼脂粉，琼脂糖凝胶，DNA 分子量标准品，氨苄青霉素，IPTG，M9-N 缓冲液，葡萄糖，底物 1，底物 2，KH_2PO_4，K_2HPO_4 等。

【实验操作】

1. 培养基配制。

（1）抗性 LB 液体培养基（1%胰蛋白胨，0.5%酵母提取物，1%NaCl，50μg/ml 氨苄青霉素，pH 7.2）：称取 10g 胰蛋白胨、5g 酵母提取物、10g NaCl，加入纯水搅拌溶解，用 5mol/L NaOH 调节 pH 至 7.2，置于压力蒸气灭菌器灭菌（121℃，30min）；灭菌结束液体冷却后，无菌加入经膜过滤器除菌的氨苄青霉素至终浓度为 50μg/ml。

（2）抗性 LB 固体培养基（1%胰蛋白胨，0.5%酵母提取物，1%NaCl，1.5%琼脂，50μg/ml 氨苄青霉素，pH 7.2）：称取 10g 胰蛋白胨、5g 酵母提取物、10g NaCl，加入纯水搅拌溶解，用 5mol/L NaOH 调节 pH 至 7.2 后定容至 1L，加入 15g 琼脂，置于压力蒸气灭菌器灭菌（121℃，30min）；灭菌结束，待液体冷却至 60℃左右时，无菌加入经膜过滤器除菌的氨苄青霉素至终浓度为 50μg/ml。随后继续无菌操作，迅速将培养基倒入无菌培养皿，置于超净台凝固。培养基直接使用或 4℃冰箱避光保存备用。

（3）抗性 TB 液体培养基（1.2%胰蛋白胨，2.4%酵母提取物，0.4%甘油，17mmol/L KH_2PO_4，72mmol/L K_2HPO_4，50μg/ml 氨苄青霉素）。无菌 0.17mol/L

KH_2PO_4、0.72mol/L K_2HPO_4 溶液（10×磷酸钾盐缓冲液）：称取 2.31g KH_2PO_4（MW：136.09）和 12.54g K_2HPO_4（MW：174.18），用 100ml 纯水溶解后置于压力蒸气灭菌器灭菌（121℃，30min）。称取 12g 胰蛋白胨、24g 酵母提取物、4ml 甘油，加入纯水，搅拌溶解并定容至 900ml，置于压力蒸气灭菌器灭菌（121℃，30min）；灭菌结束液体冷却后，无菌加入经膜过滤器除菌的氨苄青霉素至终浓度为 50μg/ml，混匀；最后加入 100ml 上述 10×磷酸钾盐缓冲液即可。培养液直接使用或放入 4℃冰箱避光保存备用。

（4）SOC 液体培养基（2% 胰蛋白胨，0.5% 酵母提取物，0.05% NaCl，2.5mmol/L KCl，10mmol/L $MgCl_2$，20mmol/L 葡萄糖）：称取 20g 胰蛋白胨、5g 酵母提取物、0.5g NaCl，加入 10ml 0.25mol/L KCl 溶液、975ml 去离子水，搅拌溶解后用 5mol/L NaOH 调节 pH 至 7.2，置于压力蒸气灭菌器灭菌（121℃，30min）；灭菌结束液体冷却后，无菌加入 5ml 无菌 2mol/L $MgCl_2$ 溶液、20ml 无菌 1mol/L 葡萄糖溶液，分装至 1.5ml 离心管，−80℃保存备用。

2. $P411_{BPA}$ 突变体 N395 点饱和突变。

（1）按 22 codon-trick 设计并合成三条正向引物和一条反向引物。引物序列见表 11-1。将引物 BPA-N395X-F1、BPA-N395X-F2 和 BPA-N395X-F3 按 12∶9∶1 的比例混合得到 BPA-N395X-F 用于 PCR。

表 11-1　$P411_{BPA}$ N395 点饱和突变引物序列

引物名称	引物序列
BPA-N395X-F1	GCGTTTAAACCGTTTGGANDTGGTCAGCGTGCGTCTATCGGTC
BPA-N395X-F2	GCGTTTAAACCGTTTGGAVHGGGTCAGCGTGCGTCTATCGGTC
BPA-N395X-F3	GCGTTTAAACCGTTTGGATGGGGTCAGCGTGCGTCTATCGGTC
BPA-N395X-R	TCCAAACGGTTTAAACGCATGCTGCGGAATCGCACTTGG

（2）PCR。

①扩增体系（50μl）如下：

KOD One™ PCR Master Mix	25μl
BPA-N395X-F	2μl
BPA-N395X-R	2μl
$P411_{BPA}$ pET22b$^+$ 质粒	2μl
无菌水	19μl

②PCR 程序如下：

98℃，3min 预变性

98℃，10s
58℃，15s }39 个循环
68℃，90s

68℃，3min

12℃，+∞

(3) 胶回收 PCR 产物。配制 1% 琼脂糖凝胶，电泳检测 PCR 产物，并根据条带大小切胶回收。方法参照"微柱浓缩 DNA 凝胶回收试剂盒"说明书和本章"实验三 逆转录 PCR"中实验操作"5. 胶回收扩增产物"。

3. 质粒重组和转化。

(1) 质粒克隆重组。利用非连接酶依赖型单片段一步法克隆试剂盒（ClonExpress Ⅱ One Step Cloning Kit）连接 DNA 成质粒。ClonExpress 是 DNA 无缝克隆技术，线性化载体与插入片段 PCR 产物凭借末端同源序列，在重组酶 Exnase Ⅱ 的催化下完成同源重组，实现一步定向克隆。具体操作方法参考说明书。简单来讲，取 2~4μl 胶回收产物，2μl 5×CE Ⅱ Buffer，1μl Exnase Ⅱ，加无菌水调节至终体积 10μl，轻微拨动混匀，瞬时离心后置于 PCR 仪，37℃孵育 30min。

(2) 将突变质粒库转化到大肠埃希菌 BL21 感受态细胞。取连接产物 5μl 加入 50μl 感受态细胞，轻微拨动后冰浴 30min，42℃水浴热激 45s 后快速置于冰中 2min。加入 500~700μl 无抗 SOC 培养液，于 37℃，250rpm 摇床中复苏培养 1h，以 5000rpm 离心 2min，倒掉上清液至剩余 100μl 左右，用移液器吹打混匀菌体，均匀涂布于抗性 LB 平板，置于培养箱中 37℃，倒置培养 8~12h。

(3) 突变体库保存。参照图 11-2，分别挑取单克隆菌体至 96 孔深孔培养板的不同培养孔中进行培养，亲本作为对照组按对角线排列，其余各孔分别挑入不同突变株。

具体操作方法如下：用多道移液器向孔板各孔中加入 0.3ml 抗性 LB 培养液；用牙签分别挑取不同单克隆菌落放于不同孔中，静置几分钟后迅速移除所有牙签，贴上硅胶膜，37℃，250rpm 振荡培养 6~7h。平行转移 50μl 菌液（保持突变体布局不变）至 96 孔浅孔培养板（已加入 50μl 50% 无菌甘油），贴上硅胶膜做成突变体保存板，-80℃冻存。另平行转移 50μl 菌液（保持突变体布局不变）至新的深孔培养板中（已加入 0.9ml 抗性 TB 培养液），贴上硅胶膜，用于酶的表达。

	亲本										
		亲本									
			亲本								
				亲本							
					亲本						
						亲本					

图 11-2 96 孔板布局参考

4. 目标酶的表达与筛选。

(1) 目标酶的表达。将上述制备好的突变体表达板，37℃，250rpm 振荡培养 2.5h 后置于冰上冷却 30min，分别加入 IPTG 至终浓度 0.5mmol/L、ALA 至终浓度为

1mmol/L，22℃，220rpm 振荡培养 16~20h。

(2) 酶反应。准备 M9-N 缓冲液（pH 7.4）、底物 1（0.1mol/L，13.2mg 底物 1 溶于 1ml 乙醇）、底物 2（0.1mol/L，26.7mg 底物 2 溶于 1ml H_2O）、葡萄糖溶液（0.5mol/L，90mg 葡萄糖溶于 1ml M9-N 缓冲液）。

将"操作步骤 4（1）"所得突变酶表达孔板离心（4000g，5min），弃掉上清液，分别加入 300µl M9-N 缓冲液和 60µl 葡萄糖溶液，600rpm 振荡 10min 以分散菌体。于无氧手套箱中，向孔板中分别依次加入 20µl 底物 1 和底物 2，用铝膜封口后，在手套箱中常温反应过夜。

(3) 酶反应产物检测。酶反应结束后，向孔板中加入 600µl 乙醇，用硅胶膜封口后混匀，离心（4000g，10min）。取上清液 200µl 于 96 孔浅孔板中（保持突变体布局不变），用 LC-MS 检测伯胺产物的含量，将产物含量水平高于亲本的突变体确定为阳性克隆。

(4) 阳性克隆的挑取和测序。挑取阳性克隆于抗性 LB 培养液中，37℃，250rpm 过夜振荡培养。将菌液送出测序，分析阳性克隆目标酶的突变情况，进一步完成酶结构与功能的分析。

【注意事项】

1. 消毒时，需先旋紧瓶盖，用锡纸包住瓶盖至下端处；然后拧松瓶盖 2~3 圈（以瓶盖松动，且能用瓶盖提起瓶子为宜）；灭菌结束，取出后随即旋紧瓶盖。

2. 抗生素不能湿热灭菌，否则失去活性。抗生素和加入抗生素的培养基需要避光保存。

3. 注意规范操作，避免噬菌体的污染和突变体间的交叉污染。

4. 注意提高酶表达和反应分析实验操作的精密度，保证亲本酶活力水平的可重现性，以提高突变体筛选结果的可靠性。

【思考题】

1. 为了提高筛选效率，突变位点如何选择？
2. 如何评价酶的选择性和催化效率？
3. 影响酶催化的因素有哪些？
4. 除了点饱和突变，还有什么策略可以用于酶的定向进化？

（贾知军　李晓红）

实验六　定量 PCR 分析 mRNA 水平

【实验目的】

1. 了解 mRNA 定量分析的常用方法及其应用。
2. 掌握实时荧光定量 PCR 的基本原理和实验方法。

【实验原理】

定量 PCR，即实时荧光定量 PCR（real-time quantitative polymerase chain reaction，qPCR），是指在 PCR 反应体系中加入荧光基团，利用荧光信号的积累实时监测 PCR 进程，对模板进行定量分析的方法。目前，qPCR 使用的荧光物质有荧光染料和荧光探针。常用荧光染料包括 SYBRGreen 和 EVAGreen 等，它们掺入 DNA 双链后发射荧光。当 PCR 扩增时，随着循环次数的增加，被扩增的目的基因片段呈指数规律增长，荧光信号强度也呈指数增长。通过实时检测随扩增而变化的荧光信号强度，求得循环阈值（cycle threshold，即 Ct 值，指反应管内的荧光信号到达设定荧光阈值时所经历的循环数）。荧光阈值（threshold）一般默认设定为 PCR 反应的第 3~15 个循环荧光信号的标准偏差的 10 倍，即 threshold $= 10 \times SD_{\text{cycle } 3\sim15}$。

模板 Ct 值与起始拷贝数的对数存在线性关系，起始拷贝数越大，Ct 值越小。利用 5~6 个已知模板浓度的标准品作为对照，可得到待测标本目的基因的拷贝数。

【仪器与材料】

超净工作台，台式高速离心机，高压灭菌锅，梯度 PCR 仪，qPCR 仪，电泳仪，水平电泳槽，凝胶成像仪，超纯水系统，冰箱（-80℃，-20℃和4℃），分析天平，涡旋振荡仪，微波炉。

TRIzol 试剂、三氯甲烷、异丙醇、75% 乙醇（用无 RNase 水配制）、TE 缓冲液、无 RNase 水，逆转录试剂（RevertAid™ First Strand cDNA Synthesis 试剂盒），Taq DNA 聚合酶或 PCR Mix（包含 Taq DNA 聚合酶、dNTP，以及 PCR 所需的除了 DNA 模板和引物的所有组分），qPCR 试剂（盒）（SsoFast™ EVAGreen supermixes），GoldView II 型核酸染料、琼脂糖、6×DNA Loading Buffer、核酸分子量标准，离心管及架子，移液器与吸头，PCR 管及管架。

【实验操作】

1. 总 RNA 的提取及鉴定。参照本章"实验一　TRIzol 法提取细胞总 RNA"的实验方法，将各个组织或细胞样品（包括实验组和对照组）分别提取总 RNA，并参照本章"实验二　琼脂糖凝胶电泳结合紫外分析鉴定 RNA"的实验方法分析 RNA 样品的浓度、纯度和完整性。

2. RNA 逆转录成第一条 cDNA 链。参照本章"实验三 逆转录 PCR"的实验方法。

3. 制备用于绘制标准曲线的 DNA 模板标准品。

（1）针对每一需要测量的基因（包括管家基因 $\beta-actin$ 或 $GAPDH$），选择一确定表达该基因的组织细胞，将 mRNA 逆转录得到的 cDNA 模板进行 PCR 扩增。具体方法参照本章"实验三 逆转录 PCR"中"实验操作 3. PCR 扩增 cDNA"。

（2）将 PCR 产物进行 1% 琼脂糖凝胶电泳，检测 PCR 产物是否为单一特异性扩增条带。

（3）将上述特异性扩增得到的 PCR 产物进行 10 倍梯度稀释：设定 PCR 产物浓度为 $1×10^{10}$，依次稀释至 $1×10^9$、$1×10^8$、$1×10^7$、$1×10^6$、$1×10^5$、$1×10^4$、$1×10^3$、$1×10^2$，用于制作标准曲线。

4. 将梯度稀释的标准品及待测样品进行 qPCR。

（1）所有 cDNA 样品（包括标准品）qPCR 反应体系 $20\mu l$：

2× SsoFast™ EVAGreen supermixes	$10\mu l$
cDNA	$2\mu l$
10pmol/μl 正向引物	$1\mu l$
10pmol/μl 反向引物	$1\mu l$
无菌水	$6\mu l$

注意：实验中各 cDNA 样品分别做 3 个平行对照，同时设置 3 个 cDNA 阴性对照。

（2）轻弹管底将溶液混合，6000rpm 瞬时离心使液体全部集中到管底。

（3）按如下条件设定 qPCR 仪，进行 qPCR 扩增反应并绘制熔点曲线。

扩增：	95℃	30s	
	95℃	5s	⎫
	退火温度	10s	⎬ 40 个循环
熔点曲线：	65~95℃	每个温度 10s，共 61 个循环	

5. 数据处理：用 iQ™5 分析软件绘制标准曲线，计算 qPCR 扩增效率（efficiency of amplification，E）。通过 qPCR 扩增效率 E 和管家基因（$\beta-actin$ 或 $GAPDH$）计算出各样品的相对 mRNA 表达水平。

【注意事项】

1. 为了避免假阳性扩增，必须避免模板的交叉污染。

2. qPCR 反应体系的配制方法及扩增条件的设置应根据所用试剂的说明书进行调整。

3. qPCR 扩增的特异性是实验结果是否可用的决定性因素。

4. 为了防止 DNA 干扰，应采用跨外显子的方法进行引物设计，qPCR 扩增片段尽量靠近 3′端，G、C 分布均匀且含量为 45%~55%（T_m 值为 55~65℃），避免引物内部和引物之间有多个连续的互补碱基。

5. 引物开盖前应短暂离心，加入无菌水稀释至浓度为 10pmol/μl，-20℃储存备用。

【思考题】

1. 蛋白基因 mRNA 表达水平的改变意味着蛋白质水平的相同改变吗？为什么？
2. 决定 qPCR 扩增产物特异性的因素有哪些？
3. 如何避免假基因的 qPCR 扩增？

（李晓红）

实验七　蛋白质免疫印迹分析蛋白质水平

【实验目的】

掌握蛋白质免疫印迹法分析蛋白质表达水平的基本原理和实验方法。

【实验原理】

蛋白质免疫印迹法是根据抗原和抗体特异性结合的原理，用于定性或定量分析蛋白质的印迹杂交技术，是研究基因表达水平的重要技术手段。将蛋白质样品通过十二烷基硫酸钠－聚丙烯酰胺凝胶电泳（sodium dodecyl sulfate-polyacrylamide gel electrophoresis，SDS-PAGE）分离后转移至固相支持物［如聚偏氟乙烯（polyvinylidene fluoride，PVDF）膜或硝酸纤维素膜］上，与靶蛋白的非标记抗体（一抗）杂交后，再与辣根过氧化物酶（horseradish peroxidase，HRP）标记的 IgG（二抗）结合，最后通过 HRP 使底物显色的方法特异检测目标蛋白质。

目前，蛋白质免疫印迹法常用增强化学发光（enhanced chemiluminescence，ECL）试剂作为显色底物。ECL 试剂包括溶液 A 和溶液 B，其中溶液 A 主要成分为鲁米诺（luminol，即 3-氨基苯二甲酰肼，又叫发光氨）及特制发光增强剂，溶液 B 主要成分为 H_2O_2 及特殊稳定剂。HRP 发挥催化作用使 H_2O_2 变成水和单氧，单氧使鲁米诺发生氧化降解，并发射波长为 428nm 的蓝光，这种蓝光可使 X 光胶片曝光显影或被荧光电荷耦合器件（charge coupled device，CCD）扫描成像。

【仪器与材料】

稳压稳流电泳仪，小型垂直电泳转印系统，凝胶成像仪，超纯水系统，冰箱（-20℃和4℃），涡旋振荡仪，脱色摇床，恒温培养箱，恒温金属浴等。

PBS 缓冲液，超纯水，放射免疫沉淀分析（radioimmunoprecipitation assay，RIPA）缓冲液，二辛可宁酸（bicinchoninic acid，BCA）蛋白浓度测定试剂盒，丙烯酰胺（acrylamide，Acr），甲叉双丙烯酰胺（bisacrylamide，Bis），SDS，Tris，β-巯基乙醇，过硫酸铵，四甲基乙二胺（tetramethylethylenediamine，TEMED），甘氨酸，SDS-PAGE 蛋白上样缓冲液（5×），预染蛋白质分子量标准，甲醇，醋酸，脱脂奶

粉，目标蛋白抗体（一抗），肌动蛋白（actin）抗体，HRP 标记二抗，ECL 化学发光试剂盒，离心管及架子，移液器与吸头，PVDF 膜，冰浴等。

试剂配制方法：

(1) 聚丙烯酰胺凝胶单体母液（30%Acr-Bis）：分别称取 30g Acr 和 0.8g Bis，溶于 60ml 超纯水中（可以加热至 37℃ 左右助溶），冷却后用 ddH_2O 定容至 100ml。用滤纸过滤，置于棕色瓶中 4℃ 保存。

(2) 分离胶缓冲液：称取 Tris（分子量为 121.14Da）12.11g，溶于约 80ml ddH_2O 中，用 1mol/L HCl 调节 pH 至 8.8 后，用 ddH_2O 定容至 100ml。

(3) 浓缩胶缓冲液：称取 Tris 12.11g，溶于约 80ml ddH_2O 中，用 1mol/L HCl 调节 pH 至 6.8 后，用 ddH_2O 定容至 100ml。

(4) 电极缓冲液：分别称取 Tris 3.03g、甘氨酸（分子量为 75.07Da）14.4g 和 SDS 1g，用 ddH_2O 溶解并定容至 1000ml。

(5) 10% 过硫酸铵：称取过硫酸铵 1g，溶于 10ml ddH_2O 中，4℃ 保存（隔周新鲜配制）。

(6) 转移缓冲液（pH 8.3~8.4）：分别称取 Tris 3.03g、甘氨酸 14.4g，加入一定量 ddH_2O 溶解后，加入一定量甲醇[200ml（100kDa 以上蛋白）/150ml（100kDa 以下蛋白）]，最后用 ddH_2O 定容至 1000ml。

(7) 10×TBS 缓冲液：分别称取 Tris 24.2g 和 NaCl 80g，溶于约 800ml ddH_2O 中，用 1mol/L HCl 调节 pH 至 7.6 后，用 ddH_2O 定容至 1000ml。

(8) 1×TBST 缓冲液：量取 10×TBS 缓冲液 100ml，加入 Tween-20 1ml，用 ddH_2O 定容至 1000ml，混匀备用。

(9) 封闭液：称取脱脂奶粉 2.5g，加入 1×TBST 缓冲液 50ml，混匀备用。

【实验操作】

1. 细胞总蛋白的制备。

使用含蛋白酶抑制剂的 RIPA 裂解液裂解细胞，抽提总蛋白。贴壁细胞：去除培养液，用 PBS 洗涤 1 次，加入 RIPA 溶液（六孔板每孔 150~200μl），使之与细胞充分接触。冰上放置 5~10min，为促进细胞裂解，期间可用移液器轻轻吹打，镜检，细胞破碎率不小于 90%。然后转移到 1.5ml 离心管。在冰上继续放置 5min，期间剧烈振荡 3~4 次，每次 30s。于 4℃ 以 12000g 离心 10min 后收集上清液。分装，-20℃ 保存备用。

2. 蛋白含量测定。

按照试剂盒说明书操作流程，用 BCA 蛋白浓度测定试剂盒测定细胞总蛋白含量。标准曲线的制作也采用试剂盒提供的方法和蛋白标准。

3. SDS-PAGE。

参照表 11-2，根据目标蛋白的分子量，选择合适的分离胶浓度。并参照表 11-3 配制不连续梯度凝胶。具体方法参照"第五章　生物化学与分子生物学实验"中"实验十四　蛋白质聚丙烯酰胺凝胶电泳"

表 11-2 SDS-PAGE 凝胶的有效分离范围

Acr 浓度（%）	线性分离范围（kDa）
15.0	10~43
12.0	12~60
10.0	20~80
7.5	36~94
5.0	57~212

表 11-3 配制 SDS-PAGE 不同浓度凝胶所需试剂的体积

试剂	分离胶（15ml）					浓缩胶（8ml）
胶浓度	5%	8%	10%	12%	15%	5%
ddH$_2$O（ml）	6.5	5.0	4.0	3.0	1.5	5.5
30%Acr-Bis（ml）	2.5	4.0	5.0	6.0	7.5	1.3
分离胶缓冲液（ml）	5.7	5.7	5.7	5.7	5.7	—
浓缩胶缓冲液（ml）	—	—	—	—	—	1.0
10%SDS（ml）	0.15	0.15	0.15	0.15	0.15	0.08
10%过硫酸铵（ml）	0.15	0.15	0.15	0.15	0.15	0.08
TEMED（ml）	0.012	0.009	0.006	0.006	0.006	0.008

将细胞总蛋白与蛋白上样缓冲液按比例混合，沸水浴 3min，冷却后按"第五章 生物化学与分子生物学实验"中"实验十四 蛋白质聚丙烯酰胺凝胶电泳"的方法进行电泳。应将各样品的上样量调成一致（约 40μg）。

4. 转膜。

按"第五章 生物化学与分子生物学实验"中"实验十五 蛋白质的鉴定——免疫印迹法"的方法进行，应分别切取目标蛋白和内参肌动蛋白进行转膜操作。

转膜结束后，可根据预染蛋白质分子量标准的转印情况分析转膜情况。

5. 封闭及抗体孵育。

按"第五章 生物化学与分子生物学实验"中"实验十五 蛋白质的鉴定——免疫印迹法"的方法进行，注意在孵育一抗时将目标蛋白和肌动蛋白分别进行操作。

6. 显影成像。

将 ECL 试剂的 A 液和 B 液 1:1 混合后，均匀滴在 PVDF 膜上，直接用凝胶成像仪显像观察。设置软件，分析条带的灰度值，计算出目标蛋白相对于肌动蛋白的相对表达水平。

【注意事项】

1. 样品缓冲液中煮沸的样品可在 -20℃ 存放数月，但应避免反复冻融。
2. 电泳结束，取出凝胶后应注意分清上下面，可用刀片切去凝胶的一角作为标记；

转膜时也应对 PVDF 膜做标记以分清正反面。

3. 转膜前 1~2h 于 −20℃预冷转移缓冲液，同时在冰浴或冷库中进行转膜操作，可减少转膜时产生的热量。

4. 需要对不同的蛋白做预实验以确定抗体的稀释度、作用时间和温度的最佳条件。

5. ECL 试剂必须临用时新鲜配制。

【思考题】

1. 蛋白质免疫印迹法的结果能反映基因表达水平吗？为什么？

2. 如果药物未影响某个基因对应的 mRNA 表达水平，但蛋白质免疫印迹法的结果提示蛋白水平有改变。请问出现这种现象的原因可能是什么？

3. 除了蛋白质免疫印迹法，还有哪些方法能分析细胞蛋白水平？分别简述其应用。

(李晓红)

实验八　电泳迁移率实验分析蛋白质与核酸相互作用

【实验目的】

1. 掌握蛋白与核酸之间的互作方式及生物学意义。
2. 掌握电泳迁移率实验方法分析蛋白与核酸相互作用的基本原理和实验方法。

【实验原理】

电泳迁移率实验（electrophoretic mobility shift assay，EMSA），又称凝胶迁移实验或凝胶阻滞实验，是一种用于研究蛋白与核酸相互作用的实验技术，常用于研究转录因子与 DNA 顺式作用元件之间的相互作用。EMSA 是基于蛋白-特异性探针复合物在 PAGE 中的迁移率较游离探针低的原理而设计的。生物素标记的双链探针 DNA 与细胞核提取物或纯化因子共同孵育，之后进行非变性 PAGE。然后将 DNA 快速（30min）转印至尼龙膜上进行紫外交联，用 HRP 标记的链霉亲和素（streptavidin − HRP conjugate）和 ECL 试剂进行显色。

【仪器与材料】

垂直电泳槽，稳压稳流电泳仪，小型垂直电泳转印系统，凝胶成像仪，PCR 仪，超纯水系统，冰箱（−80℃、−20℃和 4℃），涡旋振荡仪，脱色摇床，培养箱等。

核蛋白抽提试剂盒，尼龙膜，冰浴，PBS 缓冲液，BCA 蛋白浓度测定试剂盒，EMSA 试剂盒，Acr，Bis，Tris，甘油，过硫酸铵，TEMED，TBE Buffer，甘氨酸，10×EMSA 上样缓冲液，封闭液，洗涤缓冲液，ECL 试剂盒，离心管及架子，移液器与吸头。

【实验操作】

1. 探针的制备。

根据研究目的合理设计特异性探针和非特异性探针，DNA 序列在末端加上生物素标记。

2. 样品制备。

用核蛋白抽提试剂盒提取细胞核蛋白后，对蛋白进行定量。

（1）贴壁细胞吸去培养基后，用冷 PBS 洗涤 2 次。悬浮细胞离心收集后，用冷 PBS 离心洗涤 2 次。

（2）用冷 Hypotonic Buffer 配制含有磷酸酶抑制剂（5μl/ml）、PMSF（10μl/ml）和 DTT（1μl/ml）的混合液。冰上保存数分钟待用。

（3）细胞中加入上述配制好的冷 Hypotonic Buffer（按 5×10^6 个细胞或 60mm 培养板/75cm^2 培养瓶加入 0.30～0.45ml）。

（4）冰上操作，轻轻吸打细胞，混匀，连同 Hypotonic Buffer 一起转移至新的预冷离心管中。

（5）手指弹管壁使沉淀悬起，冰浴 10min，震荡 10s，混匀。

（6）于 4℃以 800g 离心 5min，立即弃去上清液；加入 0.4ml 冷 Hypotonic Buffer 震荡洗涤沉淀 30s，于 4℃以 2500g 离心 5min，弃去上清液。

（7）沉淀中加入 0.2ml Lysis Buffer（每 1ml 冷 Lysis Buffer 中加入 5μl 磷酸酶抑制剂、10μl PMSF 和 1μl DTT），震荡悬起沉淀，冰浴 20min，于 4℃以 20000g 离心 10min，弃去沉淀。上清液即为核蛋白提取物，分装后-80℃保存。

（8）按照试剂盒说明书操作流程，用 BCA 蛋白浓度测定试剂盒测定抽提的细胞核总蛋白含量。标准曲线的制作也采用试剂盒提供的方法和蛋白标准。

3. 蛋白-特异性探针复合物的制备（EMSA 结合反应）。

（1）于 0.5ml 离心管中依次加入一定量核蛋白样品（2～5μg）、聚肌胞苷酸 1μl，结合缓冲液 2μl 和一定量无核酸酶的纯化水，使体系总体积为 9μl。加入时依次混匀。注意将各样品的蛋白量调成一致，同时设置实验管和对照管。

（2）冰浴 5min 后，实验管加入 1μl 特异性标记探针，对照管加 1μl 非特异对照探针。

（3）置于 PCR 仪中，室温（20～25℃）孵育 30min。

4. 凝胶电泳。

（1）准备制胶模具，可以使用较大的灌制蛋白电泳薄胶的模具。

（2）配制 20ml 6.5%非变性聚丙烯酰胺凝胶聚合液：

10×TBE	2.00ml
30%Acr-Bis（29∶1）	4.40ml
纯化水	13.24ml
80%甘油	160μl
10%过硫酸铵	180μl

TEMED   20μl

按照上述次序加入各个溶液，并混匀。

（3）加入 TEMED 后，立即将上述聚合液加入制胶模具中，加上样品梳，避免气泡的产生。

（4）在预冷的 0.5×TBE Buffer 中 120V 预电泳 60min，并冲洗加样孔。换上新缓冲液准备进行正式电泳。

（5）向实验操作"3.蛋白－特异性探针复合物的制备（EMSA 结合反应）"所得 EMSA 结合反应产物中加入 10×EMSA 上样缓冲液（无色）1μl，混匀后立即上样。另选择单样品孔，加入 1×EMSA 上样缓冲液（蓝色）10μl，用于观察电泳情况。

（6）将电泳槽置于冰上或者 4℃环境中，恒压 100V 进行电泳，直至溴酚蓝指示剂距离凝胶底部 2～3cm。

5. 转膜。

（1）在预冷的 0.5×TBE 中浸泡凝胶、尼龙膜、滤纸和纤维垫。

（2）按如下顺序组装"三明治"：纤维垫、滤纸、凝胶、尼龙膜、滤纸、纤维垫。注意电极，确保凝胶位于阴极、膜位于阳极。

（3）转膜装置置于冰上或者低温室中，在预冷的 0.5×TBE 中，380mA（约 100V）转膜 30～40min。

6. 紫外交联。

用紫外交联仪的自动交联功能进行交联操作或在无菌操作台的紫外灯下 10cm 处交联 10min。

7. 检测。

（1）将交联处理过的尼龙膜放入盛有洗涤缓冲液的容器中，冲洗。整个检测过程应避免膜干燥。

（2）去掉洗涤缓冲液，加入封闭液后轻微震荡，室温封闭 20min。

（3）向封闭液中加入适量 HRP 标记的链霉亲和素（参照试剂要求的倍数稀释），室温震荡孵育 45min。

（4）去掉封闭液及其中的链霉亲和素，用洗涤缓冲液洗膜 3 次，每次室温轻微震荡 10min。

（5）配制 ECL 反应底物，均匀加至膜上，室温孵育 5min。

（6）凝胶成像仪曝光成像，观察结果。

【注意事项】

1. 提取核蛋白时，所有接触样品的用具及试剂均需预冷，避免蛋白质的降解与失活。

2. EMSA 结合反应所用的蛋白量需优化。一般，纯化蛋白的用量为 20～2000ng，粗制核蛋白液需要 2～10μg。蛋白样品保存于－80℃，探针保存于－20℃以防止降解，均应避免反复冻融。

3. 当曝光结果提示带型不紧密，出现拖尾时，表明复合物存在解离，但也有可能是因为凝胶聚合不完全。若蛋白-探针复合物不进入凝胶,则表示所用的蛋白、探针或盐过量。

4. 核蛋白的抽提应使用专门试剂盒,核蛋白浓度应达到 1mg/ml,否则影响结合效果。

5. 电泳必须使用非变性聚丙烯酰胺凝胶,一般控制在 5min 左右凝固。

【思考题】

蛋白与核酸之间的相互作用方式有哪些?它们对基因表达的调控机制是什么?

(李晓红)

实验九　染色质免疫共沉淀分析蛋白质与核酸相互作用

【实验目的】

掌握染色质免疫共沉淀分析蛋白与核酸相互作用的基本原理和实验方法。

【实验原理】

染色质免疫共沉淀（chromatin immunoprecipitation,ChIP）是基于体内分析发展起来的用于研究体内 DNA 与蛋白相互作用的方法,也称结合位点分析法。在活细胞状态下,用甲醛固定蛋白质-DNA 复合物,通过超声或酶处理将其随机切割为一定长度的染色质片段后,加入特异性抗体沉淀富集目标蛋白结合的 DNA 片段,然后通过对目的片段的纯化和检测,获得与目标蛋白相互作用的 DNA 信息。

ChIP 不仅可检测蛋白因子与 DNA 的动态作用,还可研究组蛋白的共价修饰与基因表达的关系,广泛应用于转录调控分析和药物开发研究等领域。ChIP 与其他研究方法的结合,进一步扩大了其应用范围,如 ChIP 与基因芯片（gene chip）相结合建立的 ChIP-on-chip 方法已广泛应用于特定蛋白因子靶基因的高通量筛选,ChIP 与 RNA 分析技术相结合建立的 RNA-ChIP 也广泛用于研究 RNA 在基因表达调控中的作用。

【仪器与材料】

细胞超声破碎机,台式低温高速离心机,高压灭菌锅,梯度 PCR 仪,电泳仪,水平电泳槽,凝胶成像仪,超纯水系统,冰箱（-80℃、-20℃和4℃）,分析天平,涡旋振荡仪,微波炉,脱色摇床,培养箱等。

甲醛（37%）,1.25mol/L 甘氨酸（10×）,PBS,SDS 裂解缓冲液,特异性抗体,Protein A-agarose,洗涤液,洗脱液,蛋白酶抑制剂 Cocktail Ⅱ,RNase A,蛋白酶 K,DNA 抽提试剂盒（或相关试剂）,Upstate ChIP 试剂盒,Omega 胶回收试剂盒,

Taq DNA 聚合酶或 PCR Mix，TE 缓冲液，GoldView Ⅱ型核酸染料，琼脂糖，核酸分子量标准，6×DNA Loading Buffer，离心管及架子，移液器与吸头，细胞刮刀等。

【实验操作】

1. 预准备。

（1）预冷 PBS。

（2）将 SDS 裂解缓冲液平衡至室温（确保 SDS 全部溶解）。

（3）将蛋白酶抑制剂 Cocktail Ⅱ恢复至室温。

2. 甲醛交联及细胞裂解。

（1）取出 1 培养皿细胞（至少 $1×10^7$ 个），加入甲醛使其终浓度为 1%，37℃孵育 10min。

（2）培养皿中加入 10×甘氨酸至终浓度为 1×甘氨酸，混匀后室温放置 5min 以终止交联。

（3）吸尽培养皿中的培养基（冰上操作），分别用大约 10ml 预冷 PBS 洗涤细胞 2 次。

（4）同时取一个 15ml 离心管，加入 2ml 预冷 PBS 和 5μl Cocktail Ⅱ。

（5）培养皿中加入 2ml PBS，用细胞刮刀收集细胞于上述离心管。

（6）将离心管于 4℃以 700rpm 离心 5min 以收集细胞。

（7）离心后，弃去上清液，加入 1ml SDS 裂解缓冲液（含 5μl Cocktail Ⅱ）重悬细胞。

（8）取细胞悬液分装约 330μl 至离心管备用。

3. 超声断裂 DNA。

（1）将 1 支装有上述细胞悬液的离心管置于碎冰上，超声仪设置为最大输出功率的 20%，1~2mm 探头，4.5s 冲击超声，9.0s 间隙，反复 14 次。

（2）于 4℃以 12000rpm 离心 10min，收集上清液，得到全细胞抽提物。

4. 免疫共沉淀蛋白质/DNA。

（1）将全细胞抽提物分为 3 份，100μl 作为实验组（后期加特异性抗体）；100μl 作为对照组（后期不加特异性抗体）；100μl 加入 4μl 5mol/L NaCl（NaCl 终浓度为 0.2mol/L），65℃处理 3h，解交联后取出一半用酚/三氯甲烷抽提，用 DNA 琼脂糖凝胶电泳检测超声破碎效果。

（2）实验组和对照组各加入 900μl ChIP 稀释缓冲液（含 4.5μl Cocktail Ⅱ）和 2μl 50×PIC、60μl Protein A－agarose，4℃颠转混匀 1h，静置 10min 后，以 700rpm 离心 1min。

（3）离心后，取上清液。各留取 20μl 作为背景对照。实验组中加入 1μl 抗体（对照管不加抗体），4℃颠转过夜。

（4）每组管中加入 60μl Protein A－agarose，4℃颠转 2h，再静置 10min 后，以 700rpm 离心 1min，弃去上清液。

（5）依次用 1ml 低盐洗涤缓冲液、高盐洗涤缓冲液和 LiCl 洗涤缓冲液洗涤沉淀复合物各1次。洗涤方法：加入洗涤液，4℃颠转10min后，静置10min，以700rpm离心1min，弃去上清液，最后，用1ml TE缓冲液洗涤2次。

（6）洗涤完毕后，用洗脱缓冲液（含100μl 10%SDS、100μl 1mol/L NaHCO$_3$和800μl 纯化水）进行洗脱。洗脱方法：每管加入250μl 洗脱缓冲液，室温下颠转15min，以700rpm离心1min，收集上清液至另一离心管；再洗涤沉淀一次，合并上清液（每管约500μl）。

（7）每管加入20μl 5mol/L NaCl（NaCl终浓度为0.2mol/L），混匀，65℃解交联过夜。

5. DNA样品回收。

（1）解交联结束后，每管加入1μl RNase A（10g/L），37℃孵育1h。

（2）每管加入10μl 0.5mol/L EDTA、20μl 1mol/L Tris-HCl（pH 6.5）和2μl 10mg/ml蛋白酶K，45℃处理2h。

（3）DNA片段用Omega胶回收试剂盒回收，溶于100μl纯化水中，用于下一步实验操作或冻存于-20℃。

6. PCR扩增。

参照本章"实验三 逆转录PCR"中"实验操作3. PCR扩增cDNA"的方法将回收DNA片段进行PCR扩增。

7. DNA琼脂糖凝胶电泳。

扩增产物用1.5%琼脂糖凝胶进行电泳，加样量为10μl，电压为120V。

8. 凝胶图片采集与平均光密度值计算。

阳性条带用软件进行分析，测其积分光密度（integrated optical density, IOD）值，再计算平均光密度（mean optical density, MOD）值（$MOD=IOD$/图片面积）。

【注意事项】

1. 实验操作中设置阳性对照和阴性对照可确保分析结果的可靠性。

阳性对照：Rpb1（RNA聚合酶Ⅱ大亚基）的抗体可作为活性位点的阳性对照抗体，组蛋白H$_3$抗体可作为ChIP实验的通用阳性对照抗体。

阴性对照：阴性对照抗体（如正常兔IgG）不能识别特异抗原表位，用于检测非特异性结合。如果阴性对照的产物量等于实验组中产物量，提示特异靶标抗体出现非特异结合。

2. 染色质的制备对实验的成功至关重要。

超声处理断裂DNA效果较好，但会将染色质暴露于变性条件（如高热和去污剂），同时破坏抗原表位和基因组DNA，导致低频率、较不稳定的相互作用低于检测阈值。

酶消化方法：使用微球菌核酸酶切断染色质核小体之间的连接区域，无需高热或去污剂，柔和地将染色质剪切成均一片段，从而避免抗原表位和DNA被剪切或变性。如果使用与细胞数量成比例的酶用量，能得到一致性可重复的结果。酶消化的具体方法需参照试剂盒（如SimpleChIP© Plus Enzymatic Chromatin IP Kit）说明书。

3. 抗体特异性对实验成败至关重要。

非特异靶标抗体会导致不可预见的非特异性结合并增加背景信号，从而增加低丰度、低稳定性相互作用的检测难度。

4. DNA 免疫沉淀后可进行纯化以便进行后续结果的分析。目前，有若干种方法可用于分析与特定蛋白质靶标一起免疫沉淀的纯化 DNA，常用的包括 qPCR 和二代测序。

【思考题】

1. ChIP 是否可以确定蛋白因子与 DNA 之间直接结合的关系？为什么？
2. 转录调控机制研究包括哪些内容？

（李晓红）

实验十　CRISPR/Cas9 质粒介导细胞基因敲除

【实验目的】

掌握 CRISPR/Cas9 系统实现基因敲除的基本原理和实验方法。

【实验原理】

CRISPR/Cas 系统（clustered regularly interspaced short palindromic repeats-associated protein systems，成簇规律间隔性短回文重复序列相关的蛋白系统）是原核生物抵御病毒、质粒和外源 DNA 入侵的一种免疫系统，通过序列特异性 RNA 的介导，能切割降解外源 DNA。目前，该系统已被开发成一种高效的基因编辑工具。在 II 型 CRISPR/Cas 系统，即 CRISPR/Cas9 系统中，CRISPR RNA（crRNA）与反式激活 crRNA（trans-activating crRNA，tracrRNA）退火形成识别复合体，能特异识别带有 PAM 基序（5′-NGG-3′）的与 crRNA 同源的基因组序列，引导并激活 Cas9 蛋白，切割靶序列产生 DNA 双链断裂（double-strand breaks，DSBs）。

在基因编辑操作中，识别复合体可通过融合 crRNA 与 tracrRNA 序列形成 sgRNA（single guide RNA，单导向 RNA）的方式进行简化，基因组靶序列中有大约 20bp 的片段与 sgRNA 互补配对。若将多个 sgRNA 克隆与一个 Cas9 克隆共转染，则可同时靶向多个基因组位点。

CRISPR/Cas9 系统介导的特异位点 DSBs 可被非同源末端连接（non-homologous end joining，NHEJ）机制修复，该修复机制常会在 DSBs 位点引入插入缺失突变，从而实现基因的靶向敲除。通过对靶位点序列进行 PCR 扩增，产物经过解链和退火后，形成带有错配的杂合双链 DNA，其包括野生型/插入缺失突变型错配以及不同突变型的错配。错配核酸内切酶，如 CEL I 和 T7 核酸内切酶 I（T7 endonuclease I，T7E I）能识别和剪切错配区域。因此，若酶切产物在 DNA 琼脂糖凝胶电泳中出现两条预期长度的较短条带，则意味着基因组靶点上引入了插入或缺失突变。

【仪器与材料】

台式低温高速离心机，高压灭菌锅，梯度 PCR 仪，电泳仪，水平电泳槽，凝胶成像仪，Celetrix 细胞电转仪（CTX-1500A），培养箱，超纯水系统，冰箱（-80℃、-20℃和4℃），分析天平，涡旋振荡仪，微波炉等。

无核酸酶水，E. coli 感受态细胞 DH5α，质粒抽提试剂盒，Genloci pGK1.2 载体，Genloci Cruiser© 基因敲除检测试剂盒，T4 DNA Ligase，Annealing Buffer（10×），靶点特异 PCR 引物，100bp Plus DNA Ladder，GoldView Ⅱ型核酸染料，琼脂糖，核酸分子量标准，6×DNA Loading Buffer。

【实验操作】

该方案基于 Genloci pGK1.2 载体。pGK1.2 载体包含了 Cas9 表达框和 sgRNA 克隆框，其中 sgRNA 克隆框能克隆编码靶标特异性 crRNA 的 DNA 片段。载体结构示意图如图 11-3 所示。

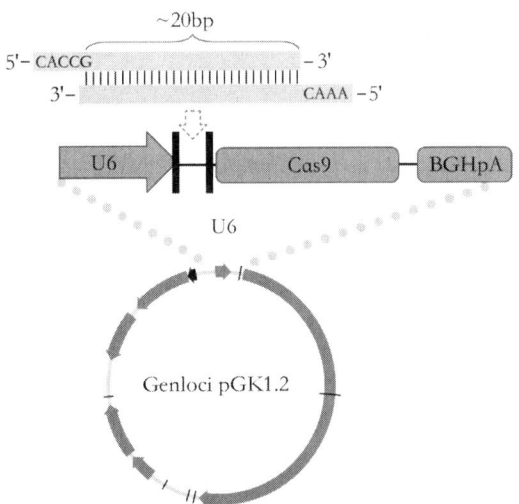

图 11-3　Genloci pGK1.2 载体结构示意图

1. 设计 crRNA DNA 序列。

（1）借助麻省理工学院的 CRISPR Design 在线工具（http://crispr.mit.edu/），设计靶 DNA 区域中一对 20bp 左右的 oligo DNA 作为 Guide 序列（一次输入一个 23～250bp 的外显子片段以避免 Guide 序列跨内含子）。根据评分的高低选取合适的 Guide 序列，若选取的 Guide 序列第一个碱基不是 G，则应添加一个 G。最后，在选定的 Guide 序列 5′端添加与 BbsⅠ酶切后的载体相互补的部分。例如，针对 *Fut8* 基因，在线筛选出评分最高的序列为 AATGAGCATAATCCAACGCC，则设计的 2 条单链 crRNA DNA 序列如下。

Fut8-F：caccGAATGAGCATAATCCAACGCC

Fut8-R：aaacGGCGTTGGATTATGCTCATTC

（2）在靶位点上下游各设计一条引物，用于后续 PCR 或测序检测阳性克隆。引物能引导扩增 300～500bp 的 DNA 片段，上下游引物距突变位点 100～400bp。

（3）将设计的序列送到生物公司合成，要求纯化级别为 PAGE。

2. crRNA DNA 与载体连接。

（1）将 2 条单链 crRNA DNA 退火形成 dsDNA。

退火反应体系（40μl）：

正链 oligo（10μmol/L）	10μl
负链 oligo（10μmol/L）	10μl
Annealing Buffer（10×）	4μl
纯化水	16μl

混匀后，瞬时离心使液体集中至管底。置于 PCR 仪 95℃孵育 3min 后，室温放置 20min。

（2）载体线性化。

用 BbsⅠ单酶切 pGK1.2 质粒载体，50μl 酶切反应体系如下：

质粒 DNA	1μg
10× NEBuffer r2.1	5μl（1×）
BbsI	1.0μl（10 units）
Nuclease-free Water	加至总体积 50μl

37℃孵育 5～15min 后升温至 65℃终止酶切反应。

胶回收位于约 10kb 位置的条带。

（3）连接反应。

取 1μl dsDNA 进行连接反应，反应体系（10μl）：

pGK1.2 线性化载体	40ng
dsDNA	1.0μl
T4 DNA Ligase	0.5μl
10×T4 DNA Ligase Buffer	1.0μl
纯化水	5.5μl

混匀后，瞬时离心使液体集中至管底。置于 PCR 仪 16℃孵育 30min。

3. 转化感受态细胞 DH5α，利用 pGK1.2 携带的氨苄青霉素抗性筛选阳性克隆。

挑选阳性克隆，使用上游 VSP primer（CATATGCTTACCGTAACTTGAAAG，T_m 为 56.7℃）与下游负链 oligo 引物进行菌落 PCR 鉴定（阳性克隆 PCR 产物大小应为 100bp）。最后，阳性克隆用 VSP primer 测序验证序列的正确性。具体实验步骤参考本章"实验四 质粒载体介导的 DNA 重组技术——重组质粒的构建、筛选及鉴定"。

4. 质粒抽提。

挑取阳性克隆于 20ml LB 抗性培养液中，于 37℃以 220r/min 培养 16h，用无内毒素质粒大提试剂盒抽提质粒（确保质粒浓度不小于 1μg/μl）。具体实验步骤见"第五章 生物化学与分子生物学实验"中"实验一 细菌质粒 DNA 的提取"相关内容及试剂盒说明书。抽提的质粒需测定含量并进行DNA琼脂糖凝胶电泳鉴定。

5. 电转染靶细胞。

使用Celetrix细胞电转仪（CTX-1500A）进行电转操作。贴壁细胞需每毫升$3×10^6 \sim 5×10^6$个，悬浮细胞需每毫升$5×10^6 \sim 8×10^6$个，质粒$6 \sim 8\mu g$，转染体积$120\mu l$。

6. Cruiser®筛选并鉴定阳性克隆。

将上述电转后的靶细胞梯度稀释，接种于96孔板中进行单克隆培养（悬浮细胞推荐使用Cell Plaza©），待细胞克隆长至10倍镜下视野1/4面积时，转移至48孔板扩大培养。待48孔板长满后，取孔板一半细胞抽提基因组DNA进行靶点PCR，然后通过Cruiser®核酸内切酶（与CEL I同源，能特异识别异源双链DNA的突变位点，并从突变位点3'-端切割异源双链DNA）初步筛选鉴定阳性克隆和突变率，最后对Cruiser®筛选的阳性克隆进行测序分析。具体操作步骤参考Genloci Cruiser®基因敲除检测试剂盒说明书。

（1）提取基因组DNA。

（2）靶点PCR。

反应体系：

DNA	100ng
10×G-Taq Buffer	$3.0\mu l$
DMSO	$1.8\mu l$
dNTPs（10mmol/L）	$0.6\mu l$
Primer-F	$1.2\mu l$
Primer-R	$1.2\mu l$
G-Taq DNA polymerase	$0.3\mu l$
纯化水	将体系总体积调至$30.0\mu l$

PCR程序：

95℃	1min
95℃	10s ⎫
55~62℃（退火温度）	10s ⎬ 35个循环
72℃	20s ⎭
72℃	5min

取$2 \sim 3\mu l$ PCR产物进行DNA琼脂糖凝胶电泳检测。若为单一条带，直接进行后续实验；若有非特异扩增条带，则应优化扩增条件重新进行PCR。

（3）杂交。

将PCR产物置于PCR仪中98℃孵育3min，再放置20min以上（PCR仪勿打开），自然冷却（待管中液体温度下降至40℃以下），获得杂交DNA。

（4）Cruiser® Enzyme酶切验证。

①设置阳性对照管（$100ng/\mu l$阳性对照取$2\mu l$）、阴性对照管（未突变基因组PCR产物）和实验管。

②在灭菌 PCR 管中配制反应体系（注意冰上操作，操作时间不超过 10min）：

PCR 产物（或阳性对照）　　　　　　1~2μg（或阳性对照 200ng）
Cruiser® Enzyme　　　　　　　　　　1μl
5×Cruiser® Buffer　　　　　　　　　2μl
纯化水　　　　　　　　　　　　　　将体系总体积调至 10μl

③反应管置于 PCR 仪中，45℃孵育 20min 后，立刻降温至 4℃。

④PCR 仪温度降至 4℃后，立刻向上述 10μl 反应体系内加入 2μl 6×DNA Loadig Buffer。

（5）用 2%DNA 琼脂糖凝胶电泳检测酶切产物。酶切产物可于−20℃保存。

【注意事项】

1. 目前市售 CRISPR/Cas9 试剂盒种类较多，实验方案应根据不同公司的试剂盒说明书进行调整。

2. 除了麻省理工学院的 CRISPR Design 在线工具，设计 crRNA DNA 序列的在线工具还有德国癌症研究中心的 E−Crisp（http://www.e-crisp.org/E-CRISP/designcrispr.html）。

3. 靶点特异 PCR 引物的 T_m 值最好不低于 60℃；引物设计在 sgRNA 靶点两侧，并使 sgRNA 的剪切位点位于偏离扩增片段中心约 100bp 的位置。设计时应尽可能确保引物对于靶点的特异性，避免扩增到潜在的 SNP 位点或等位基因存在序列差异的位点。

4. 为避免靶点特异 PCR 扩增效率不足，要根据细胞数调整加入的细胞裂解物体积，保证每个反应体系至少含有 200 拷贝的模板。对于二倍体细胞，每个 PCR 反应体系需要至少 1000 个裂解细胞；若要在琼脂糖凝胶上获得清晰明亮的条带，则需要约 10000 个裂解细胞进行反应。

【思考题】

1. CRISPR/Cas9 系统除了可以编辑目标基因，还有哪些用途？
2. 如何避免 CRISPR/Cas9 系统的脱靶效应？
3. 除了 CRISPR/Cas9 系统介导的基因敲除，还有哪些基因敲除技术？它们各自的特点是什么？

（李晓红）

【参考文献】

王彦芹，罗晓霞，张锐，2017. 现代分子生物学实验指导［M］. 西安：西安交通大学出版社.

何勤，尹红梅，2019. 新编药学实验教程（上、下）［M］. 成都：四川大学出版社.

Jia Z J, Gao S, Arnold F H, 2020. Enzymatic primary amination of benzylic and allylic C（sp3）−H bonds［J］. J Am Chem Soc, 142（23）: 10279−10283.

Kille S, Acevedo−Rocha C G, Parra L P, et al, 2013. Reducing codon redundancy and screening effort of combinatorial protein libraries created by saturation mutagenesis［J］. ACS Synth Biol, 2（2）: 83−92.

第十二章 高等天然药物化学实验

【课程介绍】

高等天然药物化学实验课程是天然药物化学实验及理论课程的系统性延展。课程交叉融合了天然药物化学、药物化学、药物分析、药理学等学科知识及虚拟仿真实验技术等先进教学手段,以天然药物的提取工艺研究、分离及结构鉴定,活性天然产物的构效关系研究为主线,通过开放性实验培养学生系统性解决复杂天然药物化学问题的能力,从系统性、专业性方面提高学生对天然药物化学研究的能力及兴趣。

针对天然药物化学的经典研究内容,通过学习本课程,学生能掌握天然产物的提取工艺流程、熟悉药学工艺参数的优化方法、掌握分离纯化技能、熟悉经典的分离方法和常用的分离材料;在活性天然产物的构效关系方面,掌握一些重要天然药物的结构修饰的原理及方法,学习重要官能团的转化机制及方法;选择一些重要的天然产物为先导化合物,对其进行结构改造、结构鉴定、并开展进一步的药理活性实验,探索新合成衍生物的抗肿瘤活性。采用虚拟仿真实验的先进教学手段,帮助学生认识基于天然产物进行新药开发的全流程,拓宽实验教学的深度和广度。实验内容涉及天然药物化学、药物化学、药物分析学、药理学等多个学科,实现多学科交叉融合的综合性药学创新实验,培养学生新药研发的思维和能力。

实验一 穿心莲的提取工艺研究及穿心莲内酯的分离、鉴定

【实验目的】

1. 掌握用正交设计法研究天然药物的提取工艺参数。
2. 了解穿心莲内酯类化合物结构,熟悉利用其极性和溶解度进行分离的原理。
3. 掌握活性炭脱叶绿素的方法。

【实验指导】

1. 药用植物概述。

穿心莲为爵床科植物穿心莲 [Andrographis paniculata (Burm. f.) Nees] 的全草或叶,味苦,性寒,归心、肺、大肠、膀胱经,能清热解毒、凉血、消肿、燥湿,用于治疗感冒发热、咽喉肿痛、顿咳劳嗽、泄泻痢疾、热淋涩痛、痈肿疮疡、毒蛇咬伤等症。

穿心莲中含有多种类型的化合物,主要为二萜内酯类化合物,包括脱氧穿心莲内酯(穿心莲甲素,deoxyandrographolide)、穿心莲内酯(穿心莲乙素,andrographolide)、新穿心莲内酯(穿心莲丙素,neoandrographolide)、高穿心莲内酯(homoandrographolide)、潘尼内酯(panicolide)、穿心莲烷(andrographan)、穿心莲酮(andrographon)、穿心莲固醇(andrographosterin)等。其中穿心莲内酯、新穿心莲内酯是穿心莲抗菌、消炎的主要有效成分。穿心莲中还含有 β-谷甾醇-D-葡萄糖苷及 5-羟基-7,8,2',3'-四甲氧基黄酮、5-羟基-7,8,2'-三甲氧基黄酮、5,2'-二羟基-7,8-二甲氧基黄酮、芹菜素-7,4'-二甲醚、2-谷甾醇和碳酸二氢钾等。此外,还有 14-去氧-11-氧化穿心莲内酯、14-去氧-11,12-二去氢穿心莲内酯、甾体皂苷、糖类、缩合鞣质、叶绿素、无机盐等。

2. 穿心莲中主要有效成分的结构及性质。

穿心莲内酯:$C_{20}H_{30}O_5$,又称穿心莲乙素,为无色方形或长方形结晶,熔点为 230~232℃。味极苦,可溶于甲醇、乙醇、丙醇、吡啶,微溶于三氯甲烷、乙醚,难溶于水及石油醚。

脱氧穿心莲内酯:$C_{20}H_{30}O_4$,又称穿心莲甲素,为无色片状或长方形结晶,熔点为 175~176.5℃。味稍苦,可溶于甲醇、乙醇、丙醇、吡啶、三氯甲烷、乙醚、苯,微溶于水。

新穿心莲内酯:$C_{26}H_{40}O_9$,又称穿心莲丙素、穿心莲苷,为无色柱状结晶,熔点为 167~168℃。无苦味,可溶于甲醇、乙醇、丙醇、吡啶,微溶于三氯甲烷和水,不溶于乙醚和石油醚。

穿心莲内酯　　　　脱氧穿心莲内酯　　　　新穿心莲内酯

3. 实验原理。

穿心莲中的内酯类化合物易溶于甲醇、乙醇、丙酮等溶剂，故可利用此性质用乙醇提取；利用穿心莲内酯与脱氧穿心莲内酯结构上的差异，用硅胶柱分离两者；涉及天然药物提取工艺的参数较多，利用正交设计实验可以减少实验次数，尽快获取最优提取工艺参数。

【仪器及材料】

1. 仪器：电子台秤、闪式提取器、圆底烧瓶、旋转蒸发仪、低温循环泵、层析柱、温度计、层析缸、硅胶薄层板、布氏漏斗、抽滤瓶。

2. 材料：穿心莲叶粉末、95％乙醇、活性炭、二氯甲烷、三氯甲烷、甲醇、层析硅胶、层析氧化铝、盐酸、正丁醇、氨水、丙酮、乙酸乙酯。

【实验操作】

1. 内酯类成分的提取。

(1) 提取方法。

①闪式提取法：称取穿心莲粗粉 100g，加 95％乙醇 800ml，用闪式提取器提取，每次 2min，提取 3 次，过滤，收集提取液。药渣加 400ml 乙醇，同法提取 3 次，合并浸出液，浓缩至适量，即为内酯类成分总提取物。

②回流提取法：称取穿心莲粗粉 100g，置圆底烧瓶中，加 95％乙醇 400ml，回流 1h，过滤，药渣再加 300ml 乙醇回流 2 次，每次 1h，过滤，合并 3 次滤液，回收乙醇至总体积的 1/5 量，放冷，即为内酯类成分总提取物。

(2) 脱色方法。

①活性炭法：将上述内酯类成分总提取物加入原料量的 15％～20％活性炭，加热回流 30min，脱色后的溶液再浓缩至 15～20ml，放置析晶。

②稀醇法：将上述内酯类成分总提取物调整含醇量为 30％，放置 12～24h，析出叶绿素和部分内酯，倾出上清液，用砂布滤除叶绿素，并用少量 30％乙醇洗涤 2 次，洗涤液与滤液合并，得浅棕色液体，回收乙醇至无醇味，冷却后析出膏状物，分离膏状物。

2. 分离、精制。

(1) 穿心莲内酯的分离。

①结晶法：将活性炭脱色后的浓缩液放置析晶，滤取结晶，并用少量水洗涤即得穿心莲内酯粗品（含少量脱氧穿心莲内酯）。母液待分离脱氧穿心内酯。

②萃取法：由稀醇法脱色得到的膏状物，加 100ml 二氯甲烷，加热回流使其溶解，冷却后倒入一分液漏斗中，加入一定量的水振摇，放置 24h 以上，分为三层，上层为水层，中层为不溶物层，下层为二氯甲烷层，分取中间一层，用少量丙酮洗涤黏稠物，即为穿心莲内酯部分。干燥即为穿心莲内酯粗品。

(2) 穿心莲内酯的精制。

①乙酸乙酯法：将粗穿心莲内酯结晶加 60 倍量乙酸乙酯（V/W），加热回流

30min，过滤不溶物，再加 40 倍量乙酸乙酯，加热回流 30min，过滤，合并 2 次滤液，回收乙酸乙酯至总体积的 1/4 量，室温放置析晶，滤取白色颗粒状结晶，即为穿心莲内酯精品，进行薄层鉴定。

②丙酮法：将粗品穿心莲内酯结晶加 40 倍量丙酮，加热回流 10min，过滤，不溶物再加 20 倍量丙酮，加热回流 10min，过滤，合并 2 次丙酮液，回收丙酮至总体积的 1/3 量，放置析晶，滤取白色颗粒状结晶，即为穿心莲内酯精品，进行薄层鉴定。

③柱层析法：将穿心莲内酯粗品用 2 倍粗硅胶拌样，将此样品上硅胶柱（2cm×30cm）。用层析硅胶（200～300 目）30～35g，用三氯甲烷－甲醇（TLC 探索分离条件）洗脱，控制流速为每分钟 2～3ml，每份 20ml，收 15～20 份。流出液 TLC 检测合并，浓缩抽干，与对照品 TLC 法对照，即得穿心莲内酯精品。

(3) 脱氧穿心莲内酯分离：将结晶法析出的穿心莲内酯母液或萃取法的下层二氯甲烷回流液，水浴蒸发至稠膏状，再加二氯甲烷 70ml，尽力搅拌后滤出二氯甲烷层，残渣再加二氯甲烷层 10ml 同法处理，合并 2 次滤液，水浴回收至 5ml，将此浓缩液上氧化铝柱（2cm×30cm）。用中性氧化铝 30～35g，三氯甲烷湿法装柱，用三氯甲烷洗脱，控制流速为每分钟 2～3ml，每份 10ml，收 12～15 份。各流份浓缩后做薄层层析定性分析，合并相同流份，蒸干三氯甲烷，用丙酮结晶 2 次，得白色结晶，即为脱氧穿莲内酯，进行薄层鉴定。

3. 穿心莲提取工艺研究。

天然药物的提取工艺参数受多因素影响，主要涉及提取溶剂、料液比、提取时间、提取次数及温度等方面，为探索最佳提取工艺参数，可采取单因素考察法或正交法。单因素法实验次数多，故常用正交法来获取最佳工艺参数。而正交法最关键的是合理选择相关因素及水平，因穿心莲内酯类成分在乙醇中溶解度较好，且主要化学成分对热稳定性较好，故提取温度恒定为回流温度，不予考察。主要考察不同浓度的乙醇（A）、料液比（B）、提取时间（C）、提取次数（D）共 4 个因素，每个因素设计 3 个水平，进行 $L_9(3^4)$ 正交试验。以醇提法提取穿心莲内酯，具体因素水平选取与正交试验设计见表 12-1 及表 12-2。正交试验以总提取物重量或穿心莲内酯含量为依据，优化醇提法提取穿心莲的工艺条件。每次实验称取 10g 穿心莲药材，置 100ml 圆底烧瓶中，电热套加热，回流提取，脱色后，减压浓缩干燥。

表 12-1 醇提法因素水平表

水平	因素			
	A 乙醇浓度（%）	B 料液比	C 提取时间（h）	D 提取次数（次）
1	60	6∶1	0.5	1
2	80	8∶1	1	2
3	95	10∶1	2	3

表 12－2　L_9（3^4）正交试验设计表

试验编号	因素			
	A	B	C	D
1	1	1	1	1
2	1	2	2	2
3	1	3	3	3
4	2	1	2	3
5	2	2	3	1
6	2	3	1	2
7	3	1	3	2
8	3	2	1	3
9	3	3	2	1

4. 鉴定。

(1) 穿心莲内酯的鉴定。

①测熔点：mp. 230～232℃。

②薄层色谱。

吸附剂：硅胶 G－CMC 板。

展开剂：三氯甲烷－无水乙醇（20∶1）。

显色剂：碘蒸气。

结果：产品与穿心莲内酯对照品对比，R_f 值相同。

③显色反应。

亚硝酰铁氰化钠碱液反应（legal reagent）：取穿心莲内酯结晶少许放在比色板上，加乙醇 0.2ml 溶解，加 0.3％亚硝酰铁氰化钠溶液 2 滴，10％的 NaOH 溶液 2 滴。

3,5－二硝基苯甲酸碱液反应（kedde reagent）：取穿心莲内酯结晶少许，于比色板上，加乙醇 0.2ml 溶解，加 3,5－二硝基苯甲酸碱液 2 滴，呈紫色。

60％氢氧化钾甲醇试剂反应：穿心莲内酯结晶遇氢氧化钾甲醇溶液呈紫色。

浓硫酸反应：穿心莲内酯遇浓硫酸呈橙红色。

(2) 脱氧穿心莲内酯的鉴定。

①测熔点：mp. 175～176℃

②薄层鉴定：条件同穿心莲内酯。

【注意事项】

1. 穿心莲内酯类化合物为二萜内酯，性质不稳定，易于氧化、聚合而树脂化。因此提取用的穿心莲原料应是当年产品，在保存运输过程中应注意防潮，否则内酯含量明显下降。

2. 提取时，如果用热乙醇温浸或加热回流提取，能同时提出大量叶绿素、树脂以及无机盐等杂质,而导致析晶和精制较为困难,因此本实验可采用冷浸法提取。

3. 穿心莲内酯与亚硫酸氢钠加成反应摩尔比为 1∶1,但亚硫酸氢钠溶液不稳定,故在临用前新鲜配制,且用量稍大于理论计算为宜。

【思考题】

1. 多种穿心莲内酯类成分共存时,可采用什么方法将它们分离?
2. 如何用化学法确定所得的二萜内酯是苷还是苷元?
3. 穿心莲内酯为水难溶性成分,用什么方法可制备水溶性的穿心莲内酯衍生物?

(陈东林)

实验二 青蒿素衍生物的化学合成

【实验目的】

1. 了解青蒿的化学成分及药理作用。
2. 掌握青蒿素衍生物的合成及实验操作流程。
3. 掌握薄层色谱鉴定的原理及操作。

【实验指导】

1. 药用植物概述。

青蒿为菊科植物黄花蒿(*Artemisia annua*)的干燥地上部分。原植物为一年生草本,茎呈圆柱形,上部多分枝,长 30~80cm,直径 0.2~0.6cm;表面黄绿色或棕黄色,具纵棱线;质略硬,易折断,折断面黄白色,中部有白色髓。叶互生,暗绿色或棕绿色,卷缩易碎,完整者展平后为三回羽状深裂,裂片及小裂片矩圆形或长椭圆形,两面被短毛,气香特异。味微苦,有清凉感。全国各地均产,主产于浙江、江苏、湖北、安徽等地。青蒿性寒,味苦、辛。清暑解热,抗疟。

2. 主要有效成分及性质。

黄花蒿中含有多种倍半萜成分,如青蒿素(artemisinin, qinghaosu)、青蒿甲素(arteannuin A)、乙素(arteannuin B)、丙素(arteannuin C)、丁素(arteannuin D)、戊素(arteannuin E)、青蒿酸(artemisic acid)、青蒿内酯(artemisilactone)和青蒿醇(artemisinol)等(图 12-1)。

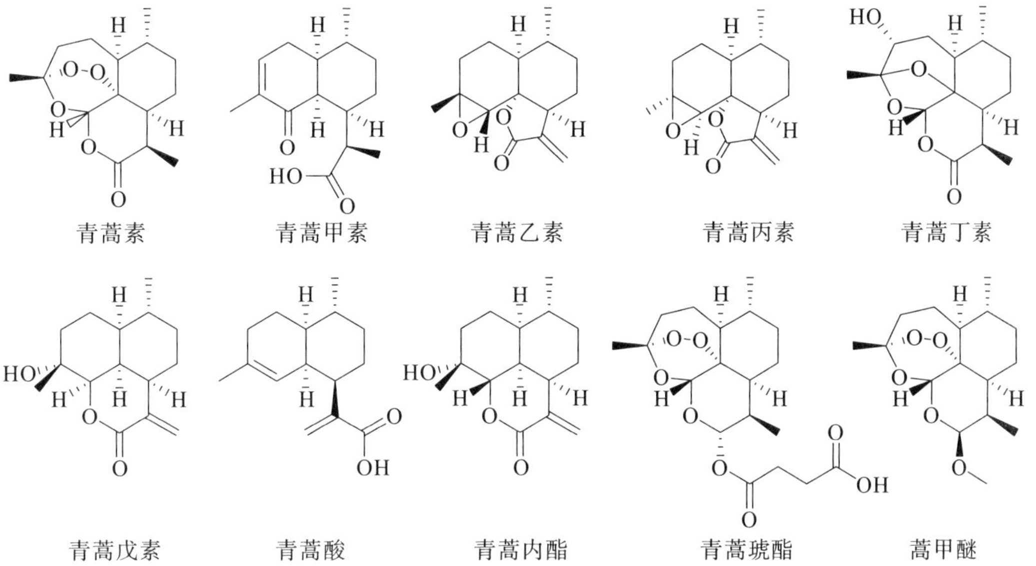

| 青蒿素 | 青蒿甲素 | 青蒿乙素 | 青蒿丙素 | 青蒿丁素 |

| 青蒿戊素 | 青蒿酸 | 青蒿内酯 | 青蒿琥酯 | 蒿甲醚 |

图 12－1 青蒿素衍生物

青蒿素是从中药青蒿中分离得到的用于抗恶性疟原虫（*Plasmodium falciparum*）所致疟疾的有效成分，具有含过氧桥环的倍半萜内酯结构，该过氧桥环被认为是青蒿素发挥药理活性的必需结构单元。青蒿素为无色晶体，味苦，熔点 153～154℃，密度 1.2g/cm³，比旋度 $[\alpha]_D^{20}+69°$，易溶于甲苯、三氯甲烷、乙酸乙酯、丙酮和冰醋酸，溶于乙醇、甲醇、乙醚和热石油醚，不溶于水。由于具有过氧桥环和缩醛结构，对酸、碱不稳定，受热不稳定，易受潮，易受热和还原性物质的影响而分解。

青蒿素的发现是我国科学家通力协作的结果，在此过程中，天然药物学家屠呦呦做出了突出贡献。1969 年，屠呦呦教授接受了一项抗疟药研究任务，该项目旨在从植物中寻找一种能够治疗疟疾的药物。屠呦呦领导课题组从收集、整理我国历代医籍、本草、民间方药入手，受东晋葛洪所著《肘后备急方》中治疗寒热诸疟方的"青蒿一握，以水二升渍，绞取汁，尽服之"的启发，屠呦呦教授发现用低沸点有机溶剂代替水，用低温萃取的方法，从青蒿叶中分离到一种抗疟单体物质，将其命名为青蒿素。1986 年，"青蒿素"获得了国家一类新药证书，该药物可以有效降低疟疾患者的死亡率。青蒿素自问世以来，挽救了全球特别是发展中国家数百万人的生命。2015 年，屠呦呦教授因发现青蒿素治疗疟疾的新疗法荣获诺贝尔生理学或医学奖。

尽管青蒿素对恶性疟原虫感染有效，但具有低生物利用度、药动学性质不良且造价高昂等缺陷，于是药物学家又研发了一系列青蒿素衍生物，如青蒿琥酯（artesunate）、双氢青蒿素（dihydroartemisinin）等。国际卫生组织明确禁止青蒿素单独用药，因为有迹象表明疟原虫正在对该药形成耐药性。当前，基于青蒿素的联合疗法（artemisinin－based combination therapies，ACT）已经在全世界成为治疗恶性疟原虫所致疟疾的标准疗法。

3. 实验原理。

（1）结构优化原理：青蒿素隶属于倍半萜类化合物，分子结构中缺乏助溶基团，其水溶性与脂溶性均较差，致使青蒿素在临床应用方面受到了限制。因此，以青蒿素为先导化合物开展结构优化工作，是青蒿素类药物发展的必然趋势。鉴于青蒿素抗疟作用机制的研究相对滞后，现阶段的结构优化主要是基于表型变化并结合构效关系分析进行的。

通过化学方法将青蒿素的过氧键转变为醚键生成还原青蒿素，经活性评价发现其完全丧失抗疟作用，这提示过氧键为青蒿素发挥抗疟活性的必需结构。因此，青蒿素的优化工作是以保留过氧键和分子骨架为前提，进而设计、合成性能更优的抗疟衍生物。

在证明青蒿素结构的化学实验中，利用硼氢化钠（$NaBH_4$）还原青蒿素的酯羰基，获得的半缩醛化合物二氢青蒿素，其抗疟活性相较于青蒿素提升了一倍，这表明变换内酯基团能够维持并增强其活性。为进一步提高化合物的抗疟活性与稳定性，李英等以二氢青蒿素为起始原料，合成了醚类、羧酸酯类和碳酸酯类二氢青蒿素衍生物。通过对这些衍生物进行活性评价，确定蒿甲醚作为候选化合物进入临床研究。不过，由于蒿甲醚水溶性不佳，最终只能以油针剂的形式获批上市。

为解决蒿甲醚水溶性差、不利于注射用药的问题，刘旭等以二氢青蒿素为原料，合成了十余种二氢青蒿素的羧酸酯类衍生物。其中，青蒿琥酯展现出强效的抗疟作用，并且在毒性试验中对实验动物未产生明显不良影响。其钠盐可溶于水，经静脉注射后能在体内迅速转化为二氢青蒿素，经临床研究证实对间日疟、恶性疟和脑型疟均具有显著疗效。1987年，我国批准青蒿琥酯作为新药上市。

本实验选用二氢青蒿素及青蒿琥酯作为目标化合物进行合成。

（2）路线设计：在双氢青蒿素的合成路线中，本实验以甲醇（CH_3OH）为溶剂，$NaBH_4$为还原剂，于低温（0~5℃）下进行反应（图12-2）。在反应过程中，$NaBH_4$提供氢负离子进攻羰基碳，使其选择性还原生成羟基，得到双氢青蒿素。

然后，以双氢青蒿素为原料进一步合成青蒿琥酯。以三氯甲烷（$CHCl_3$）为溶剂，三乙胺（Et_3N）为碱，在4-二甲氨基吡啶（DMAP）的催化作用下，双氢青蒿素的羟基与丁二酸酐发生酰化反应，形成酯键，从而得到青蒿琥酯（图12-2）。

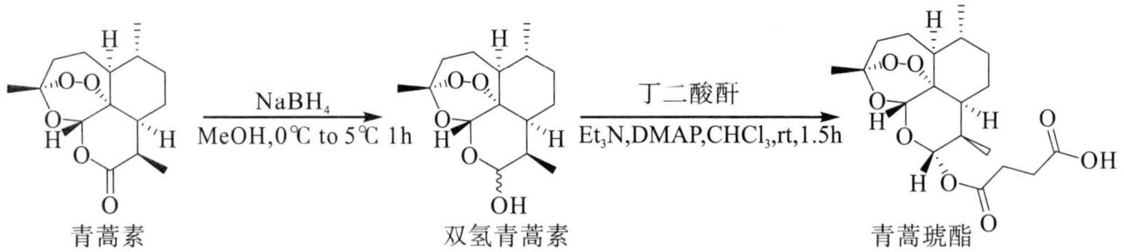

图12-2 青蒿素衍生物合成路线

【仪器及材料】

1. 仪器：电子天平、药勺、50ml圆底烧瓶、100ml圆底烧瓶、10ml量筒、100ml量筒、100ml烧杯、分液漏斗、玻璃棒、漏斗、布氏漏斗、抽滤瓶、滤纸片、表面皿、水浴锅、pH试纸、玻璃滴管、巴氏滴管、搅拌器、搅拌子、旋转蒸发仪、硅胶G薄层板、毛细管、层析缸、电吹风、镊子、烘箱、熔点仪。

2. 材料：青蒿素、丁二酸酐、无水甲醇、三氯甲烷、硼氢化钠、三乙胺、4-二甲氨基吡啶、冰醋酸、5mol/L 稀盐酸、饱和食盐水、丙酮、二氯甲烷、无水硫酸镁、二氯甲烷-甲醇（30∶1）展开剂、石油醚-乙酸乙酯-冰醋酸（16∶12∶1）展开剂、2%香草醛硫酸乙醇溶液显色剂。

【实验操作】

1. 双氢青蒿素的合成。

称取 1g 青蒿素于 100ml 圆底烧瓶中，用 30ml 无水甲醇水浴微热溶解，至溶液常温下呈透明澄清状。放入搅拌子，将体系置于冰水浴中搅拌，温度为 0~5℃。称取 1g 硼氢化钠，分 3 次加入体系，每次加入后体系中会产生细小气泡，待气泡消失后再次加入，约 10min 内加完。反应于 0~5℃下搅拌 1h，此时反应体系为白色浑浊液体。取薄层板，从左至右依次点样青蒿素溶液、青蒿素溶液加反应液、反应液，用二氯甲烷-甲醇（30∶1）作为展开剂，并用 2%香草醛硫酸乙醇溶液显色，观察现象，计算各斑点的比移值。

2. 双氢青蒿素的纯化。

TLC 监测反应结束后，向体系滴加 0.3ml 冰醋酸至 pH 7，再加入 30ml 饱和食盐水，于冰浴下搅拌 1h，抽滤得白色固体。将白色固体用少量水洗涤，收集并干燥滤饼，得双氢青蒿素粗品。用 35ml 丙酮溶解粗品，并将其置于 45℃水浴加热，使粗品充分溶解。溶液中存在不溶物，趁热过滤，并用少量冷丙酮清洗漏斗。收集滤液并旋干，再用 7~12ml 丙酮边加热边溶解，溶解完全后向溶液中加水至沉淀完全析出。抽滤，收集滤饼。滤液旋蒸出部分丙酮后，静置待沉淀再次析出，过滤得滤饼。合并两次滤饼，置于表面皿晾干，即为双氢青蒿素精品，最后测熔点。

3. 青蒿琥酯的合成。

称取 1g 双氢青蒿素于 50ml 圆底烧瓶中，加入 8ml 三氯甲烷溶解。放入搅拌子，体系于常温下搅拌，并依次加入 1.5ml 三乙胺和 0.15g 4-二甲氨基吡啶，搅拌 30min。之后分 3 次向体系中加入 0.4g 丁二酸酐，反应 1h。取薄层板，从左至右依次点样双氢青蒿素溶液、双氢青蒿素溶液加反应液、反应液，用石油醚-乙酸乙酯-冰醋酸（16∶12∶1）展开剂将薄层板展开，并用 2%香草醛硫酸乙醇溶液显色，观察现象，计算各斑点的比移值。

4. 青蒿琥酯的纯化。

TLC 监测反应结束后，向体系中滴加 5mol/L 盐酸至 pH 4~5。分液，水相用二氯甲烷萃取 3 次，收集有机层并用无水硫酸镁干燥，过滤，得滤液。将滤液减压浓缩得白色固体，即青蒿琥酯粗品。将粗品用 4~6ml 丙酮水浴加热溶解，溶解完全后置于 0~5℃冰浴下重结晶 2~3h，抽滤得滤饼，将滤饼用少量石油醚洗涤，置于表面皿晾干，得白色结晶型粉末，即为青蒿琥酯精品。

【注意事项】

1. 调节 pH 值时搅拌尽量均匀。

2. 分液时注意区分水层和有机层。

3. 稀盐酸具腐蚀性，应使用玻璃滴管向溶液体系中缓慢滴加，使用时应防止液体接触皮肤和黏膜。

4. 薄层板的点样量影响展开效果，若点样量过多，斑点就会明显拖尾，R_f 值也会下降；而点样量过少，则显色不明显。点样后应及时吹干，防止样品扩散。

【思考题】

1. 如果用光谱学方法测定青蒿素衍生物的结构，可采用何种方法？请简述该方法的原理。

2. 在实验过程中，影响双氢青蒿素和青蒿琥酯产率的因素可能有哪些？请对可能的原因进行简要分析，并提出相应的改进措施以提高产率。

（杨劲松）

实验三 盐酸小檗碱衍生物的制备、结构鉴定和活性测试

【实验目的】

1. 掌握小檗碱衍生物 8-丙酮二氢小檗碱合成的原理和方法。

2. 熟悉 TLC 对化学反应的监测方法，熟悉熔点测定、紫外光谱、红外光谱对产物纯度检测的原理和方法，熟悉细胞体外培养方法及 CCK-8 法检测原理。

3. 了解天然产物结构修饰的一般流程。

【实验指导】

1. 药用植物概述。

黄连为毛茛科植物黄连（*Coptis chinensis* Franch）的根茎，味苦，性寒，归心、脾、胃、肝、胆、大肠经，能清热燥湿、泻火解毒。黄连主要分布于四川、贵州、湖南、湖北、陕西南部。我国黄连药材产量占世界第一位。

2. 主要有效成分及性质。

黄连的有效成分以生物碱为主，包括小檗碱、黄连碱、药根碱、甲基黄连碱、巴马汀等。其中，小檗碱含量最高，具有抗菌、抗肿瘤等活性。此外，黄连中还含有挥发油、有机酸、多糖和黄酮类等其他成分。

小檗碱是一种季铵碱，其游离碱为黄色针晶，mp.145℃（乙醚），微溶于水，能溶于热水和乙醇中，难溶于苯、丙酮、三氯甲烷，几乎不溶于石油醚。小檗碱在酸性条件下形成盐，溶解度增加，在碱性条件下易沉淀。

3. 实验原理。

盐酸小檗碱在碱性条件下能与丙酮反应，转化为 8-丙酮二氢小檗碱，所得加成产

物为黄色结晶性固体，具有一定熔点，该反应也可作为盐酸小檗碱的鉴别反应。

盐酸小檗碱衍生物的合成如图 12-3 所示。

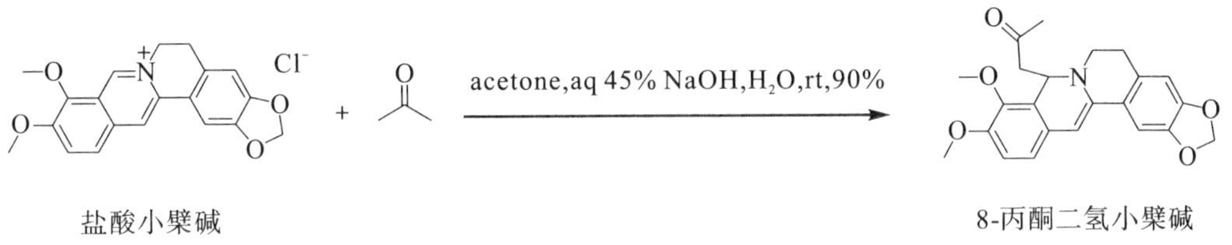

图 12-3　盐酸小檗碱衍生物的合成

【仪器及材料】

1. 仪器：烧杯、玻璃棒、抽滤装置、熔点测定仪、紫外－可见分光光度计、比色皿、量瓶、红外光谱仪、细胞培养箱、超净台、酶标仪、常温离心机、倒置显微镜、多孔道及单通道移液器、细胞培养瓶、96 孔板等。

2. 材料：盐酸小檗碱、丙酮、NaOH、乙酸乙酯、甲醇、氨水、溴化钾、灭菌蒸馏水、人结直肠癌 HCT116 细胞、胎牛血清、McCoy's 5A 完全培养液、青霉素－链霉素溶液（100×）（青霉素－链霉素，10000U/ml）、5－氟尿嘧啶、二甲基亚砜（细胞用级别）、CCK-8 试剂盒。

【实验操作】

1. 盐酸小檗碱衍生物的制备。

冰浴下，将盐酸小檗碱 500mg 溶于 7ml NaOH 水溶液（5mol/L）中，随后缓慢滴加丙酮 0.5ml，在室温下搅拌混合物。TLC 检测反应完全后（约 1h），抽滤反应液，所得固体用 4ml 的 80% 甲醇洗涤两次，60℃ 干燥，得到 8－丙酮二氢小檗碱，计算产率。

2. 盐酸小檗碱衍生物的初步结构鉴定。

（1）熔点检测：分别测定盐酸小檗碱与所制备的 8－丙酮二氢小檗碱的熔点，初步确定制备衍生物的纯度（盐酸小檗碱熔点为 207℃ 左右，8－丙酮二氢小檗碱熔点为 160~170℃）。

（2）红外光谱：采用溴化钾压片制备的方法，在 4000~400cm^{-1} 范围内，分别对盐酸小檗碱和 8－丙酮二氢小檗碱进行扫描，获得两个样品的红外图谱，并比较两者红外光谱的区别。

（3）紫外光谱：

①配制检品溶液：将 0.05g 盐酸小檗碱置 250ml 量瓶中，用乙醇稀释到刻度；将约 0.5mg 8－丙酮二氢小檗碱置于 10ml 量瓶中，用乙醇稀释到刻度（可根据实际测定吸光度调整上述两种样品浓度）。

②在紫外－可见分光光度计上分别对上述溶液进行扫描，波长范围是 190~500nm，得到吸收光谱，并比较两者的区别。

3. 小檗碱及其衍生物体外抗肿瘤作用（CCK-8）测定。

(1) 试剂及药物配制。

①McCoy's 5A 完全培养液配制：按 90∶10∶1 比例分别加入 McCoy's 5A 基础培养液、胎牛血清与青-链双抗，振荡混匀即得。

②阳性对照药物 5-氟尿嘧啶（100mmol/L）储备液配制：称取 1.3mg 5-氟尿嘧啶，加入 100μl DMSO，振荡溶解。

③盐酸小檗碱对照品（20mmol/L）储备液配制：称取 1.4mg 盐酸小檗碱，加入 188μl DMSO，振荡溶解。

④小檗碱衍生物样品（20mmol/L）储备液配制：称取 1.4mg 小檗碱衍生物样品，加入 178μl DMSO，振荡溶解。

(2) 药物处理。

①取 5-氟尿嘧啶储备液适量，用含 1% FBS 的细胞培养液稀释为 200μmol/L，再通过低比稀释方法配制系列浓度的工作液（200μmol/L、50μmol/L、2.5μmol/L）。

②取盐酸小檗碱对照品储备液适量，用含 1% FBS 的细胞培养液稀释为 200μmol/L，再通过低比稀释方法配制系列浓度的工作液（200μmol/L、100μmol/L、50μmol/L）。

③取小檗碱衍生物样品储备液适量，用含 1% FBS 的细胞培养液稀释为 200μmol/L，再通过低比稀释方法配制系列浓度的工作液（200μmol/L、100μmol/L、50μmol/L）。

④取培养的人结直肠癌 HCT116 细胞，调整细胞悬液浓度为 8×10^4 个/ml，按每孔 100μl 细胞悬液接种于 96 孔板。37℃培养箱培养 24h 后，将细胞培养液吸弃，每孔加入 100μl 含以上不同浓度 5-氟尿嘧啶和盐酸小檗碱（或小檗碱衍生物）的培养液，同时设置阴性对照孔（只加细胞）和空白对照孔（只加培养基），于 37℃培养箱中继续培养。各浓度组都做 6 个复孔（表 12-3、表 12-4）。

(3) 细胞吸光度测定：加药 24h 后，吸弃含 5-氟尿嘧啶和盐酸小檗碱（或小檗碱衍生物）的培养液，加入 100μl 不含药的 1% FBS 的新培养液，并向每孔加入 10μl 的 CCK-8 溶液，于 37℃培养箱孵育 2h，在酶标仪波长 450nm 处测定吸光度。

(4) 结果与处理。

①将实验结果分别填入表 12-3 和表 12-4。根据吸光度计算各药物浓度的 HCT116 结直肠癌细胞生长抑制率（%）。

$$药物抑制率=\frac{A_c-A_s}{A_c-A_b}\times100\%$$

A_c：阴性对照孔吸光度（含细胞、培养基、CCK-8 溶液）。

A_s：药物孔吸光度（含细胞、培养基、药物溶液和 CCK-8 溶液）。

A_b：空白对照孔吸光度（含培养基、CCK-8 溶液）。

表 12-3 盐酸小檗碱及 5-FU 对人结直肠癌 HCT116 细胞生长的抑制作用（$n=6$）

盐酸小檗碱 药物浓度（μmol/L）	5-FU 药物浓度 （μmol/L）	吸光度						抑制率（%）					
		1	2	3	4	5	6	1	2	3	4	5	6
200	200												
100	50												

续表

盐酸小檗碱药物浓度 (μmol/L)	5-FU 药物浓度 (μmol/L)	吸光度						抑制率 (%)					
		1	2	3	4	5	6	1	2	3	4	5	6
50	2.5												
0 (A_c)	0 (A_c)												
空白 (A_b)	空白 (A_b)												

表 12-4　小檗碱衍生物样品及 5-FU 对人结直肠癌 HCT116 细胞生长的抑制作用（$n=6$）

小檗碱衍生物药物浓度 (μmol/L)	5-FU 药物浓度 (μmol/L)	吸光度						抑制率 (%)					
		1	2	3	4	5	6	1	2	3	4	5	6
200	200												
100	50												
50	2.5												
0 (A_c)	0 (A_c)												
空白 (A_b)	空白 (A_b)												

②5-氟尿嘧啶和小檗碱（或其衍生物）各浓度的抑制率（%）代入 Graphpad prism 7 软件计算其作用 24h 后，对人结直肠癌 HCT 116 生长的 IC_{50}。

【注意事项】

1. 在通过 TLC 检测衍生物合成反应进程时，可在层析体系中加入适量氨水，以改善分离效果和减少拖尾现象。
2. 在进行衍生物细胞活性测试时，要注意保持无菌操作，并保证细胞悬液和药物溶液加量准确。

【思考题】

1. 分析小檗碱衍生物合成过程中影响产率的因素。
2. 产品纯化时为何用甲醇洗涤？
3. 如何通过红外光谱判断产物为目标产物 8-acetonylberberine？
4. CCK-8 法测定抗肿瘤药物 IC_{50} 的优点是什么？
5. IC_{50} 检测时，肿瘤细胞与药物共培养时间确定的依据是什么？

（宋颖）

【参考文献】

龚旭昊，范强，赵富华，等，2022. 穿心莲化学成分与提取工艺研究进展 [J]. 中国兽药杂志，56 (6)：82-90.

郭宗儒，2016. 青蒿素类抗疟药的研制［J］. 药学学报，51（1）：157-164.

何勤，尹红梅，2019. 新编药学实验教程（上、下）［M］. 成都：四川大学出版社.

石俊英，李家实，2006. 中药鉴定学［M］. 北京：中国医药科技出版社.

胡茜，张颖，李堃，等，2021. 黄连主要成分小檗碱的临床药理作用探析［J］. 中国中医药现代远程教育，19（24）：203-205.

华会明，娄红祥，2022. 天然药物化学［M］.8 版. 北京：人民卫生出版社.

黄静，2018. 双氢青蒿素片剂的研制及溶出度研究［J］. 长春师范大学学报，37（4）：60-64.

黄静，袁叶飞，2018. 天然药物化学［M］. 北京：科学出版社.

蒋沅岐，董玉洁，周福军，等，2022. 青蒿素及其衍生物的研究进展［J］. 中草药，53（2）：599-608.

刘波，2020. 穿心莲药材中穿心莲内酯和脱水穿心莲内酯的提取优选［J］. 四川中医，38（1）：70-71.

马里程，农晓琳，2020. 青蒿琥酯抗肿瘤作用机制研究进展［J］. 中华肿瘤防治杂志，27（11）：921-926.

饶毅，张大庆，黎润红，2015. 呦呦有蒿：屠呦呦与青蒿素［M］. 北京：中国科学技术出版社.

孙强，何曼，张梦，等，2021. 小檗碱抗肿瘤作用机制的研究进展［J］. 中草药，52（2）：603-612.

周瑞，项昌培，张晶晶，等，2020. 黄连化学成分及小檗碱药理作用研究进展［J］. 中国中药杂志，45（19）：4561-4573.

Cai L，Qin X J，Xu Z H，et al，2019. Comparison of cytotoxicity evaluation of anticancer drugs between real-time cell analysis and CCK-8 method［J］. ACS Omega，4（7）：12036-12042.

Liu C X，2017. Discovery and development of artemisinin and related compounds［J］. Chin Herbal Med，9（2）：101-114.

第十三章 高等药理学实验

【课程介绍】

高等药理学实验课程以立德树人为根本任务,以药学为基础,重大疾病为学习单元,强化药学、生命科学、分子工程等多学科模块交叉融合,注重课程的高阶性、创新性、挑战度,培养学生推行知识-能力-素质一体化能力。本课程采用项目式学习策略,以科研促教学,学生围绕拟定实验项目,在教师指导下独立查阅文献,运用数字技术赋能,设计讨论实验方案,最终完成实施项目,形成"创新认知—项目设计—实验实践"的成长闭环,实现多项能力的全面提升。通过对本课程的学习,学生了解目前药理学针对重大疾病的最新研究内容和最新技术方法及其药物研究中的应用,有利于开阔视野、丰富知识、掌握最新的药理学实验技术方法,成为"懂医精药、善研善成"的新时代创新性药学人才。

课程内容主要包括重大疾病——脑缺血性疾病和恶性肿瘤两大领域。脑缺血性疾病部分涉及脑缺血动物模型构建和组织学评价,包含动物常规性麻醉镇痛、手术无菌操作、术后护理、神经功能评分、组织学染色等;恶性肿瘤部分涉及体外药物敏感性实验,包含无菌操作、细胞培养、药物配制、细胞活性测定、IC_{50}计算等。每个板块均含文献查阅、实验方案设计与讨论、实验操作三个环节。具体实验内容由指导教师根据学科发展与学生情况动态调整,紧跟专业发展,与研究生科研技能密切衔接,积极引导学生的分析能力、逻辑思维能力训练,提高学生的学术竞争力和创新水平,有助于学生进一步深入了解和探索药理学专业。

实验一 神经保护剂的作用及机制探究实验

【实验目的】

1. 学习阿尔茨海默病(Alzheimer disease,AD)动物模型的建立方法,动物学习记忆行为、神经元细胞指标和常规核酸、蛋白的检测方法。
2. 观察神经保护剂对动物神经行为能力的改善,加深对此类药物作用的理解。

【实验动物】

ICR 小鼠，雄性，体重 28~32g，36 只。

【试剂与仪器】

淀粉肽 $A\beta_{25-35}$ 片段，学习记忆功能相关分子抗体，免疫组化检测试剂盒，RNA 抽提试剂 Trizol，戊巴比妥钠，牛血清白蛋白（BSA），多聚甲醛，4',6-二脒基-2-苯基吲哚（DAPI），PBS/PBST 缓冲液、二甲苯、无水乙醇、Triton X-100（聚乙二醇辛基苯基醚）、冰冻切片 OCT 包埋剂等常规试剂。

小鼠脑立体定位仪，微量注射器，电动牙科钻，气体麻醉机，动物行为测试系统（水迷宫、Y 迷宫、新物体识别实验等），电泳仪，转膜仪，冰冻组织切片机，图像分析采集系统，酶标仪，ELISA 自动洗板机。

【实验操作】

1. $A\beta_{25-35}$ 溶液配制。

$A\beta_{25-35}$ 片段溶解在灭菌的生理盐水中，在 37℃ 孵育 7d "老化"，使之成为 $A\beta$ 寡聚体。

2. AD 小鼠动物模型建立。

参照小鼠脑标准图谱，采用脑立体定位注射 $A\beta_{25-35}$ 片段的方法建立 AD 小鼠动物模型。具体方法：采用气体将小鼠麻醉后固定于脑立体定位仪上，无菌操作，分别于小鼠左右侧脑室注射 1μl $A\beta_{25-35}$ 溶液（2μg/μl）或生理盐水，缝合头部皮肤，手术当天及术后两天肌内注射青霉素以预防感染。手术过程中注意动物保暖。小鼠随机分为三组，即假手术组（注射生理盐水）、模型对照组和药物治疗组，每组 12 只。

3. 学习记忆功能检测。

采用 Morris 水迷宫、Y 迷宫、新物体识别实验等方法对动物学习记忆行为进行检测。手术后第 7d 开始进行水迷宫的测验（7d）[分为隐匿平台（5d）、探索平台（2d）实验]、Y 迷宫实验（1d）、新物体识别实验（4d）。从手术的当天即开始给药，直至行为学实验结束，对照组给予相同剂量的溶剂。在行为学实验中，均在实验前 1h 给药。

（1）Morris 水迷宫实验。

Morris 水迷宫（图 13-1）主要由一金属柱形水池（池高 60cm、直径 120cm）及安全岛（高 20cm、直径 10cm 的平台）组成。预先在水池中注入清水，然后加入食用白色素使池水呈不透明的乳白色。水池液面高出平台 15cm，使动物不能通过听、视和嗅觉到达平台，以便检测动物对空间位置的敏锐性。水温保持在 23℃±1℃，水池分为 4 个象限（东、南、西、北），平台置于西南象限的中心。手术后第 7d 进行水迷宫隐匿平台实验。具体方法：每只小鼠每天接受 2 次寻找平台训练，两次分别从东北和西北象限的中点，头朝向池壁轻放入水。两次训练间隔为 10min。记录小鼠找到平台的时间（记录为潜伏期），并计算两次实验结果的平均值。如果小鼠在 60s 内未找到平台，则潜伏期按 60s 计算。无论小鼠在 60s 内是否找到平台，均将小鼠放置于平台上停留 10s。

第一次实验开始前需先将小鼠置于平台上适应 10s。手术后水迷宫隐匿平台实验连续进行 5d。第 6~7d 为探索平台实验，具体方法：分别在第 6d 隐匿平台实验结束后的 2h、48h 撤去平台，将小鼠从平台所在象限的对侧象限入水，计时 60s。记录小鼠在靶象限（即原平台所处象限）内的活动时间、穿越次数，分别作为小鼠短、长时程的记忆成绩，以此评价小鼠的空间记忆能力。

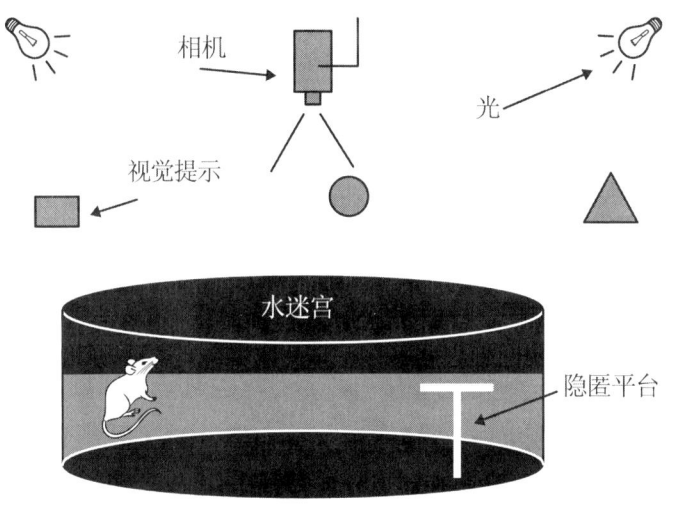

图 13-1 Morris 水迷宫示意图

（2）Y 迷宫实验。

Y 迷宫（图 13-2）由等长的三个臂呈"Y"形分布组成。在测试中，小鼠需要对其已经进入的臂进行短期记忆，由于小鼠具有对新环境进行探究的自然习性，而此处的新环境是其还未进入的臂，因此短时程记忆好的小鼠会依次进入三个不同臂进行探索，如此循环表现出高交替率，从而以交替率作为反映其短时程记忆能力的指标。具体操作：将 Y 迷宫三个臂分别编号为 A、B、C，将待测小鼠放在 A 臂的末端，记录 5min 内进入各个臂的顺序。交替次数为连续进入三个不同臂的次数，如（A→B→C、B→C→A 或 C→A→B），最大交替次数为进臂次数的总和减 2。

$$交替率 = \frac{交替次数}{最大交替次数} \times 100\%$$

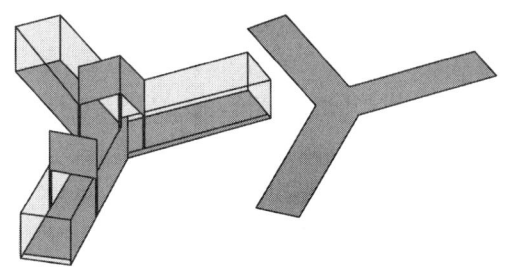

图 13-2 Y 迷宫示意图

（3）新物体识别实验。

用于检测小鼠的非空间学习记忆能力，根据小鼠对环境中已见过的物体和未见过的物体的探究时间来评价被测试小鼠的记忆能力。该实验可分为三个阶段：第一阶段为适应期（第1~2d），将小鼠放入空的测试箱中自行适应10min，减少小鼠紧张感。第二阶段为熟悉期（第3d），即在测试箱中放入A、B两个相同的物体，让小鼠自由探索10min。第三阶段为识别期（第4d），即将测试箱中的B物体换成不同于A、B的C物体，同样让小鼠自由探索10min。实验分析小鼠在熟悉期和识别期对各个物体的探索实践，并计算分辨指数，其计算公式如下：

$$\text{分辨指数} = \frac{\text{新物体探索时间} - \text{熟悉物体探索时间}}{\text{新物体探索时间} + \text{熟悉物体探索时间}}$$

4. 标本采集及切片制备。

动物行为学测试结束后，一部分小鼠腹腔注射40mg/kg戊巴比妥钠后（$n=8$），迅速剖开胸腔，剪破左心耳，从左心室灌入预冷的生理盐水约300ml，然后取下大脑，用液氮急冻，置于$-80°C$保存，用于生化测定；另一部分小鼠腹腔注射戊巴比妥钠后先用预冷的生理盐水200ml快速灌流至全身血液冲洗干净且右心耳流出液澄清时，再用4%多聚甲醛溶液灌流至大鼠全身僵硬为止（$n=4$）。然后迅速剪开颅骨，取出大脑，OCT包埋后液氮速冻，制作厚度约为5μm的脑部冠状切片，用于免疫组化染色。

5. 免疫组化染色。

本实验采用链霉亲和素-生物素复合物（strept avidin-biotin complex，SABC）法进行免疫组化染色。冰冻组织切片免疫组化染色操作步骤如下。

①固定：取出切片，室温放置5min。用4%多聚甲醛PBS溶液室温固定15min，PBS缓冲液冲洗3次（冲洗可以采用侧斜淋洗，也可于平皿中摇晃）。

②打孔：用TritonX-100打孔。组织样品浸于0.25% TritonX-100的PBS溶液中10min，再用PBS缓冲液洗3次，每次5min。

③封闭：将组织置于1%BSA的PBST溶液中30min，封闭非特异性黏合的抗体。对于多聚甲醛固定并进行免疫荧光的样本，在封闭缓冲液中加入0.3mol/L甘氨酸。

④孵化：组织样本浸于一抗（用1%BSA的PBST溶液稀释），放于湿盒中，室温孵育1h或4°C孵育过夜。用PBS缓冲液洗3次，每次5min。浸入二抗（用1%BSA的PBST溶液稀释），室温孵育1h。PBS缓冲液洗3次，每次5min。

⑤染色：浸入0.1~1μg/ml的DAPI或Hoechst中，染色1min，PBS缓冲液淋洗3次。

⑥封片：用盖玻片封片，中性树胶固定，保存于4°C或$-20°C$冰箱中。

用显微图像采集系统进行图像采集，并采用图像处理与分析系统对阳性表达进行累积光密度值（IOD）分析，每张切片同一区域中，随机选取3个视野，检测面积相同，取其平均值作为该切片目标区域的IOD值。

6. 蛋白质免疫印迹法实验。

常规方法提取小鼠脑组织中的总蛋白，采用蛋白质免疫印迹法方法检测与学习记忆相关基因的蛋白水平，比较各组别间的差异。

7. 总RNA提取及荧光实时定量PCR。

用 TRIzol 方法提取小鼠脑组织中的总 RNA，再逆转录为 cDNA。以 cDNA 为模板，采用 RT-PCR 检测与学习记忆相关基因的 mRNA 表达水平，比较各组别间差异。

8. ELISA 实验。

常规方法制备各组别动物的脑组织匀浆，采用 ELSIA 法检测与学习记忆相关分子的含量，并比较各组别间的差异。

【注意事项】

本实验中的行为学和信号通路检测方法的具体目标分子及药物选用可酌情调整。

【报告要点】

分析各组间动物行为学、神经病变、主要信号通路变化及药物的干预作用及机制。

（旷喜）

实验二　抗脑缺血药物有效性及机制研究

【实验目的】

学习脑缺血动物模型的建立方法，脑血流量测定、TTC 染色测定脑梗死体积、常规核酸与蛋白检测方法。观察神经保护剂对动物缺血性脑损伤的保护作用及机制。

【实验动物】

C57BL/6J 小鼠，雄性，体重 28～32g，36 只，随机分成假手术组、模型组、给药组。

【试剂与仪器】

红四氮唑（TTC），3.5％戊巴比妥钠，无水乙醇，盖玻片，载玻片等。

气体麻醉机，脑立体定位仪，激光多普勒血流仪，电泳仪，转膜仪，酶标仪，ELISA 自动洗板机等。

【实验操作】

1. 小鼠暂时性全脑缺血模型。

腹腔注射 3.5％戊巴比妥钠（40mg/kg）麻醉小鼠，将其仰卧位固定于恒温手术台上。先在颈正中切开皮肤，小心分离两侧颈总动脉，然后在双侧动脉下分别置 4 号手术丝线，以阻断血流。用丝线提拉血管，用微型动脉夹夹闭血管，造成大脑缺血状态。30min 后松开动脉夹，恢复血流，形成再灌注，缝合切口。手术后注意保持小鼠体温，自由饮水进食。

假手术组：分离两侧颈总动脉，但均不结扎；模型组：结扎两侧颈总动脉，大脑缺血 30min 后，松开两侧颈总动脉形成再灌注；给药组：手术方法同模型组，松开两侧颈总动脉，同时按剂量腹腔给药。

2. 脑血流量的测定。

按照激光多普勒频移效应的原理，当一束激光照射到正在运动的血细胞表面时，反射光的频率产生改变，会出现一个"频移量"，频移量的大小与运动的血细胞的流动速度和数目成正比。把血细胞表面的频移量检测出来并转换成灌注单位 PU，就可以代表局部组织的相对血流量。该方法能够进行连续测定，并且操作简便。

在手术进行前及小鼠处死前，分别采用激光多普勒血流仪对小鼠进行脑血流量（CBF）的测定。腹腔注射 3.5% 戊巴比妥钠（40mg/kg）麻醉小鼠，将其固定于脑立体定位仪，剪开颅顶皮肤，暴露前囟。根据小鼠脑立体定位图谱，在其前囟后 1mm，侧 6mm 处钻孔，将一个直径为 0.5mm 的微型光纤激光多普勒探针固定，监测脑皮质区血流量。先测定 5min 时脑血流量的基线值，连续测定 20min，记录输出信号，计算手术前及处死前各组动物脑血流量的平均值，比较给药组与模型组之间的差异。

3. 脑组织的处理。

小鼠再灌注 24h 后，相同剂量麻醉，生理盐水灌注后，取脑组织用于后续检测。

4. 脑缺血梗死面积的测定。

3.5% 戊巴比妥钠（40mg/kg）麻醉小鼠，在术后 24h 快速开胸，用 100ml 生理盐水经心脏灌注，洗去脑部血液，至眼球发白即可。断头取脑，放入 −20℃ 冷冻 5h 后，从额叶到枕叶依次冠状切成 6 片，然后迅速将脑片置于 10ml 0.05% TTC 的 PBS 溶液中，避光，37℃ 温孵 30min，其间 15min 左右翻动一次。经 TTC 染色后，正常脑组织呈玫瑰红色，而梗死组织呈白色，且界限清楚。温孵完毕后，冷冻 PBS 缓冲液冲洗，固定于用 4% PBS 缓冲液配制的甲醛中。24h 后取出。将每组脑片排列整齐后，用扫描仪将每片脑片图像采入计算机（Nikon eclipse E600，图像采集分析系统），然后采用计算机图像分析系统（Pro−plus4.5 图像分析软件）对每张脑片图像进行分析。梗死面积叠加计算脑梗死体积：

$$脑梗死体积百分比 = \frac{手术对侧半球的体积 - 手术侧未梗死部分的体积}{手术对侧半球的体积} \times 100\%$$

5. 蛋白质免疫印迹法实验。

常规方法提取小鼠脑组织中的总蛋白，采用蛋白质免疫印迹法方法检测与缺血损伤相关分子的蛋白水平，比较各组别间的差异。

6. 总 RNA 提取及荧光实时定量 PCR。

用 TRIzol 方法提取小鼠脑组织中的总 RNA，再逆转录为 cDNA，以 cDNA 为模板，采用 RT−PCR 检测与缺血损伤相关基因的 mRNA 表达水平，比较各组别间差异。

7. ELISA 实验。

常规方法制备脑组织匀浆，采用 ELSIA 方法检测与缺血损伤相关分子的水平，并比较各组别间的差异。

【报告要点】

分析各组间小鼠脑缺血后梗死体积、神经病变、主要信号通路变化以及药物的干预作用及其机制。

（旷喜）

实验三　细胞体外药物敏感性实验

【实验目的】

细胞体外药物敏感性实验的主要目的是检测培养细胞的生长和增殖以评价化学物质的细胞毒性及恶性肿瘤的体外药敏试验。

【实验原理】

CCK-8试剂可简便而准确地分析细胞增殖能力和药物毒性。其基本原理：该试剂中含有WST-8［化学名称：2-（2-甲氧基4-硝基苯基）-3-（4-硝基苯基）5-（2,4-二磺酸苯）-2H-四唑单钠盐］，它在电子载体1-Methoxy PMS的作用下被细胞中的脱氢酶还原为具有高度水溶性的黄色甲瓒染料，生成的甲瓒量与活细胞数量成正比。因此，药物对细胞的生长抑制程度可通过测定其吸光度（OD）值来反映细胞的数量及活性。

【实验细胞】

MDA-MB-231细胞。

【试剂与仪器】

紫杉醇，CCK-8试剂。

DMEM培养基，胎牛血清，细胞培养用青霉素-链霉素（双抗），0.25%胰蛋白酶，75%乙醇。

超净工作台，CO_2孵箱，CO_2钢瓶，倒置显微镜，酶标仪，高温高压灭菌器，0.22μm过滤器，培养皿，多孔培养板，细胞计数板，离心管，移液器及吸头。

【实验操作】

1. 选用对数生长期的贴壁细胞，消化后，用含10%胎牛血清的培养基配成每毫升含1×10^5个细胞的悬液，接种在96孔培养板中，每孔接种200μl，37℃、5%CO_2、饱和湿度条件下培养24h。

2. 实验组更换新的含不同浓度待测样品的培养基，对照组则更换含等体积溶剂的培养基，每组设6个平行孔，37℃、5%CO_2、饱和湿度条件下培养24h。

3. 每孔加入10μl的CCK-8溶液，37℃继续培养1h，用酶标仪测定波长450nm处 OD 值。

4. 结果评定。

按下式计算药物对细胞生长的抑制率：

$$细胞生长抑制率 = \left(1 - \frac{OD_{实验}}{OD_{对照}}\right) \times 100\%$$

式中，$OD_{实验}$、$OD_{对照}$分别为实验组、对照组样品用酶标仪测得的波长450mm处 OD 值。

以不同浓度待测样品对肿瘤细胞生长抑制率作图可得到剂量反应曲线，根据该曲线求出样品的半数抑制浓度（IC_{50}）。

【注意事项】

1. 细胞培养必须按无菌操作要求进行。
2. 按实验要求进行废液回收。

【报告要点】

比较不同浓度待测样品的细胞生长抑制率并计算待测样品的 IC_{50}。

（彭芙）

实验四　拓扑异构酶抑制剂诱导 DNA 损伤试验

【实验目的】

1. 观察拓扑异构酶抑制剂诱导 γ-H2AX 焦点（γ-H2AX foci）的形成过程。
2. 了解拓扑异构酶抑制剂诱导 DNA 损伤作用的分子机制。

【实验原理】

拓扑异构酶抑制剂通过抑制 DNA 拓扑异构酶的活性，从而诱导细胞 DNA 双链断裂。在 DNA 双链断裂的早期应答反应中，ATM 蛋白能快速磷酸化组蛋白 H2AX 的 Ser139 位点，使 H2AX 转变成 γ-H2AX。因此，细胞核中的 γ-H2AX 水平成了 DNA 双链断裂的早期标志。通过观察药物处理前后细胞核中 γ-H2AX foci 的数目变化可以判断药物所造成的 DNA 损伤程度。γ-H2AX foci 可以显示单个细胞核中的单个双链断裂，较其他 DNA 双链断裂分析方法更加灵敏，并且可用于研究 γ-H2AX 分子与其他修复因子的作用机制。

【实验细胞】

小鼠外周血淋巴细胞或人类淋巴母细胞（TK6）。

【试剂与仪器】

喜树碱（或依托泊苷），DMSO，NP-40，BSA，鼠抗人 γ-H2AX（Ser139）单克隆抗体，488 标记山羊抗小鼠抗体，DAPI，抗荧光淬灭封片剂。1640 培养基，胎牛血清，马血清，细胞培养用青霉素-链霉素（双抗），75%乙醇。

超净工作台，CO_2 孵箱，CO_2 钢瓶，倒置显微镜，荧光显微镜，高温高压灭菌器，离心机，掌上离心机，涡旋混合器，电热恒温水槽，细胞涂片离心机，电热鼓风干燥箱，液氮生物罐，冰箱，-80℃超低温冰箱，分析天平，0.22μm 过滤器，培养皿，多孔培养板，细胞计数板，离心管，移液器及吸头。

【实验操作】

1. 小鼠外周血淋巴细胞的分离培养。

每组随机取 6 只小鼠，每只小鼠取血液 0.5～1.0ml，加入外周血液淋巴细胞分离液中，将淋巴细胞层移至另一离心管中，加细胞洗涤液，离心，弃上清液，加入细胞稀释液，制成每毫升 $0.5×10^6$～$1.0×10^6$ 个的淋巴细胞悬液备用。

2. TK6 细胞的培养。

1640 培养基中加入 10% 56℃热灭活的马血清和 1% Penicillin-Streptomycin 配制得到的复合培养基培养 TK6 细胞。置于 37℃、5%CO_2、饱和湿度培养箱中培养。

3. 药物预处理。

调整小鼠外周血淋巴细胞或 TK6 细胞浓度为每毫升 $0.5×10^6$～$1.0×10^6$ 个，将细胞分为两组：对照组（只加入等量 DMSO 溶剂）和加药组（加入拓扑异构酶抑制剂分别处理 3h、6h、9h）。

4. γ-H2AX 免疫荧光分析。

具体操作如下：

①取 100μl 细胞液涂片，以 500rpm 离心 3min。

②取出涂片，4%多聚甲醛室温固定 10min，PBS 缓冲液清洗 3 次，每次 5min。

③0.1% NP-40 室温处理 20min，PBS 缓冲液清洗 3 次，每次 5min。

④3% BSA 室温封闭 30min。

⑤一抗孵育，鼠抗人 γ-H2AX（Ser139）单克隆抗体（1∶500）37℃孵育，TBST 缓冲液清洗 3 次，每次 5min。

⑥二抗孵育，488 标记山羊抗小鼠抗体（1∶1000）37℃孵育 1h，TBST 缓冲液清洗 3 次，每次 5min。

⑦DAPI 染色 10min，TBST 缓冲液清洗 3 次，每次 5min。

⑧抗荧光淬灭封片剂封片。

⑨荧光显微镜下观察计数 100 个细胞核中 γ-H2AX foci 数目。分别计算对照组和

药物组平均每个细胞 γ－H2AX foci 数量。

【注意事项】

1. 细胞培养必须按无菌操作要求进行。
2. 免疫荧光分析实验中加入二抗后注意避光操作。

【报告要点】

统计对照组和加药组的 γ－H2AX foci 数量并进行统计学分析。

（彭芙）

【参考文献】

Blivet G, Meunier J, Roman F J, et al, 2018. Neuroprotective effect of a new photobiomodulation technique against Aβ 25－35 peptide-induced toxicity in mice: Novel hypothesis for therapeutic approach of Alzheimer's disease suggested [J]. Alzheimer's & Dementia: Translational Research & Clinical Interventions, 4: 54－63.

Liu Y C, Gao X X, Chen L, et al, 2017. Rapamycin suppresses Aβ 25－35－ or LPS-induced neuronal inflammation via modulation of NF－κB signaling [J]. Neuroscience, 355: 188－199.

Zhou H J, Li H, Shi M Q, et al, 2018. Protective effect of klotho against ischemic brain injury is associated with inhibition of RIG－I/NF－κB signaling [J]. Frontiers in Pharmacology, 8: 950.

Gupta S, Singh P, Sharma B, 2016. Neuroprotective effects of nicorandil in chronic cerebral hypoperfusion-induced vascular dementia [J]. Journal of Stroke and Cerebrovascular Diseases, 25 (11): 2717－2728.

Didenko V V, 2011. DNA damage detection in situ, ex vivo, and in vivo [M]. New York: Humana Press.

Wang M, Cao R, Zhang L, et al, 2020. Remdesivir and chloroquine effectively inhibit the recently emerged novel coronavirus (2019－nCoV) in vitro [J]. Cell Research, 30 (3): 269－271.

Niu M, Yi M, Wu Y, et al, 2023. Synergistic efficacy of simultaneous anti－TGF－β/VEGF bispecific antibody and PD－1 blockade in cancer therapy [J]. J Hematol Oncol, 16 (1): 94.

Qiu T, Li D, Liu Y, et al, 2022. Astragaloside IV inhibits the proliferation of human uterine leiomyomas by targeting IDO1 [J]. Cancers, 14 (18): 4424.

Ma X L, Nie Y Y, Xie S H, et al, 2023. ASAP2 interrupts c－MET－CIN85 interaction to sustain HGF/c－MET－induced malignant potentials in hepatocellular carcinoma [J]. Experimental Hematology & Oncology, 12 (1): 38.

第十四章 高等药物分析实验

【课程介绍】

  高等药物分析实验课程是药物分析理论和实验课程的接续。药物分析是分析化学在药学领域的实践和应用,而复杂体系中微量物质的分析不仅是分析化学领域的难题,也是药物分析领域的研究难点。本课程融合药物分析、仪器分析、有机化学等多学科知识,以"药物中微量杂质的控制"为主线,设计了系列实验内容,旨在培养学生运用现代药物分析技术解决复杂药物质量控制问题的能力。课程以药品中微量杂质控制问题为导向,学生以小组为单位自主探究解决方案,学生在教师的指导下采用药物分析领域的前沿技术,结合药典规范及行业标准,通过实验建立合理的控制方法。

  课程内容围绕解决药品质量研究和质量控制中的实际问题展开,如药物中残留溶剂的检查、元素杂质的检查、有关物质的结构鉴定和检查方法的建立和优化等,综合利用气相色谱仪、高效液相色谱仪、气-质联用仪、液-质联用仪、原子吸收分光光度计等现代分析仪器,在教师的指导下,学生自主查阅文献、设计实验,在实验过程中自主优化实验方案,自主分析并解决问题,建立并验证分析方法,最终得到可靠的研究结果,制订合理的杂质控制方案。在此过程中培养学生严谨的科学态度、解决实际问题的能力,并提升学生的创新能力、科学素养、团队合作能力和全局观。

  作为一门开放性实验课程,本课程每年研究内容不局限于教材,教师可结合当前影响药品安全的质量问题和热点事件,设置研究主题,确保教学内容紧跟行业动态,培养学生强烈的药品质量控制的观念,使学生体会药品监管的"四个最严",为学生进一步深造、从事药物的研发工作打下坚实的基础。

实验一 毛细管气相色谱法用于维生素 E 的含量测定和残留溶剂的检查

【实验目的】

1. 了解气相色谱仪及毛细管柱的构成、原理和操作。
2. 掌握气相色谱法检查维生素 E 中残留溶剂的方法。

3. 掌握维生素 E 的含量测定方法。

【实验原理】

《中国药典》收载的维生素 E 是人工合成的消旋 α－生育酚醋酸酯,其沸点为 350℃,但仍可以采用气相色谱法测定含量,其中的残留溶剂也可采用气相色谱法进行检查。采用内标法可不受进样量和操作条件变化的影响。

【仪器与试药】

岛津 GC－20A 型气相色谱仪（包括主机、色谱工作站等），色谱柱［以 100％二甲基聚硅氧烷（OV－1）为固定液的毛细管柱（30m×0.53mm×1μm）］，分析天平（精度≤0.01mg），SPGN－2A 氢气发生器，氮气瓶和空气瓶（或空气压缩机）等。

维生素 E 对照品，正己烷（色谱级），维生素 E 原料药。N,N－二甲基甲酰胺（DMF，色谱级），超纯水。

【实验内容】

1. 供试液的制备。

（1）含量测定用供试液：取本品约 20mg，精密称定，置 10ml 棕色量瓶中，精密加入内标溶液至刻度，密塞，振摇使溶解，作为含量测定用供试液。

（2）残留溶剂检查用供试液：取本品适量，精密称定，加 DMF 溶解并定量稀释制成每 1ml 中约含 50mg 的溶液，作为残留溶剂检查用供试液。

2. 对照液的制备。

（1）正己烷对照液的制备：取正己烷对照品约 25mg，精密称定，置 25ml 量瓶中，用 DMF 稀释至刻度，摇匀，精密量取 1ml，置 10ml 量瓶中，加 DMF 稀释至刻度，摇匀，精密量取该稀释液 1ml，置 10ml 量瓶中，加 DMF 稀释至刻度，摇匀，制备得到 10μg/ml 的正己烷对照液。

（2）内标溶液的制备：取正三十二烷 25mg，精密称定，置 25ml 量瓶中，加正己烷溶解并稀释至刻度，制成 1mg/ml 的内标溶液。

（3）维生素 E 对照液的制备：取维生素 E 对照品约 20mg，精密称定，置棕色量瓶中，精密加入内标溶液 10ml，密塞，振摇使溶解，作为对照液。

3. 色谱条件及系统适用性试验。

（1）残留溶剂的检查：以 5％苯基－95％甲基聚硅氧烷为固定液的毛细管柱（SE－52 或 SE－54）［(15～30) m×0.53mm×1.0μm］，载气（高纯氮）流速为 1.2ml/min，程序升温，起始柱温为 50℃，维持 8min，然后以每分钟 45℃ 的速率升温至 260℃，维持 15min，进样器和检测器温度为 290～300℃，不分流进样 1μl。

（2）含量测定：以 100％二甲基聚硅氧烷（OV－1）为固定液的毛细管柱（30m×0.53mm×1.0μm），载气（高纯氮）流速为 1.2ml/min，柱温为 260～290℃，进样器和检测器温度为 290～300℃，不分流进样 1μl。理论塔板数按维生素 E 峰计算不得低于 5000，维生素 E 峰与内标物质峰的分离度应符合要求。

4. 测定。

(1) 正己烷的残留溶剂检查:分别精密量取供试液和对照液 1μl。照残留溶剂测定法[《中国药典(2025年版):四部》通则 0861]试验,正己烷的残留量应符合规定(0.029%)(天然型)。

(2) 维生素 E 的含量测定:分别精密量取维生素 E 对照液和供试液 1~3μl,注入气相色谱仪,记录色谱图,以外标法计算维生素 E 的含量。本品所含 $C_{29}H_{50}O_2$ 应为 96.0%~102.0%。

【注意事项】

1. 开机步骤。
(1) 打开氮气,打开氢气,打开空气。
(2) 打开仪器电源,打开电脑电源。
(3) 调气流至指定条件。
(4) 调节检测参数至指定条件。
(5) 进入检测状态。
(6) 关机时,倒序进行,最后关闭气源。
2. 注意安全。

【思考题】

1. 简述气相色谱的原理及适用范围。
2. 为什么残留溶剂检查与维生素 E 含量测定的色谱条件不同?
3. 系统适用性试验的目的是什么?

(钱广生)

实验二 维生素 C 中铁、铜离子的检查

【实验目的】

1. 掌握原子吸收分光光度法的基本原理。
2. 了解原子吸收分光光度计的基本结构及使用方法。
3. 掌握使用标准加入法控制金属杂质的限量。

【实验原理】

药物中金属元素杂质的检查,常采用比色法和原子吸收分光光度法等。本实验采用原子吸收分光光度法,以标准加入法控制维生素 C 中金属元素杂质的限度:取供试品,按各品种项下的规定,制备供试品溶液;另取等量的供试品,加入限度量的待测金属标

准溶液，制成对照溶液。设对照溶液的读数为 a，供试品溶液的读数为 b，若 $b<a-b$，则供试品中金属元素杂质限量合格。采用标准加入法可以消除基体干扰。

【仪器与试药】

原子吸收分光光度计，铁及铜空心阴极灯，分析天平。

硫酸铁铵（优级纯），硫酸铜（优级纯），浓盐酸（优级纯），硝酸（优级纯），维生素 C，去离子水。

【实验内容】

1. 溶液的配制。

（1）标准铁溶液的配制：精密称取硫酸铁铵 863mg，置 1000ml 量瓶中，加 1mol/L 硫酸溶液 25ml，用去离子水稀释至刻度，摇匀，精密量取 10ml，置 100ml 量瓶中，用去离子水稀释至刻度，摇匀，即得。

（2）标准铜溶液的配制：精密称取硫酸铜 393mg，置 1000ml 量瓶中，加去离子水溶解并稀释至刻度，摇匀，精密量取 10ml，置 100ml 量瓶中，用去离子水稀释至刻度，摇匀，即得。

2. 测定。

（1）铁离子：取本品 5.0g 两份，分别置 25ml 量瓶中，一份中加 0.1mol/L 硝酸溶液溶解并稀释至刻度，摇匀，作为供试品溶液 B；另一份中加标准铁溶液 1.0ml，加 0.1mol/L 硝酸溶液溶解并稀释至刻度，摇匀，作为对照溶液 A。照原子吸收分光光度法［《中国药典（2025 年版）：四部》通则 0406］，在 248.3nm 处分别测定，应符合规定。

（2）铜离子：取本品 2.0g 两份，分别置 25ml 量瓶中，一份中加 0.1mol/L 硝酸溶液溶解并稀释至刻度，摇匀，作为供试品溶液 B；另一份中加标准铜溶液 1.0ml，加 0.1mol/L 硝酸溶液溶解并稀释至刻度，摇匀，作为对照溶液 A。照原子吸收分光光度法［《中国药典（2025 年版）：四部》通则 0406］，在 324.8nm 处分别测定，应符合规定。

【思考题】

1. 原子吸收分光光度法中如何选择分析线？为什么？
2. 简述标准加入法的原理和优点。

（钱广生）

实验三　液相色谱－质谱联用法检查千里光中阿多尼弗林碱

【实验目的】

1. 掌握液相色谱－质谱联用法的基本原理。
2. 了解液相色谱－质谱联用仪的基本结构及操作方法。

【实验原理】

千里光为菊科植物千里光的干燥地上部分，其化学成分包括黄酮类、有机酸类、生物碱类、挥发油类等化合物。其中的生物碱成分阿多尼弗林碱，具有强烈的肝毒性，需要对其进行限度控制，以保障用药安全。

千里光中阿多尼弗林碱含量低，且无紫外吸收，因此采用检测灵敏度高的液相色谱－质谱联用法进行分离检测，并以结构类似的野百合碱为内标进行测定。

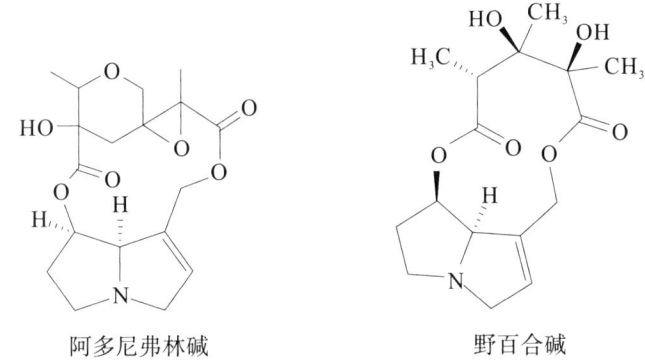

阿多尼弗林碱　　　野百合碱

【仪器与试药】

液相色谱－质谱联用仪，C_{18}色谱柱，粉碎机，分析天平，超声波清洗机，纯水机。乙腈，甲酸，野百合碱对照品，阿多尼弗林碱对照品，千里光药材，超纯水。

【实验内容】

1. 色谱、质谱条件与系统适用性试验：以十八烷基硅烷键合硅胶为填充剂；以乙腈－0.5%甲酸溶液（7∶93）为流动相；采用单级四极杆质谱检测器，电喷雾离子化（ESI）正离子模式下选择质荷比（m/z）为366离子进行检测。理论塔板数按阿多尼弗林碱峰计算应不低于8000。

2. 校正因子测定：取野百合碱对照品适量，精密称定，加0.5%甲酸溶液制成每1ml含0.2μg的溶液，作为内标溶液。取阿多尼弗林碱对照品适量，精密称定，加0.5%甲酸溶液制成每1ml含0.1μg的溶液，作为对照品溶液。精密量取对照品溶液

2ml，置 5ml 量瓶中，精密加入内标溶液 1ml，加 0.5％甲酸溶液至刻度，摇匀，吸取 2μl，注入液相色谱－质谱联用仪，计算校正因子。

3. 测定法：取本品粉末（过 50 目筛）约 0.2g，精密称定，置具塞锥形瓶中，精密加入 0.5％甲酸溶液 50ml，称定重量，超声波处理（功率 250W，频率 40kHz）40min，放冷，再称定重量，用 0.5％甲酸溶液补足减失的重量，摇匀，过滤，精密量取续滤液 2ml，置 5ml 量瓶中，精密加内标溶液 1ml，加 0.5％甲酸溶液至刻度，摇匀，吸取 2μl，注入液相色谱－质谱联用仪，测定，即得。

本品按干燥品计算，含阿多尼弗林碱（$C_{18}H_{23}NO_7$）不得超过 0.004％。

【思考题】

1. 简述液相色谱－质谱联用法的特点。
2. 液相色谱－质谱联用法对色谱条件有哪些要求？

（钱广生）

实验四　贝诺酯原料药的有关物质检查方法优化

【实验目的】

1. 了解流动相中不同溶剂对色谱分离的影响。
2. 了解等度洗脱与梯度洗脱的使用目的。

【实验原理】

贝诺酯原料的有关物质检查，《中国药典（2025 年版）》采用 HPLC 法，以十八烷基硅烷键合硅胶作为固定相，水（磷酸调节至 pH 3.5）－甲醇（44∶56）作为流动相，紫外检测器进行检测。而游离水杨酸采用比色法单独检查。

阿司匹林的有关物质检查和游离水杨酸的检查采用 HPLC 法，以十八烷基硅烷键合硅胶作为固定相，乙腈－四氢呋喃－冰醋酸－水（20∶5∶5∶70）作为流动相（分别采用等度洗脱及梯度洗脱），紫外法检测。

鉴于贝诺酯其合成原料、降解产物等和阿司匹林的结构类似，考虑四氢呋喃的选择性，尝试采用类似阿司匹林的流动相，开发一种贝诺酯原料中的有关物质的检查方法，以同时检查贝诺酯原料中的有关物质和游离水杨酸。

【仪器与试药】

液相色谱仪，液相色谱－质谱联用仪，C_{18} 色谱柱，分析天平，超声波清洗机，纯水仪，乙腈，甲醇，四氢呋喃，磷酸，甲酸，贝诺酯原料，水杨酸对照品，对乙酰氨基酚对照品，乙酰水杨酸对照品。

【实验内容】

1. 对照品溶液的制备。取水杨酸、乙酰水杨酸、对乙酰氨基酚和贝诺酯的对照品各适量,精密称定,加甲醇溶解并定量稀释制成每 1ml 各含 10μg 的溶液。

2. 供试品溶液的制备。取本品,精密称定,加甲醇溶解并定量稀释制成每 1ml 含 0.4mg 的溶液。

3. 色谱条件。

(1) 有关物质检查:色谱柱为 Shimadzu C_{18} 柱(250mm×4.6mm,5μm),流动相为乙腈-四氢呋喃-冰醋酸-水(34:3:3:60),等度洗脱,流速为 1ml/min,检测波长 240nm,柱温 30℃,进样量为 10μl。

(2) 未知杂质鉴定:色谱柱为 Shim-pack Gist C_{18} 柱(2.1mm×100mm,2μm),流动相为 0.1%(V/V)甲酸水溶液(A)-甲醇(B),梯度洗脱(洗脱程序见表 14-1),流速为 0.3ml/min,进样量为 5μl。

表 14-1 LC-MS 梯度洗脱程序

时间(min)	B:A
0.0→10.0	30:70→80:20
10.0→15.0	80:20

ESI 离子化源,正、负离子扫描模式;喷雾电压:4000V;毛细管温度:350℃;碰撞能量:10eV;扫描方式:全扫描与产物离子扫描。

4. 有关物质检查方法的优化和方法学验证:对色谱条件中的流动相进行优化后,进行方法学验证,并与药典的原方法进行比较。

5. 未知杂质的鉴定:采用 LC-MS 法对未知杂质进行分析,并结合合成路线、贝诺酯的性质,推测未知杂质的结构。

【思考题】

1. 梯度洗脱和等度洗脱分别在什么情况下采用?
2. 对未知杂质的鉴定,如果需要准确鉴定,可采用什么方法?

(钱广生 刘秀秀)

【参考文献】

国家药典委员会,2025. 中华人民共和国药典(2025 年版):一部 [M]. 北京:中国医药科技出版社.

国家药典委员会,2025. 中华人民共和国药典(2025 年版):二部 [M]. 北京:中国医药科技出版社.

第十五章 高等药物化学实验

【课程介绍】

高等药物化学实验课程是药物化学实验以及理论课程的延续，是一门药学专业综合性的进阶实验课程。该课程将药物分子设计、有机化学、生物化学、分子药理学等学科的知识进行融合、运用，以完成一项药物化学开放性研究实验。本课程以基于药物靶标的研发和科学思维培养为导向的思路，采用"教师引导、学生主导"模式开展药物化学研究实验，"交叉融合、团队互作"，培养学生的科研思维能力，"归纳总结、凝练成文"，拓展锻炼学生的科研思维，使学生了解药物化学新药研发的具体流程和内容，激发学生对药物化学的兴趣，培养学生严谨的科学态度、良好的工作作风、药物研发的全局观以及创新能力。

本课程由指导教师指定主题、引导学生查阅资料、训练学生通过计算机辅助药物设计潜在活性分子，学生通过药物合成、结构鉴定及生物活性评价完成实验。最后，学生汇总实验数据，按照学术论文要求撰写实验报告，从而实现"实验立题—化合物设计—合成—生物活性研究-实验报告"完整流程，培养综合素质。

作为一门开放性实验，本课程每学年实验主题不重复，现以靶向 β-内酰胺酶（β-lactamase）的新型抑制剂的设计、合成及生物活性研究实验为例，介绍高等药物化学课程的研究内容，供学生参考学习。

【课程目的】

1. 熟悉药物分子设计的概念及内容，了解人工智能在药物分子设计中的应用。
2. 掌握至少一种计算机辅助药物设计软件（如 MOE）的分子对接流程和方法。
3. 掌握目标化合物的合成及实验操作流程。
4. 掌握目标化合物酶水平活性测试原理及实验操作流程。

【实验原理】

1. 实验研究背景。

抗生素耐药（antimicrobial resistance，AMR）是一个严重的全球健康问题，影响着人类、动物的健康和环境卫生。2022 年年初，全球多中心研究人员联合在权威期刊《柳叶刀》上发表的论文分析了 204 个国家的数据，论文表明抗生素耐药相关死亡是仅次于缺血性心脏病和中风的全球第三大死亡原因，2019 年有 127 万人直接死于抗生素耐药，495万人的死亡与抗生素耐药感染有关，预计到2050年将有1000万人死于抗生素耐药。

以青霉素结合蛋白（PBPs）为靶点发展的β-内酰胺类抗生素是目前临床治疗细菌感染最有效、最安全和应用最广泛的药物之一。青霉素结合蛋白（penicillin-binding proteins，PBPs）是位于细菌细胞膜上的一类膜蛋白，在参与细菌细胞壁肽聚糖生物合成过程中发挥关键作用，包括转肽酶、羧肽酶、内肽酶（图15-1A）。β-内酰胺类抗生素通过模拟粘肽的D-丙氨酸-D-丙氨酸末端结构，形成相似构象，竞争性与酶活性中心以共价键结合，产生不可逆的抑制作用（图15-1B）。

β-内酰胺酶（BLs）是细菌对β-内酰胺类抗生素产生耐药的主要机制之一。β-内酰胺酶（β-lactamases，BLs）根据其末端的氨基酸序列特征从分子生物学角度进行分类（Ambler分类法），可以分为A、B、C、D四类。其中，A、C、D为丝氨酸β-内酰胺酶（Serine-β-lactamases，SBLs），通过其丝氨酸残基对β-内酰胺类抗生素的羰基碳原子进行亲核进攻，使β-内酰胺类抗生素开环失去抗菌作用（图15-1B）；B类为金属β-内酰胺酶（metallo-β-lactamases，MBLs），通过活性部位锌离子活化水分子，进攻β-内酰胺环开环达到耐药效果（图15-1C）。

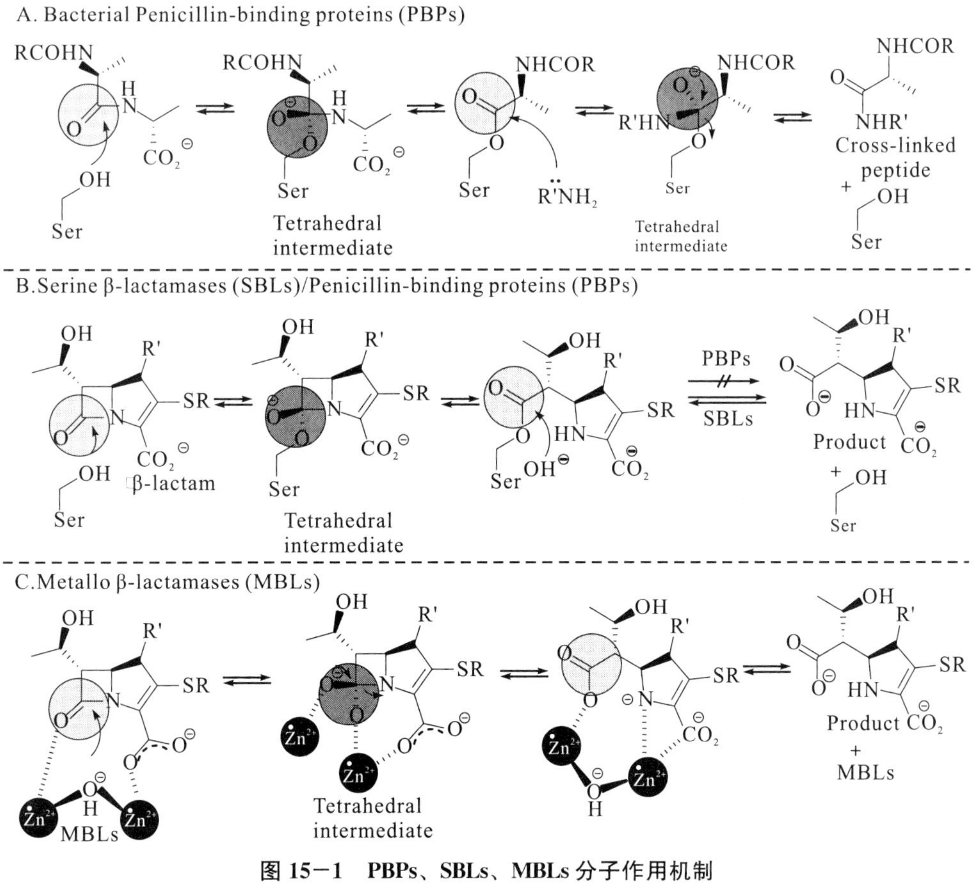

图15-1 PBPs、SBLs、MBLs分子作用机制

β-内酰胺酶抑制剂（β-lactamase inhibitors，BLIs）的研究近年来取得了显著的

进展。目前已上市以及处于临床阶段的抑制剂根据结构可以分为以下三类：第一类是基于β-内酰胺骨架设计的系列药物，如克拉维酸（Clavulanic acid）、舒巴坦（Sulbactam）、他唑巴坦（Tazobactam）以及2024年获批的Enmetazobactam（图15-2A）。然而，该类化合物的抑酶谱较窄，仅对大部分A类酶具有抑制作用。第二类是基于DBO骨架发展的一系列药物，如阿维巴坦（Avibactam）、瑞来巴坦（Relebactam）、度洛巴坦（Durlobactam），以及处于临床研究阶段的Nacubactam、Zidebactam、ETX-0282等（图15-2B）。该类抑制剂可以抑制大部分SBLs（包括A、C、D类），但是对MBLs没有抑制作用。2017年，第三类基于六元环硼酸酯骨架的非β-内酰胺化合物法硼巴坦（Vaborbactam）的上市，为β-内酰胺酶抑制剂的研究提供了更广阔的思路。特别是Taniborbactam和QPX7728两个化合物，不但对SBLs表现出很高的抑制活性，同时对MBLs的抑制作用也达到了nM级别（图15-2C）。然而，上述化合物还处于临床研究阶段，目前还没有针对MBLs为靶点的药物上市。面对种类不断增多的多重耐药菌，现有的β-内酰胺酶抑制剂仍然无法满足临床的需求。发展高效、低毒、广谱的β-内酰胺酶抑制剂是该领域的主要研究方向之一。

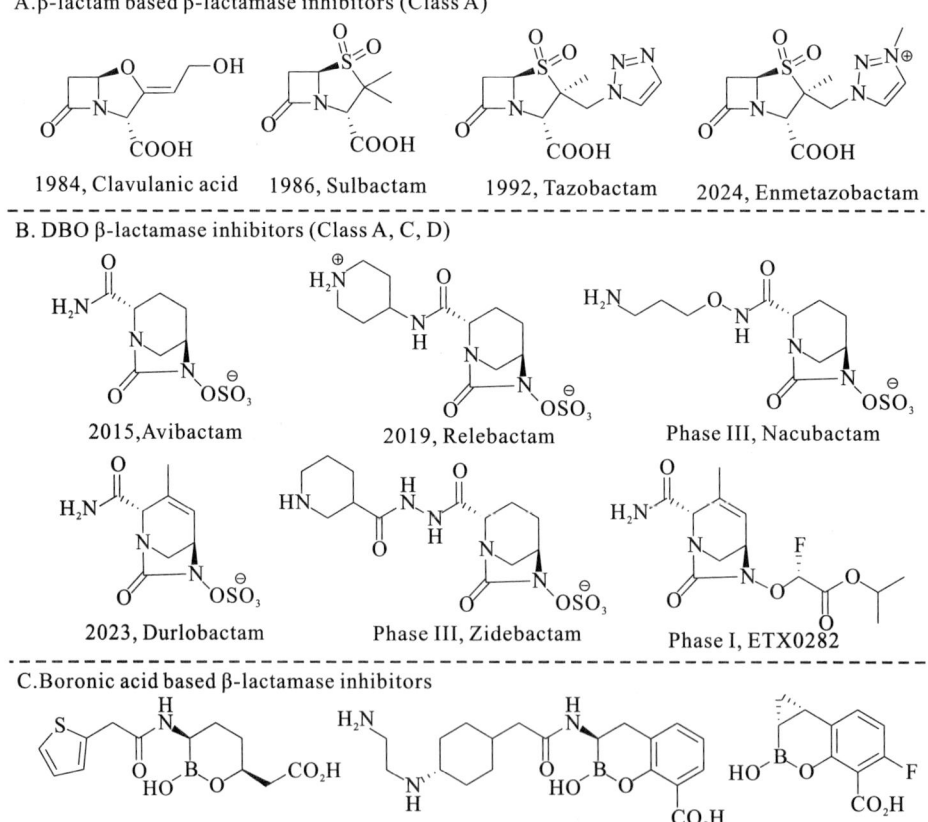

图15-2 上市及临床在研β-内酰胺酶抑制剂研究进展

2. 目标化合物设计原理。

药物研究的主要目标是发现与治疗疾病相关的药物分子,而探索先导化合物是实现这一目标的主要途径。随着药物化学及相关学科如分子生物学、药理学、计算机辅助药物设计(computer-aided drug design,CADD)等学科的发展,药物先导化合物的发现方法也得到了极大的丰富,包括高通量筛选(high-throughput screening,HTS)、虚拟筛选(virtual screening)、基于结构的药物设计(structure-based drug design,SBDD)、基于分子片段的药物设计(fragment-based drug design,FBDD)等。本课程拟结合 CADD 和 FBDD 方法,引导学生掌握药物设计的基本原理和思路,提高学生整体的创新研究水平。

CADD 是一种利用计算机技术和理论化学、生物学方法来辅助药物研发的科学方法。通过模拟和预测药物分子与生物靶点的相互作用,CADD 能有效缩短药物研发周期、降低研发成本,并提高药物设计的成功率。近年来,人工智能(artificial intelligence,AI)的引入,使得药物研发进入了新的阶段。AI 不仅能够高效处理海量化学及生物数据,还能够结合计算化学、结构生物学及药理学知识,挖掘药物分子设计的潜在规律。

CADD 研究内容广泛,覆盖药物研发的多个阶段,主要包括以下几个方面:①靶点识别与验证;②虚拟筛选;③基于结构的药物设计(包括分子对接、分子动力学模拟、自由能计算等);④基于配体的药物设计(包括药效团建模以及定量构效关系等);⑤计算机生成与化合物结构优化;⑥分子成药性预测。

基于结构的药物设计是通过靶点的三维结构信息,设计或优化药物分子以增强其对靶点的特异性和活性的方法。SBDD 在现代药物研发中广泛应用,尤其在针对特定靶点的抑制剂或激动剂开发中发挥了重要作用。其涉及的主要步骤包括靶点选择与结构确定、结合位点分析、分子对接、分子动力学模拟、药物设计与优化、实验验证等。常用的药物分子设计工具包括 PyMOL、AutoDock、MOE、GOLD、Glide、Amber、Desmond 等。

基于分子片段药物发现方法的主要内容是设计并建立由片段分子组成的化合物库,对化合物库中的分子进行生物活性的筛选从而找到苗头分子片段,再利用 X 射线晶体学、核磁共振、质谱技术以及虚拟筛选等技术对这些分子片段与靶蛋白的结合模式与结合强度进行分析,根据这些结构信息对片段分子进行结构优化得到先导化合物。FBDD 设计的主要步骤包括片段库构建、片段筛选、片段优化以及实验验证等。

基于分子片段的药物发现方法首先是进行分子片段化合物库的建立、苗头分子片段的发现及其生物活性的筛选。对于金属 β-内酰胺酶这一特殊靶点,分子片段显然就是金属螯合基团(metal-binding group,MBP)。结合文献报道,可以建立一个针对金属β-内酰胺酶的分子片段化合物库,选择有潜力的片段进行生物活性测试,找到进一步研究的苗头分子片段以及候选分子片段(图 15-3)。

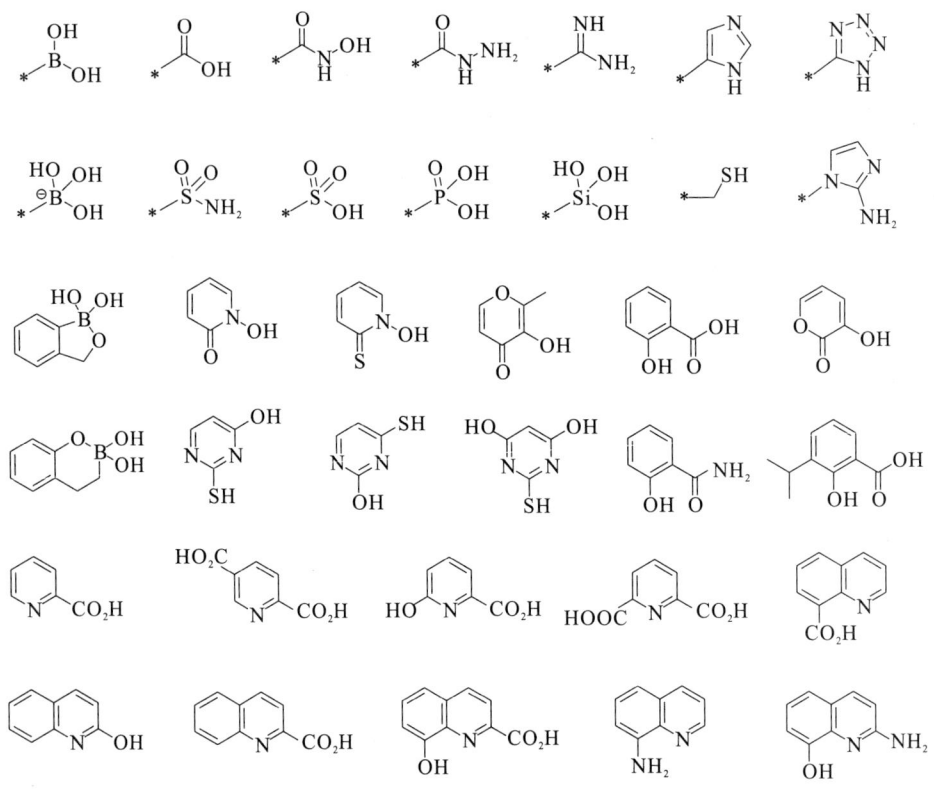

图 15-3 代表性的金属螯合基团

在得到苗头片段分子之后,便可以开展片段分子的结构优化工作。本实验主要采用片段分子的连接方法来优化获得先导化合物。由于金属螯合基团大多数极性较大,为了增加先导化合物的成药性,在药物分子另一端引入新型结构的极性较小基团,增加分子的脂溶性,然后通过合适的方式进行连接,发现先导化合物(图 15-4)。

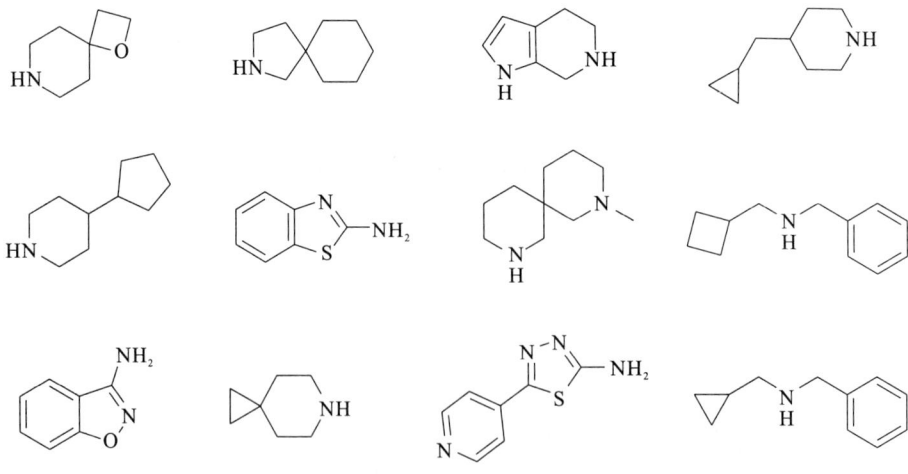

图 15-4 新型结构的环状胺类化合物

3. 目标化合物的设计路线。

首先需要合成金属 β-内酰胺酶活性测试底物，本实验选取了目前广泛应用的 β-内酰胺酶荧光探针 5 作为底物，其具有对临床相关的大多数金属 β-内酰胺酶高度敏感性和高活性的特点（图 15-5）。在先导化合物的合成路线中，本实验以吡啶二羧酸衍生的 β-内酰胺酶抑制剂为例，原料 6 在碱性条件下与各种氨基亲核试剂偶联，然后酯水解就可以获得具有潜在活性的功能小分子化合物（图 15-6）。

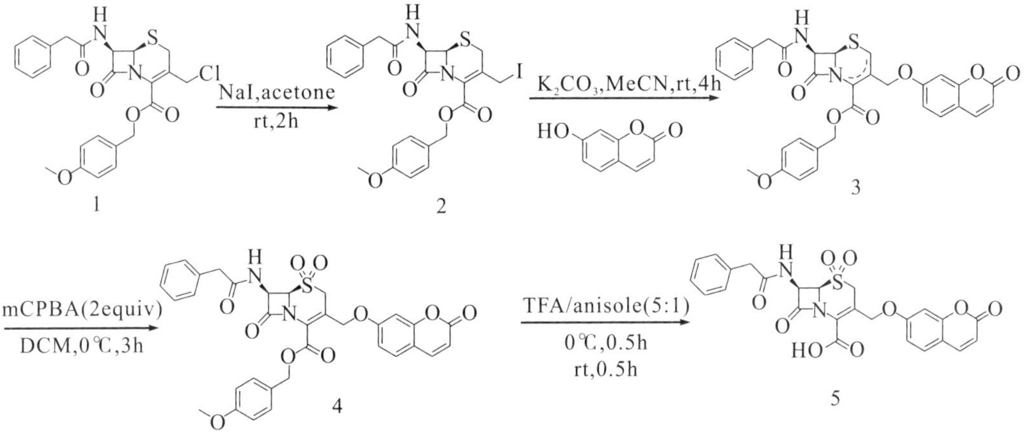

图 15-5 酶底物合成路线

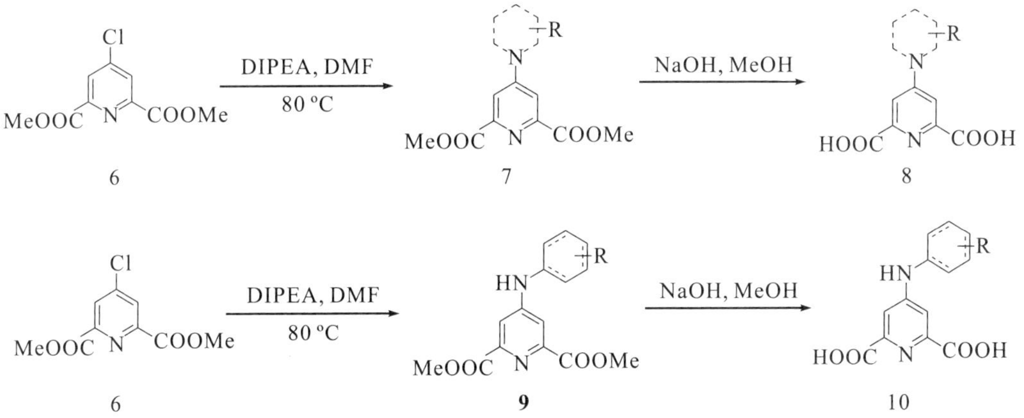

图 15-6 代表性先导化合物合成路线

4. 目标化合物的活性测试原理。

本实验采用荧光探针 5 为底物检测金属 β-内酰胺酶的活性，其原理是在金属 β-内酰胺酶作用下，底物被水解释放荧光物质 7-羟基香豆素，在波长 390nm 的激发光下，7-羟基香豆素会产生 460nm 的发射光，从而通过检测 460nm 的荧光强度，测定 7-羟基香豆素的量，以追踪酶的活性。若待测化合物对酶有强抑制活性，则检测到的荧光弱；若化合物对酶无抑制活性，则检测到的荧光强（图 15-7）。

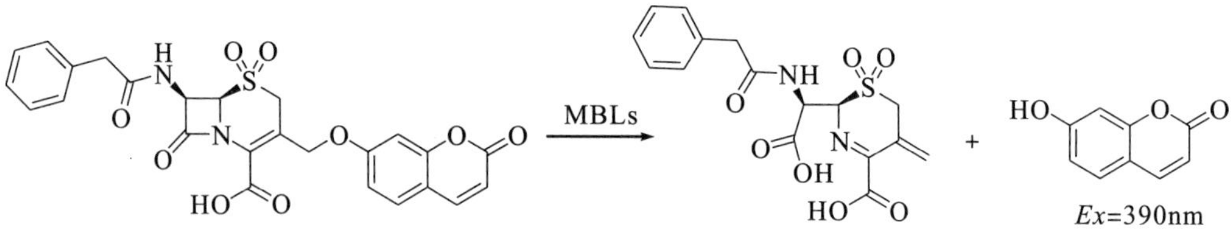

图 15-7 金属 β-内酰胺酶水解荧光探针 5 的原理

【仪器与试剂】

1. 仪器：研钵，烧杯，渗滤筒，铁架台，铁三环，十字夹，抽滤装置，烘箱，试管，电子天平，移液器，酶标仪等。

2. 试剂：丙酮，碘化钠，乙酸乙酯，NaS_2O_3，乙腈，碳酸钾，二氯甲烷，间氯过氧苯甲酸，三氟乙酸，乙醚，N,N-二甲基甲酰胺，N,N-二异丙基乙胺，甲醇，NaOH，稀盐酸等。

【实验操作】

1. 分子对接操作步骤。

以 molecular operating environment（MOE）为例，进行分子对接的详细步骤如下。

(1) 蛋白质准备：蛋白质准备是分子对接的基础，需要清理和优化蛋白结构。

①导入蛋白质结构：打开 MOE 软件，点击菜单 File>Open 导入 PDB 文件；右侧结构窗口显示导入的三维结构。

②删除不必要的分子：点击 Sequence Editor（工具栏中的链状图标）查看蛋白质序列。删除以下内容：非靶标链（保留与对接相关的链）。配体、溶剂（如 H_2O）和盐离子（如 Na^+、Cl^-）；可以通过 Edit>Delete 或 MOE Cleanup 工具完成。

③添加缺失的氢原子：点击 Compute>Structure Preparation。在弹出窗口中选择 Add Hydrogens，然后点击 Apply；选项包括为蛋白添加极性和非极性氢原子。

④修复蛋白结构：检查蛋白结构中的错误（如缺失残基、断链），使用 Structure Preparation 工具修复缺失的残基，点击 Energy Minimize 进行初步能量优化。

⑤定义结合位点：如果蛋白质中有已知的结合位点，可以通过 Site Finder 自动识别；点击 Compute>Site Finder；在结果中选择包含活性位点残基的位点；如果没有已知结合位点，可手动选定靶点区域

(2) 小分子准备：小分子的准备包括绘制化学结构、优化构象等。

①构建或导入小分子：绘制化合物，点击 Edit>Builder，使用 MOE 绘制工具构建小分子；导入已有化合物，点击 File>Open 导入小分子的 PDB、MOL 或 SDF 文件。

②优化小分子构象：点击 Compute>Energy Minimize 进行能量最小化，设置力场参数（默认为 AMBER99 或 MMFF94）。

(3) 分子对接设置。

①打开对接工具：点击 Compute＞Dock 打开分子对接工具。在弹出窗口中选择 Receptor（受体）和 Ligand（配体）。

②设置受体：在 Receptor Setup 中选择已准备好的蛋白；指定结合位点区域，使用 Active Site 按钮选择 Site Finder 定义的位点，或手动输入位点残基。

③设置配体：在 Ligand Setup 中选择小分子，指定是否对小分子进行柔性优化。

④设置对接参数：

对接模式：Rigid Receptor，受体刚性，对接速度快；Flexible Receptor，受体柔性，结果更接近实际。

评分函数：默认使用 Affinity dG，也可选择其他评分方法（如 London dG，GBVI/WSA dG）。

对接次数：设置对接的采样次数（如 10 次或更高），每次对接会生成一个结合模式。

⑤开始对接。

(4) 分析并导出结果。

①查看结合模式：对接完成后，在 Docking Results 中查看生成的结合模式，点击某个结合模式可在三维视图中显示。

②分析结合模式：检查关键相互作用，使用 Ligand Interaction 工具显示结合位点的相互作用。

③选择最佳结合模式：按评分函数（如 dG 值）排序，选择得分最低的模式，确保结合模式的合理性（如与已知结合模式一致）。

④结果导出。

2. 化学合成。

(1) 酶底物的合成。

将原料 1（1g、2.06mmol、1.0 当量）用 15ml 丙酮分散均匀，出现乳白色浑浊。然后向其中缓慢加入碘化钠（3.08g、20.6mmol、10.0 当量）。加料完毕，室温搅拌 2h，将反应液直接旋干，得到红色固体粗品。加入乙酸乙酯及水分液，水相用乙酸乙酯萃取 3 次，每次 15ml。合并有机相，分别用 5％ NaS_2O_3 及饱和食盐水各洗 2 次，每次 15ml。有机相经无水硫酸钠干燥后旋干，得到黄色固体粗品 2。

将粗品 2（1.15g、1.99mmol、1.0 当量）溶于 22ml 乙腈中，待全溶后加入 7-羟基香豆素（668mg、3.98mmol、2.0 当量）以及无水碳酸钾（1.14g、7.96mmol、4.0 当量）。然后室温搅拌 4h，将反应液直接旋干除去乙腈。向其中加入 15ml 水及 15ml 乙酸乙酯分液，水相用乙酸乙酯萃取 3 次，每次 15ml，合并有机相。分别用 5％ NaS_2O_3 及饱和食盐水洗 1 次，每次 15ml。有机相经无水硫酸钠干燥后旋干，得到棕红色固体粗品。粗品经快速硅胶柱纯化得到橙黄色固体 3。

将原料 3（458mg、0.75mmol、1.0 当量）用干燥的二氯甲烷 30ml 溶解后，置于 0℃ 预冷 20min。在氩气保护下，向其中缓慢滴入间氯过氧苯甲酸（mCPBA，910mg、4.5mmol、6.0 当量）的二氯甲烷（15ml）溶液。滴加完毕，继续于 0℃ 搅拌 0.5h，然后将反应液室温搅拌过夜。反应液分别用 5‰ NaS_2O_3、饱和 $NaHCO_3$、饱和食盐水洗 1 次。有机相经无水硫酸钠干燥后旋干，得到黄白色固体粗品。粗品经快速硅胶柱纯化得到白色固体 4。

将原料 4（100mg、0.16mmol、1.0 当量）置于 0℃下，缓慢加入三氟乙酸/苯甲醚（5ml：1ml）的混合溶剂，于 0℃搅拌 30min 后，室温搅拌 15～30min，向反应液内加入约 14ml 冰乙醚，析出大量浅绿色固体，于 0℃冰箱静置析晶 1～2h。趁冷抽滤，滤饼用冰乙醚洗涤 3 次，得到浅绿色固体粗品。将粗品中加入少量甲醇以及少量二氯甲烷洗涤，粗品不完全溶解，不溶物为类白色固体，抽滤得到类白色固体 5。

（2）代表性先导化合物的合成。

原料 6 溶于 N,N-二甲基甲酰胺（DMF）中，加入 2 倍当量的 N,N-二异丙基乙胺（DIPEA），然后加入 2 倍当量商业可得的环状胺类化合物（图 15-4），80℃搅拌约 5h，加入水以及乙酸乙酯萃取反应液，有机层干燥浓缩，柱层析得白色固体 7。

原料 7 溶于甲醇中，加入 10 个当量 10%NaOH 溶液，室温搅拌约 5h，浓缩甲醇，加入稀盐酸溶液将反应 pH 调至 3～5。若析出固体，直接过滤洗涤即得产品；若没有固体析出，加入乙酸乙酯萃取，浓缩，重结晶得到白色固体 8。

3. 活性测试。

（1）化合物、底物及酶溶液配制。

待测化合物溶液配制：①称量待测化合物 1～2mg；②根据其分子量计算配成浓度为 100mmol/L 溶液所需二甲基亚砜（DMSO）体积（根据化合物溶解性选择溶剂，也可用超纯水，或者超纯水与 DMSO 按一定比例混合溶解）；③加入通过计算得到的溶剂体积，涡旋使化合物全部溶解；④如果需进行单浓度抑制活性测定，可将 100mmol/L 化合物溶液用 DMSO 分别配成 10mmol/L 与 1mmol/L 溶液，当配制 10mmol/L 溶液时，可将 9μl DMSO 中加入 1μl 100mmol/L 化合物溶液。

荧光底物配制：①称量适量固体于包有锡箔纸的离心管中；②如称量荧光底物（化合物 5）2mg，则加入 19μl DMSO，1886μl 超纯水，按此比例配制浓度为 2mmol/L 的溶液，分装于棕色小瓶中储存备用；③活性测定时，根据所需底物溶液体积，用 MBL buffer 配成浓度为 30μmol/L 的溶液，测试时底物终浓度为 5μmol/L（注意：取用底物时需要先摇匀再吸取）。

金属 β-内酰胺酶的配制：根据所需溶液体积及酶浓度，用酶对应的 buffer 配制。①VIM-2 酶及 NDM-1 酶初始浓度为 10μmol/L，于冰上融化后，先用 MBL buffer 配成 1μmol/L，如 9μl MBL buffer 中加酶（10μmol/L）1μl；②根据所需要的酶溶液体积，用 MBL buffer 配成浓度为 1.2nmol/L 的溶液，测试时酶终浓度为 0.2nmol/L（注意：配制时手尽量不要接触 EP 管酶所在部位，且酶需要放冰上以保持活性）。

（2）单浓度抑制活性测定。

测定化合物浓度为 100μmol/L 或 10μmol/L 时对酶的抑制活性，反应体系总体积为 60μl，设定黑色 96 孔板中一列测一个化合物，A、B、C 三排化合物浓度为 100μmol/L，D、E、F 三排为 10μmol/L，G 排与 H 排分别测定化合物浓度为 100μmol/L、10μmol/L 时的荧光，即 G 排与 H 排只加化合物与 buffer，每个 96 孔板所测化合物不超过 10 个，化合物列随后两列分别为不加化合物的阳性与阴性对照，若第 1~10 列为加化合物列，依次加入化合物、buffer、酶、底物，第 11 列为阳性对照，依次加入 buffer、酶，第 12 列为阴性对照，依次加入 buffer、底物。

具体操作可参考：①配制待测化合物、底物以及酶；②A、B、C 三排以及 G 排中加入 10mmol/L 化合物溶液 0.6μl（化合物终浓度为 100μmol/L），D、E、F 排以及 H 排加入 1mmol/L 化合物溶液 0.6μl（化合物终浓度为 10μmol/L），每列为不同化合物；③A~F 排化合物每孔加入 buffer 39.4μl，G~H 排化合物列每孔加入 buffer 59.4μl，阳性与阴性列加入 buffer 40μl；④A~F 排化合物列及阳性列每孔加入 1.2nmol/L 酶 10μl，金属 β-内酰胺酶与化合物孵育 10min；⑤设置酶标仪运行参数，包括：总时间 8min，间隔 45s，间隔 5s 振摇，振摇速率为 60rpm，再设荧光，激发光波长 380nm，发射光 460nm，温度为 25℃，保存；⑥A~F 排每列每孔快速加入 30nmol/L 底物 10μl，立即测定；⑦测完之后，将数据导出至 Excel，计算抑制率。

（3）量效关系 IC_{50} 值测定与计算。

通过设置一系列化合物浓度梯度，测定各浓度抑制率，计算 IC_{50} 值，具体操作步骤如下：①根据单浓度测得的抑制活性设置化合物最大终浓度，若设置化合物最大终浓度为 600μmol/L，则可用 buffer 配制 3.6mmol/L 溶液，利用梯度稀释法进行 3 倍浓度稀释，共设置 10 个浓度梯度；②于各稀释好的化合物溶液中取 10μl 至黑色 96 孔板，每个浓度 3 个复孔；③测试列加入 buffer 每孔 30μl，阳性列加入 buffer 每孔 40μl，阴性列加入 buffer 每孔 50μl；④加酶，除阴性列，每孔 10μl；⑤每孔快速加入底物 10μl，从化合物低浓度列开始加，加入时枪尖伸进液体里，加完立测；⑥将数据导出至 Excel，计算各浓度抑制率，利用 GraphPad Prism 软件计算 IC_{50}。

（4）可逆性实验。

本实验拟通过快速稀释法测定化合物的可逆性。具体实验过程将按照已报道的方法进行，简述如下：①参考受试化合物与酶活性测定的浓度，配制化合物浓度为所测得 IC_{50} 的 10 倍，配制酶浓度为受试化合物活性测定时所用浓度的 100 倍；②受试化合物和酶在一定温度下孵育 10~30min；③取 1μl 混合物于 99μl 底物溶液中（底物浓度与化合物活性测定浓度一致）快速稀释 100 倍；④迅速使用多功能酶标仪测定酶动力学反应结果。

如图 15-8 所示，稀释后酶的浓度与活性测定时相同，受试化合物浓度从 $10\times IC_{50}$ 降为 $0.1\times IC_{50}$。如图 15-9 所示，若受试化合物为可逆化合物，结果应为直线，且斜率（反应速率）为对照样品斜率的 91%；若受试化合物为不可逆化合物，结果应为直线，且斜率（反应速率）为对照样品斜率的 9%；若受试化合物为慢解离化合物，结果应为曲线，且斜率（反应速率）会随着时间变化从对照样品斜率的 9% 变为 91%。

（5）锌离子依赖实验。

锌离子依赖实验测定方法如下：分别配制含有 0μmol/L、1μmol/L、100μmol/L $ZnSO_4$ 的缓冲溶液，并用不同锌离子浓度的缓冲液配制酶与化合物的工作液，使用酶动力学方法测定化合物在不同锌离子浓度下的 IC_{50} 值。

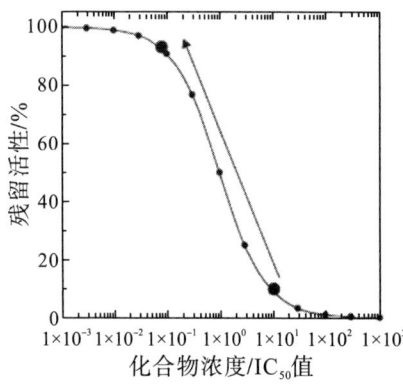

图15-8 测定受试化合物可逆性的示意图

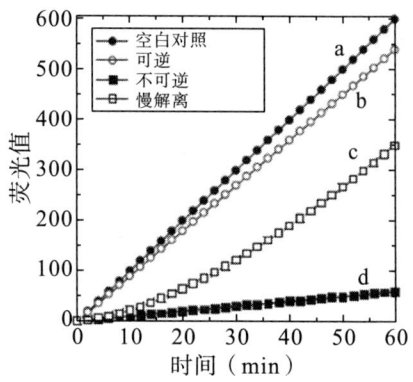

图15-9 快速稀释后的测定结果

【思考题】

1. 计算机辅助药物设计包含哪些内容？
2. 人工智能在药物分子设计中有哪些应用？
3. 先导化合物发现的方法有哪些？
4. 有机化合物分离纯化的方法有哪些？
5. 有哪些小分子化合物结构确证的方法？
6. β-内酰胺类抗生素的耐药机制主要有哪些？
7. 金属β-内酰胺酶具有底物选择性吗？
8. 如何根据 IC_{50} 曲线分析化合物的特征？
9. 如何根据快速稀释实验法判断化合物抑制活性的可逆性？
10. 如何判断化合物是否为竞争性抑制剂？

（李国菠　肖友财）

【参考文献】

Brown D G, Wright G D, 2016. Antibacterial drug discovery in the resistance era [J]. Nature, 529 (7586)：336-343.

Murray C J L, Ikuta K S, Sharara F, et al, 2022. Global burden of bacterial antimicrobial resistance in 2019: a systematic analysis [J]. Lancet, 399 (10325)：629-655.

Bush K, Bradford P A, 2019. Interplay between β-lactamases and new β-lactamase inhibitors [J]. Nat Rev Microbiol, 17 (5)：295-306.

Hecker S J, Reddy K R, Totrov M, et al, 2015. Discovery of a cyclic boronic acid β-lactamase inhibitor (RPX7009) with utility vs class A serine carbapenemases [J]. J Med Chem, 58 (9)：3682-3692.

Liu B, Trout R E L, Chu G H, et al, 2020. Discovery of Taniborbactam (VNRX-5133): A broad-spectrum serine- and metallo-β-lactamase inhibitor for carbapenem-resistant bacterial infections [J]. J Med Chem, 63 (6)：2789-2801.

Hecker S J, Reddy K R, Lomovskaya O, et al, 2020. Discovery of cyclic boronic acid QPX7728, an ultrabroad-spectrum inhibitor of serine and metallo-β-lactamases [J]. J Med Chem, 63 (14): 7491-7507.

Mojica M F, Rossi M A, Vila A J, et al, 2022. The urgent need for metallo-β-lactamases inhibitors: an unattended global threat [J]. Lancet Infect Dis, 22 (1): e28-e34.

Sadybekov A V, Katritch V, 2023. Computational approaches streamlining drug discovery [J]. Nature, 616 (7958): 673-685.

Yang X, Wang Y, Byrne R, et al, 2019. Concepts of artificial intelligence for computer-assisted drug discovery [J]. Chem Rev, 119 (18): 10520-10594.

Kuntz I D, 1992. Structure-based strategies for drug design and discovery [J]. Science, 257: 1078-1082.

Cohen S M, 2017. A bioinorganic approach to fragment-based drug discovery targeting metalloenzymes [J]. Acc Chem Res, 50 (5073): 2007-2016.

van Berkel S S, Bren J, Rydzik A M, et al, 2013. Assay platform for clinically relevant metallo-β-lactamases [J]. J Med Chem, 56 (17): 6945-6953.

Chen A Y, Thomas P W, Stewart A C, et al, 2017. Dipicolinic acid derivatives as inhibitors of new delhi metallo-β-lactamases-1 [J]. J Med Chem, 60 (17): 7267-7283.

Copeland R A, 2013. Evaluation of enzyme inhibitors in drug discovery [M]. New Jersey: Wiley.

第十六章 高等药剂学实验

【课程介绍】

高等药剂学实验课程是药剂学理论与实践的综合延伸,是一门聚焦药物递送系统设计与评价的进阶实验课程。课程深度融合药剂学、材料科学、生物医学工程及分子生物学等多学科知识,以"靶向递送技术"和"智能药物载体开发"为主线,通过开放性研究实验培养学生系统性解决复杂药剂学问题的能力。本课程以"创新设计—精准制备—多维评价"为核心思路,采用"问题导向、自主探究"模式,结合"学科交叉、协作实践"的团队学习,强化学生的科研逻辑与批判性思维,最终通过"数据整合、学术表达"提升学生的科研综合素养,助力其掌握现代药物递送技术的前沿动态与应用潜力。

课程内容围绕药物载体的设计、合成与功能评价展开。首先,由指导教师讲授药物递送系统的基础理论、技术原理及研究进展,指导学生查阅文献、设计实验方案,并借助计算机模拟优化载体结构与性能。其次,学生自主完成载体的合成与功能化修饰,运用光谱分析、显微成像、体外释药模型等技术进行物理化学性质表征,并通过细胞或生物模型评价其靶向性、稳定性及生物相容性。最后,学生基于实验数据撰写学术报告,模拟科研论文格式,形成"载体设计—制备工艺—功能评价—结果分析"的完整研究链条,强化科学表达与学术规范意识。

作为一门开放性实验课程,本课程每年研究主题紧跟学科前沿动态,涵盖新型纳米递送系统、响应性药物载体等热点方向,确保教学内容的前瞻性与挑战性。课程示例教材以"智能靶向递送系统的构建与评价"为案例,解析实验设计思路与技术要点,供学生拓展学习。具体实验内容由指导教师根据学科发展与学生情况动态调整,旨在激发创新思维,培养兼具实践能力与科研视野的高层次药剂学人才。

实验一 载药靶向脂质体的制备、表征及体外靶向能力考察

【实验目的】

1. 掌握配体修饰的载药脂质体的制备方法。

2. 熟悉配体修饰的载药脂质体的表征方法。
3. 了解配体修饰的载药脂质体体外靶向能力的考察方法。

【实验原理】

靶向制剂也称靶向递药系统，是指经某种途径给药后，药物通过特定载体的输送作用而选择性地浓集于靶部位的给药系统。脂质体（liposome）是一种类似生物膜结构的类脂双层微小囊泡，可以作为药物的载体，运载药物到特定的部位或在一定部位缓慢释放药物。脂质体由磷脂、胆固醇等膜材料包合而成，其中磷脂类包括卵磷脂、脑磷脂、大豆磷脂及合成磷脂等。脂质体的内水相和双层膜内可以包封多种药物，如盐酸阿霉素作为亲水性药物可包封在内水相中。脂质体作为药物载体具有靶向性、长效性的特征，同时还可以降低药物毒性、提高药物的稳定性，是良好的药物载体。长循环脂质体是指脂质体表面被聚乙二醇、磷脂酰肌醇、神经节苷酯等修饰，使脂质体不易被血液中的调理素识别，降低网状内皮系统的吞噬，延长其在血液系统中的循环时间，使药物作用时间延长。

脂质体作为药物载体虽然具有较多优势，但递送效率的不足导致其对临床疗效的改善较为有限。要提升脂质体的药物体内递送效率，可以采取配体修饰等方式。本实验以临床需求为基础，为解决药物临床药效改善不足的问题，设计一种主动靶向的载药脂质体，完成药物制剂的处方工艺研究，并与普通载药脂质体对比考察其体外靶向能力的提升效果。本实验按照药物制剂研发的程序进行课程设计，在教师引导的基础上，要求学生通过分工合作、小组讨论的形式，查阅资料、设计实验方案、自主完成实验，使学生体验药物制剂设计及研发的全过程。

本实验可用盐酸阿霉素作为模型药物，以由天冬酰胺（N）－甘氨酸（G）－精氨酸（R）组成的 NGR 多肽作为模型靶向配体，进行靶向脂质体的构建。

【实验仪器与试剂】

1. 仪器：电子天平，移液器，圆底烧瓶，旋转蒸发仪，恒温摇床，超声波细胞粉碎仪，紫外检测器，激光粒度分析仪，量瓶，紫外－可见分光光度计，细胞培养皿，12 孔细胞培养板，细胞培养箱，水平流洁净工作台，离心管，流式细胞仪。

2. 材料：大豆磷脂，胆固醇，二硬脂酰磷脂酰乙醇胺－聚乙二醇$_{2000}$，靶向配体修饰的二硬脂酰磷脂酰乙醇胺－聚乙二醇$_{2000}$（DSPE－PEG$_{2000}$－NGR，自制），盐酸阿霉素，硫酸铵，三氯甲烷，pH 7.4 磷酸盐缓冲液，纯化水，G50 葡聚糖凝胶，RPMI－1640 培养基，胎牛血清，青链霉素混合液，乙二胺四乙酸二钠，胰蛋白酶。

3. 细胞：小鼠乳腺癌（4T1）细胞株。

【实验内容】

1. 制备配体修饰的主动靶向载药脂质体。
(1) 处方：盐酸阿霉素 2mg、大豆磷脂 40mg、胆固醇 10mg、二硬脂酰磷脂酰乙醇胺－聚乙二醇$_{2000}$ 4mg、二硬脂酰磷脂酰乙醇胺－聚乙二醇$_{2000}$－NGR 肽 0.8mg。

(2) 空白脂质体的制备：精密称取处方量大豆磷脂、胆固醇、二硬脂酰磷脂酰乙醇胺－聚乙二醇$_{2000}$，溶解于三氯甲烷。旋转蒸发除去有机溶剂，形成薄膜。加入 2ml 硫酸铵溶液（40mg/ml）水化薄膜，超声波细胞粉碎机超声（120W，8min，超声 3s，停 5s），即得空白脂质体。

(3) 载药脂质体的制备：本实验可使用盐酸阿霉素为模型药物。将上述制得的空白脂质体上样至 G50 葡聚糖凝胶柱，以 pH 7.4 磷酸盐缓冲液（PBS）为洗脱液进行洗脱，通过紫外光检测器检测并收集脂质体，以除去外水相硫酸铵。精密称取盐酸阿霉素 2mg，以少量纯化水溶解后，加至上述制备得到的空白脂质体溶液中，于 50℃ 孵育 30min 后上样至 G50 葡聚糖凝胶柱，以 pH 7.4 PBS 为洗脱液进行洗脱，除去游离药物，即得载药脂质体（表示为 Lip）。

(4) 载药靶向脂质体的制备：本实验可使用 NGR 肽作为模型靶向配体。先将 NGR 肽修饰至 DSPE－PEG$_{2000}$ 末端，得到 DSPE－PEG$_{2000}$－NGR。将适量 DSPE－PEG$_{2000}$－NGR 溶液滴加至载药脂质体中，室温振摇数小时后上样至 G50 葡聚糖凝胶柱，以 pH 7.4 PBS 为洗脱液进行洗脱，除去未插入脂质体的靶向配体，即得到载药靶向脂质体（表示为 T－Lip）。

2. 载药脂质体的表征。

(1) 粒径和电位测定。取适量 Lip 和 T－Lip，用纯化水稀释，通过激光粒度分析仪测定粒径和电位。

(2) 药物含量和包封率的测定。

①药物标准曲线的建立：取盐酸阿霉素适量，精密称定，加纯化水溶解配制成储备液。精密吸取不同体积的储备液至 10ml 量瓶中，加纯化水配制成系列标准溶液。以纯化水为空白对照、紫外－可见分光光度计于波长 490nm 处测定各标准溶液的吸光度，以吸光度对阿霉素浓度进行线性回归，绘制阿霉素标准曲线。

②脂质体中药物浓度和包封率测定：吸取 Lip、T－Lip 适量至 10ml 量瓶中，以适量有机溶剂破乳，用紫外－可见分光光度计测定吸光度，计算得到脂质体中阿霉素浓度。通过脂质体总体积、阿霉素浓度以及阿霉素投药量，计算得到两种脂质体中药物阿霉素的包封率。

3. 脂质体的体外靶向性考察。

小鼠乳腺癌细胞株（4T1）用含 10% 胎牛血清和 1% 青链霉素混合液的 RPMI-1640 培养基，在细胞培养箱（37℃、5%CO$_2$）中培养。当细胞密度达到 80% 左右，用含乙二胺四乙酸二钠的胰蛋白酶溶液消化细胞，离心收集细胞，以适宜浓度接种于 12 孔培养板中培养。分别加入药物浓度相同的 Lip 和 T－Lip 溶液各 1ml，孵育 2~6h 后吸出药液，PBS 润洗后用含乙二胺四乙酸二钠的胰蛋白酶溶液消化细胞，离心收集，通过流式细胞仪检测细胞内药物荧光强度。

【注意事项】

1. G50 葡聚糖凝胶使用前需预先活化。

2. 靶向配体修饰比例可自行设计。
3. 靶向配体加入方法及顺序可自行设计。
4. 破乳用的有机溶剂种类及用量可自行设计。

【思考题】

1. 根据本实验中的制剂处方及制备方法，讨论提高脂质体包封率的方法。
2. 根据本实验中药物的性质，说说适合本药物的脂质体制备方法有哪些。
3. 本实验中所用配体促进细胞摄取脂质体的机制是什么？配体设计的依据和原则有哪些？

（周洲）

实验二　聚合物-分子探针接合物的合成、表征及体内分布考察

【实验目的】

1. 掌握聚合物-分子探针接合物的合成方法。
2. 熟悉聚合物-分子探针接合物的表征方法。
3. 了解聚合物-分子探针接合物的活体成像实验方法。

【实验原理】

靶向制剂：也称靶向递药系统，是指经某种途径给药后，药物通过特定载体的输送作用而选择性地浓集于靶部位的给药系统。按照作用机制或传递机制，靶向制剂可分为被动靶向制剂（如微粒给药系统等）、主动靶向制剂（如抗体介导的靶向制剂等）和物理化学靶向制剂（如磁导向制剂等）。

被动靶向制剂系利用载体的粒径、表面性质等特殊性质使药物在体内特定靶点或部位富集的制剂。正常组织中的微血管内皮间隙致密、结构完整，大分子和微粒不易透过血管壁，而实体肿瘤中血管丰富、血管壁间隙较宽、结构完整性差，淋巴回流具有高通透性和滞留效应，简称EPR效应。例如，人结肠癌微血管内皮细胞连接间隙达400nm，而正常组织中微血管内皮细胞连接间隙平均不到100nm。适宜粒径的粒子就可以增加在肿瘤组织的分布。本实验使用分子探针标记聚合物，得到聚合物-分子探针接合物，以其为模型制剂，通过活体成像实验考察被动靶向制剂在肿瘤组织的分布。

聚合物是由一种或几种结构单元主要以共价键连接起来的高分子量的化合物，分子具有重复的结构单位。N-（2-羟丙基）甲基丙烯酰胺［N-（2-hydroxypropyl) methacrylamide，HPMA］聚合物是由 HPMA 单体（图16-1）通过其双键发生加成聚合反应形成的聚合物。HPMA 聚合物是一种生物相容性良好的药物载体，具有良好

的生物相容性和水溶性，将药物连接在聚合物骨架上，可以延长药物体内循环，提高药物在肿瘤组织的分布。

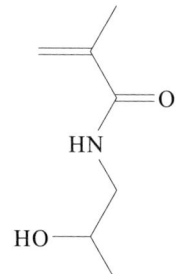

图 16-1　HPMA 单体结构式

荧光探针是以荧光物质作为指示剂，并在一定波长光的激发下使指示剂产生荧光，通过检测所产生的荧光实现对被检测物质的定性或者定量分析。荧光探针受到周围环境的影响，使其荧光发射发生变化，从而获知周围环境的特征或者环境中存在的某种特定信息，因而荧光探针可用于临床疾病的诊疗，如肿瘤标记物的检测。花菁染料 Cy5 是一种常用的小分子荧光探针，常被应用于生物分子标记、荧光成像及其他荧光生物分析。为了考察聚合物被动靶向在肿瘤组织的分布，将 Cy5 标记在 HPMA 聚合物上，通过小鼠活体成像实验检测 Cy5 在肿瘤组织的荧光强度，分析 HPMA 聚合物被动靶向在肿瘤组织的分布。

【实验仪器与材料】

1. 仪器：电子天平，安瓿熔封仪，圆底烧瓶，恒压漏斗，量瓶，紫外-可见分光光度计，激光粒度分析仪，磁力搅拌器，超纯水仪，细胞培养皿，无菌离心管，细胞培养箱，水平流净化工作台，小动物活体成像仪，冷冻干燥机。

2. 材料：N-（2-羟丙基）甲基丙烯酰胺单体（HPMA），3-（氨基丙基）甲基丙烯酰单体（APMA），二甲基亚砜（DMSO），分子截留量 8000-14000Da 的透析袋，丙酮，乙醚，碳酸钠，RPMI-1640 培养基，胎牛血清，青链霉素混合液，乙二胺四乙酸二钠，胰蛋白酶。

3. 细胞：小鼠乳腺癌（4T1）细胞株。

4. 动物：BALB/c 小鼠，雌性，4~6 周龄。

【实验内容】

1. 聚合物的合成。

偶氮二异丁腈（AIBN）为引发剂，二甲基亚砜（DMSO）为溶剂，将单体（HPMA：APMA=90：10mol%）、引发剂和溶剂按照 12.5：2：85.5wt% 的比例置于安瓿中，充氮气后熔封，于 50℃反应 24h，用无水乙醚-丙酮混合溶剂（1：1，$V：V$）沉淀聚合物，纯水中透析 48h 后冷冻干燥，即得到 HPMA 聚合物。

2. HPMA 聚合物-Cy5 接合物的合成。

上述 HPMA 聚合物溶解于 DMSO，按照摩尔比 1∶1 的比例加入 Cy5，室温下搅拌 24h，于超纯水中透析 48h，冻干即得到 HPMA 聚合物－Cy5 接合物（P－Cy5）。

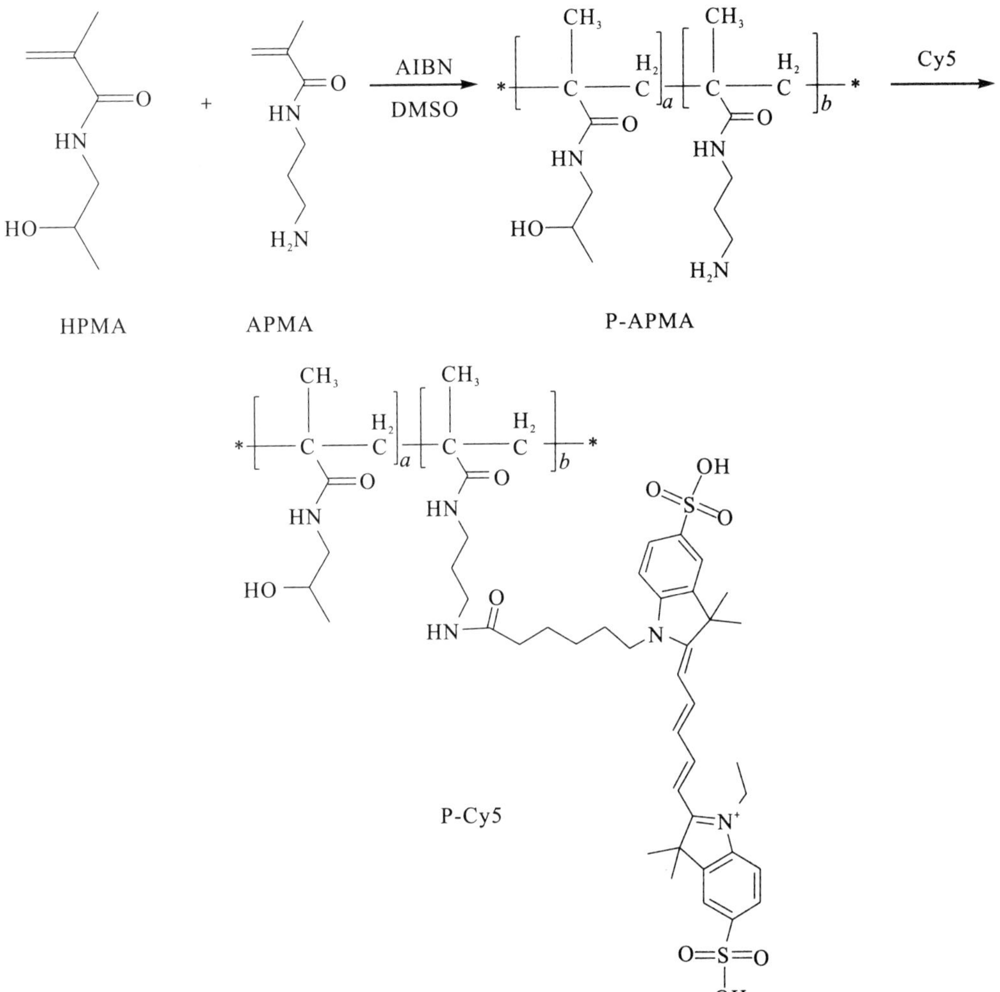

图 16－2　P－Cy5 合成路线图

3. HPMA 聚合物－分子探针接合物的表征。

（1）粒径和电位的测定：称取一定质量的 P－Cy5，以超纯水为溶剂，配制成 1mg/ml 的供试液，激光粒度分析仪测定电位和粒径。

（2）P－Cy5 中 Cy5 载药量的测定：

①Cy5 紫外分光光度法的建立。

标准储备液：取 Cy5 适量，精密称定，加无水乙醇溶解并定量稀释配制成 $100.0\mu g/ml$ 的标准储备液。

标准溶液：精密吸取不同体积的标准储备液至 10ml 量瓶中，加无水乙醇稀释至刻度，配制成浓度为 $5\mu g/ml$、$10\mu g/ml$、$20\mu g/ml$、$25\mu g/ml$、$30\mu g/ml$、$35\mu g/ml$、$40\mu g/ml$ 的系列标准溶液。

测定法：以超纯水为空白对照，紫外－可见分光光度计于波长 490nm 处测定各标准溶液的吸光度，以吸光度对 Cy5 浓度进行线性回归，绘制 Cy5 标准曲线。

②P－Cy5 中 Cy5 载药量测定。称取一定质量的 P－Cy5，置于 10ml 量瓶中，加无水乙醇液溶解并定量稀释至刻度，同法测定吸光度，按照下式计算 Cy5 载药量：

$$Cy5 = \frac{Cy5\ 质量}{P-Cy5\ 质量} \times 100\%$$

4. 小鼠乳腺癌（4T1）细胞株的培养。

小鼠乳腺癌细胞株（4T1）培养于含 10%FBS 和 1%青链霉素混合液的 RPMI－1640 培养基中，在恒温细胞培养箱（37℃，5%CO_2）中培养，细胞密度达到 80%左右，用含乙二胺四乙酸二钠（EDTA·Na_2）的胰蛋白酶溶液消化细胞，离心收集，完全培养基重悬后，以适宜浓度接种于新培养皿中继续培养。

5. 4T1 原位瘤小鼠模型的建立。

取对数生长期 4T1 细胞，用胰蛋白酶消化后加培养基吹散成单细胞悬液。计数后，将细胞悬液稀释至 4×10^6 个/ml，每只小鼠接种 $50\mu l$ 细胞悬液至右侧第三对乳腺垫，建立 4T1 原位瘤小鼠模型。

6. 活体成像考察脂质体在动物体内的分布。

原位瘤长至约 $100mm^3$ 后，将荷 4T1 原位瘤的小鼠随机分为 2 组，每组 3 只，静脉注射游离 Cy5、P－Cy5（Cy5 当量：1mg/kg），分别于 4h、8h、24h 后于 IVIS 小动物活体成像系统记录肿瘤组织荧光强度，并且在 24h 测定完成后，剥离肿瘤组织，同样的参数条件下记录肿瘤部位荧光强度。

【注意事项】

1. Cy5 是一种荧光染料，对光敏感，在使用和储存过程中需避光以防止荧光淬灭。
2. 4T1 细胞为贴壁细胞，细胞密度越高，胰蛋白酶消化时间长，建议在细胞密度 80%左右进行传代。

【思考题】

1. 聚合物除了用 AIBN 为引发剂，还有哪些引发剂？
2. P－Cy5 与 Cy5 相比较，在肿瘤组织的分布有何不同，为什么？

（李炼）

【参考文献】

何勤，张志荣，2021. 药剂学［M］.3 版．北京：高等教育出版社．

国家药典委员会，2025. 中华人民共和国药典（2025 年版）：二部［M］.北京：中国医药科技出版社．

第十七章 药学创新实验

【课程介绍】

新药研发水平将影响我国制药工业国际化进程。因此，具有自主知识产权的原始创新，对我国医药工业的发展具有重要意义。同时，近年来为缓解就业压力，国家大力支持大学生自主创业，这就对药学领域的学生在新药研发方面提出了更高的要求，大学生自主实践能力的培养也亟待重视。药物研发包括原料药的制备及其质量标准的建立、药物制剂的制备及其性质研究、药理毒理及药效学研究、临床研究等内容，是一门涉及化学、药学、药理毒理学、临床医学等多学科、多技能的交叉科学。因此，学科之间的相互衔接、相互交叉对于药物研发具有重要意义。

本课程是在有机化学实验、化学分析及仪器分析实验、药物化学实验、天然药物化学实验、生药学实验、药物分析实验、药剂学实验及药理学实验等单元实验课程的基础上开设的，对培养药学本科生的基本动手能力非常重要。

本课程是将药物化学、药物分析、药剂学、药理学这四个基础实验模块进行科学的整合，以实现多学科交叉融合，培养学生对于药物研发的全局观和基于学科交叉的创新观念。同时，本课程作为本科生由基础课程向专业课程过渡阶段的专门训练课程，力求使学生充分认识到药品作为一种特殊的商品，与人类的生命和健康息息相关，药物研究和开发的最终目的是使药物安全有效地应用到临床，从而提高学生的学习热情和责任感。实验内容既涉及药学学科的基础知识，也涉及目前研究的前沿性内容，旨在使本科学生尽早了解所学专业、提高实践创新能力。

【课程要求】

本课程旨在培养学生对于药物研发的全局观和基于学科交叉的创新观念，以及培养学生药物研发的基本科研思路。

本课程按照药物研发的程序进行课程设计，在教师引导的基础上，要求学生主动探索、查阅资料、设计实验方案、自主完成实验，使学生体验药物研发的全过程，了解药物研发并不仅仅涉及某一门课程，一个药物从设计、研发到上市需经过多个系统性的实验，涉及多个学科。

【课程内容】

首先,教师引导学生独立查阅文献,设计实验方案;其次,从药物研发的起点——药物合成出发,经过合成、纯化、质量分析、制剂研究;最后,进行药效学实验,完成药学研究的全过程。在此过程中,学生是课程的主体,通过分工合作、小组讨论的形式,自行设计方案,再和指导教师进行沟通交流。

通过以下具体环节进行实验研究:

资料的查阅与整理──→实验方案的设计与讨论──→有效成分的制备──→有效成分的鉴别及性质考察──→制剂的制备──→制剂性质研究──→药效学研究──→数据处理与总结──→撰写实验报告。

根据课程学时、难易程度等,本课程现以布洛芬、格列美脲、阿司匹林和槲皮素四个药物为依托,完成课程教学。同时,本课程将紧跟学科前沿和热点,增加适合的新型依托药物及相关实验。

【课程设计要点】

本课程分为四个部分,每部分的课程内容不同,其设计要点分述如下。

1. 药物化学部分。

药物化学部分主要完成药物合成路线的设计,并按此路线制备出合格的化合物,为药物分析、制剂研究和药理毒理评价等提供合格的原料药。需重点关注以下内容。

路线选择:本实验所选药物均为已报道的化合物,故应根据文献报道的路线来制备,无需自行设计合成方法;并且在设计路线时,尽量选择原料和化学试剂易得、步骤少、操作便捷且无苛刻条件(如超高温、超低温或反应时间过长等为苛刻反应条件)的合成路线;同时要求所选路线的收率尽量高、绿色环保。

明确关键性质:通过查阅资料,明确路线中涉及的原料及试剂的安全性、理化性质(如性状、溶解性、稳定性等),保障实验安全、顺利进行。

反应过程监控方法的设计:采用合理的检测手段(如薄层色谱法、高效液相色谱法等)监控反应过程,有助于判断反应的进程。

精制条件的选择:本部分涉及的溶剂,尤其是最后一步反应和产品精制所选溶剂的毒性应尽量小且易除去,进而降低药物中的溶剂残留。

产物纯度的初步鉴定:根据目标物的性状和文献报道,可采用熔点测定、薄层色谱法等手段初步判断所得化合物的纯度是否达到后续操作的要求。

2. 药物分析部分。

药物的质量受到其结构、性质和内在稳定性,以及其生产工艺过程、贮运条件等的影响。所以,应在充分了解其理化与生物学特性的基础上,对其来源、生产工艺、贮运条件等影响其纯度的因素进行考察,从而确定药物的质量指标,并为其质量控制提供合理的分析方法,以保障药品质量达到用药要求。

原料药的质量研究在确证化学结构或组分的基础上进行,注重自身理化与生物学特性、稳定性、杂质与纯度控制。

结构确证：准备样品、制订方案、测定并解析结构。

药物的性状研究：外观性状、溶解度、物理常数。

鉴别：鉴别方法应专属性好、简便易行。

检查：根据生产工艺确定需要控制的杂质，依据药物与杂质在理化性质上的差异进行杂质检查。

含量测定：根据药物的结构和存在形式选择合适的分析方法，要求含量测定采用的分析方法操作简便、结果准确、重现性好。

3. 药物制剂部分。

本部分主要完成药物制剂的处方工艺研究，并按照该处方工艺制备与临床用药目的、给药途径相适应的合格制剂，为接下来的药理毒理评价提供样品。需要重点关注以下内容。

剂型选择：通过查阅资料，根据药物理化性质、生物学性质以及临床用药目的，确定给药途径，选择合适的剂型。

处方设计与制备工艺的选择：根据主药性质、用药目的、主药和辅料的配伍研究选择适宜辅料和用量，设计合理的制备工艺。

处方筛选和工艺优化：采用预试验初步确定辅料配比和工艺参数，并对处方和工艺进行优化。注意药物与辅料的加入顺序以及其他工艺参数对于最终产品质量的影响，要求能够制备出工艺简便、质量合格的制剂。

质量控制：通过查阅资料，了解该类剂型的相关质量评价指标，在此基础上选择合适的检测指标，以评价药物制剂的质量是否合格。

4. 药理学部分。

在查阅文献资料的基础上建立准确、可靠的实验方法系统，用以评价药物制剂的药效以及初步探讨药物作用的机制。其设计思路要点如下。

（1）查阅文献资料，确定建立实验动物模型方案：依据现有实验设备条件，通过比较各方法的可行性，确定目前公认可行的实验动物模型建立方案。

（2）动物分组：采用平行实验的原则，建立各实验组别。注意各组别设立的意义。原则上应最大限度地排除实验过程中非药物因素对实验结果造成的误差。

（3）实验指标的选择：通过查阅文献，了解研究该类药物作用常用的药效学指标，各指标的生理学、病理学意义，以及指标间的相互关系，在此基础上选择合适的检测指标。

（4）实验数据统计：按照统计学原理选择合适的分析模型，数据统计后根据结果对实验进行分析。

（黄园　齐庆蓉　旷喜　付春梅）

【参考文献】

尤启冬，2021. 药物化学实验与指导［M］.2 版．北京：中国医药科技出版社．

国家药典委员会，2025. 中华人民共和国药典（2025年版）：二部［M］. 北京：中国医药科技出版社.

魏伟，2010. 药理实验方法学［M］. 4版. 北京：人民卫生出版社.

张志荣，2005. 靶向治疗分子基础与靶向药物设计［M］. 北京：科学出版社.

何勤，张志荣，2021. 药剂学［M］. 3版. 北京：高等教育出版社.

方亮，2023. 药剂学［M］. 9版. 北京：人民卫生出版社.